国家出版基金项目
NATIONAL PUBLICATION FOUNDATION

第十一卷

比较影响研究

八大山人研究大系

Research on the Great Series of **Badashanren**

主编／饶宗颐　执行主编／朱良志　策划统筹／陈　政　朱金宇

江西美术出版社

编辑委员会

主　　编：饶宗颐
执行主编：朱良志
策划统筹：陈　政　朱金宇

编　　委：（以姓氏笔画为序）

王少方	王国栋	王凯旋	文师华	方　闻	卢　川	叶　青
白谦慎	朱良志	朱金宇	刘　墨	汤　华	孙家骅	李福顺
李慧淑	杨　新	肖燕翼	何慕文	余　辉	邱振中	汪悦进
张子宁	陈　江	陈　政	陈世旭	陈立立	陈传席	单国强
单国霖	胡光华	胡迎建	钟银兰	饶宗颐	黄润祥	崔自默
傅　申	傅伟中	曾少雄	蔡星仪	薛永年		

前　言

八大山人（1626—1705），是中国艺术史上的顶尖艺术家，是对三百多年来中国绘画乃至整个中国艺术产生重要影响的人物。他的作品具有很高的艺术价值，其艺术所体现的思想也具有很高的人文价值和学术价值。

八大山人在世时，他的艺术就广有影响，郑板桥以"名满天下"来评之。清代中期以来，八大山人的艺术具有不容置疑的地位，并对近现代艺术产生了深远影响，如黄宾虹、齐白石、张大千等，都曾直接受到其智慧的影响。

近代以来，八大山人研究也渐成热门之学。以书画研究为主体，并旁及文学、哲学、美学、宗教等诸多领域。不仅在大陆和台港地区出现不少以研究八大山人名世的专家，在美国、日本、欧洲也有大量的研究作品问世，研究具有相当的深度。

这是一个复杂的研究对象。八大山人的作品素以内容的丰富性和晦涩难解而著称。他留下的文字也是如此。启功先生曾说："八大题画的诗，几乎没有一首可以讲得清楚的。"（《我来谈谈诗书画的关系》）由于史料不足，他的生平过程也像谜一般。这样的特点，给研究者提供了很大的探索空间。

八大山人研究的诸多方面在中国艺术研究中具有典范性。中国历史上朝代更替频繁，遗民问题是艺术研究中的重要问题。八大山人是一位遗民艺术家，他的艺术带有强烈的遗民色彩，像《古梅图》之类的作品，明显存在怀念旧朝的情感。但如何把握他的遗民情怀问题，其实是一个八大山人研究中的焦点问题。如果过分强调八大山人遗民艺术家的身份，他的作品被涂上浓厚的反清复明色彩，他画中冰冷的感觉，只被解读为对清人不合作的态度，他画中鱼鸟等的古怪眼神，是对新朝的憎恨——这是一个真实的八大山人吗？

一个伟大的艺术家往往与他所处的时代有密切关系，如何恰当把握这样的关系，也是艺术史研究中会碰到的重要问题。如八大山人研究中有个"青云谱问题"。清初以来，八大山人可以说是整个江西艺术的代表，南昌青云谱，是清初建起的道观，它继承历史上道教"净明派"的思想，其营建之始，就带有反清复明的思想倾向。八大山人去世后，江西实际上存在着一个将其神化的倾向，八大山人甚至被称为"八大仙人"，他成了不少反清复明文人的思想领袖。大致从19世纪末期开始，青云谱开山道长朱道朗和八大山人被合而为一。八大山人研究界对此进行了长期热烈的讨论，这样的讨论推进了这方面研究向纵深发展。其中得失，对中国艺术史研究来说，具有重要参考价值。

作为一位文人画家，八大山人的书画创造活动具有一个宏阔的哲学宗教思想背景。

明亡以后，八大山人在寺院隐居30余年，大约在他55岁前后离开佛门，回到南昌，过着世俗生活。这里就有一个问题：八大山人对佛门的态度。这也直接涉及对其作品的理解。今天我们所见八大山人作品，大多创作于他离开佛门之后。有些论者认为，八大山人并不信奉佛学，他在佛门只是不得已的栖息。八大山人早期作品中很多内容被解释为对佛学的厌倦，中年后离开佛门被看成是实现了他的夙愿。他的很多作品被解释为抨击禅宗之作。而另有论者认为，八大山人终其一生都是一位禅宗艺术家，他的作品中体现出强烈的禅宗倾向，道禅哲学尤其是禅宗思想给他孤迥特立的艺术创造以智慧。这方面的深入探讨，为传统艺术的研究打开了一个新的天地。

一百多年来八大山人研究累积了丰厚的成果，不仅涉及对清初那个中国艺术发展重要时期的理解，也涉及对中国艺术精神的把握。八大山人虽然一生足不出江西，没有任何显赫的身份（只做过一个寺院不长时间的住持），一生生活于困窘之中，但作为艺术上的不世之才，他创造的艺术世界，包括对人生命存在价值的追寻、对艺术本质的理解，对人类文明特别是审美世界有重要影响。

我们编辑这套《八大山人研究大系》，希望汇集海内外八大山人的研究成果，全面反映八大山人的研究面貌，呈现八大山人的智慧创造，彰显本领域的研究得失，推动八大山人研究向纵深发展，并希望对中国艺术和传统文化的研究产生积极影响，从而对当今的艺术创造和文化建构产生正面作用。

江西美术出版社2000年曾经出版过广具影响的《八大山人全集》，该书主要呈现的是八大山人存世书画作品的面貌。十多年后，该社又组织力量，编辑出版这套《八大山人研究大系》，侧重展现八大山人研究的面貌。这两套书相伴而行，相互补充，以期给研究者和普通读者了解和研究这位伟大艺术家提供更方便的途径。尽管有此愿望，但编辑工作遇到的困难仍然不少，其中定然存在诸种不足，敬请多提宝贵意见，以完善此一工作。

本书为国家"十二五"重点出版规划图书，并列入国家出版基金的资助。在编纂过程中，得到了很多朋友的帮助，在此一并表示衷心的谢意。

《八大山人研究大系》编辑委员会

2014年10月

凡 例

1.《八大山人研究大系》是全面反映近现代以来海内外八大山人研究状况的大型文献资料汇编,全书依研究内容分为12卷,共18册。

2.《大系》不是八大山人研究作品的全录,根据学术价值决定选入内容。个别作者论作因他故,暂不列入。

3.《大系》是研究性论作的汇集,文学传记、虚构作品不予收录。

4.《大系》以中文研究论作为主,也兼收英文、日文等多语种研究论作。

5. 各卷研究论作的编排,依问题讨论的相关度和讨论展开的内在逻辑而进行。并不完全以发表时间为顺序。

6.《大系》主要收录公开发表的学术论文,一般全文收入。适当选录学术著作中有关八大山人的研究内容,选入时加以说明。《大系》还包括一些首次发表的作品。为了全面反映八大山人研究状况,还选录了部分博士论文、硕士论文中的研究作品。

7. 收入的论作一般不会更改内容,对一些明显的错误和文字上的误植,加以修改。

8.《大系》选录研究作品的截止时间是2014年初。

9. 考虑到研究参考之方便,《大系》增加了若干附录。附录依据具体内容,分散在相关卷册中。

总目录

第一卷　名号、世系、生平、家学

上册　名号与世系

下册　生平与家学

第二卷　交游与活动

第三卷　遗民情感、病癫及怪诞诸问题

第四卷　印款及其他

第五卷　宗教、哲学思想

第六卷　艺术思想

上册　综论与分期

下册　艺术思想与美学

第七卷　绘画研究

上册　绘画风格、形式、题材研究

中册　山水画、花鸟画分类研究

下册　绘画作品研究

第八卷　书法研究

上册　书法综论

下册　书风与书法作品研究

第九卷　诗文研究

上册　诗文综论

下册　诗文作品评注

第十卷　鉴藏、作品真伪等

第十一卷　比较影响研究

第十二卷　年谱、著录等

目 录

001	徐渭与八大山人绘画风格比较论	石冉冉
006	八大山人对徐渭绘画技巧的继承和发展	纪学知
013	八大山人与董其昌作品之比较	郭名峰
031	董其昌和艺术的复兴	方 闻著／宋晓霞译
042	浅析陈淳花鸟画风对八大山人的影响	舒粉利
045	怀素与八大山人：生命与艺术的互证	杨远征
049	冷涂热抹终源情——徐渭与朱耷绘画风格比较	熊 立
053	八大山人对我国绘画的继承与发展	钟鸣天
060	木刻水印版画对八大山人花鸟画的影响	汪 洋
064	张狂怪异与"三绝诗书画"——浅析八大山人和郑板桥的艺术成就	冯 杰
069	意境在于心境——任伯年与朱耷画意境	张少华
073	八大山人对齐白石的影响	王方宇
085	八大山人对吴昌硕的影响	王方宇
092	时代不同艺亦同——八大山人和黄宾虹山水画艺术特征的比较分析	黄思源
096	对八大山人和黄宾虹山水画艺术特征比较研究的再认识	黄思源

100	略谈八大山人与潘天寿的花鸟画构图的相似性 ……………	王瑞强
104	潘天寿喜欢八大和石涛 ……………………………………	任愚颖
107	略谈八大山人对齐白石的影响 ……………………………	王振德
114	一花一世界,一草一天国——从八大山人对齐白石花鸟画的影响看民国时期北京中国画坛 ……………………………	余 洋
117	读《河上花图》随笔 ………………………………………	罗文华
120	八大山人《仿天池生画荷》与张大千 ……………………	林树中
122	苦禅画传述异 ………………………………………………	包立民
129	八大对二十世纪绘画之影响 ………………………………	何平南
134	八大山人的艺术特性对当代中国画的启示 ………………	王丽彦
138	八大山人与当代艺术 ………………………………………	虞 敏
149	八大画风的现代特征 ………………………………………	何平华
162	论"雪个精神"及其对中国当代艺术的启示 ……………	何平华
173	临八大山人画集序 …………………………………………	范 曾
175	生面别开的阿万提风格——从八大山人说到阿万提 ……	薛永年
178	一种风格,两种心境——关于八大山人与陈子庄绘画风格形成之分析 ………………………………………………	韦 静

181	静境——北鱼对八大山人艺术精神的继承	贾素慧
185	八大山人与瓷画	尧治华
187	朱耷瓷砚与中州龚氏	吴之邺
200	景德镇元明瓷器绘画与八大山人花鸟绘画	余 劲/邬德慧
206	论八大山人笔墨在现代陶瓷艺术中的运用	洪南雨/徐广青
209	传承与创造——对陶瓷绘画传统的反思	李 青
215	花鸟画与瓷器装饰	潇 然
218	八大山人花鸟绘画与景德镇元明瓷器绘画的关系	黄思源
221	论八大山人花鸟画与清康熙景德镇民窑青花瓷画艺术	赖德春
224	八大山人的花鸟主题与景德镇青花瓷器的文样	宫崎法子
233	景德镇明末清初民窑青花与八大山人绘画风格的比较	朱晓虹
249	"忘世""忘我""忘言"——论八大山人与莫兰迪的艺术特征	奚红叶
261	八大山人与梵·高美学趣味之比较	王文静
265	八大山人与蒙克艺术研究比较	何淑芳

268	悲怆与呐喊——八大山人与爱德华·蒙克绘画中表现意识之比较	李慧国 / 隆占玺
272	川端康成与八大山人	周 阅
276	从八大山人与梵·高之对比看中西绘画的意象性与表现性	姚灏娟
279	精神的栖息——八大山人与劳特累克的艺术比较	李伟力
285	跨越时空的情感之美——论梵·高与朱耷的相似	孟金花
289	浅析塞尚与八大山人绘画作品中的艺术特质	林 军
295	"四僧"名目考	吴雪杉
305	清初四僧艺术与阴性美	刘德清
313	山水画风格逸放不羁的"清四僧"	王恪松
319	四僧画的静美和动美	陈传席
322	"四僧"小议	杨 新
332	从石涛"一画论"看清初"四僧"绘画艺术	杨 冰 / 刘 枭
337	清初四大画僧合考	汪世清
360	传统中国文人画的情境与回应	理查德·维诺格勒
371	八大山人、石涛的艺术成就	陈浩星
377	木扉藏明遗民画二十家	郑德坤

徐渭与八大山人绘画风格比较论

石冉冉

徐渭和八大山人都生活在旧传统和新风范相互对立、相互冲突的封建社会没落时期，腐朽的封建制度和残酷的社会现实导致了他们的人生坎坷，同时，不平凡的人生际遇和个人素养也成就了他们的艺术人生，"不幸"的命运造就了中国画坛两位艺术奇才。他们都是中国画坛著名的写意画家，二者的绘画艺术有一定的相似性。但是由于他们的个人经历及艺术思想的不同，两人的绘画在艺术技巧、艺术思想和精神等方面又呈现出各自不同的特色，其在艺术史上的地位和对后世的影响也并不一致。本文试就两人的种种相类与相异进行比较分析。

一、艺术形式与艺术技巧

（一）着色与用墨

徐渭为了表达其宁静致远、淡泊名利的思想，作画用水墨而不用颜色，因此他的绘画绝大部分都是水墨画。他开创了泼墨大写意画法，这种画法不用颜色，只是使用纯然水墨。徐渭所画的葡萄、石榴、瓜、萝卜、豆、蟹、鱼等以神写形，虽然不追求形似，却有生机勃勃之感，所用的绘画手法与其所要表现的愤懑之情相得益彰。他笔下的雨中芭蕉，笔墨疾劲，生气勃勃中夹杂着一丝愤怒。

八大山人继承并发扬了徐渭的大写意画风格，其画严整而奔放，既能熟练地控制水墨效果又能淋漓尽致地随意抒发情感。八大山人在笔墨上消除了徐渭画风中粗豪霸悍的一面，使大写意画风走向成熟和完善，形成了写意花鸟画独特的语言。清代中期的"扬州画派"，晚期的"海派"以及现代的齐白石、张大千、潘天寿、李苦禅等大师，都曾受到徐渭写意画的影响。

（二）造型处理

徐渭的绘画造型技巧有以下几个特点：

1.立意构形。徐渭作画"意"先于"形"，以意而构想造型，然后命笔挥毫，画出形象。比如他画蟹钳着芦草横行，乃是表现"传胪"之意，用以讽刺科举制度和权贵。他画石榴，果皮崩裂，榴子散落，表示当世人才不被重用，才能无处发挥。总之他作画皆主立意，写形在于写意。

2.概括提升。徐渭的写意画造型比较概括，其画物体只注重主要的形象特征和神气，而大量舍弃一般的细节，使其形象更为典型，特征更为强烈。例如画蟹，突出一个甲状的硬壳，一对巨大的螯，其余皆不做重点处理。

3.省略。徐渭描绘景物，大量采用省略手法，他画的花卉，大都省略了背景。他画人物山水，往往只画前景，而不画远景，或者远近只画两个层次，大量省略了背景中的人物和细节。他画墨葡萄，有时只用墨点点出一颗颗圆形的葡萄果，并不都画出细梗相连，葡萄果实似乎在枝叶间跳动，更显得活泼生动。

八大山人的绘画更多注重主观情感的表达，其绘画的造型手法呈现出以下特色：

1.象征。八大山人的画大多缘物抒情，用象征手法表达寓意，将物象人格化，寄托自己的感情。如画鱼、鸟，曾作"白眼向人"之状，抒发愤世嫉俗之情。

2.隐喻。八大山人特殊的身世遭遇决定了其绘画语言的隐晦与深邃。从其留传下来的数卷题画诗来看，他多半用隐晦的手法，表达对故国的思念，并讽刺清朝贵族及其奴才的丑恶嘴脸。如他的《孔雀图》题诗写道：

孔雀名花雨竹屏，竹梢强半墨生成；

如何了得论三耳，恰是逢春坐二更。

这幅画上方为石壁，两朵将要凋零的牡丹花和低垂的几片竹叶位于石壁底部；画幅下方是一块光滑大石，这块大石上大下尖显得很不稳定，上面还蹲着两只十分丑陋的孔雀，孔雀尾部有三根残破的羽毛。该画意在说明那些降清的明朝文武官僚戴着有三眼花翎的乌纱帽，好比长着三只耳朵的奴才，由此来讥讽向清朝屈膝求荣的卑劣行径。孔雀蹲在一块光滑而不稳的石头上，象征着清政权随时有垮台的可能。

八大山人的画和诗相互配合，画中有诗，画外有意，章法奇特，寓意深远，发人深思。

3.局部夸张变形。《鹰图》是八大山人花鸟画艺术局部夸张变形的典型作品，他把鹰眼简化为方而大，中间竖点眸子的夸张造型，给人一种不寒而栗的恐怖和冷漠。八大山人晚年的花鸟画具有返璞归真的特点，"孤木孤鸟"不再是前期隐约玩世的情绪心态了，而是洋溢着生命活力和稚趣的"木老"扶"小鸟"，鸟儿小巧稚嫩，他们所停立的枯木已经逢"春"，冒出了花朵和枝叶。[1]

（三）构图章法

徐渭画立幅轴画大都在作画时预留一部分位置，故意造成画面的不平衡，靠题书诗词达到画面的平衡效果。如《墨花图卷》，每段各以一种花卉为主，画成一局，每段之间稍留空隙，以题书诗句。其《葡萄图轴》，构图更显特别。画幅右边是密集的葡萄藤叶，而左边却疏落清爽，对比明显。葡萄叶用豪放泼辣的水墨技法随意渲染，水墨浓淡交错，富有层次变化，重神似不求形似，别有一番生机勃勃之感。再配以晶莹饱满的葡萄，行草书写的诗词，字迹飞舞，构成了错落有致，随意挥洒的水墨大写意画卷。

八大山人的画，笔情恣纵，苍劲圆秀，逸气横生，使人感到小而不少，章法不求完整而得完整，这是其艺术上的巧妙。现实世界在八大山人的眼里是不公正的，扭曲丑恶的。他冷眼看世间万物，在造境布势上，按照自己的艺术灵感重新组合客观物象，或造险，或破险，或留白，或平中求奇。在常人意想不到的位置上画上一组顽石；在一块重心不稳的怪石上停立一怪鸟；数株枯树，突兀恣肆，峥嵘奇崛。他的一花一鸟不是盘算多少、大小，而是着眼于布置上的地位与气势，及是否用得适时、出奇和巧妙。在绘画之外，其诗、印、款的形式不但能弥补绘画布局上的不足之处，还最大限度地表达了绘画所没能表达的情感，从而补充了八大山人的意念表达。

二、艺术思想、艺术精神及情感表达

（一）艺术思想与艺术精神

中国艺术发展至明代中后期，出现了重要的历史转折。由于资本主义生产关系的萌芽和阳明心学的兴起，艺术突破理学的僵化和明初的复古，开始注重精神的自由、个性的张扬以及性情的表现，产生了一大批"写情""摩情""言情"，具备强烈通俗性、市民性的艺术作品。在这场明后期的情感美学思潮中，徐渭是一员先锋和主将。[2]

首先，徐渭在艺术创作中提出了"摩情"理论，主张"诗本乎情"，艺术应"从人心流出","真率写情""悦性弄情"。徐渭还以"有法无法"的观点看待艺术技法，认为"无法"是因为法的背后体现着本体之道，因此就艺术来说，既需有法，又需无法，认为艺术家如果过分拘泥于法，便会离道越来越远了。

其次，在哲学上，徐渭深受王阳明心学的影响。王阳明认为"身之主宰便是心，心之所发便是意，意之本体便是知，意之所在便是物""无心外之理，无心外之物"。[3] 徐渭的"信手拈来，结成妙谛"的绘画理论正好与王阳明的上述思想相契合。绘画上徐渭以表现心灵为重，强调"万物贵取影"，认为在绘画上应当遵从画家的"造化安排"，而完全不必考虑形似与否，画家便是画中世界的造物者与主宰。因此，徐渭将文人画的理论和实践，从重"形神皆备"的主客观兼顾而转向了"意在象外"的重主观、次客观的大写意发展阶段，从而成为文人画发展史上的一个重要标志。

与徐渭绘画精魂中更多地融入中国传统思想资源的痕迹不同，八大山人在艺术创作中追求的是一种洒脱和不羁。八大山人赞赏倪瓒的创新精神与师古态度，反对清初以模仿为能事的风气，集中反映了其在绘画思想上的超尘脱俗的追求。他在《为西老年翁书行书扇面》上所题："……士大夫多讥东坡用笔不合古法，盖不知古法从何处出耳。"[4] 更是这种心境的写照。

正因为八大山人摒弃了宗派与门户之见，大胆创新，不蹈覆辙，才在中国绘画史上形成了自己独特的风格。

（二）情感表达

徐渭和八大山人的绘画作品，都很好地表达了他们的思想感情。然而由于人生经历的不同，他们通过绘画来表现情感的方式也有很大差异。

徐渭的人生经历坎坷曲折，这种不幸的人生遭遇奠定了徐渭绘画作品悲哀痛苦的基调。他将个人的遭际和对社会的不满寄于笔端，对于世间的不公与丑陋毫不掩饰地予以辛辣的讥刺与嘲讽。这些都集中反映了他愤世嫉俗的情感和孤高自傲的个性精神。

作为明朝宗室后裔并生活于清代的八大山人，其境遇与人生体验则与徐渭有所不同，其更习惯采用隐晦但深邃的绘画语言来表达内心巨大的悲愤和躁动情绪。他的花鸟画作品，不求形似，在似与不似之间，追求"意象"表现"白眼向上"、斜睨世界的禽鸟，流露出画家对大明故国的怀恋和不肯臣服的倔强性格，表现出画家心灵深处的悲愤；一尾孤鱼，无水无草，空旷无边，表现出画家对世态人情的嘲讽、蔑视和敌意；一枝幽兰斜倚于一老瓶中，表现画家的无限愁绪，抒发"长借墨花寄幽兴，至今叶叶向南吹"的意象情态……

三、艺术成就及影响

徐渭的绘画主观感情色彩强烈，笔墨挥洒放纵，从而把中国写意花鸟画推向了书写强烈思想情感的最高境界，把在生宣纸上随意控制笔墨以表现情感的写意花鸟画技巧提高到了前所未有的高度。成为中国写意花鸟画发展中的里程碑，开了中国大写意画派的先河，为文人画的发展提供了广阔的空间。其画风对清代的八大山人、石涛、扬州八怪及近现代的吴昌硕、齐白石等也都产生了深远影响。

八大山人的花鸟画承袭陈淳、徐渭写意花鸟画的传统，又独辟蹊径，开创了简括、变形、夸张的水墨大写意的艺术发展新阶段，表现了明末清初的时代精神，前无古人，后启来者，有后人无法逾越的艺术高度。其画作虽然在当时影响不大，但对后世的影响是深远的，不仅在日本备受推崇，并在世界画坛引起了很大的反响，有着"东方梵·高"的美誉。300年来，我国许多著名画家如郑燮、任伯年、吴昌硕、齐白石、潘天寿、李苦禅、张大千等在画风上都不同程度地受到他的影响。

扬州八怪中，以郑板桥受八大山人艺术风格影响最大。郑燮画石，简括之风与八大画风一脉相承，脱颖而出。任伯年50岁以后所作花鸟画，也显见八大山人的影子。他笔下的花鸟枯木如《凌霄图轴》《风柳群燕图轴》等，其笔触遒劲雄肆，放纵泼辣。吴昌硕的花鸟画艺术虽继承了八大山人的金刚杵笔法，但其画风又与八大山人冷逸疏落的风格不尽相同，显得更加朴茂洒脱。受八大山人影响最大的当代画家当属齐白石。据龙龚先生《齐白石传略》记叙白石老人43岁时艺术历程："他临摹了很多古人作品，其中对他影响最深的就是八大山人。"白石老人"衰年变法"之前的画风"冷逸如雪个"，在此之后新画风的形成也同样是受益于八大山人的绘画精髓加以创新的结果。潘天寿所作的花鸟松石题材作品，也透露出八大山人影响的痕迹。如他在甲申年春二月一日画的《鸡雏图》，其笔墨情趣与八大山人笔下的鸟禽十分近似。潘天寿还从八大以黑计白的焦墨简笔造境中悟出以实计虚的创新之路，可谓在继承的基础上又有创新发展。

【注释】

[1] 胡光华.明清中国画大师研究丛书——八大山人[M].长春：吉林美术出版社，1996：104.
[2] 张燕.中国古代艺术论著研究[M].天津：天津人民出版社，2003：118.
[3] 王阳明全集[M].上海：上海古籍出版社，1992：6.
[4] 八大山人书画集：第2集[M].北京：人民美术出版社，1985：271.

（原载《鲁东大学学报（哲学社会科学版）》，2010年，第1期）

八大山人对徐渭绘画技巧的继承和发展

纪学知

　　八大早期的作品：《花果图卷》、《花卉图卷》（均由北京故宫博物院藏墨迹）、《藤月花卉册》（上海博物馆藏墨迹）、《传綮荷花图册》（美国王方宇教授藏墨迹）和《芙蓉山石扇面》（重庆博物馆藏墨迹），这些作品与徐渭的《墨花图卷》相比，可以看出八大山人学习徐渭的减笔大写意花鸟画风格。徐渭的画，高度概括，画一物往往几笔而成，形象多变，不求像物，除了画一些白色或浅色花瓣等用线条勾勒外，一般都用大笔蘸墨直接画出，他戏称自己是"涂抹"。他用最简练的大笔触来涂抹成形，他对物象采取"舍形悦影"的方法，即舍去细节，只看大的轮廓，他有一首《画竹》诗说："万物贵取影，写竹更宜然。"

　　八大山人作品中的菊花、灵芝、芭蕉、牡丹、水仙等同徐渭笔下的花卉造型相似，用笔用墨上也很相似，基本上也是采用勾花点叶或勾叶墨花等表现手法。

　　八大山人存世最早的一件作品是现藏于台北故宫博物院的《传綮写生册》，其用笔用墨的程式化，明显带有徐渭的痕迹。故宫博物院所藏"传綮"款《花果图》，其中梅花、石榴、莲蓬、芋头、南瓜等，八大对叶、果、干的表现得淋漓尽致，可以看出，其笔墨完全从徐渭中来。八大山人早中期用笔以硬朗为主，线条劲健挺拔，起止分明，他作于1682年的《古梅图》用笔虽较早期温柔敦厚，但挺拔劲健之处依然，一个极为明显的特征是画中用笔多方折，古梅枝干用大笔蘸浓墨勾画，稀疏的几朵梅花也是用浓墨重重点上，十分突兀，这样的笔墨都带有徐渭的影子。

八大山人早年血气方刚，晚年变得温和沉着，因此，他的用笔用墨也有所改变，徐邦达先生总结说："八大书画用笔，在书八大别号的初期（约60岁以前），大都方折而硬挺，鱼、鸟眼多为方形，到65岁以后，则由方变圆，山水树石则颇多干笔，圆润中露出沧桑，风格更为高华，这是他画笔的神化时期。"

如八大山人的《菊石图轴》与徐渭的《花卉图卷》中的《菊石》相比较，可以看出，他们都采用单线勾勒花瓣，阔笔点叶，一大块石头掩映着一束菊花，虚实相生，令菊花更加清秀。但八大山人相对徐渭来说，他不是单纯地塑造对象，更注重对对象的理解，他将石头上部夸大，形成一种不稳定的感觉，但两枝菊干使画面取得了平衡，同时菊花的处理也不再是停留在单纯的写生上，画家对菊叶的处理疏密有致，用笔很有力度，毫无拖泥带水的痕迹，枝头上的花开得茂盛，给人以一种欣欣向荣之感，枝干有粗有细，坚挺有力，菊叶向四周伸展，浓淡不一，错落有致，充满活力与生机，八大笔下的菊花与徐渭相比，显得更端庄和典雅。

徐渭喜欢画葡萄，他采用"影像"处理法，葡萄不画细节，全然一片墨影。如日本东京国立博物馆藏其《花卉杂画卷》，其中有一幅葡萄，全部是一片葡萄之影，枝叶连成一片，叶子不勾叶脉，葡萄只是画一串圆墨点，果实间相连的小茎也不画。徐渭画芭蕉也用同样的手法，用淡墨勾勒芭蕉的茎，较浓墨横排涂出蕉叶，叶脉留出空白，墨影连成整体，气势磅礴。画花头也非常概括，成勾成点，取大势，舍细节，使花卉更精神。八大山人学习徐渭的"影像"处理法，加上自己对物象的理解，使他笔下的对象具有独特的意味。如他的《山石小鸟》，他将山石、荷花和小鸟都用单一的墨色简化成一种抽象图式，加强虚实、黑白对比，用笔奔放，活泼，不加修饰，呈现出朴素之美。他用笔简洁，用墨单纯，直抒心性，他笔下的作品反倒呈现出一种灿烂的色彩。

八大山人的《传綮写生册》（台北故宫博物院藏）第七页的《石榴》与徐渭的《榴实图》相比较，就会发现它们之间有很多相似的地方，然而就石榴的轮廓、造型和笔触而言，八大在虚实、黑白和阴阳交错运用上，非常微妙，这与徐渭较单纯的"写生"是有所差别的。八大山人的《石榴》的"折枝"构图，呈现在二维空间的画面上，他使中间那只大而方的石榴和角落里那只小而圆的石榴构成美妙的对称，以柔和的水墨渲染而成的石榴，与用笔活泼的枝叶形成强烈的对比。最后，扁圆石榴中间衬托出晶莹透亮的石榴子。虚与实、阴与阳之间，生命节奏及笔墨的晕染在纸上交鸣。

徐渭的花鸟画喜欢采用对立统一的原则，这样画面会有一种强烈的刺激力量和活力。如他的《莲舟观音图轴》，画中的人物和景物集中在画的下面，上面留大幅的空白，然后在上部题诗一首，这样画面就有一种均衡感，同时，画的内容也丰富起来，书画结合，给人一种清新的感觉。还有，徐渭善于运用墨的虚实来丰富他的构图，比如他的《芭蕉梅花图轴》，画面一大块的墨芭蕉形成一道弧线，在画面中形成一种重量感，但芭蕉的叶脉留白，这与传统手法是相反的，这样统一的墨色富于变化，大块的墨色显得空灵而不堵塞，在左下角和中心留白，右边辅以淡墨，再用浓墨在上题词，这样的处理浓淡相生，统一而又丰富。

八大山人的花鸟画在构图上也采用徐渭式的对立统一的手法表现对象。世界上一切事物本身无不包含对立的统一，有对比，画面形象性格才鲜明，能使人们产生一种强烈的刺激、力量和活力。如《杂画册之六》，画面右上部鸟石大而重，左下部鸟石小而轻，一重一轻，一大一小，产生了量的变化，重心向一边倾斜，似乎失去了平衡感，但在左上方补上款题和印章之后，空旷的画面立即显得稳定、完美。

八大山人的《鱼乐图轴》的构图，画面上下两块怪石，一块从左上角高耸而出，一块从右下角蜿蜒而出，一大一小，一高一低，两石之间点缀了七条灵动活泼的小鱼，鱼虽小，却成了画面的中心。大与小、高与低形成了强烈的对照。在空白、虚实的处理上也达到了"画留一分空，生气随之发"的空灵境界。再如《安晚册之四》，图中的八哥弯颈、鼓腹、耸背，在石头上梳理羽毛，扭曲的身体与稳健的大石头形成了强烈的对照。同时，鸟石各自形成了一个椭圆形，整体的三角形给人以完整、稳定、持久的和谐美。

八大山人绘画的构图，往往以"奇"制胜，表现的是孤注的精神，他超越一切感官的世界而直抵精神底层。八大山人在继承徐渭花鸟画构图的基础上，加上自己独特的生活经历，在构图规律的发展中达到了前所未有的高度。

一、笔墨上的纵逸狂放与清新内敛

用笔用墨是中国画的基本功，作为艺术表现的手段，笔墨承载着感情，体现作者的心情，是他情感的晴雨表。吕凤子在《中国画法研究》中说到笔墨的情感色彩："根据我的经验，凡属表示愉快表情的线条，无论其状是方、圆、粗、细，其迹是燥、涩、浓、淡，总是一往流利，不作顿挫，转折也是不露尖角的。凡属表示不愉快感情的线条，就一往停顿，呈现出一种艰涩状态，停顿过甚的就显示焦灼和忧郁感。有时纵笔如'风驰电掣'，如'兔起鹘落'，纵横挥斫，锋芒毕露，就构成表示某种激情或热爱，或绝忿的线条。"徐渭心中那段不可磨灭之气，英雄失路，投足无门之悲的情感在他的笔墨中表现得淋漓尽致。

《墨葡萄图》是徐渭的代表作。这幅画以水墨写葡萄，随意涂抹点染，任意挥洒，比如画中的藤蔓、枝干、叶子、葡萄等，此图将作者的身世感慨与葡萄结合在一起，并在题款中点明其意。徐渭在图上自题曰："半生落魄已成翁,独立书斋啸晚风。笔底明珠无处卖,闲抛闲掷野藤中。"回顾自己怀才不遇、穷愁潦倒的一生,徐渭将一种饱经忧患、抱负难酬、无可奈何的愤恨和抗争,尽情抒泄于笔墨之中,把他英雄失路、投足无门以及由此引起的愤懑之情抒发得淋漓尽致。图的右上角狂草题诗:"山深熟石榴,向日便开口。深山少人收,颗颗明珠走。"同样抒发了他怀才不遇的情怀。

八大山人的《荷花双凫图》与徐渭的《墨葡萄图》比较一下,我们会发现,八大山人简约而含蓄的笔墨,高度符号化的水鸟造型,空灵的空间布局,透射出一种萧疏淡泊,冷逸含蓄的气势。这与徐渭的《墨葡萄图》中狂放纵逸的笔触、任意涂抹的水墨中透出的紧张不安的气氛是迥然不同的。从笔墨的节奏来看,八大山人在温雅单纯中有一股深沉内敛的冷逸之气,而徐渭纵逸狂放,酣畅淋漓的笔墨狂欢中,弥漫着激动和不安的情绪。对此,卢辅圣评价道:"徐渭狂放在能收,朱耷严整而能放;徐渭以墨韵滤笔气,朱耷以墨气振笔韵;徐重感性,尚洒脱,朱偏理性,崇朴茂……总之,一个以外拓胜,一个以内敛胜,一个趋向于热,一个趋向于冷。"

八大山人学习徐渭的减笔大写意风格,奔放而刚烈,但又有别于徐渭。徐渭是爆炸性的放纵,所以他的笔墨所构成体现的图形似乎要将所有的力量发泄到周围的空间中去,而八大山人则将笔墨的能量浓缩在自制的图形里,不在笔墨中以任意挥洒的形式发泄出来,八大山人笔墨刚柔相济,清新内敛。方闻教授《朱耷之生平与艺术历程》一文中认为:"八大山人有两种主要的画法,其一,以其观察所得,以一种自然而富表达性的笔墨将主体之若干细部予以强化,使造型的写实程度更趋完美;其二,尽情简化并统一笔触,将其归纳成一种得心应手的系统,形成易于重复且具书法笔意之程式……"

书法绘画用笔讲究"落笔要面面圆,字字圆","但须一落笔圆,通首皆圆",这些都是强调书画运笔中圆的艺术准则。徐渭心中有一段不可湮灭之气,故他作画疾风骤雨,任乎性情,他曾自题《雨中兰》图说:"此则不知为风为雨,粗莽求笔,或者庶几。"他作画运笔,无论花卉动植物等,皆粗犷狂放,"落笔惊风雨,图成泣鬼神",极为充分地表现了他的激烈的个性情感。

徐渭的《牡丹蕉石图》,牡丹、芭蕉、山石以及题跋,皆以水墨一气呵成,墨色淋漓鲜润,他大刀阔斧地表现山石的几个面,用笔气势奔放,徐渭以书入画,曾在一首题画诗《旧偶画鱼作此》中写道:"元镇作墨竹,随意将墨涂,凭谁呼画里,或芦或呼麻。我昔画尺鳞,人问此何鱼?我亦不能答,张颠狂草书。"八大山人用笔纵观放得开,收得拢,横铺纵深,跌宕有致,深妙入圆。八大山人能寄宁静于激越,他有此心灵即有此笔墨,故用笔圆润凝重。如他的《竹枝图》画竹扇面仅一竿,竹枝与叶相互间错开,内容不多,却取得了"竿有圆意""叶少而枝昂"(管道昇语)的独特效果。虽竹枝只占一角,扇面大片空白却给人以生意绵延之感。

中国笔墨崇尚"用减""冗繁削尽留清瘦",是以减而留余地,笔减而意尚,于简洁中见精神。"用减"的艺术,实质上就是"以最简的方法,获得最大的效果"(吉乌斯谛语)。徐渭笔墨奔放淋漓,随意挥洒,《杂花图卷》描绘13种花果,形体不拘一格,运用了泼墨、破墨、积墨等多种技法,气势奔放。荷叶水墨淋漓,梧桐和蕉叶不见首尾,用笔起落翻飞,风驰电掣,墨色浓淡枯润变化突然,"数不尽的点和线、形和色、灵和肉,在其中啸傲徘徊、奔腾踊跃,或如骇浪,或如烈火,或如轻云,或如堕石,有力量的冲突,有声音的交响,更是血和生命的迸发"!犹如奔腾的黄河在怒号。

八大山人在笔墨处理上清脱洗练,能弃杂取精,以神取形,以意舍形,做到以少胜多,言简意赅。如八大山人的《松梅竹蕉》(中国历史博物馆藏),墨色单纯,浓淡、干湿,对比强烈,他有意识地去掉烦琐的细节,取得响亮、欢快的视觉效果。再如《鱼乐图轴》,巨大的画幅,两块石头,数尾小鱼,但并不感到单调。画面中的怪石用笔沉稳多变,墨气淋漓,秀润内敛。而画上部的怪石则相反,乃一笔勾画而成,中锋取势,一气呵成,行笔如高山流水,苍劲有力,展现了八大极其深厚的书法功力。潘天寿先生观八大画后曰:"简笔出之,老辣果断,添一笔则多,减一笔则少,可谓炉火纯青,臻善完美矣。"

《墨荷图轴》,墨色空灵而内敛,画面右上方墨色酣畅淋漓,左下方用稳健的笔触画出三枝荷干,荷叶的用墨,有浓有淡,画面两小块空白中画家用浓黑的墨,清晰地勾出一朵荷花,墨色的浓淡对比,使荷花花瓣显得更加清秀。荷叶、荷干虚实相生,左边的两根荷干用较浓的墨色画出,中间的荷干则用淡墨画出,表达空灵而含蓄的效果。

八大虽然继承徐渭的绘画风格,然而,相较于徐渭的大减笔来说,八大似乎在朝笔墨的绘画性方面回归,大写意的笔墨更为完善,笔墨技法表现更为精致,率性涂抹的败笔减少,情感指向明确而不失含蓄。八大山人和徐渭的笔墨风格也有明显的差异,徐渭是一纵而无法、外张、直露,八大山人是一纵而有法、内敛、含蓄、单纯;徐渭狂放自由,八大山人则温柔敦厚,朴实天真;徐渭笔墨体现的气韵是粗狂放肆,而八大山人则显清新而稚拙内敛。

二、构图上的疏朗奇险与跌宕起伏

八大山人花鸟画的构图特点是疏朗奇险,疏朗主要是体现在他处理画面虚实、黑白的关系上。中国画讲究气韵、意境,画面结构的变化,取决于形象占有画面的空间位置和面积,从画面形式感来说,取决于空间的分割。

八大山人的构图,讲究虚实变化,其描绘物象并非全自画中成之,还从画外出之;在疏密的安排上,八大山人做到了大疏之中有小密,大密之中有小疏,空白处衬以意,无墨处求有画,虚实之间,相生相发。八大山人的构图不只体现在画面总的气势和分章布白上,甚至画面中的细节也做到经营得当,气势有序。八大构图的理念不是以实空间为单元的构成，而是以整体为出发点，虚实空间交互作用，以实空间虚化，虚空间实化为指导思想的分割与构成。

例如八大山人的《鱼》，偌大的画面，只有一条小鱼在其间逍遥，鱼虽小，但它可以自由自在地游，大幅的空白是鱼还是水，谁也说不清，多么廓大的境地，无怪乎八大发出"三万六千顷，毕竟有鱼行"的感慨。八大晚年的作品，给人以强烈的似幻似真的感觉，一切都似曾相识，一切又都朦胧恍惚，没有一个定在，八大山人所创造的正是他精心结构的"影子世界"。八大的画不是通过处境的渲染，诉述其悲伤之情，而是由此表现内心的平宁。

又如《麻雀》，八大山人将一只小麻雀画在左下角，其余什么都不画，画面上大块空白。小麻雀抬头仰望天空，像注视着高空飞过的鹰鹞，它右腿缩在羽毛内，身体明显下沉，像在积蓄力量，想奋力一跃，登上高枝。由于画面上部留白，使观众有想象的空间，咫尺万里，是多么寥廓。

他还采用"S"形太极图的构图，S形分割线像首尾相接的两条鱼，互相排斥，又相互依存，那象征元气的圆圈由阴阳二体组成，构成对立统一的整体，它体现的是一种"气运之圆"，构成"气运之圆"的基因，在于阴阳二气的对立合一。老子说："万物负阴而抱阳，冲气以为和。"一白一黑，在简练的造型中包含着丰富的哲理。如他的《双鹰图》，画中鹰、石、树、坡所构成的起承、转合的形式规律，强调平面分割的曲折变化，体现出双鹰上下呼应的内在情节的联系，画面给人以回转、曲折、含蓄的变化美。

八大山人知黑守白，知阴守阳，知刚守柔，他绘画中的魅力之处是画面中的大空白，一只雏鸡、一条小鱼、一块石头，而背后是几十倍大的空白，给人一种天地浑然之感。空白之中，既是有形，却是无形，净化了画面，是一种绝妙的"藏境"手法。八大山人以白衬黑，他以黑造像，以白造境，他将我们引入到一个无我的宇宙中遨游。希尔德布兰德说，艺术家的创造，"使我们意识到在整体感性空间连续中相关的形式"。画面中实与虚、有与无、动与静、单一与多样、变化与永恒，构成了气运之圆的动态平衡。

"奇险"是出奇兵，与众不同。谈到八大山人的"奇"，许多研究者会想到八大山人的身世，从而说他的画是"怪诞"，但笔者认为，八大山人的"奇"，在于他构图的独特。他敢于突破常规，突破成法，从而到达奇险入神的境界，石涛曰："达则变，明则化。"有法就有变，要知法善变，才能有所创造。高居翰先生说："八大早期绘画有趣的怪味主要来自其中的构图，尤其是表现在将描写之物推到画面边缘甚至推出画外，而使得物体只有部分可见的技法上。"绘画是空间艺术，绘画中需要表达一定的空间形态，必须呈现具体的物象。八大通过他的空间语言，突出世界幻而不实的特点，进而让人放弃法的执着，最终达到对"实相"世界——即他所追求的意义世界的把握。高居翰先生还认为："八大另一怪味则来自八大使直线组成的枝干，将画面分割成有趣的几何形状……并且是他最持久的风格特征之一。"八大运用线性分割法，他在结构上把画面上下对角线分割，使画面有一种强烈的动感。八大山人有一股超越凡俗的内敛之气，注入他的画中，使他的画有一种神秘的紧张感，这也就是他的奇险的趣味。如《芦雁图轴》就是这类"奇险"风格的作品。

《芦雁图轴》如果用对角线分割，整个画面即有一种紧张感，鸟儿之间的顾盼、渴望有一种恐怖感，但一枝芦苇斜出划过画面，使画面的中断又有一丝联系，还有一只鸟在梳理羽毛，使紧张的画面有些缓和。八大山人在奇险中求平和，正如他的人生经历，他试图在坎坷的人生中寻找乐趣。

八大山人具有超乎异常的变异能力，他能险中求奇，"于无声处听惊雷"。表现巨大的艺术魅力。如他的《竹石图轴》，一硕大长形石头屹立在画面中央，如喉咙中的一根骨头，险要无比，但画家采用圆中带方、湿中带枯的用笔，将这块巨石刻画得淋漓尽致，石头的凹与凸、皴与平、方与圆、大与小这些错综复杂的关系，八大山人都很好地表现了出来，石头上富有节奏地点缀了苔点，两旁几笔潇洒自然的竹叶，使画面感觉分外灵气，具有不朽的生命力。

徐渭花鸟画的构图主要有立幅、横卷、册页等几种形式。他的立幅中体现一种不平衡的势，我们经常能看到画家巧妙地运用对立统一手法表现对象，待题书、诗词后，则显得稳定。横幅像是一首激越高昂的马赛进行曲，跌宕起伏，如《杂花图卷》，画面从左边开始是牡丹，接下来的石榴、荷叶有些激动，到梧桐时较为平稳，接下来菊花、豆、桂逐渐又由安详变为动荡，葡萄用笔跳跃较大，画枝干时则处于激烈状态，情感发挥至高潮，其后芭蕉渐悠扬，再后梅花、水仙慢慢归于平淡，这情感的起伏将读者领入他激昂的悲愤意境中。

八大山人和徐渭一样充满激情，但他的情绪不像徐渭那样，徐渭使自己一直保持亢奋状态，他的构图跌宕起伏，体现的是他狂放的性情，他的"磊块不平之气"，郁积心中，倾泻而出，铸成了青藤艺术的鲜明个性。八大山人的构图是他的自然流露，是他对自然和生命的思考。

（原载硕士论文《八大山人花鸟画艺术解读——关于对徐渭的继承和发展》，江西师范大学，2010年）

八大山人与董其昌作品之比较

郭名峰

一、从用笔角度比较

从董其昌小楷《曹娥碑》《乐毅论》《金刚经》可以看出，其用笔完全遵守唐楷的严格规矩，中锋行笔，顿挫有致。由于董其昌早年长期勤习颜鲁公《多宝塔》、锺繇《宣示表》及晋人《黄庭经》等法书，受其影响颇深，形成的楷书总体上"笔法深厚，用笔多涩进含蓄，将放而放之势，有笔不尽意之趣"，这是他在继承前人笔法方面值得肯定的成果，如《金刚经》。然而，为了求变化，在此基础上，董其昌把从颜真卿那里得来的"横轻竖重""撇轻捺重"等对比明显的笔画特点演化为横画时起笔后行笔故作枯疏而使中间部分若隐若现或者断裂，突出端点与折点，这种用笔实际上把包世臣所批判的"中怯"进一步扩大化，在这一点上《曹娥碑》较为明显。作品中很多处垂露竖处理雷同、悬针竖向左下方不同程度地虚尖和撇捺笔的飘软笔态，全篇多处重复出现，对作品的美感有一定程度的负面影响，在《乐毅论》中亦有所表现，而在《临徐浩书张九龄告书卷》里特别突出。推察这些表现难免都有刻板、拘谨和荒率之嫌，董氏帖学功力深厚，驾驭笔墨当得心应手，不存在笔力不足，应系刻意所为，为合乎法度，或又为打破法度而着意求新，但在作品整体艺术效果中反映实属败笔。董氏在楷书上较为成功的用笔总体上仍为沿用前人成法，而异于前人，具有新的审美价值而被世人关注的笔法并未出现。

八大山人《月仪帖临本》楷书题款和《书画册》中楷书之用笔体现的却是另外一种精彩的从容不迫，"行笔中不再斤斤计较细部的得失，但所有看似随意之处，都被笔锋的运动所包裹，绝无松懈之感。这是楷书很不容易达到的一种境界，看似漫不经心，但十分严谨、周密"。具体来说，就是以中锋行笔为主，辅之以恰到好处的藏锋和侧锋，明显淡化起笔、收笔和弯折处的提按动作，线条点画沉着自然，几乎没有固定的诸如"横轻竖重""撇轻捺重"等楷书线条用笔程式，体现了八大山人在用笔上对"晋人笔法"的追慕和靠拢。是他以实际行动对唐以来发展出的一套强化提按、突出端点与折点笔法的大胆叛逆和否定。

由于书体本身特点的差异，行草书中的用笔与楷书用笔不同。

董其昌行草书用笔依然是继承"二王"帖学衣钵，所得传统笔法尤似赵松雪，后期虽学宋人苏、黄、米，然此三家用笔之法在其作品中未见体现。众所周知，董之临摹功力极深，掌握米、黄用笔并非难事，但在学此两家之后，他还是决定在具体形态上放弃继承他们的用笔路数，仅取其雄放、潇洒、痛快之意，以此为启发寻求个人用笔形态上的突破。然而，从他的行草书作中看到许多任意挥洒、带笔而形成虚尖、粗疏的夸张线条让人想到他似乎接受更多的是五代杨少师式的飘逸和神出鬼没。此举可看作是董在把宋意和晋韵、唐法进行大胆的结合，试图获得一种全新的笔法样式。这种探求和追慕，为他原有笔法的确注入了重要的新意，如其43岁时书《邵康节无名公传并程朱赞》，用笔虽仍以松雪路数为主，但已无求工之心，点画精到，偃仰相望，意态自若，反得天机之妙，有如落落尘寰之外的一股逸气，淡雅、安逸、虚静。但同时又形成了一种未免虚浮和草率的用笔，甚至在其成熟期作品中也时有显露，如其66岁时行草作品《苏轼重九词》，这对于其既得的某些"晋人笔法"反而是一种损害，因为其继承传统的极为完美的用笔形态始终散发着不可抵挡的魅力，其一生大量此类作品给人留下了难以忘却的印象，在一定程度上是引发其书名盛誉不可忽略的因素。

从八大山人行草书作品《河上花图卷题诗》《高适诗卷》《送李愿归盘谷序》《醉翁吟》中可以看出其用笔与董其昌在形态和本质上都不同。八大行草书线条形态和其楷书用笔基本保持一致，只是楷书中收笔处略微出现细笔。用笔安静从容，线条圆浑厚实，中锋贯彻始终，但线条内部的运动丰富而微妙，耐人寻味，以《醉翁吟》尤为突出；《河上花图卷题诗》在用笔的圆浑上与《醉翁吟》如出一辙；《高适诗卷》笔触的圆劲不减，但流动感稍强，增加了一些自由；《送李愿归盘谷序》在整体上线条细稍，更具篆籀味，大部分字行笔沉静安谧，但部分字行笔较灵动，产生了一定程度的活泼感。

总之，八大山人在前期广临帖学名家法书之后，敢于变革成法，从自己的内在艺术特质出发，毫不拘泥地将得自于欧体的沉着内敛、李北海的刚健浑厚、黄山谷的雄强爽利、米南宫的凝练洒脱的笔法都化为丰厚营养，又结合其他营养（如篆籀笔法、《瘗鹤铭》笔意），终于形成了一套体现个人特色的笔法。"用秃笔写出等线，在书法史上不多见"。把等线变为有粗细变化的线条，是由篆书到隶书的重大改进之一，后由隶书到真、行、草，笔画皆有粗有细，表现出轻重徐疾的节奏变化，以显示内心思情之起伏。自汉魏晋唐至明清以来的诸大书家无不巧妙运用这一技法，董其昌以及与八大同时代的傅青主、王铎等更是以此见长。董氏提倡"悬腕""正锋"，运笔要"自起自倒，自收自束"，"发笔处要提得笔起，不使其自偃"等，运用"秃笔"等线反易达到，而少"偏竭"（包世臣评董书"时有偏竭"）之弊。在神韵方面，"秃笔"自然形成雄浑老辣气势，是尖锋不易做到的。"八大吸收众家之长，除以董为基础，借鉴最多、最直接的是《瘗鹤铭》"，笔画如"折"笔（冂、乙）不"驻"、不"顿"、不"挫"、不"衄"，以腕力运送，直如"劲弩筋节"，可以说都是从《瘗鹤铭》中"移植"过来的。

受董氏影响，八大在书法上有着和董一样的对"笔韵"的崇尚和追求，在"以淡古为宗"的共同理念作用下，两人在具体实施过程中走的却是两条不同的道路，各自获得了不同的艺术表现形态，皆体现了不同程度的创新，但可以说，在化古出新方面八大山人走出的路子更富有创造性和具有更新的审美价值。

思考：用笔是书法造型艺术最基础的元素，"倘无用笔之工，则徒有结体之法。用笔之法的完备，使得每一笔有了造型的愿望和可欣赏的价值"。关于笔法之论历来颇多，谓之"浩如烟海"毫不过分。用笔之法有无数区分，古人好常做人体或动物形态之喻，须仔细体会方有心得，至于讲笔法而以"骨法""肉法""筋法""血法"作喻，更是提到了形而上的高度，非识者难参其奥妙。笔法如此重要，而要掌握高超的笔法亦非易事。董其昌和八大山人都是少年开始学书且穷毕生之热情和精力倾注于斯的，都做到了遍临历代名家法书，或悉心揣摩，或求访名师，皆得一套用笔用墨之功。

董其昌用笔风格的形成，缘于其涉猎学习的范围一直局限于帖派书艺，碑派几乎未有涉及，而在帖派的范围内，其更倾向于"入帖"，"出帖"的东西所占比重小得多。实际上，他最让人赏心悦目的作品无不体现着其娴熟使用前人笔法的偏"继承性"特质，由于他在模仿和精工上过人的天赋，使得此类作品总是放射着常人所喜爱的极为突出的精致和华美之气；而一旦求新，进入严格意义上的体现个人面貌的创作时，其笔法上显现出的新意却是很有限的，从他的不少作品中存在的枯疏、拖沓的用笔可以看出他的"求变"总脱不了拘束、犹豫和怯弱的缺陷。由此可见，董氏"出帖"之后，并未体现出很有意义的笔法突破，书法用笔总体上保持着他惯有的那种圆秀古雅、不出规格的特点。

八大山人晚年书法独特用笔的形成，究其原因，这既和他所处的客观时代背景有关，又和他超群的艺术智慧、领悟力和创造力密不可分。八大除广涉帖法打下基础外，实际上还受到过"金石学"的影响，注意吸收碑书营养。

邱振中曾指出，清代书法用笔大致可归为两类：其一，以运动的流畅为特色，用笔时运动的丰富性和连续性保证了线条的立体感和丰富变化；其二，由碑学的盛行发展起来的"涩笔"，即运笔时主动地加上阻力，使线条产生微小的颤动，以求苍劲。这里所提到的"碑学"实际上指的是复兴于清初的"金石学"，当时南方一些学者盛行一个书学观念：学书者必须"先通篆籀"，居住于南昌的八大山人（69岁前后）不可能不受此思潮影响，在一段时间里精力习篆，潜心揣摩、探索，形成了如他在《石鼓文篆楷书册》里的不重提按而注重行笔内部运动的粗细相对均匀，得浑厚朴实、苍茫雄奇之神的线条，这种笔法在他成熟期的书法中一直体现着。"篆书册中尚有《禹王碑》，鸟形虫迹，字态颇古，非篆非籀，八大以画法写之，线条灵动婉约，奇诡古奥中见超脱逸志"。

其实，无论帖学碑学皆有其独具魅力之处，作为两种风格流派其本身并无优劣之分，而只有在各自的运用发展中所能达到的不同境界之分。八大山人的线条就有机地糅入了"篆籀"元素而自成一格，是个成功的案例。值得一提的是，八大用笔倒没有如邱所言的那种"涩笔"，有的只是顺畅和厚实，而董其昌行草书作品中时常可见枯涩和飞白用笔。

书法用笔中关于"熟"与"生"以及由此而引发的对用笔之"俗"与"非俗"的思考："熟"（常谓之熟练），是由技而入道的必经之路、必要条件，是渐入佳境的门槛。"妙悟者不在多言，善学者还从规矩"。超脱与自由是艺术表达和追求的终极目标，然没有规矩的自由，不是真自由，是胡来，没有基础技法训练和基本修养是难登艺术殿堂的。不熟练而谓"生拙"实为找借口的伪饰行为。真正意义的"生"（多称生涩、生拙），是排除了甜媚，接近了自然之态而出于本能的显现，因其在本质上不同于熟滑而时有新鲜之感，此时的"生"是用熟练的技法，"来隐藏人所共知的东西"，目的是为了脱俗，而绝不是平常意义的对技术的陌生。"熟"又有精深与粗浅之层次区别，粗浅之熟实为半生不熟，且因这种熟而轻飘，至油滑而入俗；精深之熟才是真熟，是得法精进的、日有进境的、不断有"新的经验"达到的成熟，因此，"熟"，是一个不断打破过去记录趋于完善的过程，真正有学识、才情、创造力的艺术大师大概也是永远难以实现的境界，而每次达到的境界都只是阶段性的更高层次而已，只有更高，而无最高。掌握了精深之技巧，在创作中才可得心应手，也更可以"艺高人胆大"，纵使于心血来潮之际亦不会有所顾忌，待发之情按既定方式流淌出来，没有任何踌躇与矫情。

据此，考察用笔之"俗"，其一是缘于手生、缺乏技巧，表现能力时受限制，导致作品苍白、低俗。于此，对傅山"宁拙毋巧"说应作正确之辩，而不致浅尝辄止者误入歧途，初学时便不欲"巧"而欲"拙"，不求美而求丑，无矩无法，胡乱涂鸦，是入邪路也。其二是缘于粗浅之熟，因麻木重复有限之笔法而趋于油滑，实为简陋粗浅，裹足不前，难脱俗嫌。

二、从用墨角度比较

董其昌作书在用墨上可谓浓、淡、干、湿皆用，墨色较为丰富，墨法运用灵活，这成为他书法一个比较突出的艺术特色。在这些成熟期的代表作中，因《曹娥碑》为碑刻拓本，无须考其墨色，《乐毅论》《金刚经》《秋声赋帖》《岳阳楼记》《吾松山帖》为纸本墨迹，全篇未用淡墨，皆用色调统一之浓墨，俊雅、秀润；《白羽扇赋》墨色浓淡结合，产生了色彩的对比感和由此而生的节奏感，较之纯用浓墨更有活泼而新奇的视觉冲击。另有一些作品如《和子由论书》和《洛春谣》等纯用淡墨，在色彩表现上明显异于浓墨作书，散发着一股清新的气息；结合枯涩和飞白用笔，董其昌亦喜用干墨作书，如 48 岁时行草书《癸卯临杂书册怀素自叙帖》和《节临怀素自叙帖卷》等，一派苍莽、洒脱的气象。

可见，董其昌在书法用墨上勇于打破常规，大胆尝试和创新，在帖学领域里开创了墨法兼容丰富一派，为晚期帖学传统比较成功地注入了新的审美元素，使之呈现出不同于以往的新面貌和活力，从此角度看，其不愧于"一代帖学大师"之称。但在此方面有两点需要分辨，其一，董其昌书学思想里强调对"平淡天成"的追求，有批评家就确定这正是其大量使用淡墨的原因，笔者以为具体墨色之"淡"与平淡天成的神韵之"淡"固然有着不可分割的联系，但将两者等同则混淆了审美形式与意韵本质上的区别，实属望文生义、牵强附会之说。其二，用笔和用墨在书法中是有机结合、共同起作用的，不论用墨浓淡、干湿、枯润、涨收等，要产生好的艺术效果，还须依赖高超的用笔技巧和水平，两者互为依存，相得益彰。

八大山人书法用墨惯用色调统一之浓墨，沉静、浑穆，他的包括成熟期在内的所有书作都体现了这个特点。仅在部分随意性较强的非正式创作（如信札、临书、题画书等）中亦存在无意而自然的枯笔和飞白墨迹，如《临兴福寺半截碑册》《山水图册之十二》《松柏同春图卷》等。山人似乎从未想过使用多种不同的墨色进行书法创作，完全无视墨色变化的存在，以其极富个人特色的线条和微妙复杂的线条内部运动，在纸上自由地使转游移，留下的墨迹意象同样给人以丰富的视觉感受和审美意趣，同样突出地体现出高超用笔用墨技法。人们在鉴赏山人书法作品时，和董其昌多种墨色兼用的同样高超的用墨技法相比，从另外一种艺术形式表现的高度强烈体味到山人实际上大得安静与从容，亦得"平淡天成"之趣。在其生命的最后 5 年中的作品此种境界表现得特别充分，如书于1702年的《月仪帖临本》楷书题跋、《行书扇页》和1705年的《书画册》楷书部分、行草书《醉翁吟卷》等。

思考：历览书家书法艺术中墨法的运用和表现，大致包括两个方面，即与笔法的密切关系和墨色的多样变化。

第一方面，笔墨在纸上移动留下的墨块其基本构成的点、线、面的造型变化与用笔密切相关。包世臣曾说过："盖墨到处皆有笔，笔墨相称，笔锋着纸，水即下注，而笔力足以摄墨，不使旁溢，故墨精皆在纸内。不必真迹，即玩石本，亦可辨其墨法之得否。尝见有得笔法而不得墨者矣，未有得墨法而不得用笔者。"意思是，得笔法可能尚未得墨法，若得墨法则必已得笔法。这种逻辑思想是正确的，即书法艺术中用笔之法居于第一位，墨法由笔法来决定。沈尹默也说："世人公认中国书法是最高艺术，就是因为它能显示出惊人奇迹，无色而具图画的灿烂，无声而有音乐的和谐。引人欣赏，心畅神怡。前人千言万语，不惮其烦说来说去，只是说明一件事情，就是指示出怎样很好地使用毛笔去工作，才能达到出神入化的妙境。"简言之，墨法依附于笔法。

第二方面，墨色的调和与丰富自宋代以来就为书家所重视和探究，之前书家用墨都强调浓厚。南齐王僧虔《笔意赞》中所说"浆深色浓，万毫齐力"就具有代表性，唐代有部分书家也不赞成墨色一味地浓淡，如欧阳询指出"墨淡则伤神采，绝浓必滞锋毫"，即排斥淡墨和绝浓的墨，点出了墨色须浓淡适宜。在实践上身体力行还从宋始，黄山谷常用淡墨，米元章也偶用淡墨，甚至墨干了，也还要在纸上擦出字迹来，其《吴江舟中诗》《虹县诗帖》等多处字皆如此。宋人打破以前的用墨传统，进行变革，与其不守唐法，崇尚"写意"是密切相关的。遥接宋人遗法，明董其昌是一位善用淡墨的杰出代表。他用此墨法，在率意中得秀色，风流蕴藉，掩映一时。清王文治《论书绝句》曰"书家神品董华亭，墨色空元透灵性"，认为董书从淡墨中表现空元，流出古淡，透出性灵。实际上王氏本人就是一个"淡墨派"，以淡墨取风神，深得董香光神髓。实际上考察书法史可知，明代以降，随着书写材料上渗化效果较强的生宣的大量使用以及作品幅式和创作观念的变化，书法家们在创作中愈来愈多地通过对墨色的控制来增强作品的表现力，董其昌、王铎、刘墉、王文治、黄宾虹、林散之等人的书作比较鲜明地凸现了他们在墨色方面的个人追求。当代中国及日本的书法家们在对多层次墨色的自觉运用方面踵事增华、不胜枚举。

用单色调浓墨作书，凭借高超笔法体现黑与白块面构成的对立和统一，用多种墨色作书，偏于以墨色构成表现意象，两种取向各有偏倚，却各得意趣。八大山人和董其昌，就是这样以各具特色的形式语言，从不同的角度阐发汉字书写艺术中错综而丰富的辩证关系以及由此而深入的美的哲学。

三、从结字角度比较

观董其昌楷书《曹娥碑》《乐毅论》《金刚经》，可以得到这样一种感觉，总体上结体深得晋唐精髓，严谨精到、遵守法度，但没有唐人锺绍京《灵飞经》和赵松雪《汉汲黯传》那种相对的舒展开张，体现了其娴静、雅致一面的艺术特质。董氏在自己长期临帖的艺术实践里，其楷书"撷取颜书笔法变化之精髓，颇具结字宽博外张体势，而舍弃颜书均衡的笔画分布与方正的字形，再参以欧阳询、徐浩诸家特色，配以清秀欹侧之间架，创造出一种欹正相生、俊逸疏朗的新面貌：体态称健，笔法浑厚；用笔多涩进含蓄、将放而留之势，有笔不尽意之趣"。这就使得他在创作楷书时经常能在同一件作品里书写形体陡转、势态迥异的字，但又变化自然，各得其妙。这是他广临而善化、最后形成极其强大深厚的帖学表现功力的必然结果。如楷书精品《曹娥碑》在此方面表现得最为典型，开篇前十行，字势平正端庄，沉稳朴茂，一派《宣示》《黄庭》古风；而从第十一行始字势倏然一变，字字朝右上方欹侧，用笔亦稍有变化，显得挺拔俊逸，颇具松雪《汲黯》之势，作品后十行又归复开篇平正字势，直至收尾。正是由于书者的巧意安排和控制笔墨的娴熟技法，整件作品展现出别具一格的风采，"欹正相生"应该可以作为对他非凡的控制用笔和结体能力的一种说明吧。

八大山人的楷书，结体体现了浓厚的个人特色。如他的《月仪帖临本》楷书题款和《书画册》楷书部分，在合乎规范的前提下大胆创新，在字势上打破单纯平正的传统样式，结构相对宽松舒展而不松懈散漫，尽其欹正、伸缩、收放之能事；在结体构成上大量引进行书甚至草书的写法和异体字写法，以楷书笔意写出，又能与楷书笔画自然融合，使许多字的笔画产生了实际上的简化，笔不周而意周，但在表现简化的同时又喜用比平常写法笔画更繁多的异体字，两种倾向完美地统一在他的作品里，可见，在八大的眼里，在他的笔下，似乎多一笔或少一笔都在认可范围之内，都在情理之中，由此，八大的楷书形成了一种大不同于以往书家结体的新奇的独特格局。

董其昌的行草书结体基本上是遵循晋唐帖学法则，没有出现如八大山人的那种对规范结构的改变，在字的结体上呈现出的新面貌和他的用笔特点联系更紧密。在走了一条相似于元代赵孟頫临帖的路子之后，董其昌为了避免落入"赵文敏第二"的尴尬境地，除在墨法上浓淡兼施、找到新的突破外，在固有结体模式的基础上不拘泥严谨的法度，单字结构的舒散聚拢随机而变化，并不安排紧凑而规范的结构。正如他曾把自己与赵孟頫做比较所言，"吾书往往率意。当吾作意，赵书亦输一筹。第作意者少耳"，董氏以"率意"自诩，是有道理的。由于他书写时不时刻意求好，所以反得一种闲适自然的情趣，这正是董书的长处。

和前面所述楷书的特点一样，八大山人的行、草书结体也突出地呈现出一种简化后的凝练，适当减笔，或频频使用笔画繁多的异体字，更加不按常规的结体法则行事，"他的行书作品中经常夹杂着一些草书，草书作品中也经常夹杂着一些行书"，"他把行书与草书并置在一起，造成结构上的某种冲突，同时再用一种圆转的笔法将它们统一在作品中，从而展现出新的面貌"。这是八大山人书法的一大艺术特色，在他的《河上花图卷题诗》《高适诗卷》《送李愿归盘谷序》《醉翁吟》中都有明显的体现。此外，他的行、草书结体还有其他明显特征，如：很多单字内部留出大面积空间，《送李愿归盘谷序》里最多这种情况，参见"盘""廓""蠹""饮""康""从""终""徜""徉"等字，还有《河上花图卷题诗》里"丁""上""如""高"等字，《高适诗卷》里"时""寐"等，《醉翁吟》里"为""若""作""刻"等；单字中某些笔画或部分正常位置的偏移，如《河上花图卷题诗》的"明""余""颗""成"等，《高适诗卷》的"灵""时""膺"等，《送李愿归盘谷序》的"归""盘""深""寿"等，《醉翁吟》的"佩""僧"等；大量按照均匀分布原则排列字的结构，如某些字的圆形或方形外框结构结体宽大，如《河上花图卷题诗》的"团""白""图""日""同""月"等，《送李愿归盘谷序》里"南""闻""日""且""徜"等，显示一种浩大、厚重、坦然感。总之，"详细的比较研究清楚地显示，对古典字结构的某些部分加以夸张和变形，是八大山人创造新结构的基本方式"。

思考：结体包括单字整体造型的所有法则。结体之法，极其重要，古人总结概述之丰难以胜数，如唐·欧阳询《三十六法》对此就有比较完备的列述：排叠、避就、顶戴、穿插、向背、相让、补空、覆盖、贴零、粘合、捷速、意连、垂曳、借换、增减、应副、撑挂、朝揖、救应、包裹、附丽、回抱、管领、应接等法。明·李淳进《大字结构八十四法》、清·黄自元《间架结构摘要九十二法》中均言书写结体方法。方法如此之多，保证了汉字书写艺术的表现须在一定的法度范围内施行。千百年来，人们在遵守这些规范的前提下，从自己的实际出发已然创造出了各种不同方式和风格的结体，各具形态的结体传递出各种不同的人文意趣。它蕴涵着笔法墨法，是书法作品中用以体现艺术家个性、充分表达意象的最主要的部分。

无论是淡化还是体现个性的书法形式，都存在着相对固定的、习惯性的结体方法。前者就如"馆阁体""算子书"等欲写得端正、工整、漂亮亦须符合一套常规的结体之法，而后者就需要在符合常规的基础上形成能有效体现浓郁个人特色的结体方法，不同的人书写同一字所呈现的形态和透出的趣味就不相同。这就是书法随着社会的发展产生千姿百态风格面貌的内在原因。

董其昌极其深厚的传统功力突出地表现在他的楷书作品里。可以说他在形成个人面貌之前其结字严格遵从传统，是完全符合自唐以来论说丰盛的结体之法的，这是他的入帖成功之处。晚年成熟期的楷书结字除"欹正相生"的个人特色外，大多数作品都是偏重端正、工整和秀丽，与当时社会上已然流行的"馆阁书"相比固然多了一些个人艺术气息和审美价值，但毕竟在一定程度上显露了与其接近的倾向。

八大山人楷书结体中经常采用行草书结构，又用娴熟的笔法表现出完全是楷书的意味，但毕竟已不同于法度森严的传统楷书，在某种程度上体现了异化的倾向，这种明显的倾向在书法发展史上恐怕还是第一人。同时，他的行草书中又经常采用楷书的结构，且作品整体呈现的是楷书从容不迫的节奏，毫无平常意义上行草的那种风樯阵马、迅疾飞扬，八大山人书法中这种"楷含草画"和"草用楷意"的独特结体现象无疑也具有某种异化的倾向。

实际上，如上述分析的八大书法结体中所有独特个性都反映了这种倾向。

这种现象的出现，实际上已经开始模糊书体之间本来存在的明显界限，使得书者可以在各种书体之间自由切换、穿行和对接。这可以理解为既是书者实际表达的需要，更是书法随时代发展的内在本质需要，这些客观需要必然首先体现在书写具体形态开始发生的微妙变化上。自宋代以来开始出现行、草夹杂情况，而在明代草书中夹杂与楷书有关的行书笔法已经成为惯例，到了清代，出现了一次书法变革的浪潮，在众多变革中，不同书体的夹杂、糅合使用是一个比重较大的内容。如石涛的某些题画诗书，郑燮的"乱石铺路"书法等，其中的隶、行、楷、草，可谓无所不用，夹杂在一起，新奇热闹，异趣盎然，但细品之，唯觉各种不同书体更多是被简单而生硬地杂糅在一起，冲突和不安感觉很明显，没有实现有效的统一。而八大山人在这方面的创造性是极为成功的，他的楷、行、草三体在具体的用笔和结体形态上经过凝练和调整，发生了微妙的变化，使得它们在一起可以达到有机的融合，你中有我，我中有你，自然无痕，变得独特而耐人寻味。

他的独特的结体技巧、模式和能力为后人继续深入地探索书法艺术创新规律树立了一个典型，亦提供了某种方向、方法和契机，这应该是八大书法艺术又一个重大的艺术价值所在。

四、从章法角度比较

整体贯用格式比较

董其昌一生书法作品各种样式都出现过，如立轴（含中堂）、条幅（含条屏）、横幅（含长卷）、册页、扇面、信札、绘画作品的题识等。八大山人书法作品中扇面样式的不多，如《临河集叙扇页》（1698）和《行书扇页》（1702）就是扇面格式。就他们晚期的传世书作来看，惯用格式以立轴、横幅和绘画作品题识为主，特别是横幅形式用得最多，而且似乎更喜欢长卷。如董其昌的楷书《曹娥碑》《乐毅论》《金刚经》都是横幅，其中《曹娥碑》是长卷竖行线式，《乐毅论》是横幅竖行线式，《金刚经》是横幅加单字方格式，行草书《苏轼重九词》是竖幅立轴，《行草白羽扇赋》《行草吾松山帖》都是横幅。八大山人的《月仪帖临本》楷书题款、《书画册》楷书部分都是横幅形式，行草书作品《送李愿归盘谷序》是立轴形式，《河上花图卷题诗》《高适诗卷》《醉翁吟》所用都是横幅形式，特别是《河上花图卷题诗》和《醉翁吟》是典型的长卷，《河上花图卷题诗》系画面结尾部分，书迹长度和面积竟占整幅画作的近 1/4，气势浑朴厚重，蔚为大观。

董其昌与八大山人的这种在书法作品格式选用上的共同点，说明了一个事实，自王羲之以来，传统的帖学书法创作以手卷为主要形式，横幅是用得最多的格式，反映的是传统帖学书法特有的审美理想。

董其昌走的是一生临帖的学书道路而最终成为明清最著名的帖学大师，他直接而完全地继承了传统帖学书法的审美理想和审美形式，其在横幅作品创作中所表现出来的娴熟和游刃有余，显示了极为深厚的传统功底，然而，到了"董其昌时代，立轴已经流行起来。我们把董其昌创作的立轴和徐渭、张瑞图等人的立轴书摆在一起，董书的柔弱、拘束，在立轴上的无能就充分表露出来"。他没有冲出到帖学范围以外去寻求和获得实质性的新突破，他对"晋人笔意"的推崇在行动上只是保守的复古，没有在创作实践和表现形式上下更多功夫，如他 66 岁时的行草书作品《苏轼重九词》，共四行，每行平均不到 20 字，但也算是董其昌立轴作品中行列字数偏多的作品，一方面，董氏追求的生拙用笔、秀雅虚和的神韵与作品实际存在的许多粗疏草率的结体相结合，反而滋生出了某种单薄、怯弱的负面效果；另一方面，由于纵行较长，多处出现字与字之间气势中断，仿佛没有任何笔意关联的字强凑在一起，使整件作品结构安排有失松散，缺乏自然的紧凑和融合，在董氏所有立轴书作中都不同程度地存在着这种毛病，如其成熟期的行书《白羽扇赋》《岳阳楼记》条屏 12 幅（1634 甲戌春三月），而在董氏众多横幅作品甚至是某些篇幅极其浩大的长卷里都不存在。

八大山人一生亦广临名家法书，对于传统帖学的审美理想和形式了然于心，深谙帖学用笔、结字和布局之道，大概由于董氏是当时在时间上离他最近的一代帖学大师（山人 10 岁时董其昌辞世）的缘故，长期以来对"魏晋风骨"的追慕使其在中年时期曾对学习董书投入了极大热情。如"引言"中所述，除对董书从形式到风格的临仿外，八大对董氏书论所倡导的书学思想都是表示赞同的，如"以淡古为宗""书家未有学古而不变者也"等，这里的"淡古"应特指平淡天成的魏晋古风，八大以此为目标迈出的脚步是坚实的，他以深厚的帖学修养为基础，以其独特的用笔、结体与布局等形式因素，无论创作横幅还是立轴等各种格式，驾驭得同样娴熟合理。如立轴行草书《送李愿归盘谷序》就是一件典型的纵长偏大的立轴作品，共五行，每行平均多达 20 字，用笔凝重雄强，结体收放自如，字与字之间错落有致、气势贯通，整篇作品沉着大气，浑然一体。

思考：诚然，从单纯的视觉差别角度考虑，横幅与立轴这两种书法格式对书家的整体要求是有差别的。横幅作品相对行数多，而每行的字数少，书写时换行较为频繁，对于观察已写内容和把握上下相隔不远的在写内容相对更便利些，目光上下移动幅度小，有时一气可以写完一行甚至更多内容，即使偶然的笔意、气势不连贯也不明显。而在立轴作品中，要求就高得多，相对横幅其行数更少，而每行的字数大大增多，换行次数少，且书写完一行所用时间相对长些，通常一气难以写完一行，得稍停调整笔墨后接着再写，如出现笔意气势不连贯的地方会特别明显，作楷书尚且可以多次停顿，甚至可以一字一顿，作行、草书时书写速度较快，特别要求气势贯通、过渡自然，而不可随意停顿，由于笔力不足或考虑不周和犹豫而出现非自然的频繁停顿都会严重破坏作品内部结构的整体性，降低作品的品质和格调。在书写时观察已写内容时目光上下移动幅度较大，这时实际上并不完全是靠单纯目光的移动，更须依靠意念的参与和把握，正所谓"书心悟，不可以目取"便是此意，这对于书者是一种较高的而又是必然的要求。

总之，书法各种格式的创作要求，体现出一位优秀书法家应该具有的整体素养，即高超的技巧（包括用笔、结体的基本造型能力）、敏锐的洞察力和娴熟自如驾驭全局的控制力。

正文部分比较

董其昌的章法构成很有特色，但对于基本构成方式没有做出创造性的贡献。整体上从行气线的角度看，董其昌书作的正文以采用行距较大的所谓"疏朗"布局且用直线平匀式见多、见长。如他晚期楷书代表作《曹娥碑》《乐毅论》《行草白羽扇赋》《行草吾松山帖》等都是如此，且都在横幅特别是长卷中表现得最好。也有一些作品采用其他布局形式，如单行曲线式（体现单向收放变化）或行间对比式（行距松紧不均）等，但只属于作品中的少数部分。八大山人的书法作品布局上也喜好传统的布局形式，成熟期的代表作采用的都是如此，如他生命最后一年的草书杰作《醉翁吟》，布局疏朗匀净，完全是一派章草古风。八大晚年书作采用其他布局形式的一般都表现在他的一些题画诗和信札里，由于他已经达到了能在各种传统法书风格和自身的"八大体"之间自由出入的境界，纵使不采用标准的直线式"疏朗"布局的书迹，亦照样可挥运自如、各具气韵精神。

从书法作品正文中单字间的空间联系来看，董其昌与八大山人的特点也有不同之处。董氏楷书素以工整秀丽著称，其中有很多行距字距布局平均的楷书作品，即使在晚年也经常采用这种格式，如《金刚经》就是全篇打了方格一字一格书写的典型规范作品。八大山人一生传世的书法作品里都没有发现这种格式的楷书作品，即使在他早期的《传綮写生册》里的楷书墨迹也没有这样做，当时他常临习的就是法度森严的欧体楷书，本来极易诱使人形成严守规矩、精工刻板的审美倾向，然而八大在实际中却得书之真法，用表现自家性情的笔意，从用笔、结体到布局显示的是活泼化、灵动化了的欧体楷书，可见八大从学书之初就不喜欢太过工整、平均而缺少变化的东西，而崇尚相对自由地发挥，这体现了他在艺术甄选和追求上鲜明的个性和独到的见解。另外，董氏的行草书作品中字与字之间的牵带连接经常出现，从他晚期代表作品《苏轼重九词》《行草白羽扇赋》《行草吾松山帖》中皆可看到这个特点。实际上，不论是他的正式作品，还是他的题画诗和平常信札，这种现象都经常性地存在着；而八大山人的晚年行草书作品，除了某些信札和题画诗，他的正式作品中字与字之间的线条连带很少出现，如他的《醉翁吟》和《送李愿归盘谷序》。这极大程度地源于他"八大体"的"楷含草画"和"草用楷意"的独特内在构成法则，同时，这也是八大晚年的楷行草书法作品都一致地展示着浑厚而静穆气息的形式因素上的根源所在。

思考：自魏晋以来，书法作品的正文通常以"布局疏朗"的直线式为主要审美和表现形式，这种布局形式最早可溯源于殷商的甲骨文，包括后来进化发展的各种铭文和篆隶书，虽然有的不是标准的自然式或行距不很明显，但总体上都是"疏朗布局"的基本样式。到了汉朝章草的出现，这种布局逐渐从各种样式中相对独立出来，比较稳定而习惯性地通行着。也许由于西汉史游所作《急就章》是书写在单片独立又平行相隔的竹木简上，而使得东汉时期写在纸上的墨迹章草在布局上遗传了行距较开的特点，形成有名的"布局疏朗"形式。这种形式相对固定，沿用了很久，东汉的两位章草大家杜度、崔瑗和继他们之后的草书界新星张芝，他们的章草作品都反映出这个特点（可参看传世的张芝作品《八月帖》碑刻本）。魏晋时期的锺繇、王羲之、王献之等书法巨匠，除草书外，他们的楷、行书作品的布局都体现了这种特点（可参看锺繇楷书《戎路表》《宣示表》，王羲之楷书《黄庭经》《乐毅论》和行书《兰亭序》《快雪时晴帖》《行穰帖》，王献之楷书《洛神赋十三行》、行书《鸭头丸帖》与今草《中秋帖》等）。至唐、五代、宋、元、明、清等时期一直都有书家沿用，如欧阳询行楷《张翰帖》、颜真卿行书《争座位帖》、杨凝式楷书《韭花帖》、苏轼行书《治平帖》、赵佶瘦金体楷书《闰中秋月诗帖》、赵孟頫行草《烟江叠嶂图诗》、张瑞图草书立轴《五言律诗》、倪元璐草书立轴《自书诗》等。由此足以可见，疏朗的直线式布局是一种出现得最早而在各个朝代时期都最为流行也流传最广的形式。

但是，正如事实上所呈现的那样，在流行这种"疏朗布局"的同时，一直都并行存在着其他多种布局形式，并且在按照自身规律自由而自然地发展着。王羲之的书法作品除"疏朗布局"外，还有其他形式，如楷书碑刻本《东方朔画赞》（纵横行列呈等距分布，是对汉碑布局的回归）和一些信札性质的墨迹如行草书《姨母帖》《丧乱帖》《奉橘帖》

《初月帖》（聚散比较随意、无严格统一之布局）等，后来的很多书家都在发展着各种不同的布局形式，如体现单行曲线式的《书谱》（孙过庭）、体现单字横向收放变化的《竹前槐后诗帖》（米南宫）和体现行间对比式的《祭侄文稿》（颜鲁公）、《夏热帖》（杨少师）等。

章法上行距、字距的大小与书风具有一定的关系。一般来说，字距紧、行距密的章法显得茂密浑厚，字距大、行距开的章法则显得疏松灵秀。但实际上表现和影响书风的形式因素是很多的，除这方面外，还有最基本也是最主要的笔法、墨法、结体等方面。

在书法创作中，不论采用哪种布局，其本质都只是形式上的问题，任何形式都有其内在审美要求，唯使用形式的能力和效果有高下之别，因此最根本的问题乃是采用的形式是否最合适以及如何采用合适的形式，涉及的是运用某种形式时所应该具有的能力和应该达到的良好的艺术效果。作为明清的两大书法艺术大师，董其昌和八大山人的区别在于各自在自己的艺术形式领域里都做出了应有的贡献，给后人留下了多方面可供借鉴、探索和关注的启示。

题款部分比较

董其昌晚年书法作品的题款情况大致有三种，一种是注明书写缘由、时间（年月）、地点和名号，一种是如上述中不注明书写缘由的，一种是只署名号。值得一提的是，董氏在画上署名时通常只有"玄宰"二字，而在书法作品上通常署名"董其昌"或"其昌"字样，根据现有可见的作品资料考察，至今尚未发现两种署名内容互换的或另外的情况，这可以作为鉴定董氏晚年书画作品真伪的一个重要依据。这两种署名在书写时有不同的书体形态，有时是线条少连接的较为静态的行楷，有时又是连缀在一起的飞动的行草。

从传世的八大山人成熟期书法作品来看，这个时期他正式书作的题款情况通常有两种，且两种情况都出现较多，一种是注明书写时间（年月）、地点和名号，一种是只署名号，绝大多数都署名"八大山人"，有少数署名"何园""拾得"，此外还有极少出现的非名号署款，如现存一件作于1705年的行楷作品《苏轼喜雨亭记》署名就只有"八十老人"四字。需要注意的是，在第一种情况中有时会出现另一个内容——花押，其内容是"三月十九日"五个字，在八大笔下设计成了一种个性鲜明的线形图案，蕴涵强烈设计构成意味，极具视觉效果和艺术感染力，就传世作品看关于这五个字的花押的形态共有八种。学术界较为流行的观点认为这是明崇祯帝缢亡之忌日，八大将其设计成花押经常写进某些作品的题款里，以示纪念，这在实际上也成了他个人独特象征性的一种标志。在八大山人的晚年作品中"三月十九日"花押还会经常出现，如丁丑（1697）年《山水图册·之十二》自题诗，乙酉（1705）年《书画册·之十一》书法和行书《醉翁吟》长卷的末尾题款里都有花押，三个花押形态各都不一样。据考，签名画押发端于魏晋，通行于唐、五代之后，画押之风不绝。至宋时签名与画押分了家，各行其道。如民间流行的文字构成图形画"招财进宝""黄金万两"等都属于花押的范畴，可以说是传统文字设计的经典，八大山人的花押设计形式多样、美感强烈，显示了高超的文字设计能力。

　　"八大山人"这一闻名于世的称号最早出现在其59岁（1684）时《个山杂画册》题诗中的"八大山人"印章，次年（60岁）他在为《粟亦社兄》所书林兆叔诗扇面中开始出现笔迹署名"八大山人"，此后，一直使用至终。

　　在这段较长的时间里，"八大山人"署名里"八"字的书写出现过多种形态，经历了一个不断变化到最后相对定型的过程。王方宇先生在他的《八大山人作品的分期问题》里对此做了较为细致的研究和总结，按照实际呈现的一定的规律性，他将这个过程分为四期：第一期：从康熙二十三年甲子（1684）59岁到康熙二十八年己巳（1689）64岁，"八"字作"儿"形；第二期：从康熙二十八年己巳（1689）64岁到康熙三十三年甲戌（1694）69岁，"八"字作")("形；第三期：从康熙三十三年甲戌（1694）69岁到康熙四十年辛巳（1701）76岁，"八"字有三种形式，先后参差，不易分划，列为一期，三种形式是：①八，②⌒，③l~；第四期：从康熙四十一年壬午（1702）77岁到康熙四十四年乙酉（1705）80岁，"八"字作"八"形。据笔者考证认为，在最后期实际上很多时候"八"字干脆都写成"ˏˋ"形，似乎是在第三、四时期所有写法的基础上将线条缩减成两个小点。

　　此外，颇有意思的，可能是刻意为之以示区别或纯属习惯行为或两种原因兼有，八大在画上署名时通常为"八大山人""八大山人画""八大山人写""八大山人画并题"或"八大山人写并题"，而在书法作品上署名时则只有"八大山人"四字，而不是"八大山人书"，只在少数画上的长篇题字末尾出现过"八大山人书"的署名字样。

　　思考：比照董其昌和八大山人书法作品在题款方面（包括文字内容和书写形式）的不同表现，可以感知到他们迥异的艺术风格以及截然不同的人生遭遇。

　　八大山人名号和题款形式繁多，深究其内在原因，是由其身处的特殊现状而产生的复杂艺术表达心理。山人19岁而沦为明遗民，刻骨铭心的国破家亡之痛使其逃离避世，其一生保持"高尚的节操和风骨"，以"丹青流芳"，但内心的矛盾冲撞、苦闷又使他对自己人生道路和社会角色的选择不稳定，生活地点和状态亦随之经常发生变化，为僧为道，就算62岁时离观入城还俗还是行踪不定，直到七十五六岁时才开始长期定居南昌至终老。八大在这种坎坷曲折的现实人生经历中感悟极其复杂，其繁多的名号和题款形式皆为有感而发之产物。然而可贵的是，不管身临何种境遇，他的那种崇佛尚道、不入俗流、志趣超逸的精神境界始终不改，即使在极其悲愤交织之时亦如此，在53岁时受临川县令胡亦堂之邀做官舍客，在觉察胡氏真实意图而产生了一些矛盾后，为避开世俗争斗采用佯为癫狂的方式毅然离开是非之地以寻求解脱。这也正是他个性张扬的最大体现。因此，他使用的各种名号与其精神境界是相一致的。下面即将谈到的用印方面，八大常用印的印文内容也是由他的思想内质决定的。

董其昌的题款从内容到形式皆属常规范畴，就是起着基本的标示作用，并没有另外特殊的用意和表现。董氏的"豪门官僚"身份，决定了他即使在宗教思想上能与出身极其贫困的庶民产生共鸣，但在实际生活中绝不可能做出极端的举动来。这里"做出极端的举动"即指毅然脱离官宦富贵、醉心禅道而隐逸山林。"其昌""玄宰""香光"等满透着华贵气息的名号和某些官职称号的题署表现出他对现有的令世人艳羡的生活状态的需要和认可，"思白""思翁"等又显示了他试图对现实的超脱和对理想中闲适、超逸和自由生活的向往。深谙中国传统儒、佛、道三家思想精髓的董香光，以其显赫的官贵地位、身份和灵活、圆通的处世方法，一生都在从容而畅然地实践着他兼具出世与入世多重取向的人生哲学，使得两种不同本质的生活比较完满地相结合在董其昌的一生中被实现了。

用印部分比较

董其昌在书画作品印章的使用上突出精简的特点，只有几种比较固定的常用印，因此数量和类型都不多。根据较为有限的资料显示分析，董其昌在他的成熟期书法作品上钤印常用"太史氏"和多方同为白文印，印文相同，形式风格不同，可见董其昌对"太史氏"和"董氏玄宰"这两种名号内容的偏爱。材料除名贵印石外，还有紫檀、犀牛角等贵重材料。

作为中国文人书画的推崇者，董其昌极为重视传统的诗、书、画、印的高度结合与运用，但他自身并未实践于篆刻，可以说是偏于"用印"，而不"治印"，然而这并没有妨碍他对篆刻印章艺术进行理论上的探究和阐述。据史料记载，明天启五年（1625），董氏时年71岁，完成《印章法》，书中指出："精于书法者，用笔如刀；精于兵法者，用刀如笔；篆刻则兼之，落笔运刀，全则双美，离则两伤。"董其昌站在哲学的高度看到了刀与笔二者间相互联系不可分割的关系，二者之间相辅相成、互相促进，统一在表现篆刻美的大系统之中。此说并非董氏首创，明嘉靖年间吴派篆刻祖师文彭曾表达过此类思想，董其昌结合自身书画领域的学养进行了理论上的概括总结。同时期的明代大篆刻家苏宣与其交往甚密，亲手为他治过多方印章，其中就有包括印文为"董氏玄宰"的名印。

相比于董其昌，八大山人一生用印数量和类型都很多，在不同时期阶段使用印章的情况存在一定程度的规律性。如在"传綮"时期经常使用的"释传綮印""刃庵"等印，在戊午（1678）年以后的书画作品里就再没有出现过。八大最后10年的书法作品里，用印亦具有一定的固定性，如"八大山人""浪得名耳""可得神仙""何园"等印在这个时期的作品里时常出现。此外，在生命的最后3年里，还出现了三枚内容不同的新印："拾得"[白文竖长方印，壬午（1702）年开始]、"真赏"[朱文方印，壬午（1702）年开始]、"十导"[朱文竖长方印，癸未（1703）年开始]。形式丰富，变化多样的特点在八大山人的用印里也有突出体现，印面内容为"八大山人"印的形式就很多，包括篆文印和屐形印两大类，在后10年作品里常用一枚篆文印为白文方印，屐形印有一枚有框屐形印，无框屐形印有四枚，"浪得名耳""可得神仙"都为白文方印，"何园"有两枚印，一为朱文方印[己卯（1699）年至乙酉（1705）年]，一为白文竖长方印[己卯（1699）年至庚辰（1700）年]，并且，"何园"朱文方印出现以后，就代替了"可得神仙"印，在"真赏"印出现前，署款下常常是"可得神仙""八大山人"白文方印，"真赏"印出现以后，就经常钤在引首或下角，同时"何园"与"八大山人"同用。

八大山人书画艺术造诣为人所熟知，但据清·陈鼎撰《八大山人传》说"山人八岁即能诗。善书法，工篆刻，尤精绘事"，可知八大亦善篆刻，不过也仅从此文得知，关于这方面更具体翔实的记载至今尚未见到，其一生钤用印章甚多，但难以知道何者为其所治，这是后人研究八大山人艺术中一个有待解开的谜点，也是一个可以继续考据探索的新课题。

从作品风格角度比较

在进行书法作品风格比较时，必须涉及对"风格"概念的理解、对书法艺术意象特征的把握，这将有利于从书法家个人书学思想和实践特色的角度考察分辨书者的审美追求和达到的个人艺术境界。

关于"风格"：林木在谈到中国传统绘画体系时指出："所谓风格，是绘画中各种要素的综合结果，是内在情志通过多种思维机制和造型原则，以多种技法和形式处理而呈现的内在精神意蕴与外在形式相统一的特定风貌，是画家独特个性、情感、精神修养与其独特的艺术处理的和谐统一体。传统绘画的风格因此而和情感表现的意向特质有着直接的决定与被决定的关系。"这是关于绘画作品风格的一种定义，此定义实际上亦适合对中国传统的书画印艺术风格的诠释。

由此可知，书法的风格在于书家通过书写在表现技能、功夫、性情、见识、修养时所显露出的风格特征，这个将书者所有精神内涵化为书法现实的过程就是作为"人的本质力量的丰富性"的表现，具有审美意义与价值，是能给人以美感的关键所在。

书法艺术的意象特征：中国艺术情感精神的表现本质决定了中国艺术的意象形态的形成，而此意向的创造需要又形成了包括象征、符号、抽象、虚拟、程式、平面、综合、辩证等一系列的思维机制和造型机制。这是中国书画艺术中体现表意本质的最为恒定或者相对恒定的部分。当然，影响这种情感品质的各种哲学思想观念可以因时代的变化或多种文化因素的变化而不同，即由于个体具体的理想与愿望不同，各自的意象亦不同，但作品中体现或蕴涵的种种因素皆属于中华民族精神文化大体系的范畴。这是对中国书法艺术意象特征内涵的准确把握。

比较：在董其昌和八大山人的书法中，存在着一个有趣的现象：八大山人基本上接受了董其昌的书学思想，在大的方面有着共同的崇尚"平淡天成"的旨趣，但在实际作品中体现的风格特点和境界却不相同。

董其昌在遍临历代帖学法书的同时又博览历来的书论经典，在结合自身书学实践体验和认识的基础上，逐渐形成了自己的书学思想体系。他的思想体现了强烈的个性解放精神。内容主要有两个方面：其一，他以禅喻书提出"淡"说、"熟后求生"说和"顿悟"说，强调学书必然经历的过程和应该遵循的内在发展规律；其二，以韵、法、意对书法史的观照梳理出这三者间的正确关系。

他认为"淡"与绘画中"气韵"一样，"必由天骨"，"必在生知"，非后天"钻仰之力、澄练之功可强入"，不事雕琢，不刻意为之，真率天成，具有这种人格精神，才能进入"淡"的境界；"熟后求生"又指出进入"淡"的境界必须依赖于精熟的基本技巧和功底，由于"熟"容易混同于一般而泯灭个性，就该呈现新的东西，个性从一般中凸现出来，即"生"，在这一点上董氏用"哪吒拆骨还父，拆肉还母，若别无骨肉，说甚虚空，粉碎始露全身"发肺腑之言，表达了先得"他神"又脱去"他神"而得"吾神"的直率之心；他提的"顿悟"是和"渐修"紧密结合的，人常多言"顿悟"而隐去"渐修"过程，故使人甚感神秘，董其昌能强调"渐修"，是其重继承、重积累的表现，和他的"淡"和"熟后求生"说在本质上是一致的。

董其昌在历史上第一个用"韵""法""意"这三个概念划定晋、唐、宋三代书法的审美取向，指出晋人之韵包含用法与表意，因法不外显而入门为难；唐人因法明确而易于入门，然用法严谨，虽稂丽而韵味不足；宋人比之唐人贵有"己意"，但并非所有人皆能追取晋人古意和能有"己意"。这些划定方法对于世人研究把握中国漫长丰富的书法史发展阶段的本质特征实可谓真知灼见，具有划时代的意义。

董其昌的书学思想言论和他倡导的"南北分宗"说基本上是一脉相承的，按照他划分南、北宗的标准，南宗系列艺术追求和审美趣味的精髓可归纳为三点：一曰淡，二曰柔，三曰逸，而北宗系列画家与之相反，其艺术追求和审美情趣的精髓，也可归纳为三点：一曰富贵，二曰刚硬，三曰严谨合度。董氏此种划分标准的思想基础还是源于禅宗思想的阐发和运用。

禅宗崇尚的"自然"风格，一向被看作中国书画艺术中的最高格，能够朴实无华地真切传达艺术家自我思想情感的作品方可称为具有"自然"风格。自然又称天真，在中国道家思想的哲理观念中，这种纯真和平淡总被连在一起，如庄子所赞之"淡"就指一种不求名利的平常之心，是中国文人追求的最高境界，华美而繁复、喧闹而动荡、拘谨而做作都与此相背。这种平淡天真贯彻到笔墨意象中，即表现为运笔中锋，气度中和，不疾不躁，平心静气。由此，简、静、逸诸风格皆以自然为旨归，属于自然内涵的组成部分，亦当划入自然的范畴，如庄子主张"虚静恬淡寂寞无为者，万物之本也"，"朴素而天下莫能与之争美"；形简体现造型概括、简练，笔简却得神聚；所谓逸，指风格洒脱，无所羁绊，个人情绪直接表达，体现了情志上应超然物外的要求，在笔墨形式上也相应地体现出随心应手、脱尽拘束。八大山人书法艺术风格都达到了这种境界，特别是他的笔墨、结体之法在中国书法史上堪称简和静的典范，一派平淡天真之气格。

董其昌论己画艺列为南宗，其书作个人独特的形式语言亦表现了另一种淡雅、虚和、放逸的"自然"风骨，但不可否定的是，他的不少作品中仍然兼有体现华贵、凌厉及严谨合度趣味的北派因素，这样，董书的作品风格便显得复杂、丰富而耐人寻味，或许，这才是在他书艺中所蕴涵而又显现出的最大的风格特质。主要生活于清代的八大山人，其画艺特色当属南宗且不多赘言，书艺亦当别论，独具个性的书法形式语言使作品既显朴雅、高古、超逸，又深具奇崛与沉雄，而这种种因素在八大笔下达到了整体上的高度圆浑与从容，他的晚期作品尤其如此，这也正是其书艺为后人长久玩味而深有感思的无穷魅力所在。

（原载硕士论文《师承而后生，各得风流——探微八大山人与董其昌书法艺术之比较》，江西师范大学，2007年）

董其昌和艺术的复兴

方 闻 著／宋晓霞 译

1597年秋，董其昌（1555—1636）时年43岁，他在江西主持省试之后返回老家华亭。访契友陈继儒（1558—1639）于昆山读书台，并作《婉娈草堂图》以为赠别。此图系董其昌现存最早注明年代的作品之一，也是自赵孟𫖯（1254—1322）以来最有创意的作品，实为中国画开一新阶段。从它奇妙的变形里，既能看到清初正统派大师四王、恽寿平（1633—1690）、吴历（1632—1718）之由来，也能发现个性派大师弘仁（1610—1664）、髡残（1612—1673）、龚贤（1619—1689）、八大山人（1626—1705），石涛（1642—1707）之所渊自。

董其昌是晚明绘画创作与批评的领袖，其南北宗论统摄了明末清初的画坛。然而他的著述被误为是同代人莫是龙（1537—1587）所作，直到最近才确认董其昌是南北宗论的创始人[1]。在16世纪90年代末以前，董其昌已经清晰标举出南宗画的风格样式，《婉娈草堂图》（作于1597年10月）即是最形象的说明。

董其昌，华亭人也。华亭与上海相邻，同属松江府（今江苏）。1555年，出生于中产平民家庭。1589年在京考取进士后入选翰林院庶吉士。1597年奉旨主考。1598

年充任皇子讲官。晚明时代，党祸酷烈，道德衰微。董其昌谨小慎微，用心回避政治，赋闲家中专心于艺术嗜好。自北宋后期即 11 世纪末以来，文人画家注重反省古代艺术，凭借古法变化出新的风格面貌。身为鉴赏家、收藏家和艺术史家的董其昌同画家董其昌，在对米芾（1051—1107）、赵孟頫的承传中二者密切相关，他以画家的眼睛研究先辈大师的作品，同时又藉鉴赏家的经验从事创作，他的作品蕴涵着绘画史并使之复活。

1589 年，董其昌中进士后，即着手于重要的宋元绘画收藏。1591 年逗留江南期间，全力搜集元四家 [黄公望（1269—1354）、吴镇（1280—1354）、倪瓒（1301—1374）、王蒙（1308—1385）] 遗墨。1596 年，得黄公望名作《富春山居图》[2]。次年，又添两件主要藏品《潇湘图》和《龙宿郊民图》[3]，作者 10 世纪画家董源（活跃于 946—960）乃是元代大家师法的典范。

1595 年，董其昌供职翰林，时闻杭州冯梦祯（字开之，1548—1605）藏有王维（701—761）《江山雪霁图》（传），亟遣人南下索观。得此图后反复展阅，不忍释手直到次年年初，推测可能是在这年归还冯氏。王维《江山雪霁图》（传）的发现，使董其昌得以重新建构南宗画理论，依据董氏的说法此一传统乃始于王维，传为董源和元四家[4]。

董其昌提出，披麻皴是贯穿南宗画传统的主要技法线索。他在 1595 年跋王维《江山雪霁图》（传）曰："凡诸家皴法，自唐及宋，皆有门庭，如禅灯五家宗派，使人闻片语单辞，可定其为何派儿孙。"[5]1610 年，他重跋此图曰："山水自王右丞始用皴染……此法一立而仿效制作者不为难矣。"[6]

是以董其昌《婉娈草堂图》融董源《龙宿郊民图》、王维《江山雪霁图》（传）而成，从中转化出自己的艺术家法，并且发展了王维的树石构成样式。

董其昌自身绘画风格的发展始于他对晚明绘画的分析和批评。他不满于明画之平板，和古人相比，时人忽视表现自然中的凹凸之形，故"无八面玲珑之巧"。[7] 再者，"今人从碎处积为大山"，而不若古人"只三四大分合，所以成章。虽其中细碎处多，要之取势为主"。[8] 在他自己的作品中，董其昌欲以新的书法性原则所构成的风格，回复绘画之真率。其同代人徒借古人之"皮毛"，而他却取法于古画之根本——"骨"。

董其昌由王维《江山雪霁图》（传）而悟入披麻皴之由来，并将它视为南宗画的标志。经自家运用，董其昌乃将披麻皴精简为书法性的笔墨程式。

作画凡山俱要有凹凸之形，先如山外势形象，其中则用直皴，此子久法也。[9]

在《婉娈草堂图》中，平行直皴构成凹凸的山形，它和由特殊笔法描绘的诸种树木，在画面上起伏交错。董其昌把树法和书法相提并论，他强调说："如写字之于转笔用力，更不可往而不收。"即使是枝叶亦应使之能见"四面"。[10]

董其昌根据新的构成观，将此一书法程式作为抽象空间的形式因素，熟练地运用于绘画创作。他从书法理论中借鉴了"势"的观念，把山水画构成视为具有"虚实"安排和"起伏""开合"运动的抽象设计。

> 但能分能合,而皴法足以发之,是了手时事也。……但审虚实,以意取之,画自奇矣。[11]

《婉娈草堂图》之全新结构,为山水画引入新的构成可能性。由直皴构成的抽象山石,置于平展的空白中,暗示出一种新的体量和实感。"虚实""起伏""开合"之运用,意在加强画面横向的动感,造成前景与背景之相互作用与融合。进而引导观众留意于笔墨的潜在表现力,借画面构成之"势",董其昌给山水画带来了一种新的综合。

人们相信,每一时代之复兴皆源自一位英明的创始者,其能力与眼光促成该时期的和平与繁荣。然而,此一发展总是不可避免地导向腐败乃至最终衰落。革新者需要回归上古之经典,实现道德与精神的重建,才能扭转颓势。

由于士大夫是中国历史与文化舞台上的主角,历史上的艺术革新往往与政治改革密切相关。儒家的治国理想有公式化、概念化的倾向。例如《周礼》这部最早的关于行政机构的儒家经典,即叙"一种间架性设计下的国家制度,它处于职官合乎礼法的执掌之下"。[12] 历史上的政治改革家,从汉代篡窃者王莽(新政 9—23)到北宋政治家王安石(1021—1086),无不援《周礼》为其改革的范本。他们生搬硬套《周礼》形成其政治架构,以至于设想回到古代乌托邦简单和谐的幻想中即能消除社会政治弊病。当代历史学家黄仁宇形容中国传统的政治改革,是企图把社会现实纳入一简单的框架,就像"倒金字塔"一样缺乏底层坚实的基础。[13]

北宋末文人审美观的兴起和明清文人画的发展,在社会政治上促使文人的人文主义人生观同官方思想,于儒学形态内部日趋分化。在北宋末年和晚明社会,文人士大夫深受党争之祸,被迫退出政治斗争,这样就给艺术中的文人传统带来持久的活力。为避免职业画家刻画细谨、缺乏个性的雷同风格,文人画家努力创造个性化的风格以求个体的超越。他们推崇古之天然简淡,借此为艺术革新的手段,进而发觉自己虽然政治失意,却在艺术上获得动人的成功。

董其昌的绘画革新,乞灵于以禅喻画。16 世纪 90 年代中期,他在京充任皇子讲官,与反拟古的公安派诗歌领袖三袁兄弟 [袁宗道(1560—1600)、袁宏道(1568—1610),袁中道(1570—1624)] 相过从。他们对禅宗抱有共同兴趣,且皆倾服于李贽(1527—1602)。李贽是激进的个人主义儒学家和未经受戒的禅僧,他提倡童心以存真,主张回复到未受道理闻见侵入的质朴原初状态,即去除童心之障而使真心"完全呈露"。[14] 1598 年初,董其昌在京郊庙中邂逅李贽,尽管年龄、地位悬殊,两人一见如故,许为莫逆。[15]

黄仁宇概述晚明悲剧性的政治和社会事件时,以 1602 年系狱刎死之李贽为例证,说明"知识分子受挫之深恰能揭示时代之特性"。[16] 关于李贽的历史观,黄仁宇写道:

息乱创业之君，则专注于"质"，只求使百姓免于饥寒而不去顾及是否粗粝……在李贽所处的时代，文官集团业已丧失了发展技术的可能，也没有对付新的历史问题的能力。社会物质文明（即李贽所谓"文"）往前发展，而国家的法律机构不能随之而改进，势必发生动乱。受到时代的限制，李贽认为历史循环之无法避免，乃是命运的安排，几乎带有神秘的力量，所以也不必再白费心力去寻找任何新的解决方案。[17]

正是李贽激进的演变论和回复纯真本心的渴望，使袁氏兄弟和董其昌看到了艺术革新的可能性。与其摹古，不如在新变中探讨文学之真髓，袁宏道指出："有作始自有末流，有末流还有作始。"[18]（此语实出自袁中道《花云赋引》——译注）

在李贽"童心"说的激发下，董其昌强调以直觉来反对晚明绘画之陈规陋习，尽管他从不否认古法的重要意义。1590年后期，董其昌的南北宗论已经成形。南北宗论总结了明代有关画史中两类不同风格发展的阐述。[19]以禅宗南"顿"北"渐"取喻，董氏提出山水画也可分为南北两宗——南宗为文人画家，强调自发和直觉，"一超直入如来地"；北宗为职业画家，"其术亦近苦矣"，"积劫方成菩萨"：

禅家有南、北二宗，唐时始分；画之南、北二宗，亦唐时分也。但其人非南作耳。北宗则李思训父子著色山水，流传而为宋之赵幹、赵伯驹、伯骕，以至马、夏辈。南宋则王摩诘始用渲淡，一变勾斫之法，其传为张璪、荆、关、董、巨、郭忠恕、米家父子，以至元之四大家。[20]

相传520年或527年，印度禅师菩提达摩将禅宗传入中国。菩提达摩的早期门徒苦行清修以求直觉证悟，他们经由壁观与道契合。早期禅师不立文字，摒弃仪轨而行其教，借用道教神秘的领会方式，所得传授。不见言教而是以心传心。[21]

700年，备受推崇的达摩六世禅师神秀（605？—706），由武则天（690—705年在位）延请入京。神秀禅法为渐修，它恢复了天台宗的"一心三观"，故而"凝住安心"依次有四："凝心入定，住心看净，起心外照，摄心内证。"[22]南方慧能（638—713）之禅法与此殊异。慧能所传为顿教，此法门中，空心净念，言辞俱灭，诸想皆绝，遂能在现象界自发形成通灵之顿悟。796年，唐德宗召诸禅师讨论禅宗之传承，决定神会为禅宗第七祖，其师慧能因而被钦定为"六祖"。此后，神秀北宗日渐衰微，慧能南宗顿教遂居于支配地位。

南宋文论家严羽（1180—1235）以禅喻诗，[23]将汉、魏晋、盛唐诗歌与禅道之妙悟、禅家第一义即大乘禅相类比。三个世纪之后，明中叶前七子领袖李梦阳（1472—1529）与沧浪一脉相承。他反对时文台阁体之虚饰，倡言文必秦汉，诗必盛唐。正因盛唐诗歌平易明白，而无繁巧崄靡之习，所以为可贵。他继严羽以盛唐诗为第一义，此法具而兼有诸法。李梦阳取法乎上，标举第一义，乃是择其高格以为标的。

明中叶以后，即16世纪至17世纪初，画论的发展紧随文论十分活跃。在中国画史上，谁能相当于诗论里体现着"第一义"的、独一无二的盛唐时代呢？当然，绘画批评家可以把宋元绘画作为他们的最高旨趣。而董其昌则以理论化的南宗文人画传统取而代之。他在概述深得妙悟的南宗画家时，并未传授特定的古代摹本，而是提倡直觉任率的创作态度，他认为这远比职业画家的刻画细谨来得高妙。

董其昌所发展的笔法，既是一概念又是具体的用笔程式。由于他将披麻皴转化为书法性用笔程式，即"直皴构成的凹凸之形"，并将它标举为"第一义"，他因此创造出新的画面语言——作为一种新语汇的书法性笔法样式。董其昌之复古并不是模拟过去，相反，通过探入师古他发现了自我。在师古的过程里，董氏作品的技巧，诸如色彩的修饰、对现实的模仿都得到简化与净化，他试图重建作为书画家的自我，"一超"悟入宇宙天地之道。

中国早期绘画表现涉乎"形似"，所谓"形似"即状物形同眼见。北宋初期的山水画家意在观察和再现自然。诸如董源的披麻皴，在成为地道的带状书法性用笔之前，乃是表现江南被草土质丘陵的完美技法；范宽（逝于1023年以后）的雨点皴，在其成为统一的皴法以前，是对西北地区沙砾复面山崖的富有意味的表现。然而在北宋后期，写实此一职业画家的共同目的，受到文人画家的抨击，几乎被他们当作劣品或通俗图解。例如苏轼（1036—1101）即断言，"论画以形似，见与儿童邻"。[24]

蒙古入主中原以后的十三四世纪，元代文人画家基于北宋末期文人审美思想，转向更为个性化的表现方式，探索抽象变形的可能性，实质上这是在表现中突出了形式的符号本质。由于真实再现自然为树石的符号化引了路，遂使绘画近乎书法。元明两代山水画家，在藉书法化用笔表达自我的同时，学古入化，集古人之所长，乃由师造化日益转为从艺术自身获得灵感。

从形象化再现到书法化表现，乃是中国画史里划时代的转变，此一转变恰与20世纪初西方艺术以表现取代再现的更新相类似。[25] 随着西方写实艺术发展到极点，20世纪的绘画方法遂发生了根本的变化。现代主义权威批评家克莱门特·格林伯格分析说：

写实主义的视觉艺术掩饰了手段，以艺术隐匿艺术。现代派则利用艺术引起人们对艺术的注意。绘画手段的局限，如平面、形体支撑、颜料性能等，均被古典派大师视为不利因素，得不到直接明了的承认。现代派绘画则把这些局限视为应该公开承认的有利因素。[26]

元代文人画家以书为画，突出了笔墨的潜在表现力，凭藉物象写其胸中逸气，这是对后来西方现代主义惊人的预示。由于两者皆丧失了传统中的社会作用，它们之间遂有着更深的联系。在上述情况中，艺术交流乃成为一种个人经验。此一发展逻辑地导致了艺术史的革新，先论是中国后期文人画抑或西文当代后现代主义艺术，艺术家们皆援引传统来评说艺术史，而且也借此评价同代作品。[27]

不晚于明代即在十五六世纪，人们已将宋元绘画视为绘画史的"正脉"。正统与个性、传统与新变之间的矛盾，成为当时论争的中心问题。明代画家出入宋元，并未调和二者的不同倾向，而使职业画家与文人画家日趋分化，前者转向宋画再现性风格，后者追随元画书法性风格。书法性用笔，不再是绘画表现中从属、潜在的因素，而恢复了自己独立叙述的力度和韵律，从而给山水画带来新的实感和活力。

对于董其昌来说，绝去"描摹蹊径"的方法即是直以书法为画法：

士人作画，当以草、隶奇字之法为之，树如屈铁，山如画沙。绝去甜俗蹊径，乃为士气。不尔，纵俨然及格，已落画师魔界。[28]

关于使山水画转作为抽象的书法性用笔，董其昌论曰：

以径之奇怪论，则画不如山水；以笔墨之精妙论，则山水决不如画。[29]

书法性风格的画家，懂得应以"艺术的力量（art's constraint）"[30]来"驾驭"自然，而不是模仿自然，他们以生动和谐的书法性笔墨重新获得了自然。

在文人画的发展中，书法艺术颇为重要，因为按传统的理解它是自我表现的形式。书法以翰墨之"迹"而显，故其主旨乃是以笔为己身之延伸。同样，中国画亦突出了画家的身体动势。在中国早期画论里，正是经由书法性用笔把作品同艺术家的外在形体联系起来。[31]关于中西绘画的本质区别，诺曼·布赖森写道：

西方绘画不直接点出绘画者，它以绘画者形体之消隐为基础；而且这在画家和观众的主观意识之间乃是双向的……绘画在中国则直接标识着作者的知识和涵养……由此，许多西方传统油画被看作是"消隐"的媒介。[32]

中国书法与绘画皆以书写的常则方法为基础，其目的都是追求自然之本源，而非再现自然。艺术家的创造力在于他能凭借古法变化出新的面貌。因而在中国画里，自然与艺术密不可分；董其昌在自然丘壑和笔墨风格、再现和自我表现之间发现了一种生动的张力。1596年，董其昌跋《燕吴八景图册》曰：

予尝论书家有二关：最始当以古人为师，后当以造物为师。王维、二李、荆、关、董、巨、营丘、龙眼皆具此二美，遂为千古绝调。若临抚不辍，工力无余恨，而造物不备，但如奴书，何足传远？夫师古者，非过古人之言也，不及古人言也。见与师齐，减师半德。见过于师，方堪传授。惟以造物为师，方能过古人，谓之真师古不虚耳。

董其昌据其收藏总结出他的绘画理论：

画家以古人为师，已自上乘。进此，当以天地为师……看得熟，自然传神。传神者必以形，形与心、手相凑而相忘，神之所托也。[33]

观者感受董其昌的《婉娈草堂图》，与其说是步入画面，不如说是以身心彻底地去感觉。我们首先感觉到的是每一个性化的书法性笔触，接着是由虚实、升降、开合构成的更大的形态和动势。尽管它们看起来是自制的、非描述性的，其笔法仍遵循微妙的凹凸构成原则。树石的外形轮廓，不仅界限了它们内在的空间，而且界限了彼此的空间。像书写表意文字一样结构树石，树石遂成为一种富有生气的图式而同宇宙相和谐，此一和谐受艺术家体格特征的限定和影响。不过，树石形式既得到自然造化和书法用笔两方面的充实，它们就不仅是抽象的，而且也是现实的。

　　董其昌南北宗论的重要性，特别是它对明末清初画坛的影响已经无可置疑，现代学者倾向于批评它是诡辩和自相矛盾的理论。董其昌宣称他对自然和笔墨风格抱有同样的兴趣，但在人们的理解中这不过是一种说法并非事实。[34] 而且，由于种种原因，董其昌援引禅宗顿悟论画似有些不伦不类，他对以禅悟论画的系统阐述，究其实质，与其说是正统的或是受到传统的束缚，不如说是个人主义的。[35]

　　安德鲁·普莱克茨的近著《明代四大小说》认为，"在整个晚明文化生活的范围里，出现了一个繁荣的'批评时代'"。[36] 他引用Ｔ·Ｓ·艾略特的概念"过去的过去性"（见Ｔ·Ｓ·艾略特《传统与个人才能（1917）》——译注），进而发现"明代具有自我意识的艺术家处于文化遗产的强大压力下努力重申其自身的历史方位，这份遗产对于任何欲成为大师的个人来说，已经变得过于沉重了"。[37]

　　异族入侵之后皇权复辟，致使以下三个相异且互有联系的因素成为明代政治、文化发展的动力，这三个因素是怀旧、畏惧和内疚。怀旧是明代绘画回归写实、雄浑的宋代宫廷风格的最好体现。畏惧则反映了从元代不合时宜的反动政治中发掘出的对异族的憎畏，元代政治的结果导致了黄仁宇所谓的"内省"和"非竞争性"。[38] 而且自南宋末年，儒学家即把以儒教指导皇帝治国失败的责任归咎于自己。明代即处于这样一种挫败感日增的时代氛围里，此时伪善的儒家教义把传统的宫廷斗争，不可避免地转向一种腐蚀性的政治修行，它伴随着逐步升级的、自存自利的矫饰，最终导致铤而走险的社会行为和政治殉难。[39]

　　明代政治中激烈的派性斗争，于彼时文人士大夫必然转为文学艺术的门户之争。16世纪初，前七子抨击时文台阁体之虚饰，倡言文必秦汉，诗必盛唐。随之，唐宋派在16世纪中前后，辩明唐宋散文的语言更为自然，亦更近乎当代的习惯。16世纪后半叶，后七子重倡复秦汉之古。然而，前、后七子和唐宋派又逐一受到由袁氏兄弟领导的16世纪末反复古主义运动的抨击，后者偏爱个性表现胜过摹古。

　　在批评家们混乱的论争声音的背后，是对新的艺术表现形式的探索。他们把古与今这对在艺术中相依相生的概念，当作一种决定性的检验。在反对空洞的形式主义的斗争中，明代批评家之论争处于循环论证之中：文以载道——文必须为道服务，然而它也必须言志，并且要抓紧个人的自我道德修养；艺术必须有完美的形式，明诗追摹盛唐，探究诗歌语言的自发性和灵活性，反而日益受到宋诗吸引。此前文论中从未有过如此多的争论，诸如何为上乘艺术，师法什么，如何师法，又是否需要摹古；何为正确法度，何为错误法度，何为无法。

明代批评家之论争，归结起来是一固有的矛盾。南宋严羽的诗论即包含了此一矛盾。[40] 严羽一方面推崇盛唐诗之完美形式，另一方面则主张超越形式与法度，达到妙悟入神无迹可求的境界。导致严羽自相矛盾的原因在于艺术自有其法度，艺术家之创造依赖于此。古代以心灵悟道的庄子把此一矛盾概述为"筌者所以在鱼，得鱼而忘筌"。[41] 严羽有悟于此，以禅喻诗，深得明代批评家之推崇。明代批评家揶揄佛学术语"法"，通过玩弄字眼，以佛"法"近于"筏"，阐述了一套似是而非的说法——"登岸舍筏"。[42]

蒙人入主中原，"言志"乃成为元代文人画家创作的基本动力。而明初的复古政治却妨碍了自由的、个性的表达，窒息了艺术中的自我表现。明代画家发现，从风格浑厚的北宋到书法化自我表现的元末，艺术史已发展至极境。赵孟頫、黄公望、吴镇、倪瓒融汇北宋董源、李成、郭熙的笔法进行实验，注重兴发和自寓；这些元代大家的用笔特点，此刻已经成为明代画家承袭语汇的一部分，其形式特性诸如肌理、构图、画面经营，又帮助他们对传统进行批判的分析。

十五六世纪，新理学中形成所谓心学派，明代诗画皆受到此一敏锐变化的影响。心学倡导"宇宙便是吾心，吾心即是宇宙"，以此作为新理学的教义，从而取代了客观、抑制的理，并教导个人主义——反省内求以自成。15世纪思想家陈献章（1428—1500）确信，为学依靠自得或个人洞察，经由静思、独见和自然生发即能集中心智于内在自我修养。明中叶大文人画家沈周（1427—1509）认为，绘画与其说是"言志"，不如说是一种自得的表现。沈周的作品即说明如何凭借静思，使心与宇宙合一，用陈献章的话来说是"浑然与物同体"。[43]

正是沈周首次描述了元末四大家表现各自心境的不同笔法特点：吴镇短而密的树木、圆石宁静有力；王蒙环绕着的点子皴蕴涵了内敛的活力；倪瓒萧疏的风格，寂寥、谨严；黄公望平滑的麻皮皴感觉阔远。上述关于绘画内在表现力的论述，同所谓分阶段发展的"正统"理论相关，在文人传统中，山水画之"正统"即是从王维始，经董源传至元四大家的风格，董其昌对如何集山水画之大成自有看法：

画平远，师赵大年；重山叠嶂，师江贯道。皴法，用董源麻皮皴及《潇湘图》点子皴。树用北范、子昂两家法。石用大李将军《秋江待渡图》，及郭忠恕雪景。李成书法有小幅水墨及著色青绿。俱宜宗之，集其大成，自出机杼。[44]

董其昌提倡集宋元大成，颇见胆识，无论着眼于自然造化或是古代典范，此皆是一总体转变。

16世纪下半叶，在心学倡导反省内求以自成的形势下，明末批评家普遍把师古当作追求个人新变的唯一途径，因此需要创造性地"离"——超越师法的古代典范。王世贞（1526—1590）解释说："合而离，离而合，有悟存焉。"[45] 关于学习古法，董其昌尝曰：

右军父子之书至齐梁而风流顿尽。自唐初，虞、褚辈变其法，力不合而合。右军父子殆如复生。[46]

约在1625年，董其昌作《仿倪瓒山阴丘壑图》（现藏台北故宫博物院），并题：

倪元镇《山阴丘壑图》……余曾借观，未及摹成粉本。聊以巨然《关山雪霁图》拟为之。

换言之，董其昌通过复活10世纪大师巨然的作品，再创了14世纪倪瓒的作品，因为他认为倪瓒得笔于巨然。此例说明，董其昌的所谓创新乃是以离或变，达到与古代大师的神会与合。董其昌试图重获传统形式的"原创"精神，显示了历史的相对性。

董其昌出入宋元，集古大成，是明末清初绘画的重要转折点。到17世纪下半叶，以董其昌的风格革新及其学说为基础的、清初正统派和个性派大师的作品，代表中国绘画的新时代控制了画坛。正统派大师王翚（1632—1717）自豪地宣告其绘画观曰：

以元人笔墨运宋人丘壑，而泽以唐人气韵，乃为大成。[47]

王翚殊爱的一方印章是"上下古今"[48]，这四字恰当地道出了艺术家是如何超越时代而与古代大师达成默契的。

意味深长的是，17世纪末个性派画家亦以董其昌之学说为必需，尽管他们的艺术更多地依靠观察自然和个人化的风格而非古法。清初大师八大山人在满族入侵后遁入空门（1648—1680），身处颠乱，喑"哑"佯狂于笔墨之间（1680—1690），他创作的令人难忘的逼真形象——冷眼逼人的鱼鸟，以有力的表现性风格寄寓着家国之恨。[49] 后在17世纪90年代初，八大山人65岁前后，他决意专心于书画。他依循董其昌揭橥的临古新路，通过董式的集大成获得独特的个人风格。[50] 八大山人有《仿董其昌山水册》，时间大致可定为17世纪90年代末，他在此册中融会了董源和元代大师赵孟頫、黄公望和倪瓒的作品，这一切可能皆是以董其昌为本的。在八大山人题为1699年的山水作品里，他对董源的模仿十分明显，不过圆融、抽象的书法性用笔才是其兴趣的焦点，他以此取代了董源写实性的再现。八大晚年的山水画形式，同其书法一样得之于他对古代碑帖铭文的研习，他以圆融、纵逸的笔法，创造了激动人心的瞬间和具有凹凸之形的微妙构成。画中圆融的笔触，或孤立，或以墨点染，形成含蓄丰富的笔墨形式。在17世纪80年代末以前，八大山人只能以一个有趣味的、寄寓了强烈的政治讽喻的晚明写实花鸟画家传世。正是到了17世纪90年代，带着他经由董其昌得到的古代遗产，八大山人才无可争辩地跻身于中国历史上伟大画家的行列。

【注释】

[1] 有关董其昌是《画说》十七条原作者的论证,参阅傅申《〈画说〉作者问题研究》,载《中国画国际讨论会记录汇编》第85—115页,台北故宫博物院1972年版;何惠鉴《董其昌的新正统观念及其南宗理论》,载克里斯琴·F·莫克编《艺术家与传统》第113—129页,普林斯顿大学艺术博物馆1976年版(以上两文中译文收入《文人画与南北宗论文汇编》第700页、第728页,上海书画出版社1989年7月版——译注)。汪世清《谁是〈画说〉的作者?》(未发表)提出有力的证据说明陈继儒《宝颜堂秘笈》(1606—1610)刊入的莫是龙《画说》系伪作。

[2] 参阅赛莉娅·C·李莉《董其昌所藏黄公望〈富春山居图〉》,《亚洲艺术资料》第28卷第57—76页,1974—1975年。

[3] 关于《潇湘图》卷的收藏(1597年),见于董其昌《画眼》,《艺术丛编》第12卷第36—37页,台北世界书局1962年版,下引《画眼》同此。董其昌《龙宿郊民图》题跋,见台北故宫博物院《故宫书画录》第3卷第5章第19页,台北故宫博物院1956年版。

[4][5][6] 参阅方闻《传为王维的〈江山雪霁图〉》,《亚洲艺术资料》第30卷第6—33页、第15页、第17—18页,1976—1977年。

[7][8][9][10][11][20][28][29][33][44][46]《画眼》第19页、第28页、第21页、第20页、第19页、第24页、第18页、第25页、第27页、第18页、第40页。

[12] 马克斯·韦伯《中国的信仰》,汉斯·H·格斯英译本第39页,纽约自由出版社1951年版。

[13] 参阅黄仁宇《放宽历史的视界》第158—161页,允晨丛刊,台北允晨文化实业公司1988年版。

[14] 关于个人主义思想领袖李贽,参阅德·伯雷《晚明思想中的个人主义和人道主义》,载《晚明思潮中的社会与自我》第188—225页,纽约哥伦比亚大学出版社1970年版。

[15] 参阅董其昌《容台别集》。

[16][39] 黄仁宇《万历十五年》第221页,第223—229页,纽黑文耶鲁大学出版社1981年版。

[17] 同上,第211页(此处引自作者译写中文本第225页,北京中华书局1982年版,与英文本文字稍异——译注)。

[18][45] 参阅郭绍虞《中国文学批评史》第372—373页、第323页,上海中华书局1961年版。

[19] 参阅高居翰《绘画史和绘画理论中董其昌的"南北宗论"再思考》,载彼得·N·格雷戈里编《顿与渐:中国思想中的启发》第429—446页,檀香山夏威夷大学出版社1987年版(中译文收入《文人画与南北宗论文汇编》第753页——译注)。

[21] 参阅约翰·R·麦克雷《神会与早期禅宗中的"顿悟"》,载彼得·N·格雷戈里编《顿与渐》第227—278页。

[22] 参阅胡适《中国禅学的历史和方法》。

[23] 参阅理查德·约翰·林思《中国诗论中的顿与渐:关于以禅喻诗的考察》,载彼得·N·格雷戈里编《顿与渐》第381—428页。

[24][40] 参阅苏珊·布什《中国文人画:从苏轼(1137—1101)到董其昌(1555—1636)》,载《哈佛燕京学报》第27卷第26页,剑桥马萨诸塞州哈佛大学出版社1971年版。

[25] 参阅方闻《现代艺术批评与中国绘画史》,载杜清义(音译,ching-i Tu)编《传统与创造力(亚洲文明文集)》第98—108页,新泽西州立大学1987年版。

[26] 见弗兰西斯·费兰西娜和查尔斯·哈里编《现代艺术和现代主义》第5页,伦敦哈珀与罗出

版社 1982 年版（此处引用张坚、王晓文译中文本，上海人民美术出版社 1988 年版——译注）。

[27] 参阅汉斯·贝尔丁《艺术史的尽头？》，克里斯托费·S·伍德英译本第 46—48 页，芝加哥大学出版社 1987 版。

[30] 尼采语，转引自 E·H·贡布里希《艺术与错觉——图画再现的心理学研究》第 71 页，牛津费顿出版社 1977 年版。

[31] 15 世纪批评家谢赫用"气"字构成若干合成词形容画家和作品，诸如"气力""壮气""神气""生气"和"气韵"。参阅方闻《气韵生动：生命力，和谐的样式与精神》，《东方艺术》1966 年秋季号。

[32] 诺曼·布赖森《视觉与绘画》第 89 页，纽黑文耶鲁大学出版社 1983 年版。

[34] 参阅高居翰《气势撼人：17 世纪中国画中的自然与风格》第 37—38 页，剑桥马萨诸塞州哈佛大学出版社 1982 年版。关于该问题的讨论，参阅方闻《评高居翰〈气势撼人〉》，《艺术简讯 68》1986 年秋季号，第 506 页。

[35] 参阅约瑟夫·R·莱文森《从绘画看明代和清初社会中的文人观念》，载约翰·K·费尔班克编《中国思想与制度》第 320—341 页，芝加哥大学出版社 1957 年版。

[36][37] 安德鲁·H·普莱克茨《明代四大小说》第 49 页，第 50—51 页，普林斯顿大学出版社 1987 年版。

[38][39] 参阅黄仁宇《中国的大历史》第 149 页，纽约 1990 年再版。马克·埃尔文论证了在 10 世纪和 14 世纪之间，中国经济与科技之进步如何达到其顶峰，进而指出明清之际的经济也达到了相当的高度，见《昔日中国之典范》第 225 页，斯坦福大学出版社 1973 年版。

[40][41] 参阅方闻《董其昌与正宗派绘画理论》，台北《故宫季刊》第 2 卷，第 3 期（1968 年 1 月），第 14—15 页。

[42] 参阅郭绍虞《中国文学批评史》第 307 页，安德鲁·H·普莱克茨《明代四大小说》第 32 页。

[43] 参阅方闻等人《心印：普林斯顿艺术博物馆爱德华·L·埃利奥特家族和约翰·B·埃利奥特中国书画藏品选》，第 142—151 页，普林斯顿大学艺术博物馆 1984 年版。

[45] 王世贞《艺苑卮言》卷一。

[47] 王翚《清晖画跋》，秦祖永《画学心印》本第 4 章第 33 页，咸丰六年（1856）自序。

[48] 参阅孔达和王季迁《明清画家印鉴》第 69 页，上海商务出版社 1940 年版。

[49] 参阅王方宇和班宗华《莲荷大师：八大山人的生平和艺术》，朱迪思·G·史密斯编，纽黑文耶鲁大学艺术画廊 1990 年版。

[50] 参阅方闻《朱耷的生平和艺术分期》，《亚洲艺术资料》第 40 卷（1978）第 7—23 页。

（原载《美术研究》，1993 年，第 1 期）

浅析陈淳花鸟画风对八大山人的影响

舒粉利

在中国绘画历史的长河中,明代"吴门画派"以其独特的文人绘画风格占有不可替代的地位,"吴门画派"在山水、花鸟、人物等领域均有建树,其中花鸟画派在沈周、文徵明的倡导下,其弟子陈淳在继承老师的传统下继续发扬光大,最终形成笔致潇洒、墨色酣畅、意足气振的独特风格。在清代的绘画领域里,花鸟画蓬勃发展,画派众多,八大山人以他独特的风貌引得世人的钦佩。八大擅花鸟、山水,其花鸟承袭陈淳、徐渭写意花鸟画的传统,发展为阔笔大写意画法,其特点是通过象征寓意的手法,并对所画的花鸟、鱼虫进行夸张,以其奇特的形象和简练的造型,使画中形象突出,主题鲜明,甚至将鸟、鱼的眼睛画成"白眼向人",以此来表现自己孤傲不群、愤世嫉俗的性格,从而创造了一种前所未有的花鸟造型。从艺术文化的传承方面讲,陈淳的文人写意花鸟风格到底对八大山人有多大影响?在清代这个复杂社会环境下,八大山人又是如何对陈淳的画风继承和革新的呢?本文简要分析如下:

一、笔墨、意境的继承

八大笔下的物象，主要是花、鸟、鱼、虫、石等，重在通过这些物象来表达世界观和人生观，不追求现实中具体物象的形似，而力求达到对现实生活最本质的剖析和阐释。观赏八大山人花鸟，其画风无疑受到陈淳的影响，正如石泠[1]先生说：山人名满天下，书画自成一家，水墨花卉受青藤、白阳影响，但自有面目。八大的书法师承"二王"和颜真卿、苏轼等，有朴茂沉雄的格调，兼秀丽灵动的情韵，且善用秃笔书，锋中肘悬。他在书法中传达的晋唐韵味以及用笔特征与绘画风格相吻合，在笔墨旨意的传情达意上自成一家。陈淳的笔墨旨在对花卉本身进行传情达意的表现，所以他的笔墨是随物象而变化的，在这方面八大有相似之处，甚至在同样题材的表现上，八大的笔墨造型上都取法于陈淳，其作品都是水墨为之。在有些作品中很明显找到他师承陈淳的风格。在此加入与陈淳风格相同的作品来分析，如陈淳《花卉图卷》（天津历史博物馆藏）的绣球花，花头采用淡墨圆形画出花瓣外形，基本形状是五瓣为主，浓墨点出花心，枝干用中等墨色，中锋用笔随意写出，叶子不多，墨色与枝干基本形同，突出表现绣球花圆润的外形，浓墨勾勒叶脉。而在他的《书画册》（广西壮族自治区博物馆藏）当中的绣球，花头笔墨更加灵动，枝干明显有草书意味，呈现出潇洒干练的风格。八大在《花卉卷》（故宫博物院藏）中的绣球花，其花头的笔墨形态，叶子以及枝干的用笔等等都与陈淳相似。其余的像八大山人笔下的桃花、荷花等表现物都有继承陈淳的风格迹象。陈淳一生画过很多水仙，都是用淡墨勾花、钩叶，浓墨复勾花蕊，这样的手法在八大山人的作品中同样存在。以上分析，可以明显看出八大山人的写意花卉受到陈淳影响。作为水墨画，"象"是载体，"意境"则是观者通过有限的"象"而联想的陈淳笔下的物象，主要是通过画家深入生活、细致观察，从而体会到物象本身的性情，再通过笔墨来表现这种切身感受。在体会物象情感方面，八大山人和陈淳一样，都抱着强烈的感情，都有着"写生"的气息。陈淳在《花卉图册》中表达了石榴纤细的叶子和硕大的果实；八大山人早期作品《传綮写生册》（台北故宫博物院藏）中山芋、白菜、石榴等，都是遵循着"观物之生"的道路来表现物象的，他的石榴形态感觉与陈淳一样，都是坚持写生。

二、风格形成

八大在中晚年的作品中渐渐脱离了陈淳的樊篱。从布局安排、花鸟形态笔墨表现以及题画诗的寓意等几个方面进行变革，最终在他的花鸟画作品中出现了"怪诞、冷漠、空寂"的风格。其用笔古厚、意象深刻，在作画过程中主要采取中锋，没有陈淳笔下反转偏侧的灵动性，而是稚拙厚重。在布局安排上，画家喜欢把物象安排在边角之处，要么是半个物象面对大幅题跋，要么是单个元素处于空旷的画面之中，让人看后胸中总有块垒挥之不去，这恰恰是画家心中的郁闷与悲愤的表现。例如在《鸟鱼怪石》一画中，石头占据画面三分之一多，呈倒三角形。八大笔下的花鸟往往出现夸张和变形，梅花只画一两朵生长在粗壮的枝干上，松针也只是象征性的几组，菊花就是五六笔短线围绕在椭圆形周围……陈淳的花鸟画中很少出现飞禽走兽，而八大山人的这类题材比较多，他在学习借鉴前辈技法的基础之上，通过夸张、变形、简化对象的形态来表达自己的心境，这种心境或是对社会的讽刺，或是自己内心的独白。八大简远淡真的绘画精神，正是中国文人画所追求的，虽然陈淳的绘画风格给予八大山人以直接影响，而八大也在陈淳的笔墨语言里找到了适合表达自己情感的方式，进而使中国文人写意花鸟朝着更加艺术化和思想化的方向发展。

八大的写意花鸟在继承陈淳以及前人的基础上不断探索，最终以他独特的风格让世人感受到艺术对生活强烈的震撼力，其后的石涛同样在陈淳等名家风格中领悟到笔墨技巧，在努力寻找艺术与生活、修养之间的关系，试图把这种关系体现在自己作品中，从而进一步开创了中国写意花鸟画的多种语言形式。

【注释】

[1] 石泠.中国书画名家画语图解——八大山人[M].北京：中国人民大学出版社，2004:142.

（原载《教育教学论坛》，2011年，第5期）

怀素与八大山人：生命与艺术的互证

杨远征

按照世俗的理解，一个遁入空门的人是毋需向世人证明他的存在的。但是，中国古代或近代历史上却接二连三地出现通过不同手段证明自己存在的出家人，而其中最为引人注目的要数那些全身心地投入书与画创作的僧人，由于他们的非凡创造，使得僧人艺术成为璀璨的东方艺术的一道独特的风景。

描述这些情有独钟的僧人艺术家的成就或由他们创造的那道迷人的风景细节，不是本文的工作。这里我们关心的是：他们是如何通过书法这一媒介来证明自己的存在的？

佛教自东汉时期传入中国至今走过了1800余年的历史。在这千年的风云变幻中，中华文明孕育了为数众多的僧人书法家。在他们之中，除去民国时期的弘一法师，最不能让人忘却，也最具文化意义的是两位在宗教界并无多少影响的僧人：怀素和八大山人，他们分别来自两汉以后两个极其重要的历史时期：唐朝中叶和明末清初。

唐朝属传统中国社会的最强盛期，也是最为开放的时期，而中唐又是这个强盛期走下坡路的开始；明末清初即是传统中国社会制度全面崩溃的开始，又是受到外来影响的新思想、新的生产力方式的萌芽阶段。因此，通过对怀素、八大的分析有助于了解这样一个艺术史的基本问题：不论在何种社会环境中、在何种历史境遇中，不论何种身份，一个艺术家是通过什么来实现的？或曰：一个杰出的书法家是靠什么来支撑的？

论知名度，隋代高僧智永，完全可以作为我们讨论的对象，但是站在真正学术的立场上看，在当时的环境中这位王羲之的七世孙的成就的确很是平常。如果按照那本传世的《真草千字文》（许多人认为它是摹本）来评价他的书艺，也许完全可用一句"家道中落"来概括——他正愈来愈力不从心地看守着那份祖上传下来的家业，在他笔下我们已看不到其先祖们出奇制胜、举重若轻、风流倜傥的"晋人风韵"了，所以唐代书学家李嗣真以"精超过人，惜无奇态"对其书法成就进行总结。其实，在考古学昌明的现代，智永的书法更是给我们平淡无奇的感觉，因为那些在敦煌荒漠中偶尔保存下来的唐人写经，无论技法之娴熟还是意态之超逸均远在他之上。

但是，生活在唐代中叶的僧人怀素就不同了，尽管后世人们对这位生活和艺术放浪形骸的狂草大师书法有褒有贬（在世俗社会更多的是喝彩声），但毫无疑问，研究中国书法是无论如何不能绕过"怀素"这一个具体存在的。说得更确切一点，他的个性、他的书风已成为传统中国文人、中国艺术典型的放荡不拘、以神写形的东方精神的一种象征。

怀素是个僧人，在奉行"中庸为本"的中国社会，即使作为一个世俗社会的平常人，他的言行也有些过分："既食鱼肉，公然举以向人，计其胸中无一毫讳忌"；"十杯五杯不解意，百杯以后始癫狂"；"班僧前日动京华，朝骑王公大人马，暮宿王公大人家"；"自言婉转无所拘，大笑羲之用阵图"；"醉来把笔猛如虎，粉壁素屏不问主，乱拿乱抹无规矩"；"粉壁长廊数十间，兴来小豁胸中气；忽然绝叫三五声，满壁纵横千万字"……正由于此，唐人任华及五代名画家贯休才断言这位喝酒吃肉、出入市巷、口出狂言、凭一支醉笔纵横天下的狂僧的举动比之中国书法史上另一个"狂人"张旭有过之而无不及："张老（即张旭）颠，殊不颠于怀素，怀素颠乃是颠。""张颠颠后非是颠，直至怀素之颠始是颠。"

如此"呵佛骂祖"之狂僧，其书法随之而狂，这是自然而然之事。

"古法尽能新有余……心手相师势转奇，诡形怪状翻合宜。有人细问此中妙，怀素自言初不知"；"志在新奇无定则，古瘦漓丽半无墨，醉来信手两三行，醒后欲书书不得"——这便是怀素的狂草，"风声吼烈随手起，龙蛇迸落空壁翻"，"东却西，南又北，倒还起，断复续"，一派惊天地泣鬼神的壮烈景观。很明显，怀素的狂草是他内心不可遏止的艺术冲动的产物，这其中有他自我性情的升华，也有酒劲的催发。因此，他的草书的面目是可想而知的：用笔狂放、结字诡异、布局奇崛，大小宽狭、枯湿浓淡、正斜倚侧，抑扬顿挫，随手万变，无可端倪。这样，这位中唐的僧人便与同代的张旭一起在中国书法史上筑起了一座丰碑——这是一座足以代表东方艺术不拘的自由精神的丰碑——最具风格的人生，最具风格的艺术，作为一个艺术家、作为一个具体存在的人，怀素在一点上达到最为完美的和谐，尽管站在宗教或道德的立场上看，他可能应作为一个反面形象出现。

如果说，怀素是用一个敞开不蔽的生命个性来完成他敞开不蔽的艺术，从而顺利地实现了人生与艺术的互证的话，那么明末清初八大山人的工作则困难得多。

若论个性和嗜好，八大与怀素有诸多共同点：性情狂颠，嗜酒如命，蔑视权贵。但他们之间有一个很大的不同点，正是这个至关重要的不同点，使得他们的肉体和精神生活在两个决然不同的世界中：怀素虽是一个不甚合格的僧人，但在唐代那个较为宽松的政治、文化环境中，他可以凭他的艺术才华傲视同群，逍遥于世俗社会；相比而言，尽管八大也同样才华卓越，但明朝宗室后裔的身份，给他带来很大不幸。他虽然逃脱了清政府对朱明残存势力的大肆捕杀，但丧家败身之灾的彻骨之恨时时刺痛着这位被迫遁入空门的落难王孙，而为了生存他只得将仇恨的怒火压抑再压抑，终于有一天这位不幸的艺术天才精神失常了："初则伏地呜咽，已而仰天大笑，笑已，忽踴跔踊跃，叫号痛哭。或鼓腹高歌，或混舞于市，一日之内，颠态百出。"因此，八大没有怀素的那份"狂来轻世界"式的潇洒，更多的是苦涩、悲愤与孤寂，即使有人夸赞他的作品，他也不会喜形于色（如石涛诗云其"眼高百代古无比，旁有赞美公不喜。胡然图就持了义，抹之大笑曰小技"），相反他常常自苦自赎：自号为"驴"，款署"哭之""笑之"。此种压抑的个性，使得这位天才尽管心中有万分的狂野、激情，也不能像怀素那样"抽毫点墨纵横挥"。如同收藏仇恨一样，八大只能将一切埋藏起来。

20世纪末的今天，再回过头来看待历史、看待八大山人的书艺，也许不再需要像清初人士那样屏息静气。因为八大的书法作品，没有怀素般张狂而纷繁的外表，没有酣畅、热烈的气氛，有的是内敛、冷峻、简约、孤寂、怪诞，但我们千万不能漠视了八大这些今天看来并不十分强烈的个性，正是这些不雅观的个性色彩、风格语言，构成了八大作为一个完全意义上的艺术家的存在基础——如果没有他那特有的看似刻板笨拙的用笔、古怪失衡而又别出心裁的结字，那么中国历史上就不会有一个"八大山人"。

八大就是八大。即使名为"临摹"王羲之或是苏轼的什么名帖，他也不会依样画葫芦，而总是用一支无锋羊毫，借助一根饱满、圆融而憨笨的线条，凭一种似颠非颠的间架结构，向我们呈现出一副无可奈何而又不甘受辱、不甘平庸的图景。自然，在他的书法作品中，像王羲之或苏东坡那类的机智、空灵和潇洒是谈不上的。正因如此，八大才是八大，而不是别的什么人。

当然，作为一个具体存在的人，八大的不幸也正在此。怀素以一种狂放但又极富世俗化的语言（指畅快的线条和舒展的体势及和谐热烈的气氛等）完成了作为一个艺术家的形象塑造，因而能获得空前的认同和喝彩（唐及其后咏怀素草书诗歌之丰盛即是有力证据）；而八大所持的艺术语言虽然从表面看远不如怀素放肆，但因其中的怪诞和冷峻，使得作品的语言极不通俗化，因而不为人所重（同代人对其艺有"人多不识，竟以魔视之"）。

历史和艺术的魅力就是它常使人们感到意外。尽管在八大心头国仇家恨是第一位的大事，而艺术只不过是陪伴他度过孤寂一生的"小技"，但是他的全部价值恰恰是在艺术中实现的。而这也正是他将人生的消极变为艺术的积极的结果。否则，我想他就不必为一幅画的布局、一幅书法的用笔、一个字的结构而大费脑筋了。反过来讲，也正是这种创造，使得我们进一步看到了八大作为一个具体的有血有肉的人的存在。

怀素和八大山人也许可称得上是中国书法史上最幸运的人和最不幸的人——同为僧人，前者既感悟了禅境的空灵和喜悦，又享受了世俗的实惠和恩宠，后者却终身陷于巨大的精神折磨之中，苟延于"鬼"的世界、挣扎于"虎牢圈"；同为癫狂之人，前者纵横江湖，风光无限，后者却东躲西藏，自苦自赎；同为书法大师，前者大笔一挥，连篇累牍，前呼后拥，后者却谨慎落笔（书坛有人认为其书是"癫狂挥洒"，从作品看并非如此），冷逸孤高，不求溢美。

怀素是恃着艺术奔向社会，八大则是躲过社会遁入书法。所以我们说：怀素显于书法，八大隐于书法。但不论如何，作为一流的艺术家，怀素与八大在这一点上达到了一致：无论是颠是狂，是荣是败，最后他们都是在艺术作品中完成了生命的存在，实现了对社会的抗争；同时，也为现代的我们证明了这么一条艺术史的原理——

真正一流的艺术家，其作品是生命与艺术的互证；他不论在何种处境、持何种心态，第一位的工作是创造出一套适合抒发自己性情的语言形式或风格样式，唯此，他才可完成自我。

（原载《理论与创作》，1997年，第3期）

冷涂热抹终源情
——徐渭与朱耷绘画风格比较

熊 立

徐渭和朱耷都是明清之际的大写意派画家，两人都有着悲剧性的一生，然而，现实人生积聚的苦难变换成艺术丰厚的养料，使他们创作出风格独特的艺术作品，在中国绘画史上留下深刻的一页。

徐渭是山阴（今浙江绍兴）人，出身于低级官吏家庭，自幼聪慧，文思敏捷，20岁时即考取山阴秀才，但后来连续8次参加乡试都名落孙山，终身未得志于功名。中年时由兵部右侍郎兼金都御史胡宗宪推荐曾任浙、闽总督幕僚军师，对当时的军事、政治和经济事务提出的建议往往能切中要害，并参加过嘉靖年间东南沿海的抗倭斗争和反对权奸严嵩的斗争。他为胡宗宪编写的《献白鹿表》，得到明世宗的极大赏识。徐渭对自己的才智谋略很自负，本以为能施展抱负，但因胡宗宪陷入严嵩案中被捕自杀，深受刺激，由佯狂变为真疯，蓄意自杀竟达9次，又因误杀妻子而入狱，历经7年，经友营救得以获释。晚年穷困潦倒，以卖诗、文、画糊口，在"几间东倒西歪屋，一个南腔北调人"的境遇中结束了不羁而困窘的一生。

朱耷，又名八大山人，明朝宗室后裔，江西南昌人。自幼习诗文书画，16岁便为秀才。

正当他一帆风顺、踌躇满志之时，社会的更替，使他一夜之间由天皇贵胄之子，沦落为残山剩水之身。国毁家亡，心情悲愤，为求活命，只能东躲西藏，被迫落发为僧。后来为了传宗接代，改为当道士。悲苦凄凉，形影相吊，半生漂泊流离，心中压抑悲恸情感冲破了理性的防线，终于使他发狂，像许多杰出的艺术家一样，朱耷在困顿潦倒中度过了余生。

徐渭和朱耷一生清苦，命运多舛，这是天才艺术家必经的人生苦难，更造就了他们的艺术价值。在中国绘画史上，徐渭、朱耷之前的元明写意画，由于过多地受制于工笔花鸟的视觉规范和片面追求文人士大夫的集体精神象征，而长时间沿袭恬雅闲适的平稳方式。但徐渭和朱耷突破了以前写意画的模式，在物象的造型和构图模式上，他们以画家的自我表现代替了原来的写生自然，表现出一种情感的发泄与个性的追求。在徐渭、朱耷那里，满腔令人窒息的孤愤疯狂在画中找到了直接表现的通道。他们的画不再是自然花鸟鱼虫的再现，也不再是文人士大夫集体精神人格理想的载体，而是他们个人独特人生经验与精神世界的象征符号。正是这样，徐渭、朱耷的大写意画在古代绘画史上具有划时代的意义，但具体而言，二者在绘画的笔墨、构图和意境上还是有很大区别的。

一、笔墨的表现

在笔墨表现上，徐渭所用的是大写意法：粗阔放肆、纵横捭阖，他的绘画结合了书法的技巧，在线条的粗细、速度的疾徐、笔力的轻重等方面，都能变化自如，并与泼墨淋漓的水墨法相配合，笔随墨走、墨由笔生，即使画面形成以笔为主的骨气，又产生多变的律动性。他塑造的形象，"不求形似求神韵，根拔皆吾五指栽"，以放纵简逸的寥寥几笔，倾倒墨汁的淋漓水墨，浑然天成地传达出物象的神韵，将写意法演变为大写意法。明张岱曾这样评价徐渭的绘画："今见青藤诸画，离奇超脱，苍劲中恣媚跃出，与其书法奇崛略同，余亦谓青藤之书，书中有画，青藤之画，画中有书。"除了融书法于绘画外，泼墨的手法运用也不是单纯的形式技巧问题，因为胸中有太多的积郁需要发泄，激烈的情感一旦找到发泄口必定喷薄而出，不可阻挡。"一斗醉来将落日，胸中奇突有千尺。急索吴笺何太忙，兔起鹘落迟不得"。有"奇突千尺"之恨，必有"兔起鹘落"之势，急速而磅礴，发而为笔墨必为泼墨，这种形式正好符合了主题倾泻情感的需求。因此徐渭绘画中笔墨的呈现本身就有很深的意味，是主体内在炽热的情感与客体外在的泼墨形式的异质同构。

与徐渭相比，朱耷在笔墨上表现为稚拙内敛的处理方式。徐渭用墨往往纵笔狂涂，肆意挥洒，如狂风骤雨，呈现出放射状迸裂的态势，具有强烈的力量感和剧烈的运动感。朱耷的笔墨则较多克制的成分。他常常使用秃笔，秃又促其内含，他不是采取锋芒外露，而是以圆韵、凝重、清润为其特色。他常用极概括而富张力的笔墨线条凸显对象的外在轮廓，用简拙峭硬之笔将墨的能量压缩凝聚在一个相对静止的状态下，在压抑与爆发两种反作用力的矛盾冲突之下形成一股巨大的张力，呈现出喷薄欲出之张扬态势。对此，卢辅圣评价道："徐渭狂放在能收，朱耷严整而能放；徐渭以墨韵滤笔气，朱耷以墨气振笔韵；徐重感性、尚洒脱，朱偏理性、崇朴茂……总之，一个以外拓胜，一个以内敛胜；一个趋向于热，一个趋于冷。"朱耷虽然继承了徐渭的画风，但是，和徐渭大刀阔斧的画风相比，朱耷的笔墨技法显得更为精致，对物象造型的处理更加程式化了，情感指向内敛但不失含蓄。相较于朱耷笔调的冷峻内敛，徐渭笔触节奏强烈，他笔墨下的情感性因素是热烈而奔放的，在率性的纵横涂抹中，生命的郁懑与激愤得以彰显。

二、画之意境

生活中的徐渭有经天纬地之才，有济世安邦之志，胸中又有勃然不可磨灭之气，却承受着"英雄失路，投足无门之悲"，有着"寡妇之夜哭，羁人之寒起"的幽怨，更有"奇突千尺"之恨，这股强大的感情之流裹挟在一起体现在绘画中便有了徐渭狂放的宣泄方式，他将这种痛苦、悲愤和压抑与其灵动的笔墨相结合，展现在我们面前的便是这清秀灵动的雄浑与博大。

徐渭的画作，用笔简练，高度概括，雄浑奇放，墨气淋漓，挥洒超逸，造型不求形似，而且画法谐谑，意味深笃。他作画行笔奔放，往往如脱缰的野马，笔走龙蛇，如排空海浪，似崩山走石，具有很强的力量感和运动感，即使是画些很细小的线条也是风驰电掣。他曾自题《雨中兰》图说："此则不知为风为雨，粗莽求笔，或者庶几。"观徐渭的画常有舒心畅快、淋漓尽致之感。与一般文人画家追求温文尔雅的意旨不同，徐渭不是细致精巧地去安排其笔墨，而是随情感的起落而用笔，这使他的画突破了一般小写意的文弱之习而超于浩大气派，这是以往文人名士画家或是豪门子弟所没有的。徐渭在他的《墨葡萄》中题道："半生落魄已成翁，独立书斋啸晚风。笔底明珠无处卖，闲抛闲掷野藤中。"这是一个奔放狂野、"癫狂"不羁的艺术家，也是一个旷世奇才在压抑中的困顿与无奈，给我们留下的是无尽的赞叹与钦佩。

朱耷的一生经历了天崩地裂的时代，遭受了国破家亡的折磨，精神受到了巨大的震动，所以痛苦不可自控。现实世界在八大山人的眼里是不公正的，扭曲的，丑恶的。他努力抗争而无应得的结果，于是便以疯癫是来逃避世俗的迫害和浑浊，在绘画中，他的痛苦、不满、无奈，他的种种难言之隐，一一流露到画面上。最能反映朱耷绘画艺术成就的就是那些妙在"癫"与"不癫"之间的花鸟画。形象的怪异给了我们巨大的冲击力，他的画风绝、冷、险、怪，意境冷寂，笔墨放纵。其画鱼、画鸟多憎眼圆睁，白眼向天，或怪石嶙峋，傲然挺立；或枯枝陈柯，突兀悠肆，峥嵘奇崛。画中的气氛冷落萧条，形象单纯，流露出一股不可遏止的怒气。从艺术本体论的角度来看，任何画家笔下的艺术形象本质上都是艺术家本人的"心象"，也就是说，它是艺术家主观情思和客观物象相结合的产物。"心象"因人而异，在具体的艺术表现过程中，必然会导致不同的艺术家对同一艺术语言的把握采取不同的方式，从而形成不同的艺术风格。具体而言，朱耷对眼中的物象进行抽象化、符号化，力图用最简朴的"形"去承载他最难以言说的心灵世界。同时，他还随着自己的心对这些心象进行改造、重塑、扭曲、变形、夸张。在他的画中不管是"白眼向人"的鱼，拳足敛羽、忍饥耐寒的鸟，恣意生长的荷花，还是那比例失调的畸形的兔子和块状拼合的猫，倒锥形一触即落的巨石，这些超常的物象都是他"心象"映照的结果，抒写他对现实的不满和愤慨，表现他那倔强傲岸的性格。将朱耷成熟期的《荷花双凫图》与徐渭的《墨葡萄》相比较可以发现，朱耷简练而含蓄的笔墨，高度符号化的物象造型，虚灵的空间布局，透射出的是一种萧疏淡泊、冷逸逼人的气氛。而徐渭《墨葡萄》则在酣畅淋漓的水墨中透出动荡不安的气氛。总的来说，同样是怀着浓重、炙热的情感，但朱耷表现出来的是清新而稚拙，整体气韵是内敛而静态的，而徐渭的画风则显得粗阔放肆、激昂澎湃。

由以上来看，与其说徐渭和朱耷是用笔墨作画，还不如说是用他们的心在作画，画成了他们情感的寄托之物，也是他们人格的写照，正如郑板桥所说是"横涂竖抹千千幅，墨点无多泪点多"。他们的绘画作品不仅反映了自我，又超越了自我，成为那一时代民族精神的结晶。

（原载《大众文艺》，2010年，第1期）

八大山人对我国绘画的继承与发展

钟鸣天

我国绘画到了唐宋，写意的成分逐渐发展，如王维的水墨山水、雪里芭蕉，董源、巨然的山水，徐熙的花鸟，文同、苏轼的竹石，米襄阳的雨景山水，都为后来文人画的兴起，奠定了基础。元代赵孟頫《题枯木竹石》诗："石如飞白木如籀，画竹还应八法通；若也有人能会此，须知书画本来同。"他不但提出了"书画同源"的理论，又为写意的文人画的急剧发展，起了催化剂的作用。元四家中的黄子久、吴镇、倪云林的山水竹石，已经达到文人画的成熟境界；强调笔墨情趣，表现画家的主观意识，逸笔草草，聊写胸中逸气。到了明代的徐青藤，则更是笔墨淋漓，具有浓厚的浪漫主义色彩。晚明的董其昌提出绘画南北宗之说，文人画的体系更加系统完整。明末清初的渐江、八大、石溪、石涛四大高僧，相继出现于画坛，在继承前代传统的基础上，竞相发展，标新立异，独树一帜，各有千秋。其中以八大山人的笔墨最怪最奇，影响后世者也最大。

八大山人为明朝宗室宁王朱权之后，明天启六年（1626）出生于江西南昌弋阳王府，卒于清康熙四十四年（1705），小名耷。明亡后，惨遭家国之变，遁入空门，削发为僧，后又回到南昌郊外青云谱为道。僧道名及别号甚多，见于书画的就有传綮、刃庵、何园、拾得、黄竹园、洛园、八还、书年、雪个、个山、个山驴、驴、驴屋、驴汉、驴屋驴、人屋、个相如吃、忝鸥鹚、八大山人等，有时署押"三月十九"，有悼念明亡之意。而以"八大山人"题款最多，相反的，原名"耷"字，却从未见他在书画上用过。由于出身朱明王室，青年时期即罹家国之难，如石涛所说"公皆与我同日病，刚出世时天地震"。虽逃入僧道而满腔悲愤，无由发泄，遂从事于书画，借以寄托他的高朗襟怀和对故国的哀思悼念。

八大山人在绘画传统的继承上，路子比较宽广。从他的山水画来说，最初师法倪云林，然后上溯宋元诸家，举凡董北苑、米襄阳、黄子久等无不临摹师法，晚年又学董玄宰，这些人都是文人画写意派大师，对他的影响是很大的。如在他的山水画中，常常可以看到"大痴笔意""米家画法以此品为第一""米海岳研山图""此是北苑写老杜水深云光廊""戊寅之三月仿云林画并书""净云三四里，秋高为森爽；比之黄一峰，家住富阳上"一类的题跋。说明八大山人对这些画家的画是很崇拜的，所以着意地学习他们。从他留传到现在的山水画迹落款看，属于前期以")("字签名的较少，属于后期以两点"八"字签名的较多。画风亦有明显的变化，前期笔墨较为细致缜密，后期用笔疏淡简略，意境荒寒，如《仿古（云林）书画合璧册》，笔墨辣秀淡逸，既有云林平淡天真的意趣，又有八大自己冷逸孤寂的个性。可见八大学习前人传统是有高度选择取舍的，而且寓以自己的个性心灵，具有浓郁的个人风格。另一件《书画合璧卷》，笔墨的疏淡简练，远远超过了他所师法的前辈。其中有一段疏林冈阜，寥寥几笔，浓淡浑融，意境高远，可说是文人画的极致。题跋云："以此作人物未可，道是西江一笔画。"他自己对这幅笔墨也是很满意的。74岁时作的《兰亭诗画册》，纯用枯笔勾皴，淡墨烘染，笔墨更趋苍老古拙，颇有返璞归真之趣。对题诗文的书法，亦淳朴自然，疏淡超逸，已到人书俱老、炉火纯青的境界。

八大山人学习古人是有慧心独到之处的，师其心而不拘于迹。他在一幅《山水》画上题云："倪迂画禅，独得上品上，生迨至吴会，石田仿之为石田，田叔仿之为田叔，何处讨倪迂郁？每见石田题画诸诗，于倪迂颇倾倒，而其必不可仿者与山人之迂一也。"可见八大山人对于前辈大师们先后继承发展的理解是非常正确的。同样师法倪云林，沈石田有沈石田的面貌，蓝田叔有蓝田叔的面貌，到哪里去找倪云林的真面目呢？这就必须师心自用，不斤斤拘泥于形迹。这正是八大山人学习前人，能够创新发展的奥秘所在。当他把这种学习方法用到花鸟的继承发展上，就大大地开辟了新蹊径，出现了新生面，成为清初画坛上革新的一面旗帜。我觉得八大山人的山水画虽然亦有自己的个性和面貌，但是从创新发展的角度来说，远不如他的花鸟画。总的来说，八大山人的山水继承传统的多，创造发展虽然也有，但不很突出。八大之所以享誉当时、扬名后世，主要是由于他在花鸟画方面的创新发展，具有划时代的意义和成就。

八大山人的花鸟画，继承的路子也很广，远自五代宋元以来的徐熙、文同、苏轼，近至倪瓒、吴镇等人的花鸟竹石，对他都有很大的影响。当然，继承最为直接、影响最大的还是徐渭。徐渭是一个学问广博、才华横溢的人，文学诗词、音乐戏曲、绘画书法，都有深厚的修养。徐渭的画无论人物、山水、花鸟，笔墨都很简练概括，潇洒飘逸，意境高远，诗词题跋尤其超逸，是典型的文人画。八大山人的花鸟画，就是在继承这些前辈大师们优良传统的基础上，高视阔步，独辟蹊径，创造出前无古人，后启来者的作品，具有强烈的个性和风格，无论是从它的思想意义、笔墨技巧还是诗文题跋各方面看，都有高度的成就和时代精神。

一般来说，山水、花鸟画由于题材本身的限制，不可能表现多大的政治思想和进步内容。如宋元以来的花鸟画，梅兰竹菊四君子等绘画作品，顶多通过诗文题跋，寄托一些淡泊胸怀、清高绝俗、超脱闲逸的思想感情而已，不能有更多的含义。而八大山人的花鸟画，却在当时的历史条件下，由于个人的特殊遭遇，国破家亡，满腔悲愤，无从宣泄，对现实的不满，对清朝统治者的愤恨，都寄托在书画上，毫无余韵地抒发出来，具有时代的最强音。如他笔下的鱼鸟，都是挺胸瞪眼，桀骜不驯，冷眼旁观，眼中似有一股怒火，凛凛逼人。纵使不着一字，那种愤世嫉俗，不谐流俗的倾向，也非常明显。这是就绘画本身反映出画家思想感情的一种手法，是前人绘画中极少见到的，至于通过诗文题跋与画面交相辉映，表现画家思想感情的就更加鲜明，更为突出了。如《孔雀图》，在毫无依傍的危石上，画了两只孔雀，鼓腮瞪眼，前面的一只还强项翘首，拖着三根翎尾，其讽刺挖苦的含意，已很明显；上面又复题诗："孔雀名花雨竹屏，竹梢强半墨生成；如何了得论三耳，恰是逢春坐二更。"这就更加揭示了画家对当时清廷官僚和现实社会的讥讽。又如《古梅图轴》，画了一株露根古梅，老干枯槁，瘦骨嶙峋，枝丫横折而出，盘曲古怪，劲挺精神。还用真行草体题了三首诗。第一首楷书题云："分付梅花吴道人，幽幽翟翟莫相亲；南山之南北山北，老得焚鱼扫□（虏）尘。"最后一句缺一"虏"字，很明显是当时或稍后的收藏者刮去了。因为在清初文字狱盛行，残酷打击汉人知识分子的情况下，随时都有被发现而招来横祸的危险。但从这里却反映了八大山人对清朝统治者的憎恨。第二首行书题云："得本还时末也非，曾无地瘦与天肥；梅花画里思思肖，和尚如何如采薇。"八大山人在这里提到了两个亡国遗民坚持气节的典故：一是南宋遗民郑所南，字思肖，南宋亡后，他画兰花露根不着地，有时朝天倒挂，表示宋室沦亡，无地可托之意；一为殷代遗民伯夷叔齐在周武王灭商后，不愿做周的臣民，也不食周粟，躲进首阳山中，采薇而食。八大山人一则说我因想起郑思肖画兰不着地，故画梅花也露根；二则说我是和尚，怎么也效法夷齐躲进山里采薇而活呢？这是画家通过诗画来表明不与清朝统治者合作的心迹。这种坚贞的民族气节和强烈的爱国主义思想情操，是八大山人崇高品质的体现。

八大山人的花鸟画，在笔墨技巧的发展上，不仅独步当时，而且是划时代的创造，可以说是前无古人的。他在继承前人的基础上，对现实事物有相当深刻的观察和理解，敢于对客观事物做大胆的删节和"改造"，以期尽量适合表现自己的主观意识与思想感情，所以在他笔下的花草树石、鸟兽虫鱼，都是形态怪异，精神亢奋，不求形似而神态益真。画家不受物象外形的限制，力求表现它的精神实质，以抒发自己心中的郁勃感情。不论是怪石松竹寒柯疏柳，或是鹰雁鹤鹭、鱼鸟凫鸭，画家都通过笔墨的夸张，赋予它们以特有的性格，成为耐人寻味的艺术形象。如《枯木鱼鸟轴》，在右边土石坡上画一株露根枯树，枝丫倒垂，上栖一梳翎八哥，下面画一瞪眼游鱼，整个画面给人以枯涩苦闷之感，款署"癸未春日写，八大山人"。画家时年78岁，是他逝世前二年的作品，正是画家穷愁潦倒苦闷心情的反映。又如《鱼乐图轴》《竹石小鸟图轴》，石头画得特别大，离奇古怪，塞满整个画幅，而鱼和鸟则小得不易为人所注意。又如《墨松图轴》《快雪时晴图轴》，画的都是松树，枝干杈丫，枯瘦盘曲，松针稀疏，寥寥可数，但给予人们的感觉，却挺拔苍劲，有如蛟龙蟠挐，腾空欲飞之势，给人以精神上的振奋。最能表现画家傲岸不群的性格和思想感情的，莫如鱼鸟的形象，画家舍去了物象外形的细节真实，突出了它的本质特征，着重于嘴、爪、眼睛的刻画。中国人物画素有"传神写照，全在阿睹中"的优良传统手法，而八大山人却把它移用于花鸟画中，这是一个很大的创造和发现。它把鱼鸟的眼睛故作夸张，画成方形或长圆形，眼白特大，给人以"冷眼逼人"或"白眼向青天"之感。

八大山人除了一花一鸟、一树一石寥寥数笔的减笔花鸟条幅、册页卷轴外，还有巨幅中堂、寻丈以上甚至数丈长的花鸟长卷，真可谓鸿篇巨制了。如《荷塘戏禽图卷》《河上花图卷》都是水墨取胜，信手挥写，水墨淋漓，洋洋洒洒，蔚为奇观。比之徐渭的水墨花卉卷有过之而无不及，是大大向前发展了。《荷塘戏禽图卷》无纪年，从署款的"八"字看，应是70岁以前所作，笔墨已臻简淡境界，画了三只小鸟，两只八哥，形态怪异而生动，荷叶纯是泼墨点染，浓淡对比鲜明，水晕墨章，奇气瀚郁。《河上花图卷》长达数丈，是现在所见八大山人画卷中最为宏伟的一件，落款题为"蕙岩先生属画此卷，自丁丑五月至六、七、八月荷叶荷花落成"，历时四月才完成，可谓惨淡经营了。这时八大山人已是72岁高龄，其笔墨已到炉火纯青，进入化境阶段，脱去前人窠臼，出乎自然，信手涂抹，皆成妙趣，点垛泼洒，勾皴滔沦。其用墨之妙，令人惊叹：浓者益浓，淡者益淡，浓淡合泊，元气淋漓，郁郁葱葱，笔情墨趣，怡人心目，与其说是一幅精妙绝伦的画卷，毋宁说是一曲水墨谱写的乐章！

八大山人绘画的题款，一般只署于边角，有时加题干支年月和斋馆名称，这是最常见的情况，很少长篇诗文题跋。有时偶尔题上一首五言、七言诗或几句话，亦颇隽永有味。如《仿徐渭荷花图轴》题云："若个荷花不有香，若条荷柄不堪觞；百年不饮将何为？况值新槽琥珀黄。"在这里八大山人是颇为豁达大度的，他要以荷叶为觞，痛饮一番新酿的色如琥珀的黄酒。在《梅花图册》的一幅中题云："三十年来处士家，酒旗风里一枝斜；断桥荒藓无人问，颜色于今似杏花。"款署"丁巳重九后五日画，个山"。这是他52岁时所作。自甲申国变，山人19岁算起，正好33多年。在这里山人颇有以梅花自况的味道：自从遁入僧道空门，寂寞自处，犹如梅花之处断桥荒藓，无人过问，此有容颜依旧，年年像杏花一样地怒放。《墨花图卷》中题灵芝云："洵是灵苗茁有时，玉龙摇曳下天池；当年四皓餐霞未？一带云山展画眉。"《传綮写生册》中题芋云："洪崖老夫煨榾柮，拨尽寒灰手加额；是谁敲破雪中门，愿举蹲鸱以奉客。"《花卉图卷》题牡丹云："闻道紫苑黄，姚家称别品；何如新紫花，深黑如墨沈。"这些题诗，据古论今，颇饶风趣。其中也有一些诗文题跋颇为晦涩，令人难以索解。这是由于当时的历史背景，清朝统治者的高压政策，许多汉人知识分子惨遭文字狱的迫害，八大山人纵有冲天胆量，也得收敛几分，含糊其辞，不能锋芒太露。但是有一点，八大山人是坚贞到底，始终如一的，那就是在署款的纪年上，要么不写年月，要么只写干支，从来不写清朝统治者的年号，有时即用天干地支的别称，如以"柔兆"代丙子，以"昭阳大梁"代癸酉。有时只写天干而不写地支，如在《鸟石图轴》中只题"庚秋涉事，八大山人"。为山人65岁作，时康熙二十九年庚午。他只写"庚秋"而不写"午"字，表示有天无地。这些题款都流露出八大山人不承认清朝统治，不愿做清室的臣民，更不与清朝统治者合作。据现有资料，还未发现八大山人为清朝的官僚政客作过画或与他们有过什么交往和妥协行为。临川县令胡亦堂把他弄去软禁了一年多，最后他佯装疯癫，遗矢满地，始得放归，表现了山人的高尚气节。

中国画在明末清初，以四王为首的摹古风气笼罩了整个画坛，八大山人能够冲破一切藩篱，摆脱一切陈规旧套，独树一帜，创造出超越前人楷模后世、具有鲜明特色的减笔画风，这是了不起的创造。是自徐青藤以后的又一座艺术高峰。画史所载罗牧开创江西画派。但是罗牧的画迹，我们现在所能看到的并不很多，而且就其绘画特点来说，远远不如八大山人的绘画具有鲜明的个性，和强烈的时代特点与创造精神。我倒觉得"开创江西画派"这个头衔，不应属于罗牧，而应属于八大山人，这才符合历史的真实。历史往往也有谬误，甚至也有颠倒的时候。尤其在封建时代，由于自然经济的限制，生产力不发达，交通又闭塞，各自为政，互不往来，很多情况，缺乏调查比较，仅凭少数人的所见和提倡，先入为主，据为定论，这就不一定准确。像"江西画派"的开创问题，我们在充分的材料史实面前，就应该大胆地把它纠正过来，把颠倒了的历史，重新颠倒过来，还历史的本来面目，这才是马克思主义历史唯物主义者应有的态度。这个意见并不是我一个人所独有，据我所知，"八大山人纪念馆"李旦先生就有这种看法。现代著名的国画大师潘天寿先生早在60年代初就说过"石溪开金陵，八大开江西，石涛开扬州，匹马驰驱，各有奇径"（见《潘天寿画集》）。可见大师慧眼，早有高见。罗牧长于八大山人5岁，是同时代的人，从他们对绘画艺术的创造发展，及其对后世的影响来考虑，我认为八大山人应是"江西画派"的开创人。是否恰当，特提出来与美术理论界的同志们，特别是从事中国美术史工作的同志们共同商榷。

八大山人绘画艺术对中国画坛的影响是很大的，在清代中国画的革新发展道路上起了振聋发聩的警钟作用。当时"四王"临摹抄袭之风弥漫全国画坛，陈陈相因，死气沉沉。在乾隆时期，以李鱓、金农、郑燮等人为核心的一批画家，聚集在扬州，在徐青藤、八大山人画风的启发影响下，举起艺术革命之大纛，以他们卓越而横溢的才华，投身于艺术实践，扩大绘画题材，充实作品内容，以他们泼辣的画风，以及诗文题跋的犀利笔锋，讽刺官僚时政，揭露社会黑暗，同情人民痛苦，嬉笑怒骂皆成文章，把过去毫无生气与世无关的士大夫绘画，变成生机勃勃关心社会问题的绘画，大振画坛颓风，一新人们耳目，形成了举世瞩目，享誉后世的"扬州画派"。郑板桥在画上题云："八大名满天下，而石涛名不出吾扬州，何哉？八大纯用减笔，而石涛微茸耳。"说明"扬州画派"的大师们是非常赞赏八大山人的艺术风格和创作方法的。就是笔墨新奇、变化多姿的石涛，对八大山人的艺术和人品，也是非常崇仰的。他曾专函要求八大山人为他画一幅《大涤草堂图》，在信中高度称赞八大山人。石涛得到八大给他的《大涤草堂图》后，欢喜非常，特在画上题古风长诗一首，其中有"西江山人称八大，往往游戏笔墨外。心奇迹奇放浪观，笔歌墨舞真三昧。有时对客发痴颠，伴狂李酒呼青天。须臾大醉草千纸，书法画法前人前"等语，足见他对八大山人的倾心仰慕了。后来的赵之谦、吴昌硕、虚谷等绘画大师，都不同程度地受到过青藤、八大的影响。

近代以来的著名画家，如陈师曾、齐白石、张大千、刘海粟、傅抱石、潘天寿、李苦禅等，都从八大山人的创作方法和表现技巧中得到过启发和影响，从他的绘画作品中吸收过营养。齐白石有一首诗云："青藤雪个远凡胎，老缶衰年别有才；我欲九原为走狗，三家门下转轮来。"表示了他对青藤、八大等人的倾慕心情。他还在一幅《蜂果轴》中题云："此白石四十后之作。白石与雪个同肝胆，不学而似，此天地鬼神能洞鉴者。后世有聪明人，必谓白石非妄语。"说明他多么醉心于八大山人。潘天寿先生的书画，无论是笔墨的简练概括，或意境神韵的超逸，都是继承和吸取了青藤、八大、石涛等大师们的精华，特别是他的松石、猸奴、八哥等笔墨意境，与八大作品的渊源关系，何其密切相似！如《萱花狸奴》、《八哥》、《露气》、《松石》、《苍松雄鹰》（均见《潘天寿画集》）等，从笔墨技巧到神韵情趣，都可以找到八大的法乳真传。有一幅野塘翠鸟，寥寥数笔，俨然八大意趣，还特地题了"拟个山僧笔意"数字，于此可见潘天寿也是非常崇仰八大的。张大千、刘海粟、李苦禅等也皆瓣香八大，并从他那里讨得不少便宜，自成一家面目，造就一代声华。300年来，八大山人的影响，一直未曾间断衰竭，明清以来的画家，除青藤、石涛外，再没有谁能像八大山人这样久享盛名于后世的。

八大山人是一个没落王朝的旧王孙，由于历史的种种原因，使他走上了书画艺术的道路，他在穷途潦倒、艰苦坎坷的一生中，对祖国书画艺术的创新发展，振挽颓风，做出了不朽的贡献，为我们留下了数以千计的书画作品，是我们民族文化艺术宝库中闪闪发光的珠璧。经过 300 多年的实践检验，更加证明它的艺术价值是无法估计的。我们应该更好地继承发扬，使它放射出更为灿烂夺目的光芒。

一九八五年四月初稿于武昌

（原载《八大山人研究》，江西人民出版社，1986 年）

木刻水印版画对八大山人花鸟画的影响

汪洋

问题的提出

　　有清一代，八大山人以其大写意花鸟留名史册，其特殊的人生经历、卓尔不群的个性、千古独绝的艺术魅力，一直是中国美术史上历久不衰的话题。他的花鸟画在前人林良、徐渭、陈淳的水墨写意基础上，进一步推陈出新，不为古法所拘，师古不泥古，自成一家面目。八大的笔墨豪纵而温雅、单纯而含蓄、稚拙而清新，并往往以画作传达亡国之痛，寓意深刻，笔下或花或鸟充满了历劫不灭的生命力，耐人寻味，引人深思。

　　八大山人天才式的创作往往使人思考，激起我们对其作品进行深入解读的欲望。对这么一位里程碑式的艺术大师的解读无疑需要一个漫长的过程，"五四"时期在解读，建国初期在解读，"文革"后至今还在解读，也许我们仍感到解读的遥遥无期，但欣慰的是，我们总有新的发现，尽管是微不足道的一点点，同样给我们带来启发和思考。

　　如今的信息时代使我们有机会看到八大更多的作品，尤其是藏于海外的作品。在看过大量八大的作品后，笔者注意到八大的花鸟画与明清的木刻水印版画有很多相通之处，如构图、水墨晕染效果、色彩等等。特别是一些作品与木刻水印版画如出一辙，它们往往气息平和，似无意为之，但又精雕细琢。纵观八大不同时期风格多变不一的作品，唯独这样的画作显得尤为与众不同，如《木瓜图轴》（美国普林斯顿大学美术馆藏，纸本，设色，21.4cm×15.5cm）、《水仙兰花图册散页》（美国王方宇旧藏，纸本，水墨，21.1cm×24.6cm）等。在这些作品中，作者一改恣意纵笔的大写意作风，用笔显得一丝不苟、精致严谨，且在构图上也一反常态。显然，用以往的解读方法难以得出满意的答案。笔者认为这些作品与明清时代木刻水印版画渊源颇深，可以说是受到了它的明显影响。将二者进行比较，我们就会对八大高超的水墨处理能力、独特的构图以及颇具玩味的设色风格有较为清晰的认识。

木刻水印版画与文人画

提起木刻水印版画与文人画，我们很容易联想到匠人和画家的对立关系，其实不然。让我们先回顾一下前者的历史概况。

木刻版画是中国传统文化中的艺术瑰宝。鲁迅先生说："中国木刻画，从唐到明，曾经有过很体面的历史。"中国版画历史悠久，从出土文物来看，湖南马王堆汉墓发现的纺织品，有"泥金银印花"和"印花敷彩"的版画图样，新疆东汉墓地发现的蓝印布，不仅有版画图案，还印有较生动的人物形象，这类发现证明我国在造纸术尚未普及以前，民间艺术已开始在纺织品上应用工艺版画技法。这类工艺版画的应用，可以说是我国创始的水印版画的最初样式（李平凡《中国水印版画》）。此后，随着中国印刷术的发明和发展，刻木书的出现，木刻版画也随之产生了。目前我们所能见到最早的一幅木刻版画是唐懿宗咸通九年（868）镌刻的《金刚经》，其卷首的扉页画《祇树园孤独图》是一幅相当成熟的古代版画。

宋代300年间是我国雕版印刷和刻制版画的大力普及和快速提高时期，特别是彩色套印技术高度发达，著名刻工蒋辉甚至用土朱、靛青、棕墨制造假纸币，以致真假难辨。辽代套色镂印彩色版《南无释迦牟尼佛像》是我国目前发现最早的彩色套印版画，具有较大影响。金元时期，也有不少名作问世，引人瞩目的是版画作者为我国民间小说开创了上图下文的版画新样式。元代的"平话"刻木是我国连环版画的前身。明清时期，尤其是明万历至清乾隆200多年间，版画蓬勃发展，出版业者与版画名工密切合作，精益求精，涌现了大批优秀作品，其数量之大，品种之多，形成了我国古代版画史上的黄金时代。而此间一些文人画大家的介入，更增加了水印木刻版画的传统美学含量。陈洪绶、丁云鹏、萧云从、文嘉、渐江、孙逸、江注、雪庄等名家皆踊跃地为版画绘制底稿（张国标《徽派版画艺术》），版画与文人画相互生发，联镳驰骤。这不仅激发了版画技法的更新发展，同样也带来审美观念的变化。画家开始因绘制版画而声名远播，并从版画这种印刷品中汲取营养。

明亡之际，许多人流离失所，藏家的名画不是失散就是秘藏，不易看到。而当时的木刻画谱则概括地收集了许多藏品，并配上诗句，成了清初画家最重要的工具书。八大作为花鸟画的集大成者，自然也应受到其中的影响，而他的许多作品便是明证。

木刻水印版画与八大花鸟

明清之际木刻水印版画已形成几大中心，而与八大居住地较近的徽州、金陵两地更是良工辈出，优秀印刷品层出不穷。应当着重指出的是，在这期间出现的彩色套印画谱、笺谱，如明天启年间的《萝轩变古笺谱》和《十竹斋书画谱》、崇祯年间的《十竹斋笺谱》、清康熙年间的《芥子园画传》等，运用"版"和"拱花"等创新技法，促使我国水印套色版画飞跃发展，成为我国古代版画黄金时期的一个重要特色。

拱花技法，就是以刻镂好的块版和线纹，不施墨彩，而用压印法使线或块突出于纸上，呈现凹凸感，如现代钢印的效果。这种技法最早出现在吴发祥《萝轩变古笺谱》中，用来表现行云流水、博古纹样等，极具艺术表现力。水印木刻技法中的版是指依画稿的色彩层次将其分割并镂成若干小版，随类赋彩，套印成画，因套版形似，故得名，最早在《十竹斋书画谱》中使用，使其成为典范之作。据载，十竹斋主人胡正言与大量绘刻者"朝夕研讨十年如一日"，形成可以乱真的彩色图画（洪再新《中国美术史》）。

如此精美绝伦的水印版画，集名家的底稿绘制与良工的刀法韵味以及独特的水墨晕化之大成，具有一种笔墨所不能及的效果，体现在小品类的笺谱上尤为精彩。它们在晚明的文学艺术中充当着特别的角色，尤其成为文人雅玩的一部分。八大与一般文人的不同之处在于他以画家独到的艺术敏感体悟到了其中的神韵，进而转化为艺术创作的养料，匠心独运，别开生面。八大的花鸟作品对墨色的把握往往与众不同，恰到好处，作者通过墨色的变化来达到明暗之间的微妙对比，浓淡相生，虚实相应，墨色清新隽秀，生意浮动，不由得使人联想到只有水印木刻版画中才有的韵致。当然，八大是一位花鸟画大家，他对水印木刻版画的借鉴是从自身的感悟出发，否则就不能成为八大了。

在八大的《水仙兰花图册散页》中，水仙兰花用墨较淡，而一旁的题诗则墨色较浓，浓淡相映成趣，诗、书、画合而为一，颇具木刻水印版画的韵味，值得玩味一番。这种画面上所表现出的阴阳与黑白对比的新感受，其灵感显然来自水印版画艺术，对此，美术史家方闻也有类似的论述。而图中水仙兰花则居于画面中心，这种特别的构图也许只有在八大的作品中才能看到（这原本是画家的大忌），而这在笺谱中却是常见的格式。在《十竹斋书画谱》（1644）中，我们可以看见花卉、石头、人物或雅玩物件装点着每一扉页的中心，且在图上时而附有与主题相关的简洁标题。为了加强视觉效果，设计者在颇具装饰意味的平面上极尽虚实、黑白对比之能事，这也是八大早期绘画所遵循的基本原则。八大在康熙二十九年的《杂画册》中的《丁香花》则是一幅设色作品，极为少见。图中丁香花用色严谨，明显带有前人工笔重彩的特征，但仍然透露出典雅的韵致，颇类似水印木刻版画。

而一些精美的木刻水印版画作品又很容易使我们联想到八大的作品。如《中国水印版画》一书收录的几幅《芥子园画传》中的作品，色彩清新动人，无半点匠气，观之如生，同书收录的《萝轩变古笺谱》（1626）两幅作品也是如此。由是观之，八大的花鸟画与木刻水印版画之间的关系，可谓一目了然。

（原载《文艺研究》，2005 年，第 1 期）

张狂怪异与「三绝诗书画」
——浅析八大山人和郑板桥的艺术成就

冯 杰

中国花鸟画的发展已有1000多年的历史，从宫廷院画到文人绘画，从工笔到写意，这期间花鸟画的发展经历了多少风风雨雨。而这中间，清代花鸟画的发展，无论是技法还是意境都达到了一个高峰，最负盛名的当数"清初四僧"之一的八大山人，以及"扬州八怪"之一的郑板桥。

八大山人，俗姓朱，名耷，号雪个、八大山人等，江西南昌人。八大山人乃明朝皇室后裔，即明太祖第十六子宁王朱权的九世孙，身经明、清两个王朝，直至80高龄辞世。八大山人一直过着隐逸的生活，同时也将满腔的愤怒带入了他的作品中，形成了独特的风格："山为残山，水为剩水，鸟为怪鸟。"[1]

郑板桥，名燮，字克柔，号板桥。他出生于日渐破落的书香门第，少年时潜心读书。他工诗文、书法，擅画兰、竹、石，间作梅花、古松等，时人称其"三绝诗书画"，不为过誉。

为了能够进一步说明二人在花鸟画上的造诣，笔者选择了两幅比较具有代表性的作品，以便分析。一幅是八大山人的《枯木寒鸦图》，一幅是郑板桥的《竹石图》。

诗　词

八大山人的许多存世品当中的题款都没有出现诗词，这幅《枯木寒鸦图》也是如此。画面右上角只题"八大山人写"五字，简洁明了。但这并不是说八大山人在诗词上就毫无建树，相反他的诗词具有鲜明的特点。他的一幅诗词作品："从来不欣咏绵绵，果熟香飘道自然。不似东家黄落叶，满将心印补西天。"这首诗，反映了作者的一种心态。诗中借"绵绵"来暗指那些生活中过于轻浮的思想情感，他认为人不应该这样，应提倡"道自然"，也就是说用最自然的心态去看待事物，去做身边的每一件事，这也就是道教中所追求的一种"本原"吧。八大山人在诗词中有这样的情感表达其实也与他的身世背景有一定的关系。在亡国之痛的触动下，八大山人断然离开尘世，遁入空门。他的诗词言语中透露着对世俗的厌恶，开始用另一种眼光来看世界，这可能也就是他"道自然"的缘由吧！八大山人在宗教的外壳里寄情书画，发泄情感，寄托哀思。所以他的诗词"不仅生僻，语多晦涩，并藏之于箧，不敢示人"[2]。

在郑板桥的这幅《竹石图》中，他写了这样一首诗："四十年来画竹枝，日间挥写夜间思。冗繁消尽留清瘦，画到生时是熟时。"这首诗的意思一目了然，主要讲述了他从画40余年的感受，诗中将他这些年的绘画经历展现于世人面前。"四十年"的岁月他全部投入到对兰竹的研究当中，不辞辛劳，"一生兰，半生竹"也就是他的真实写照。正所谓功夫不负有心人，40年的潜心研究，终于达到了"冗繁消尽留清瘦"的境界，也真正体会到了"画到生时是熟时"的感觉。郑板桥的诗文在清代诗坛上占有重要地位，具有一些民主性的思想内容和优美的表现形式。他的诗文中不乏那些同情民间疾苦、揭露豪门权贵的奢华生活，鞭挞贪官污吏的罪恶行径的诗句，给人的感觉是感情真挚、深刻贴切。他在一幅《竹石图》中题道："衙宅卧听萧萧竹，疑是民间疾苦声。些小吾曹州县吏，一枝一叶总关情。"细细品味，真可谓千古绝唱。

书　法

八大山人的书法虽不能说是自创一体，但也形成了一套自己的风格，俗称"八大体"。在一幅书法作品中，只有单单的"八大山人写"五个字，但从字里行间却能看出他的那种扎实的功底和深厚的文化底蕴。"八大山人"四字一气呵成，有"哭之""笑之"之相，正反映了他本人的思想情感。"八大山人"为一，"写"字为二，在章法上一大一小，上下呼应，字体结构中的粗细变化十分丰富，笔画线条也十分流畅。

八大山人的书法兼工各种体式，他的一幅草书作品字体雄伟，笔法圆润，气度贯通。其中有些字会连接起来，大小错综，混为一体，如"春竹"和"不知"，分合之间，韵律动人。八大山人的楷书中有明显的"欧体"痕迹，行书却偏爱董其昌。然而在八大山人晚年的20年间其书法风格发生了很大的变化，作品一改早期的那种十分推崇的"董字体"。但值得注意的是，在他的晚年仍然孜孜不倦地临习《阁帖》，可见他在艺术上的追求是永无止境的。其次就是他的用笔多用"秃笔"，苍劲有力，爽劲明朗，功力深厚。

郑板桥的书法，早期宗法苏轼、黄庭坚，用笔端庄严谨，横平竖直。之后的作品，便有了创新之意，将隶书掺入行楷并融为一体，且隶多于行楷，形成现在我们所说的"六分半书"。这幅《竹石图》当中的上题款就是这样的作品。从作品中也不难看出，就单个字来说，笔画均有些向右挑，而且起笔时的顿笔似乎在纸上停留的时间有些长，形成一些小墨点。整幅诗句的字体大小错落，粗细变化十分丰富，世人以"金钱串珠""乱石铺街"来评价板桥体。而在下题款部分，郑板桥用的是草书，与上题款相比，一文一武，在画面中形成鲜明的对比。从画面上看，他的草书如行云流水一般，气势磅礴，潇洒别致，不拘泥于一般草书的章法，掺进自己的特点，可以说是草而不乱。尤其是这首题款中的墨迹变化更是精细，浓淡墨交相辉映，如同在作画一般，虚实变化尽显其中。郑板桥书体的出现，对于"打破明清以来一直占统治地位的馆阁体的一统天下"[3]，对于书法艺术的发展，无疑是起到了积极的作用，并对后世产生了深远的影响。

绘　画

八大山人擅花鸟，兼工山水人物，其花鸟画受明代徐青藤影响最大，《枯木寒鸦图》就是他的代表作之一。首先从构图上来看，此幅画为立轴，主要是以枯木、怪石、寒鸦为内容。画中景物略显萧索，枯树上栖息着一只寒鸦，旁边巨石之上，另一只乌鸦单足而立，向下鼓噪而鸣，树上一鸦向上回应争鸣，另一鸦正警醒顾盼，而中间一鸦却闭目安睡，不为所动。作为一位大师，对位置的"经营"自然有其独到之处，细看此画可以这样分析：首先从画面右下角的地平线上升起一枝作为画面"气"的起始，经四只寒鸦，呈流线型，由右上角的题款将"气"破构图而出，形成连贯之势。这种充满回旋的气，常常会出现一种运动的趋势，或穿插上下或表现动势。这种"势"的交响乐，气势宏大，使画面动静结合，变换无穷，极为丰富。其次是作品中对物象的造型。有一种说法这样评价八大山人的作品形象："鼓腹强项伤心鸟，张口无声瞪眼鱼。"与画比照，极为贴切。细看这幅画，四只寒鸦的体态均显微胖，且腹部尤为明显，两只上下回应的寒鸦双眼均有些上翻，有种向上挣扎却略显无力的样子。这里在暗示人们，作为明室后裔的他，虽不满清朝统治，但也只能发出无声的呐喊，最终以孤傲、冷峻的心态沉沉睡去，睡鸦姿态就突出地反映了这一点。再其次是八大山人的用色。画面中的树干、巨石均为淡墨点染而成，但在其中又用少许重墨加以破染，后略加赭色渲染，笔触狂放自由，可以显现出八大山人的性格特征。寒鸦用笔较为工整，浓淡二墨兼施，略施淡彩，质感十分强烈。整个画面用色统一，单一而不单调，可见八大山人的功底之深。

总之，八大山人的作品给人的感觉与他的性格一样，"孤高倔强，具有清空出世、消极的佛道思想"[4]，但这是与特定的条件相联系的，我们要用历史的眼光来审视他。

郑板桥一生研究兰竹，所以他的作品也多以这些为题材。他的艺术造诣，究其渊源主要是宗法郑思肖、徐渭、陈淳和石涛等，但不为陈法所限，而是活学活用。《竹石图》是郑板桥的一幅代表作。郑板桥的绘画构图奇险，不拘一格。像这幅作品中，所画兰竹可以高耸入云，意趣横生，不仅艺术形式完美，而且思想内容丰富而深刻。画面从墨色来看，分为两部分，但这两部分却相互呼应。浓淡两组墨竹动势均略向右倾，然而由于有上题款的横幅诗词存在，将向右的动势又向左倾斜，使画面达到平衡。两组墨竹，一高一低，一浓一淡，一疏一密，形成了鲜明的对比。单从墨色上来看，板桥用墨较饱和，这在较浓的这组中可以看到，几组竹叶相互包容，表面看来略显混乱，但总体的气势却没有减退。画竹讲究分组，且每组之间必相互关联，板桥的墨竹就显现出这个特点。这幅墨竹墨色变化十分丰富，用笔随意性很强，但又不失竹子本身的形态，可谓神形兼备。细看这幅画，又有一些书法的痕迹，特别是那组墨色较重的竹子，其中略显行书的笔法，这正印证了"书画同源"的说法。背景则用淡墨勾勒出一个怪石，虽墨色较轻，但在画面中的位置却十分重要，起到衬托主体的作用。板桥的怪石多用线勾，皴法较少或不用，只是在暗部少许采用一些擦的办法，体现立体感。

郑板桥的艺术思想，主要是追求艺术的自然美，更多地向自然学习。他的兰竹，"都注重刻画本身所具备的秉性及适宜的环境，展现其自然属性"[5]。他的墨竹多表现竹子的那种坚韧、刚强的性格，正如他在两幅竹石图中分别题的诗，一为："只有青山是我家，峰根岩缝并秋砂。因兹秉得坚刚性，历尽东风瘦不斜。"另一首为："咬定青山不放松，立根原在乱崖中。千磨万折还坚劲，任尔东西南北风。"真有一股凛然傲气，妙哉！

八大山人与郑板桥都是清朝画坛上的杰出代表，由于身世背景和地域环境的不同，两人的作品风格也不尽相同。八大山人的那种狂野奔放与郑板桥的那种精细稳重形成了鲜明的对比，我们可以从不同的角度来欣赏他们的作品。值得一提的是，郑板桥所处的地域正是经济较发达的扬州，所以他的绘画作品多少也与商品经济有所关联。虽然之前也有许多画家的作品与经济挂钩，但郑板桥可以说是为自己的作品明码标价的第一人，我们不妨也可以从这方面来评价郑板桥。

花鸟画发展久远，一个时期的结束并不意味着历史的终结，在学习八大山人与郑板桥以及更多前人的宝贵经验的前提下，我们可以更好地去发展花鸟画，乃至整个东方绘画。

【注释】

[1] 张树洪.浅谈八大山人的花鸟艺术[J].齐鲁艺苑,2003,(3).
[2] 吴子南.墨点无多泪点多[J].江西师范大学学报,1985,(3).
[3][5] 郑板桥书画集(上)[M].北京:中国民族摄影艺术出版社,2003.
[4] 李旦.丰茂拙扑,笔简而劲——谈八大山人荷花画[J].艺术世界,1982,(6).

(原载《太原师范学院学报》,2010年,第5期)

意境在于心境
——任伯年与朱耷画意境

张少华

　　清末,一批活跃在上海的中国画家,留下了许多颇具意味的画作,供后世揣摩借鉴,而海上画派创作实绩最为丰厚者任伯年,更备受后世推崇。在任伯年生活的年代,中国已以被动的方式接受了西方文化的影响。上海更处在一个经济发达、中西文化交融的中心地带。讲求品味的市民生活已成规模。视作一种附庸风雅也好,装饰手段也好,市民阶层对于绘画作品的需求已然增大。任伯年作为一介画家,不必为官廷束缚,游走于市民中间,"以砚田为生",自是如鱼得水,任其挥洒。其绘画作品传世极多。

　　任颐,字伯年,山阴(绍兴)人。署款多为"山阴任颐"。任伯年自小画画,曾以任薰、任熊为师。在清末人物花鸟上成就最著。画取陈老莲的人物,徐熙、恽格的没骨法,徐渭、朱耷的写意,并汲取民间绘画和西洋水彩的营养,最终自成画风,写意与写实均达到炉火纯青的地步。40岁时名声大噪,求画者络绎不绝,以至拼命挥毫,耗尽心气早逝。从现存的史料看,任伯年本身非富贵之家,同族父辈多以绘画立世,生活经历较为正常。只是有年少时入太平军而后流浪一说。任伯年的绘画在象征寓意上,并无太尖刻的抨击现实成分,只是隐隐地流露出一些武人抱负,也就是传统的侠义感和惩恶扬善理想。当年他为上海小刀会画《观刀图》影响颇大。《风尘三侠士》也是流传至今的重要作品。无论当时还是后世，人们对他的人物、花鸟画趋之若鹜，究其根源还在于中国传统的审美观念与任伯年绘画作品的精神一拍即合。

任伯年笔下的多数花鸟画都透露出丰润祥和的气息。譬如鸡、鹅、鹤、鸳鸯、鸟，多半形象丰满、色彩华美、神态端庄、动作灵秀，荷、梅、菊、月季、牡丹、兰等花草亦都不变写实形态，而重在意蕴的生发与开掘。这些特点恰符合了中国人四平八稳、追求幸福圆满但又不"过"的中庸理想。出于平民百姓家庭和美的心理需要，也出于画家情致美好高远的创作理念，任伯年的花鸟画更多地寄寓了对生活情趣的现世推崇。然而，为什么选择同样的题材，表达同样理想的画家比比皆是，单是任伯年拿得了"四任"的头筹呢？在任伯年众多的艺术探索中，我们仅掀开一个视角就可以看出任伯年中国画写意的魅力所在。

古典文论中对于意境多有理论，我们理解意境在创作中最基本的一点为作者主观情感的外化。任伯年在花鸟中寄寓人生美满幸福的理想，怀有明朗趋善、神思高远的心境，所以他的画真可以"陶冶"人的情操。与中国古典诗词相近的是，在绘画中任伯年也采用了对比对仗的手法来表达美好和谐的韵律。如《松鹤延年图》表现的是人们对长生不老的向往。在中国文化中，松鹤桃菊都有长寿及仙境的寓意，任伯年画松鹤，高高的松针为蓝，与之相对的蘑菇地衣也采用同样或相近的色调加以点染。两只舞动的鹤一黑一白、一个仰天一个俯地，处在呼应的动态中。《双猫图》中黑花斑猫和白猫两个龇牙斗狠是一对比，猫眼嘴巴涂黄均与斜上方背景一串黄五味子果形成了对照，无论动静均产生了诗词一般的对仗关系。《竹鸡图》雄雌一对鸡一大一小，身处位置的高低又是一个对比。总之，在他的画作中处处都显示出对比点染而形成的均衡感、韵律感，以及由题旨不同形成的不同意境。人物画中也充满着对比的韵律，随意一笔就可将韵脚压住，提气全篇。如《苏武牧羊》，无论坐姿还是站姿，无论着红斗篷还是灰斗篷，都有相对的道具色彩和神态跟进，稍加点染就制造出一种孤寂、空渺的思乡之境。即便不知苏武典故，也可读出人物寂寞。再如《风尘三侠士》，上路人与相送人隔树（相对）相揖，上路人这一回望，与之遥遥的相送，就定了全篇的基调。参天古树、险山峻岭、独木桥由远及近由高至低，都营造出一种神秘莫测、谋划举事的江湖色彩。有如马蹄声声踏踏而去，端的是林冲版的"风雪夜送人"的境界。

怪杰朱耷，明末清初人。一生用了各种各样的落款，如八大山人、雪个、驴屋驴、个山、释传綮等。还在画上用了隐藏的"三月十九"签押。朱耷为明朝宗室，明太祖朱元璋第十六子宁献王朱权的后裔。祖父、父亲擅长艺事，在当时书画名望甚高。朱耷生于贵胄之家，虽不善言谈，性情孤高，但聪颖绝伦，书画已显山露水，"进士业"考试成绩远超同辈。这样的朱耷原本应该有一个好前景的。从小锦衣玉食，生活优哉游哉，未尝经历过风雨的朱耷，明亡以后，不仅生活水平一落千丈，还成了清廷查送的明朝遗老遗少。为保性命只能弃家遁入空门，隐居山中，不再过问世事。如此落差，对一个性情孤高的人来说是致命一击。故朱耷时常癫狂，行为怪诞，有违常态。清代陈鼎的《八大山人传》里设问："山人果颠也乎哉？何其笔墨雄豪也？"对朱耷的行为、书画充满了不解。关于朱耷命运与书画关系的困惑——相传以至今天，令人琢磨。无论怎样，取朱耷书画作品，从艺术创作的心理角度或是其他切面剖解，朱耷书画所具有的象征意义，都是永远的话题。

以朱耷卓尔不群的性情、流徙般的境遇、狂呼悲号醉酒乡里的行止及所遗画作风格而言，端的是一块"才自清明志自高，生于末世运偏消"的材料。他的画作往往不循章法却又浑然天成，充满了命运的悲怆、无告、病态、奇崛。即使被称作"质感丰富"，在他的作品中"极少见"的《枯木寒鸦图》，除了寒鸦形象略为丰满、用笔工整外，枯树和秃岩依旧制造出生命的寒彻透骨。他的写意自成一格，"画山水，大都是荒岭怪石，表现了'残山剩水，地寒天荒'的境界。画花卉多写芭蕉、枯荷、古松；画鸟，多无名之鸟；画鱼，多无名之鱼，大都形象怪诞，表情奇特，冷酷逼人。表现出作者的高傲、冷漠和仇视现实的精神状态"。"他的书法，有一种傲岸不驯的情态，逆势秃笔，又异调又奇怪地秀健"，依旧表露出神秘而隐晦的寓意风格。朱耷已把中国画中的主观色彩发挥到极致，不求形拘，但求神遇了。

如果说，任伯年画抵达的是人间普遍情感与理想境界极致的表现，那么朱耷就是在咫尺画页上叙述那普遍中的"个别"。他已不在意突兀、峻拔、孤冷、独异是否给他人审美上带来阻碍，是否有人与他心意相通。他随心性而为，可谓一代最为落拓不羁、反手倒立看世界的大画家。他的画不是谁人都能够修炼而成的关于技法的问题，而是思维方式问题。若无朱耷感同身受的残破感，和对世间存在近乎精神分裂式的拷打，断不会出现如此怪诞的笔法。他的笔法令人联想到西方现代派小说家卡夫卡为了揭示人处在紧张无着的生存环境中的精神疾患，在小说中对人进行了变形。一个推销员在早晨醒来发现自己变成一个甲壳虫，他的人生就此破败下去，无人疼惜，就连最亲近的人也落井下石。朱耷的画作就有这种病态的偏执想象力，他的内心不知经历过多少人世间"阴暗"的打击，才有了一种"破败""残病"的理所当然。这种偏执深刻到了骨子里，到了没人敢说"不"的地步。剩下的只是被这种想象力震撼的份儿了。《鸟》《独鸟》《荷石水禽图》《荷花翠鸟》《花鸟》以及一些画作中的鸟多半是独脚，这些鸟要么眼白很大，有一种精神病患者的"无视"和独自品尝的哀怨；要么喙很长，如刀如匕，让人胆寒。荷花也不同他人，荷茎超乎寻常的细高，总有摇摇欲坠、细脚伶仃、几乎折断之感。他的画作没有一丝暖意，也不讲究平衡。独脚也好，长喙也好，就是要破坏和谐，制造危险。而且这种危险明明白白地发生着。作者明知不可为而为之，在《鸟》中，让一长茎荷叶托裹着一长喙鸟，寓意深刻。若是写实，谁会运用这样的物象？巢覆是必然的，而躲在这张荷叶里包裹着也是可笑的。这里突出强调的是鸟的感受和生存空间。所以，朱耷在画中以制造倾覆、独伫、独足、独眼等悬念为乐事，进而达到以绘画映照心境，人世"孤寒"的意境。

任伯年也画荷画鸟，他的鸟尽可能双栖双飞，又多半是吉祥鸟。荷叶大而丰硕，色彩斑斓。我们从二人的身世可以看出，画家很难脱离自己内心深处地指着。同样写意，就像朱耷厌恶清朝斜眼看世界一样，任伯年对民间传说中的向善形象加以讴歌。他画打鬼钟馗，形象各异，有络腮胡须飘舞怒目圆睁手待拔刀相向的神勇形象；有身旁跟一童子，驱鬼途中满眼警视但寻余鬼，不信邪神情昭然笔墨的形象；更有簪花钟馗坐着休息思考，文气十足，意味深长。从他所取画的人物形象可以看出，任伯年心中英雄报国无门之情结，是否隐喻了他早年参加太平军所怀的英雄抱负呢？

在中国写意领域，意境的营造如同中国古典诗词，与作者主观意志息息相关。这或许也是我们从意境入手解读中国画的理由。

【参考文献】

1. 孟泽，徐炼. 中国历代狂士[M]. 北京：中国人事出版社，1993.
2. 薛锋，王学林. 简明美术辞典[M]. 哈尔滨：黑龙江人民出版社，1982.

（原载《黑龙江社会科学》，2004年，第2期）

八大山人对齐白石的影响

王方宇

八大山人的画，虽然有突出的创始作风，但若是从传统中追寻其画风之来源，也还是有踪迹可寻的。

简单地说，如山水画源自董其昌并上溯宋元大家，花鸟画则传自宋法常、明徐渭等水墨画之一派。而且，其成就并不完全从笔墨形式中得来，最重要者，是性之所近，妙合天然。所以在创作过程中，以这类造稿，最为自足。于是，他向这方面发展，而自成一种格局。因此虽有其流传，但是八大山人自有八大山人的个性在。他临的董其昌仿古山水，虽然连签署的款字都写的是"玄宰"，但是画中的八大山人风格、趣味，绝不是董其昌画中所有的。八大山人所表现的董其昌，以及董其昌所仿的古人画法，也只是八大山人风格的罅隙中，露出一些痕迹而已。

同样的道理，齐白石有齐白石的个性，尽管他自己说，他与雪个同肝胆，不学而似，但是笔墨中的齐白石还是齐白石。不过因为齐白石用笔的方法，根本上和八大山人有相似之处，他40岁左右临摹或创造的八大山人水墨画，确乎和八大山人作品的气质相当近似。一方面是他心摹手追尽力临学；另一方面，也是性之所近，妙合天然。齐白石折服八大山人之艺术，在他的诗文题画中屡屡见到，所以齐白石的画受过八大山人的影响，是不成问题的事，似乎毋庸讨论。但是，齐白石见过八大山人的什么画？是在什么时候、什么地方看见的？他看见的八大山人的画是真迹还是伪作？他临摹过八大山人的什么画？1920年他接受陈衡恪（师曾）的劝告，不学八大山人，脱离了八大山人的面目以后，在笔墨及章法上是否仍有八大山人的遗意？本文拟讨论这些问题。

本文大致是从两方面出发。一、从齐白石自己的诗文题识上，认识他对八大山人画作的批评和景慕。二、从齐白石画和八大山人画的对比上，看他所临摹的八大山人作品。从他自己创作上看其留存的八大山人的遗意，同时也从他的人物画上看他对八大山人的理解。

在齐白石的诗文题识中，提到八大山人的次数很多，可能比提到其他任何画家的次数都多。这些文句曾屡屡被人引用。我们必须了解，中国画家在画上的题字，并不都是百分之百的确实，有些只是随便说说，也有些是记错了。所以我们必须批判地接受，不能一成不变地拿来当作说明的根据。现在把这些词句，其有年份可查者，按年份抄录，略加说明。其无年份可考者，亦附录于后。

一、1912年（壬子），50岁。

《齐白石画法与欣赏》第69图，印出一张《荷花翠鸟图》。题曰："懊道人画荷花，过于草率；八大山人亦画此，过于太真。余能得其中否？自尚未信。世有知者，当不以余言为自夸，耳食者自当窃笑也。白石老人并记。"这张画上无年份，据书上说是他50岁时所画。他说八大山人的荷花太真。不知他看见的八大山人的荷花是哪几张。可是我们知道他的荷花，确乎没有学八大山人，在构图及气质上，都没有受到八大山人荷花的影响。

二、1917年（丁巳），55岁。

（一）《齐白石画法与欣赏》第14图印出一幅《巨石图》题曰："凡作画，欲不似前人，难事也。余画山水恐似雪个，画花鸟恐似丽堂，画石恐似少白。若似周少白，必亚张叔平。余无少白之浑厚，亦无叔平（下有两字删去）之放纵。丁巳七月二十日，三百石印斋主者。画时，杨潜庵、陈师曾、张正阳及保生五弟同观者凡四人。苹生记画。"

齐白石的山水画，自成一格。而八大山人的山水画，是从传统山水画的基础上发展起来的。其主要原因在于八大山人是"章句士也"（见《青云谱志跋》），而齐白石在游历中，曾多接近自然山水。拿他所看惯的桂林山水以及借山图中的种种景色，跟前清山水画家所画得比较，他看不惯那些在山水画中特别注重表现笔法的作风，而特别重视山水本身形式中表现的气质。因而弃绝一切传统山水画的画法。即便是自己最倾慕的八大山人的作品，也因为他画的山水仍是传统气息，所以也不要学。故齐白石说："画山水恐似雪个。"在他写的壬戌（1922）杂记里，虽然有一段说："山水以董玄宰、释道济外，作为匠家目之。"但他的山水，也没有受到董其昌或是石涛的影响。

（二）《齐白石作品选集》第41图印出一幅《水晶杯墨芙蓉》。题曰："作画最难无画家习气，即工匠气也。前清最工山水画者，余未倾服。余所喜独朱雪个、大涤子、金冬心、李复堂、孟丽堂而已。璜。"

（三）《齐白石作品选集》第42图印出一幅《蕉蝉》。题曰："丁巳重之京华，于厂肆得观雪个伪本。十月兵后还家背临之。萍翁。"这是一部册页中的两页。他一共临了几张，一时无法查出，这两张画是确乎有根据的。齐白石对这张《水晶杯墨芙蓉》印象最深，曾画过很多次。

三、1920年（庚申），58岁。

本年，齐白石画了一部《墨笔花果册》，共14页。这本册页，齐白石自己非常珍重。他曾在1945年85岁时临过一次。这部册页都是水墨画，画的时候常常想到八大山人。其中画页有的和八大山人有关系，但只有两页的题识，特加以说明：

（一）有一页画的是《水晶杯墨芙蓉》，题曰："八大有此画法。"

（二）另一页《菊花》题曰："朱雪个有此花叶，无此简少。"这张画也有所本。

（三）在《老萍诗草》中，庚申年的有："青藤雪个大涤子之画，能纵横涂抹，余心极服之。恨不生前三百年，或为诸君磨墨理纸，诸君不纳，于门之外，饿而不去，亦快事也。余想古之视今，犹今之视昔，惜我不能知也。"这是一段朴实无华的由衷之言，虽然没有文饰的辞藻，但是很为动人，就和他的水墨画的风格一样。

（四）在齐白石自己写的《壬戌（1922）杂记》里，杂有庚申年事。其中有一条记："（三月）十四日作画记。五年以来，燕脂买尽，欲合时宜。今春欲翻陈案，只用墨水，喜朱雪个复来我肠也。"这是他放弃八大山人画法改变作风以后，又画水墨画。他又画出八大山人风格的作品，欢喜心情，溢于言表。又有一条，也是庚申年事。记："（十一月）二十日为友人题旧作画幅：'余少时不喜前清名人工致画，山水以董玄宰、释道济外，作为匠家目之，花鸟徐青藤、释道济、朱雪个、李复堂外，视之勿见。今老彭以此与观，并索题词，余见其鸭蓝有古雅气，知老彭所赏，或亦在此也。因记而归之。'"

四、1927年（丁卯），65岁。

1931年9月，郑振铎开始在北京搜集当时市面上已经流行的木刻彩色水印诗笺、信笺。1933年春天，他跟鲁迅谈起此事，鲁迅当时已经收集了不少，表示可以合起来印一部笺谱。郑振铎在1933年9月以后，从上海回到北平，又在北平琉璃厂各家南纸店搜求，并与荣宝斋南纸店商议出版，制成书的形式。结果在1933年底，出版了一部《北京笺谱》六册，包括荣宝斋等10家南纸店的出品，有30多家的画作，并且把刻工的姓名也都记录下来，印了100部。第二年即1934年又印了100部。这部笺谱，1958年又加上许广平的序重印一次。

　　1935年时，荣宝斋虽然印制诗笺、信笺已有30多年的历史（见寿石工乙亥1935年序），但精印精制做成书籍形式的诗笺谱，却是受了《北京笺谱》的影响。在《北京笺谱》第五册里，收有四张松华斋的信笺，是齐白石壬戌年（1922）所画。又收有荣宝斋齐白石画的人物四张，"说是仿八大山人的"（郑振铎《访笺杂记》中语）。后来这四张人物画，又收在《荣宝斋诗笺谱》里，此外还收了十二幅花果笺。这十二幅花果笺，可能是1927年前后画的。在这十二张画里，有一张画的是《丝瓜》，题"三百八十五甲子"。"三百八十五甲子"是齐白石65岁。齐白石在60多岁到80岁期间，题"多少多少甲子"的画不少。他是把60天算一个甲子。阴历一年360天，算六个甲子。385用6除是64多一点，就算是65岁[1]。在这一套十二幅信笺中，有两幅提到八大山人：

　　（一）一幅是《葡萄》，题曰："'老夫亲口教琵琶'，朱雪个题葡萄句，余不得解，廿年犹未忘。白石。"这里说"廿年犹未忘"，廿年不是绝对不多不少20年。齐白石在1903年41岁时，第一次到北平。他是在北平看见的这幅八大山人的《葡萄》，一直记得这句诗和这幅画。

　　（二）另一幅是《水晶杯红菊》，题曰："曾见雪个以水晶杯著墨芙蓉，余画以红菊。白石。"这里所说的《水晶杯墨芙蓉》，就是指他在丁巳（1917）年在北平看见的那册八大山人的画中之一。

五、1928年（戊辰），66岁。

　　（一）《齐白石作品集》第一集第49页中，印出一幅《搔背图》人物画。这张画曾屡屡翻印。从1928年到1951年，23年之间，此画三易其手，每次易手又都有齐白石的加题。这张画，他题了三次。第一次题的时候，提到朱雪个有《搔背图》。三题如下：

　　第一次题："朱雪个画，有小册，中有搔背者，仿奉简庐仁兄先生一笑。戊辰夏，齐璜。"

　　第二次题："此幅乃予前十八年作也，今归峰南仁弟，予又得见，因记数字。乙酉春，白石老人，八十五矣。"

　　第三次题："辛卯予年九十一矣，此幅又归麟庐弟，求予题记。是许姓好子孙，不得付与他人。"

　　《搔背图》有很多人画，是一个很普通的题材。英文本《齐白石》曾将此图印入，并且加印了一幅拓本《罗汉》，题为"第二百七无边身尊者"。此图取自常州天宁寺五百应真像拓本。人物的姿势以及半裸的身体，都看得出来，齐白石所画的是受此拓本的影响，只是坐的凳子和角度稍有不同而已。在《北京笺谱》中也印有罗汉笺八页，其中有一页也是《搔背图》，也是从这个稿子脱出来的，画家不知是谁。至于这张人物画和八大山人的关系，以及所谓的朱雪个画的人物小册，容待后论。

（二）《齐白石作品选集》第37图《鸭》题曰："余年三十时临八大山人本，六十七岁于旧残书中见之，遂题记。戊辰四月，白石山翁。"这幅所题，年份有误。若是67岁，应是己巳（1929）；若是戊辰（1928），应是66岁。干支纪年，极易错误。齐白石所题错误甚多[2]，不能不仔细考查。连当年的年份、岁数都有错误，数十年前之事，更难免没有舛错。这里说年三十时临八大山人，亦疑有误。

据另一张画《鸭》（见《齐白石作品集》第一集第46图），所画系出自同一稿本。题曰："往余游江西，得见八大山人小册画雏鸭，临之，作为粉本。丁巳（1917）家山兵乱。后于劫灰中寻得此稿。叹朱君之苦心，虽后世之临摹本，犹有鬼神呵护耶？今画此幅，感而记之。寄萍堂上老人，居于京华。"这里说这张画是用在江西看见的八大山人小册中的雏鸭作为稿本。齐白石到江西时为42岁（1904）。1961年香港影艺出版社印行的《近百年中国画选》第38图《鱼鹰》题曰："甲辰余游南昌……"他30岁是1892年，那时他没到江西去，也没见过八大山人小册中的这张画《鸭》，所以一定不是30岁时画的。但是编《齐白石作品选集》的人，未经考证，就跟着错误的跋，说那张《鸭》是30岁时画的，这是不对的。再说在1935年（乙亥），齐白石又想起这个稿子来，他又一时找不到这张画了，他自己又背临了一幅，作为稿子。在跋里也说是在南昌看见八大山人的小鸭子真本。这张画最早是齐白石42岁时画的。这段题跋中所说找到的稿子，就是67岁或是戊辰年题记的这张《鸭》。

六、1930年（庚午），68岁。

本年齐白石画了一部人物册子，24幅，在一幅《送子从师图》（王方宇、沈慧藏）上题曰："送子从师图。余为友人画人物册，二十四纸，其中四纸背临他人本，余皆自造本也。故存之，白石记。"这本册子他自临己稿，临过不止一次，我只见过十几幅。这幅题字上说"其中四纸背临他人本"，我猜想所谓背临他人本，就是《北京笺谱》和《荣宝斋诗笺谱》中印的四幅"说是临八大山人的"人物。所以暂时把这四幅人物，列在本年。这四幅人物是：

（一）《老人葫芦》，题："也应歇歇，八大本。白石制。"

（二）《白衣和尚》，题："八大本，白石制。"

（三）《小童扶醉翁》，题："何妨醉倒，八大本。白石制。"[3]

（四）《老人坐》，题："偷闲，八大本。白石制。"

此外在纽约庞耐（Alice Boney）处，另有一页，画一老人抱膝而坐，题："且歇歇，白石聊用八大山人本。"又有一件人物小品，是郭文基先生所藏。画上一老人，前有葫芦，葫芦上有小孩倒立，颇见逸趣。题曰："借山吟馆主者，追思雪个。"

七、1935年（乙亥），73岁。

在《齐白石画法与欣赏》第9图，印一幅《小鸭子》底稿。题曰："余四十一岁时客南昌，于某旧家得见朱雪个小鸭子之真本，钩摹之。至七十五岁时，客旧京，忽一日失去。愁馀，取此纸，心意追摹略似，记存之。乙亥二月白石。"右下又题："嘴爪似非双钩，余记明了，或用赭石作没骨法亦可。"这里说"四十一岁时客南昌"，亦是42岁之误。并且乙亥年应是73岁，不应是75岁。《齐白石年谱》中说是丁丑年（1937）始用"瞒天过海"法，加了两岁。此画若不是题错，那就可能是在73岁时已经用"瞒天过海"法，加了两岁。在这张题跋中，极见齐白石向往八大山人作品之切，并且注明画法，可见他用心之细。

八、1936年（丙子），74岁。

在时尼所临八大山人四幅画上题字。时尼不知何许人（可能是齐白石的学生）。画了四张册页，临的是八大山人《安晚册》中的四幅花卉。所临四幅是：《葡萄》《水仙》《荷花水禽》《木笔》。齐白石为每一幅画题一段跋语，写在另外一张斗方上，画和题都没印过。现为纽约一藏家收藏。

第一幅题："予四十一岁时，初来京师。于厂肆见雪个先生画蒲萄小册，题云：'老才亲口教琵琶。'此隐语也，予不得解。今时尼弟临此册嘱题，即用八大句。丙子白石山翁。"这里说他41岁时初来京师是对的；说在琉璃厂见葡萄小册，和《荣宝斋诗笺谱》中所题的也相合。

第二幅题："八大天分胜人，作画之思想万古不二，三百年来对朱先生无惭者，有吴缶庐老人而已。丙子冬十二月时尼弟临，白石题。"

第三幅题："作画能令人心中痛快。百拜不起，惟八大山人一人，独绝千古。过于爱八大者，视工细为匠家，非也。时尼弟临，白石题于旧都借山馆。"这里表明，他对工笔画是有信心的，同时也可以为他80多岁时画工笔草虫做一注脚。

第四幅题："时尼临此册共四帧，予已题记三帧，精神倦矣。将此帧检开，值时尼弟来借山馆求题，成四帧，喜应之。丙子冬白石山翁。"

九、1944年（甲申），84岁。

本年日本京都大学教授长广敏雄由蒋兆和介绍，拜访齐白石，会见20分钟。长广氏问齐白石对哪些清朝画家最为钦佩，齐白石用笔写在纸本上："前朝画家最多。高雅者，大涤子、青藤老人、八大山人，为画家之上乘。"（见长广敏雄著《北京之画家》）

十、1945年（乙酉），85岁。

使齐白石念念不忘的，是在北平的时候，陈师曾劝他不要画工笔画，费力而不好看。并且说，八大山人也不必学。他听了陈师曾的话，变通画法，采取吴昌硕的笔意，创出红花墨叶强烈对比一派。这是1920年，他58岁时的事。就在这一年正月至三月之间，他画过一个《花果画册》，共14页。这本册子，是齐白石想念八大山人，按照八大山人的笔墨精神画的，其中也有两幅是背临八大山人的画，一幅是《水晶杯墨芙蓉》，一幅是《菊花》。这本册页齐白石很得意，以为是自己转变画法中的一件可纪念的作品，他自己认为非常重要，一直留存在手边。25年以后，到1945年（乙酉），85岁时[4]，自己又临了一次这部册页，迎首用篆书题了"衰年泥爪"四个字。这部他自己的临本，荣宝斋曾用木刻水印，照原样复制过一次，题为《白石老人写意画册》。在他临这部册页时，非常感慨，在一页《兰花》上题了两句旧话："凡作画须脱画家习气，自有独到处。白石自临自家本，觉不如从前。八十五岁。"

他的心情是，一方面现在改变画法的成功，多亏陈师曾的劝告，对陈师曾感谢；另一方面是自己对八大山人画冷逸气氛的钦仰，和自己画作有能达到八大山人水准之自信。只是因为要在北平卖画为生，而放弃了这方面的成就，也难免叹息自悔。所以在这本画册后面题："予五十岁后之画，冷逸如雪个，避乱窜于京师。识者寡，友人师曾劝其改造，信之，即一弃。今见此册，殊堪自悔，年已八五矣。乙酉，白石。"

又有一首诗，也是为这本自画册写的。这首诗原稿是："兹身非雪个，何以怪相侔。此老无肝胆，一掷舍千秋。"后又改为："冷逸如雪个，游燕不值钱。此翁无肝胆，轻弃一千年。"虽然胡适在《齐白石年谱》里称赞齐白石的诗改得好，但是这两首诗的前两句说的，是两种不同的心情。在原稿里说的是："我，齐白石跟八大山人虽然是两个人，但是为什么我齐白石的画跟八大山人的画那么相似呢？真奇怪！"在改过的诗里，说出来是"因为八大山人那一派的画，在北京不能卖钱，才改的"。后两句的意思，都是表现后悔的意思。同时也表现他的自信。那意思是说："若是当初不改，继续按八大山人的路子画，将来一定可以留传一千年。现在改了，是否能留传，恐怕在未知之数。"齐白石又曾以"古今可师不可师"写过诗，其中一首是："青藤雪个远凡胎，老缶衰年别有才。我欲九原为走狗，三家门下转轮来。"以上这些诗文题画的文句，都是屡屡被人引用的。

十一、1951年（辛卯），91岁。

《齐白石作品集》第一集第2图以及其他不少画册都印了一幅《梨》，画的笔墨、风格趣味都很像八大山人的作品。齐白石91岁时曾题："此白石四十后之作，白石与雪个同肝胆，不学而似，此天地鬼神能洞鉴者，后世有聪明人必谓白石非妄语。九十一岁，囊也记。三百石印富翁。"

十二、无年月。

在英文本《齐白石》里印出一幅《家雀》，题曰："余尝见朱雪个画一枝一雀，其雀，野雀也。今余画一家雀，未减趣味，知者以为好矣。白石山翁并记。"

齐白石在湖南的时候，可能见过八大山人的画。八大山人的画传到湖南的，可能不少，因为他和一些湖南的和尚多有往来。如《泰山残石楼藏画》里印了一部早期的册页，画石头，对页题有一首诗：

骨耸眉尖口大生，来时马大口能腾。西江道向岳南路，滑着石头攀起藤。画石送僧往南岳。八大山人。

但是在齐白石自己的题记里，没有说到在湖南见过八大山人的画。从他的题记里看，他见过四次八大山人的画：

第一次是1903年，他41岁，初到京师，在琉璃厂看见八大山人所画《葡萄小册》。此册本人未见过，无法知道此画是否八大山人所作。

第二次是1904年，他42岁时在江西旧家所见。据题识，他所见者是八大山人画的小册中有《雏鸭》一幅。他记述此事有三处。虽然有错题，但还是可以知道真实的情况。此册本人亦未见过。这个鸭子，他曾画过很多次，当然不是每一次都说明是八大山人的稿子。他在1942年82岁时曾为荣宝斋画诗笺，其中有一幅题："此家鸭非野鹜也。"画的就是这稿子。此外还有其他的画上也有这只鸭子。那么八大山人画的鸭子中，有没有这个形象呢？据我所见八大山人画的鸭子之中似这个鸭子的有三幅。但是这三幅之中至少有两幅是假的[5]，都是立轴挂幅，没有一幅是册页。齐白石所见到的册页，尚未找到。在《泰山残石楼藏画》中印有一幅《荷花水禽》，里面的鸭子就近似齐白石画的这个形象；另外，在《八大山人真迹》里，也印有一幅和《泰山残石楼藏画》中的那一幅一样的鸭子。此外，荷兰高罗佩先生的遗物中，有一幅题八大山人的《荷花水禽图》，鸭子也极似齐白石所临的稿子，但是此件也是赝本。

第三次是1917年，55岁重来京华。在琉璃厂看见一部八大山人册页。他当年回到家乡背临了两幅，一幅是《水晶杯墨芙蓉》，另一幅是《蕉蝉》。这两张画出自一本八大山人所画的《花鸟册》。这本《花鸟册》原本在华盛顿佛利尔美术馆。此册现存画10页，有10页对题的书法，是一位名叫法翊的和尚写的。八大山人当和尚的时候有一个僧名是法堀，这位法翊可能是八大山人的师兄弟。这部册页，前面引首有气势雄伟的"画渚"两个大字，八大山人也曾用"画渚"两字刻印。全册题款除有一页是篆书以外，其余都用草书写"八大山人画"。用"八还"朱文长方图章，与《泰山残石楼藏画》印出的另一部早期册页一致。齐白石所见，不知是这部原本，抑或是另有一部伪本，他念念不忘的是这幅《水晶杯墨芙蓉》。他画过至少有四次。一次是1917年所临（见《齐白石作品选集》42图），另一次是1945年85岁时，自临自己1920年所作水墨《花果册》中之一页。1920年所绘之原件，方宇虽然未见，但是必定有此一张。此外还有在须磨所藏丁巳年夏为自存所绘《花鸟册》中，亦有此一图（见须磨藏《齐白石画展自录》）。除此四幅以外，《北京笺谱》和《荣宝斋诗笺谱》中所印《水晶杯红菊》，也是受八大山人这张《水晶杯墨芙蓉》的影响。另外，齐白石临的《蕉蝉》，也在此册之内。这本八大山人册页里，还有一幅《枯枝八哥》，齐白石也有临本传世。在《齐白石作品选集》40图中，印有《枯枝八哥》，就是临的八大山人这本册页里的一张。虽然他只题"白石老民呵指"，没说明是临八大山人的画，但是把两幅画放在一起，鸟的形式、眼睛里画一条横线，以及构图的安排，一目了然，齐白石的这张画是从八大山人这张画临摹出来的。

　　第四次齐白石在《搔背图》上题"朱雪个有小册，中有搔背者"，这小册似是人物册，除了《搔背图》以外，《北京笺谱》里的四张人物，以及庞耐所藏《且歇歇》，甚至郭文基先生所藏《追思雪个》的人物，也都可能和这个小册有关系。但是不但这个人物小册，从来没人见过，从来没著录过，甚至八大山人这类的人物画，也从来没听人说过。本人曾请问过很多位当代专家，八大山人画没画过这一类的人物？都说："没见过。"我问："那么为什么齐白石在他的人物画上题仿八大呢？"有一位说："中国画家题画的话，有些比较随便，不一定都有根据。"另一位说："齐白石是画家，并不是鉴赏家。他可能看见假的八大山人的人物册，一般鉴赏家并没注意，所以也没有著录，也没有印本。"这些都是揣测之言。但是没人看过八大山人有这类的人物画是确实的。齐白石不一定能鉴别真伪，也可能是确实的。即便是伪本，经过齐白石的临摹，到了齐白石的笔下，就化腐朽为神奇，自然产生一种天然佳趣，这也是不容否认的。所以难怪有人想，八大山人的人物，必定要像齐白石所仿的那种风格，才是真的。其实，八大山人不一定画过那样的人物画。齐白石即便不是取自八大山人的画稿，也能画出那种趣味的人物画。齐白石是否见过八大山人真迹的人物册，甚至八大山人是否真有一部真迹人物册，直到现在，尚不能确定。

　　齐白石所见八大山人的画作，有文字纪录可以查出来的，大抵如此。但是事实上，还有他见过但没记下来的,这就要从画件本身上去查考。从八大山人画件及齐白石画件对比研究上追寻,则可以得到另外一层不同的结果。

八大山人画件的数量与齐白石画件的数量相比,相差甚远。八大山人的画件,方宇所记,其原迹、照片及印本,共约500张左右。此数虽不能说是完全,但是未经纪录者,大约不会太多。但齐白石画件,总数虽不确定,但必定超过万件,其中未见者,数量甚大。所以此项对比研究,仅系初步的纪录。

在《荣宝斋诗笺谱》里,有一张齐白石画的《鸟》。鸟立在树枝上,题为"黑白分明"。这只鸟的样子很特别,尖头尖尾,身子成一个椭圆形,尾巴和嘴都是黑的。齐白石在题跋上未曾说明来源,但在1957年中国古典艺术出版社刊行的《中国画》创刊号第27页印出了一张八大山人的《鸟》。题曰:"独鸟怪人看。八大山人画。"这张画的真伪,从印本上看,颇难确定。但是齐白石题"黑白分明"的那幅《鸟》,和这只八大山人画的《鸟》放在一起看,便一目了然,我们可以断定齐白石这张《鸟》图,无疑是从这张八大山人画的鸟中临摹出来的。方宇按:这幅画溥儒也临过,溥儒临的现在藏于波士顿美术馆(Boston Museum of Fine Arts),印入《鸦片战争后的中国画》(PAINTINGS IN CHINA SINCE THE OPIUM WARS)。

《齐白石作品选集》36图印着一幅《佛手》,笔墨神韵,完全是八大山人画的样子。书里说是25岁到30岁之间的作品,但不一定对。题的是:"予少时写生,九九[6]后题。"这里所说的"少时",我们没法子知道到底是多大年纪,所谓"写生"倒不见得。因为这是临的八大山人一本册页中之一页。八大山人这本册页,是壬申年(1692)画的,一共是16幅。其中第一幅是《落花》,一小朵落花占半页,另外半页,是"涉事"两个大字。这一幅半书半画的绘图,实在有吸引人的魅力。在《大风堂名迹》第三集里印出《花果鸟虫册》8幅。这8幅是《落花》《菊》《牡丹》《蜜蜂》《佛手》《葡萄》《芙蓉》《莲蓬》,就是这本壬申年的册子。因为此册在大风堂之时已经只有8幅;另外8幅,仍有下落,曾在张万里、胡仁牧编的《八大山人书画集》中印出(方宇按:此8页现藏于普林斯顿大学美术馆),但并没有印在一起。大风堂旧藏之8幅,印在第一册第32号;另外八幅标题为《花鸟册》,印在第二册第41号。这八页在归大风堂以前已经和大风堂藏的8页分开了。大风堂中之8页,有4页散去,另4页《落花》《菊》《佛手》《莲蓬》,现归寒斋保存。齐白石是见过这本册页的。他所画的画幅,还有几张可以看出是追寻这本画册中画幅的形象和趣味的。1945年自临自本的《花果册》里,有一幅《菊花》,题为"朱雪个有此花叶,无此简少"。还有一幅《芙蓉》,都和八大山人这本册页里的一幅《菊》和一幅《芙蓉》相近。所以八大山人这部册页,齐白石是见过的。

八大山人天分极高,少年读书,亦有志于章句中求取上进。不意弱冠遭变,时势所迫，不得不学佛学道，避世求生。在《青云谱志跋》中有这样几句话：

予少亦章句士也，家学未荒，静观三业四大之有。几向红炉中翻着跟斗，欲觅一个自在场头，全身放下，究竟忘羊梦鹿，专在邻家乞火，思之不觉通身是汗。是以殚心太上，言之微，法之隐，乃依洪崖巅下，筑室养亲，虔加窥领，半竿红日，数饷松风，不萌市朝想，虽未全栖真，较之愁魔病劫，为隙中驹、石中火者，似有间矣。（据手抄徐云岩重刊本）（按：今知此段青云谱跋，不是八大所作。）

他心中的苦闷，虽未明说，我们看得出来他自己为逃世求生所经历过心情上的一段转变。经过这次转变以后，不论是佛、是儒、是墨、是道，总是弃绝功名，"不萌市朝想"了。于是，我行我素，无求于人，不求人知，不与显贵往来，不阿人之所好，不勉强求好。兴来作画，不求人赏而自赏。作画时，自言自语，啧啧自称，自得其趣。虽然因生活关系，老年受人润笔，但不以钱财为重。独往独来，甘守贫困，无物牵利诱之累。所以，他的作品能超逸出群，冠绝当世。从人品到画品上看，即石涛大师，亦不能不有所逊让。

齐白石贫苦出身，一心向上，烧松火，读唐诗，书挂牛角，孜孜不辍。这本来都是中国读书人乐于传述、衷心向往的模范。他曾这样做过，也常爱谈到这些以往的事情。他不做官，但也曾用过"臣齐璜印"的图章。他拒绝和日本人来往，但也有不少题日本人上款的书画。他曾自写自己的思想和事迹。他也曾拿一大包材料，请胡适先生给他写传。他又口述生平，由弟子手录。梅兰芳在一次宴会上，高叫"齐先生"，他曾高兴地作诗，并且很用心地给梅兰芳画了一幅《雪中送炭图》，题上"幸有梅郎识姓名"之句。他也常常想到千载以后的声名。这都是中国一般读书人的正常思想，他能朴实无华地记录下来。他如此力争上游，尽力求好，于是在他留传的书、画、印之中，大部分是精品。他有意要夺人心魄，尽可能地表现胸中的壮气。在中国人特别重视的艺术原则"含蓄"的范围里，他几乎走到理想的边缘。虽然尚未坠入"金刚怒目"之境界，但亦未达到"菩萨低眉"之要求。以今日世界艺坛之标准评定，较之"马踢死"（Henri Matisse）之欲拙未能，所胜应不止数筹也。

齐白石中期和晚期花卉的成就，从外观的形式上看，大部分是受吴昌硕的影响。无论是紫藤、是老少年，是菊花、是梅花，都和吴昌硕有极密切的关系。他早期临摹过的，也不只是八大山人一人的作品。他临的金冬心、李复堂画作，也都极为神似。这是他从他所感到的天趣之中，用敏锐的观察能力和较早成熟的笔墨技法，临摹别人的画作。他能紧紧抓住那些画家所抓住的天趣。他之所以能"与八大山人同肝胆，不学而似"，不是从八大山人的画作中追寻天然情趣，而是从自己对天然情趣的感应中，用八大山人的笔墨形式，表现他对天然情趣的感应。恰巧他对天然情趣的感应，和八大山人对天然情趣的感应甚为近似，所以他之于八大山人，可以"不学而似"，就是这个道理。

王方宇于美国西东大学食鸡跖庐

【注释】

[1] 齐白石用多少多少甲子纪年，数目大部分是可以用六除尽的，少数除外。
[2] 有些错误是很明显的。如印在《齐白石年谱》中的《送子从师图》，题"丙午游成都"，他到四川是1936年，为丙子，他误以丙午为丙子；还有长幅《松鹰图》，加题赠徐悲鸿，也是误以67岁那年为戊辰。
[3] 《何妨醉倒》另有一稿，题的是："扶醉人归，影斜桑柘。寄萍堂上老人制，用朱雪个本。"
[4] 此文中所用75岁以上的年龄，都是比他实际年龄大两岁。
[5] 有很多画，从印本上看，难辨真伪。也有很多画，即使是原本，也难辨真伪。当然，也有的画，从印本上也能看出真伪。
[6] 齐白石在画上题"九"字下有两点的时候，应读为"九九"，意思是81岁。

（原载香港《大成月刊》，1975年8月，第20期）

八大山人对吴昌硕的影响

王方宇

八大山人在中国画史上是最重要的画家之一。原因之一是他对他以后的画家有重要影响。

八大山人的作品,不但普遍地受一般人的爱好,也受到各大鉴赏家的推崇,并且所有的艺术家及艺术评论家也都交口称道。非但如此,在他以后的大画家,有不少曾经模仿他的画风,临写他的作品。那些模仿他、追随他的画家,大部分都没有模仿成功。但是有不少人从模仿八大山人的路上,辟出自己另外一条道路,树立自己的风格,因而成为成功的大画家。

石涛和八大山人总是被人相提并论。但是两人艺术之高下,在吴昌硕画的一幅《荷花轴》上的题跋中,显示出来。这幅荷花,方宇仅有照片,原迹未见,但气势甚盛。是丁巳(1917)74岁时所作。题一首六言诗,后面又有跋语:

八大昨宵入梦,督我把笔画荷。浩荡烟波一片,五湖无主奈何。

丁巳莫春之初,学雪(漏"个"字)而翻似清湘。活泼泼地自可立定足处。或者取法乎上,仅得乎中耶?吴昌硕年七十四。

此幅荷花,与其说似石涛,不如说更接近李鲜,唯气势胜于李鲜耳。另有一幅《荷花》也题这首六言诗,印在《苦铁碎金》中。这首诗也见于吴昌硕其他的荷花画上。从"取法乎上,仅得乎中"语气中推测,我们可以知道八大山人和石涛在吴昌硕心中地位的高下。历来曾经临摹过八大山人和石涛画的画家,以为八大山人画品高于石涛者,恐不只吴昌硕一人。吴昌硕受石涛影响亦深,常想学某一画家,而结果仍是石涛笔意。在姚梦谷编《吴昌硕齐白石书画选集》里,有一幅《山水》题跋是:

雨气欲沈山。学梅瞿山泼墨,而仍似清湘大意。衰老意态于(下漏一字,想是"此"或"是"字)益见。吴昌硕年八十时在癸亥初秋。

在八大山人作品上或册页的前后页上常有吴昌硕的题字。所见有八件:
一、八大山人大立轴《荷花双凫》。这幅画最早印入《泰山残石楼藏画》及1934年慎修书社所印《黄大痴沈石田山水、八大山人山水花卉合册》中。拍此照时这幅画上还没有吴昌硕题字。在《大风堂名迹》第三集里,这幅画的左下方就有一段吴昌硕的长跋。跋文是:

禽言啁哳石相瘴,功德水现荷夫渠。隐者沤鹭沉者鱼,谁其画此雪个驴。驴为僧之名,僧乃朱家幻。莲叶迟佛跌,鸟鸣避弓弹。画禅寄意头一髡,说法剩尔明王孙。花纵不果前在因,前有因,今叹吁。狼跳虎负黑生貙,梦长蝴蝶来蘧蘧。丙寅春吴昌硕题。年八十有三。

二、"八大山人浅绛山水精品"。这是朗庵程琦兄在这卷画上的题签。此《浅绛山水轴》承程琦兄让下,现在王方宇、沈慧处。此画绢本无款。有"个相如吃"和"三月十九日"两个花字。钤"十得"长方朱文印及"遥属"朱文方印。经小长芦馆严信厚收藏。严信厚字筱舫,慈溪人。初为盐商。喜交名流,官直隶道员,赠内阁学士。能书画,尤善仿边寿民芦雁。鉴藏书画,类多精品。曾刻《小长芦馆集帖》。此轴,严信厚曾请名画家陆恢及吴昌硕题识。陆恢用隶书题在左上方。文曰:

八大山人题字向来不多。其印章用"遥属"二字者,亦屡见。况笔墨磅礴乃尔,固非当时诸家所能到,安得不目为山人精品耶?甲辰十月□恢。

吴昌硕题在右上方，八大山人"遥属"方印亦盖在右上方。吴题字迹，有数字就写在印章上面。吴昌硕题此画时，年60岁。文曰：

八大画古澹萧寥，如野鹤行空山中，不着些子尘俗气，是幅为筱舫观察旧藏，上钤"遥属"印，不署款。谓之雪个庵，可；谓之黄竹园，可；即谓之小长芦馆，亦无不可。癸卯初冬安吉吴俊卿昌硕题。

三、八大山人《山水花鸟册》。此册为甲戌（1694）闰五月之作，和日本住友宽一所藏《安晚册》同时。画页大小尺寸相近，画法亦极接近。有《花鸟》六幅、《山水》两幅。现藏上海博物馆。吴昌硕在甲辰（1904）秋61岁时在小长芦馆题诗两首，想此册亦曾由严信厚收藏，所题是：

繁华梦破入空门，画不加题但印存。遥想石头城上草，青青犹自忆王孙。离离禾黍故宫芜，钟阜龙蟠剩画图。只有荷花如旧日，棹歌凄断莫愁湖。甲辰九秋，吴昌硕。海上小长芦馆。年六十一。

四、八大山人《诗画册》。印入《八大山人书画集》，程琦编印，曾归张大千先生，现在王方宇、沈慧处，为大千先生所赠。这部册页，包括《墨笔山水》四幅，是丙子（1696）的作品。画是方宇所见八大山人山水中最精的精品。另有两页《书法》，也是丙子年所作。两页《书法》中有一页题有年份，上款是"宝崖"。在这六页以外，册中有三页《书法》，写的是题画诗，也是有"宝崖"的上款。虽然没有年份，但看笔墨及署款，应是壬申（1692）、癸酉（1693）的作品。册子前面引首有清肃亲王善耆题"故国兴悲"四个字。册后有日本人内藤虎一段跋，再后面就是吴昌硕的一段长题。

这个册子装裱得很好，保存得很完整。册外有一个锦套。锦套外面，有一个日本人做的木匣。匣盖的里面，有日本人长尾甲一段考证，说明"宝崖"是谁。但是此册到方宇手中以前，木匣就遗失了。幸而方宇第一次见到此册时，把长尾甲的考证抄录下来，今附录如下：

八大山人画，世所传者花卉多，山水少，而用笔太简率放恣，不可以规矩律之。至其精密者尤为罕见。此册构思精深，气格雄厚，一毫不苟，绝无率略之病。源本董、巨，兼有大痴风度，实为用力之作。后录诗文，款云："宝崖先生。"按《两浙輏轩录》："吴陈琰字宝崖，一字芋町，钱唐监生，官荏平知县，著《桂荫堂文集》《北征》《江右》《江东》《聊复》等集。"《杭州府志·文苑传》："陈琰少负诗名，为毛奇龄、朱彝尊所知。中年往来南北，与王士祯、宋荦交善，而荦尤有国士之目，声名藉甚。"盖此册山人为名流作，故精研益常也。山人事迹，则册前有吴岳翁详记，此不复及。山本仁兄其珍惜之，勿轻出示人也。壬戌早春长尾甲因识。

关于"宝崖"事迹，知者不多，方宇曾见有汤右曾[字西崖（1656—1722），康熙二十七年（1688）进士]己丑（1709）为"宝崖"书册页一幅。在此册后面，吴昌硕的跋语如下：

八大山人名耷字雪个，姓朱氏。故石城府王孙也。甲申后遁入空门，号个山僧。人语以无后为不孝，个山复蓄发，隐于书画。有时又号个山驴。画多奇趣，题跋诗句往往人不能解，所谓伤心人别有怀抱也。是册为温卿有道所得。山水四开，录所作诗四开（应为五开）。神品、逸品兼而有之。予曾购得山人小帧画，古瓶之口供一橘，题廿余字。先师藐翁见之，嗟赏不已，和诗云："一瓶又一橘，中有雪个魂。江头逢杜甫，定赋《哀王孙》。"后以移居失去，惜不能与温翁共赏之。丙午十有二月吴俊卿题于古梅花下。

藐翁是杨岘，字见山，号庸斋，归安人，咸丰举人。他因为做官不善逢迎，罢去。有人说，不应藐视上司，所以他就取了一个别号叫藐翁。他精研隶书，于汉碑无所不窥，但书法丑陋。工古文，吴昌硕以师事之，所以跋中说"先师藐翁"。但是杨岘对吴昌硕却总是以朋友相待，两人共同的欣赏兴趣，就是八大山人。

方宇、沈慧藏有一页八大山人花卉《梨花》。上面就有杨岘的题跋。题跋中提到吴昌硕。这幅《梨花》笔墨生动，和日本住友宽一藏《安晚册》中画页的笔墨极为近似，画幅大小亦一致。同时，《安晚册》中，据题跋，应有22幅，现存虽仍为22幅，但其中至少有两幅是较晚的作品，故方宇颇疑心此页《梨花》是《安晚册》中原来22幅之一。在画面的中上部画横干一枝，在右上方略加花叶，下部完全空白。八大山人作品，空白处最为重要。有此空白，才衬出全画精神。可惜在画下的空白之处，杨岘题满一篇行书。虽然内容是颂扬八大山人的艺术，但事实上是把画面破坏了。他只能见到八大山人的笔墨，而不能见到空白之重要。跋文是：

雪个写花卉，信手数笔，不知其起讫而神味已至。此他人枝枝叶叶为之仍未至也。予藏古柏一帧，老干横出，有干霄之势，绝无点缀。惜下截破碎，不可收拾。暇当检出，与 缶庐煮茗共赏。同时知此趣者恐不多得矣。乙未七月杨岘题。

由此可知，杨岘称吴昌硕为缶庐，写至此，并且空一格，以示尊敬，这是吴、杨两人关系的证明。同时，从这段杨跋和前面所说的吴跋中，知两人都曾收藏八大山人的画。而吴昌硕所藏之《古瓶之口供一橘》题材尤为奇特。八大山人此画从来未见，难以想象，幸而吴昌硕曾背临此画数次。所见者有两幅。一幅印在《苦铁碎金》里，是一幅长条立轴，左方画一高瓶，下画油灯，右下画一顽石。题：

一瓶一橘，临八大山人画稿也。顽石篝灯，用以点缀孤子者。山人有知，必大笑曰："是为赘疣，未可以语上乘禅。"（下有一草字不可辨识）光绪己亥。老缶。（时吴昌硕56岁）

丙午年吴昌硕题宝崖《山水诗画册》时，说八大山人的《瓶橘图》因为迁居遗失。在1899年画此画时，不知八大山人《瓶橘图》仍在吴昌硕处否。但是无论如何，这幅画一定和八大山人原画不完全相同。

另有一幅吴昌硕画同一题材的画，现在一美国友人手中。方宇曾见原本，现有照片，似无印本，是一幅小立轴。亦是左方画一瓶，瓶口上画一橘子。但是这幅古瓶的形式和《苦铁碎金》中印出的一幅上的古瓶形式不同。画的下面，画一枝梅花。此画上有双题，原题在右上方，装裱以后，又在下面加题一段。原题是：

少青仁兄属，拟八大山人法。甲辰五月，安吉吴俊卿。

加题是：

一瓶一橘，雪个之魂（杨岘句）。梅花如屋，逋仙之村。画之不似，嗟予钝根。少卿装竟索题。老缶。

从这两件画作及宝崖《山水诗画册》中的跋语看，吴昌硕至少在己亥（1899）到丙午（1906）这一段时间之内，对八大山人这幅《瓶橘图》难以释怀，可惜这件原画现在下落不明。（方宇按：在1981年7月，上海书画出版社出版的《朵云》第一集中有汪子豆作《青云谱》，把这幅《瓶橘图》印为插图。）

五、八大山人为兰皋先生作《孤松图》。此图印在1979年江西人民出版社的《八大山人画册》第11图。左下有吴昌硕题：

八大山人画，世多赝本，不堪入目。此帧高古超逸，无溢笔，无剩笔，方是庐山真面。尝从迟鸿轩借读，因题其后。乙未仲秋佳日，吴俊卿。

迟鸿轩是杨岘的斋名，因知此《孤松图》是杨岘的藏品。

六、阮性山藏八大山人《梅花册》。阮性山是吴昌硕的朋友，也是画家，他藏有一幅八大山人画的《梅花》，这幅画是高邕之藏过的一本册页中的一页，题《八大山人画》，有"八还"朱文长方印。这本册页曾印入《泰山残石楼藏画》。但是这幅《梅花》在阮性山处时，已裱成一小立轴。四周裱边上，有六段当时人的题字，都是阮性山请人题的，所以每段都有阮性山的上款。吴昌硕的题识在左边。题的是：

拈来秃管想无端，不写繁枝为嫩寒。一缕暗香飞动处，荒庵人坐破蒲团。性山仁兄索题雪个遗墨，病□应教。甲子先处暑一日吴昌硕大聋，年八十一。

七、阮性山藏八大山人《书法花卉册》。此册有《花》及《临占人书》各8页。有伪本，伪本印入张万里等编《八大山人书画集》。真迹曾在癸亥（1923）十月由西泠印社印出，签条题："八大山人书画真迹，癸亥立冬吴昌硕时年八十。"在印本的后面注明"珍藏者阮性山"。

八、《八大山人石涛合册》。此册有八大山人《花鸟》真迹画4页，及张大千先生戏笔石涛《山水》6页。石涛《山水》6页已刊入傅申伉俪所作《沙可乐藏画研究》之内，而八大山人4页《花鸟》，现由瑞典皇家博物馆收藏。此4页画题是：《竹》《立鸟》《睡鸟》及《芭蕉鸟》。此册曾归王震（一亭）收藏。吴昌硕和王震相交甚厚，曾有多件作品赠予王震。当此册在王震处时，吴昌硕曾在此册前两页裱绫上，写过一段题识，此页题识仍由方宇、沈慧保存。在两页裱绫之右页，用小篆题"二难并"三个大字。在左页上题：

画中有诗，诗中有禅。如此雄奇，世所罕见。一亭先生精于禅者，雪个、清湘皆禅之上乘，参悟不难也。丁卯秋吴昌硕年八十四。

吴昌硕和这件册页的关系不但有此题识，他还临过册中八大山人的两幅《鸟图》。他所临的两幅曾印入张谔和吴一舸合编的《吴昌硕画集》之一内，这部画集是1959年中国古典艺术出版社出版的。把八大山人两幅《鸟图》和吴昌硕的临本比较研究，就可以了解临摹八大山人的画，形可得，神难似。大画家如吴昌硕者，也只能达到如此地步，他人可以想见。

吴昌硕的笔墨自书法中来，而书法自金石中来，于是画中笔墨乃有金石中趣味。八大山人的笔墨亦自书法中来，但是八大山人的书法，是从晋唐书法中来，于是画中笔墨有超逸的风度。同时临摹八大山人的人，只注重他从超逸笔墨中表现脱出尘俗的韵味，而多数的人没有注意到八大山人利用纸面上空白处的衬托。吴昌硕的画中所利用空白之处，是他自己的方法，或是说大部分还是传统固有的，和八大山人的空白完全不同。不但吴昌硕如此，齐白石也是如此。虽然齐白石自己说他和八大山人"不学而似"，这只是在笔墨上看，可以这样说。至于利用空白，齐白石仅有极少数的作品，略得一二。至于八大山人控制下的疏放、不经意的控制、精详的简朴、简朴中的饱满，八大山人以后的画家无论如何追求八大山人的神韵，但到现在为止，还没有一个人能达到那个程度。

一九七六年九月十九日于食鸡跖庐

（原载台北《艺术家》，1976年12月，第19号）

时代不同艺亦同
——八大山人和黄宾虹山水画艺术特征的比较分析

黄思源

一、八大山人、黄宾虹各处的时代背景

纵观中国山水画的发展过程，由南北朝至唐、五代、宋是山水画形成与发展的最重要阶段。此时期的画家们初步奠定了山水画的定理法式。南北朝始，书法与绘画在"用笔"上就有了相互渗透的倾向。到了唐代许多著名画家以至无名画工，在用笔实践中均已突显出对笔法的重视和主动探索。此外，唐代画家们还创造了墨法，对于"水墨晕染""破墨"等基本技法已有了相当的把握能力与主动追求趋势。至五代，经山水画家们持续不断的实践和努力，尤其是画家及理论家荆浩不但指出了唐代画家中"笔""墨"的侧重与各自擅长，并且总结出了包含"墨"在内的"六要"，山水画创作的基本技术问题基本上得到了解决。两宋是山水画的发展成熟时期，对于整个中国画史的发展实有创业垂统的重大意义。元代，不少文人隐逸山林，将大量时间和精力投入到山水画创作中去，积累了足够的技巧，终于促成了文人山水画的全面发展。明代一方面沿着先人发展的方向将笔墨推向极致，一方面又回望着曾经的辉煌。中国山水画发展到清代，出现了"复古"

的"四王"。他们专事摹古,"笔墨神韵,一一寻真,且仿某家则全是某家,不染一他笔",自诩为"笔笔有出处"。仿古,仿到极似古代某家的笔墨,画面"古色苍然"便是他们最高的艺术追求。他们影响巨大、长远,从者甚众。一时复古之风盛行,画风柔靡。与"四王"同时代的八大山人及200年后的黄宾虹,不肯"随波逐流以阿世俗",他们"力矫时流,救其偏毗",传承文人画重抒情写意的精神,以极高的笔墨技巧,在山水画中缘物寄情,直抒胸臆。画面有强烈的情感流露,这是两位大师的相同之处。所不同者,两人所处时代、个人经历、个性不同。在画面上所抒发的感情亦不同,甚至反差极大。

少年时的八大山人曾放弃贵族身份,以普通平民的名义参加科试,立志要凭借自己的真实能力实现"修身、齐家、治国、平天下"的人生理想。但生不逢时,因明朝的灭亡而没能打开一扇通仕途的大门。在明朝灭亡之初,他密切关注着明朝残部的反清斗争,当看到南明同室操戈,被清坐收渔利时,他彻底地失望了。对现实悲愤无奈,心灰意冷,迫于形势,削发为僧,最终又以"癫狂"方式逃禅。"忧愤于世,寄情笔墨",藉作画"哭之""笑之"。他的画"横涂竖抹千千幅,墨点无多泪点多",残山剩水渺无人迹。萧疏、荒寒、空寂,强烈流露出对现实的憎恶与绝望。

与此相反,后来的黄宾虹,处于中国和世界大变革、大发展的时代。他年轻时即热心社会变革,与戊戌变法志士交往过密,驰马击剑,纵论国事,创办学堂,组织社团,编辑报纸杂志,撰写社论文章,参加国际画展,从事绘画金石研究。数次外出游历写生,积稿盈万。在黄宾虹画中,山川浑厚,草木华滋、博大、恢宏而充盈着蓬蓬勃勃的生命力。

二、八大山人、黄宾虹技法特征比较

八大山人、黄宾虹两位艺术大师,自幼都饱读诗书,有深厚的传统文化功底,诗、书、画造诣极高,他们的画都有浓郁的诗意。八大山人生活的时代,山水画经过董其昌的梳理,在形成重文人轻画工的南北宗论的同时,也形成重笔精墨、丘壑多姿的倾向。他用其高超的笔墨技法,缘物抒情,借山水画抒发感情;黄宾虹画山水,在抒发情感的同时对国画技法、笔法、墨法做了大量的探索和思考。他写到"师古兼师造化。因游粤桂、荆楚、齐鲁、燕赵、川蜀诸山,手挥目送,未尝一日间断也"。他除了画大量写生稿外,更面对真山真水,凝思构想,求索技法,以传山水之神韵。他写到"皴法变化极多,打点亦可作皴。古人未有此说。余于写生时悟得之"。他还写道:"曾记时从青城、峨眉归,得稿近千余幅。多记游速写,只有勾勒而乏点染者,近于似黄简笔。"在一生所作数以万计的旅游写生稿中,传统功力与真实山川的感受融合,有提高、有顿悟、有升华、有创新。

八大山人开了画家书法以碑刻中篆书入行草的先河。黄宾虹金石书法均有极高造诣。他"上窥商周彝器，兼工籀篆，博览古今碑帖的隶、草、真行之趣"。他们的山水用笔，以圆笔中锋为主，有时侧锋。中锋线条圆浑、厚重，如屋漏迹、如金刚杵，转折如"折钗股"不露锋棱。

八大山人在山水画中运笔速度较缓慢，线条粗细变化不大，多枯笔，沉着、凝重、刚劲、古拙，趋于稳静。

黄宾虹行笔迅疾，线条粗细，节奏变化大，富于动感。

他们的笔墨线条都有深厚的传统功力，因为书法表达不同的思想情感，线条的形态、感觉就不相同。

八大山人画山石以披麻皴为主。用粗细变化不大的线条勾画出山石轮廓，在坡脚处和转折处以披麻法皴擦。山峦用混墨点染而出，显得格外浑重。树用双勾线画出。山石和树的造型古拙、凝重，行笔速度慢，点染不多，山石多裸露，轮廓线明显，且用墨干淡，也不依靠纸的自然晕渗效果，画面冷拙稳静。

黄宾虹画山石也好披麻皴法。以迅疾之笔，用粗细、节奏变化极大的线条勾勒，再用长短披麻皴擦。再施以密密麻麻，铺天盖地，或浓或淡的点。所谓"沿皴作点三千点，点的山头气韵来"。他的"皴法变化极多，打点亦可作皴"。他喜用重墨，"意在浓墨中求层次，以表现山中浑然之气"，"山石之积阴处，以焦墨提神，分出深浅"。边点边皴，手不停挥，层层积墨，浓破淡、淡破浓、色破墨、墨破色、水破墨。实中虚，虚中实，放笔横扫，一气呵成，直至画面满纸云烟，林木蓊郁，气象万千。淋漓尽致地抒发他"中华大地，无山不美，无水不秀"的感受。

三、结语

八大山人和黄宾虹这两位不同时代的大师，他们的文化传承一致，画种相同，却有着不同的艺术成就。八大山人的身份是明代皇族后裔，在他的画中潜伏着浓厚的政治思想，毫不掩饰地外泄丧失朱明山河的愤懑之情；而黄宾虹是现代时尚的学者、教育家，领略了祖国的大好山河，作品中处处洋溢着爱国主义情怀。他们在中华民族相同文化的背景下，受不同政治环境的影响，都在艺术上取得了卓著的成就并被社会所尊重。可谓，中华民族文化是开放的、与时俱进的、和谐的、是可塑造大师的。二位大师对后代人的启示，不仅仅是将政治观念和绘画风格达到统一，更可贵的是能将其二和谐地融入山水画中。中国山水画这一特殊画种的功能不单单是今天人们所常说的"自娱"或"娱人"。二位大师山水画更深一层地关注到了自然与生命、人与社会这一艺术特征。中国画发展到现在，力求创新，实属艰难。黄宾虹从八大山人的艺术中大胆吸收养料，敢于删除形式，从内涵中寻找超越的动力，将文人笔墨转向民族精神，使我们更加懂得中国画继往开来、法古变今的当下意义。

【参考文献】

1. 牛克诚.色彩的中国绘画[M].长沙：湖南美术出版社，2002.
2. 陈传席，顾平，杭春晓.中国画山文化[M].天津：天津人民美术出版社，2005.
3. 赵志钧.黄宾虹年谱[M].北京：人民美术出版社，1992.
4. 丁家桐.八大山人传[M].北京：人民美术出版社，2008.

（原载《云南艺术学院学报》，2010年，第1期）

对八大山人和黄宾虹山水画艺术特征比较研究的再认识

黄思源

　　八大山人和黄宾虹反对传统文人画家的纯粹"自娱",他们的艺术反映了一个民族的精神史,一个时代思维的轨迹。如八大山人《山水图册》(之十二)有诗云:"郭家皴法云头小,董老麻皮树上多。想见时人解图画,一峰还写宋山河。"[1]诗中暗藏的意思是大宋河山虽然被金人掠夺,元代黄公望却一再描绘大宋旧河山,其传世名作《富春山居图》就是一例。八大山人说:"我的山水皴法吸取郭熙的云头皴,但他的皴法比我的小。在我画的树上却用了很多董源老的麻皮皴。想想时人看我的图画时,其实我与黄公望作画时的心情一样的。"《书画册》(之十三)有《寄答庐陵赵年翁品研》诗:"宋家沱石今还在,赵老鼍矶何处耶?念把云飞心灿烂,更谁南去点琵琶?庐陵往复重相识,海岳磨砻却是差。遗诏往时山岛内,田横一横死为家。"[2]田横五百士,视死如归,有"威武不能屈,富贵不能淫"的大义凛然风骨,令八大山人折服。八大山人作为遗民,"不做贰臣"是可想而知的,他怀念"宋家赵老",但他曾有"凡夫只知死之容易,不知生之艰难"之浩叹,可见生在乱世,生存艰难,要超拔自我更是难上加难。当代画家徐悲鸿在民族存亡之时,也作油画《田横五百士》以申其志。

黄宾虹一生跨越两个世纪，经历三个截然不同的时期。不论是鸦片战争、义和团、洋务运动、戊戌变法，还是辛亥革命、五四运动、抗日战争，无不以爱国主义为起点。他处处把爱国思想、民族意识同艺术紧紧结合起来。如：1944年春，黄宾虹去东单，经长安街见日本侵略军结队于新华门前，愤而回家作《黍离图》，题诗曰："太虚蠓蠛几经过，瞥眼桑田海又波；玉黍离离旧宫阙，不堪斜照伴铜驼。"[3] 1945年他奋笔作《黄河冰封图》，画长两米，稿以做成。适值八年抗战胜利消息传来，兴奋异常，说："黄河解冻，来日再写黄河清。"作画特多，致函友人，说自己"无异脱阶下之囚"，而喜悦心情"自难笔墨形容"。可见八大山人和黄宾虹在绘画用功上是有相同之处的。

一、在创作立意上的比较

八大山人和黄宾虹在追求艺术的自然美的同时，他更注重文人画的"自我"表现。八大山人曾有诗："茫茫生息足林烟，犹似闻经意未眠。我与涛松具一处，不知身在白湖边。"[4] 八大山人诗多晦涩，字里行间时时传达出了一种不同凡响的声息。这首诗正如八大山人的山水画《仙洲双鹤图轴》一样，画中一鹤独立，回首远眺，一鹤似真似幻，真有不知身在白湖边的立鹤，岂非八大山人之自画像耶！黄宾虹将浑厚华滋的民族精神融入祖国的山河之中，但就他个人的内心境界来说，他还是追求宁静、淡泊的。如黄宾虹1934年所作的《澄怀观化》册页，这幅作品表现的是一种清静超逸的境界。夕阳西下，暮鸟归林。山色幽深杳冥，林木簇簇中飘逸着氤氲之气。石后树下有一孤屋，孤屋中有一孤者，远离尘嚣，与山林为伍，浸淫于山林的气息和泥土的清香中，无车马之喧闹，无世人之烦扰，悠然陶然，无拘无束。中国文人受老庄思想的影响，崇尚清静无为，清心寡欲。八大山人和黄宾虹自然也不例外。虽然他们不可避免地受到现实生活的影响，但潜意识里却是向往无百忧伤其心，无百事劳其形的清静超逸生活。他们在现实中摆脱不了尘世的烦扰，就希望能在作品里得到满足。所以八大山人和黄宾虹的山水是以山水隐喻人生，满足自我的精神需求。

二、在传情达意上的比较

八大山人和黄宾虹的山水画没有矫揉造作，都是直抒真情。如（清）郑板桥在《题屈翁山诗札石涛、石溪、八大山人山水小幅并白丁墨兰共一卷》有诗一首："国破家亡鬓总皤，一囊诗画作头陀。横涂竖抹千千幅，墨点无多泪点多。"（清）叶丹《过八大山人》有诗云："一室寤歌处，潇潇满席尘；蓬蒿藏户暗，诗画入禅真。遗世逃名老，残山剩水身；青门旧业在，零落种瓜人。"八大山人晚年隐于寤歌草堂，暗户尘席，残山剩水，悟禅修真，遗世独立。在他的山水画中也实在地传达出他最真的情意。八大山人《题画》诗："三五银筝兴不穷，芙蓉江上醉秋风。于今邈抹浑无似，落草盘桓西社东。"[5]火色醉人，古筝伴奏，其乐无穷，而昔日的王孙贵胄，却落草在西社之东，百感交集，横涂竖抹，不求形似，但抒胸中之逸气耳。黄宾虹在新中国成立后，对共产党和共产主义有了全新的认识。清末变法维新到辛亥革命一次次失败的经验教训，使他更加热爱新社会。他热烈拥护中国共产党和人民政府的各项政策，热烈欢呼中华人民共和国的成立。如他在新中国成立不久所作的一幅家乡《潭渡村图》，并题诗曰："丰溪萦带黄潭上，德泽棠阴载口碑。瞻望东山云再出，万方草木雨华滋。"黄宾虹想到祖宗的德泽，如今看到东方云彩再出，不仅是家乡，而是祖国万方的草木都欣欣向荣起来。故以"浑厚华滋"，来抒发自己内心的真情实感。因此我能看出两家的这种真情是客观世界具有之真，是主题与画家的思想情感所抒发之真的高度统一。

三、在继承创新上的比较

生活在17世纪上半叶的八大山人和20世纪上半叶的黄宾虹，面对中国山水画上千年的发展历程，仰视历代前贤们不断登攀的这座大山，寻思自己的艺术之路。因此"继往""开来"是两位大师必备的素质。继承，意味着不变，使八大山人和黄宾虹的山水画具有浓烈的民族特色、民族的审美内涵；创新意味着求变，使八大山人和黄宾虹的山水画具鲜明的时代性和崭新的个人风格，从而跻身大师之列。

八大山人主张"南北宗分无法说"。他认为法法都是宗的化身，宗亦是道，何法不可？八大山人山水画初学董其昌，吸收了黄公望、倪瓒和米芾诸家甚多，后期山水又借鉴于倪瓒更多，但他决不刻意照搬，略其形迹而取其大意而已，他后期山水完全是自己面貌。景物皆平常，大多是老树参差，近坡远峰，但结构奇巧，构图新颖。其画或境界幽旷，或山重水复，或山石高峻，或枯树健姿，皆离合奇众，往往不求完整，皆非同凡响。其用笔更恣意纵横，苍劲圆秀，完全从他的精神状态中出。他有时用秃笔枯墨，随意皴写，似勾似点似擦，有时候用湿墨点染渍簇。画树皆十分简练，或勾几个松针，或圈几个夹叶，或点几个墨点，皆萧条淡泊，闲和严静。他的山水长轴，多造境奇险、幽秘，或巨石耸立，头重根轻；或悬崖突兀，摇摇欲坠；或斜壁横空，不见其际；或断冈设亭，令人向往。用笔吸收了花鸟画的技法；勾写点擦随意。与董其昌和黄公望相比，八大山人的山水画更显生气。

董其昌和黄公望的画显得温润整洁、严整、秀逸，八大山人的画显得奔放苍劲，浑朴酣畅。八大山人对前代山水做了大胆的革新，具有独特面貌，使得八大山人的山水画跃上了一个全新的台阶。

黄宾虹认为，只有变革，中国山水画才会出新，才会发展，才会有生命力，否则会被淘汰。对于变革，黄宾虹有自己独到而精辟的见解。他说"屡变者面貌，不变者精神"；又说"画学有民族性，为遗传法；有时代性，为变易法"。他临习古人，不限一家，董源、巨然、李成、范宽、郭熙、二米及李唐、马远、夏圭的画，他都下过苦功。对于元四家，他取黄公望、王蒙的皴法，又取吴镇的墨法，对于倪瓒，认为"墨无渣滓，精洁不淤，厚若丹青"，在中年时期临写特多。明清作品，除沈石田、董其昌外，凡有小名家的好画过目，也认真汲取其长。他还特别欣赏邹之麟、恽道生的用墨，游富春江时，还不忘带邹、恽的画与真山水印证。同时，他对乡里前辈，如查士标、弘仁、孙无逸、汪之瑞、李流芳、程邃、郑欧等都极推崇，心追手摹，兼学众长。此外八大山人、石涛、石溪、龚贤、王原祁、梅清等对他影响也很深。对传统山水精粹的学习，无论从广度和深度上说黄宾虹算得上是穿越了古人的轨迹。黄宾虹早学晚熟，80岁后，面貌大变，他那些纯用线的画，近看不知道何物，远看景物粲然，与西方的印象派暗合。他所形成的黑、密、厚、重的画法特点和浑厚华滋的艺术面貌，如西画的油彩堆积，突破前人，并被西方人所接受，将此与欧西的立体、野兽派相提并论，使中国山水画的发展跃入一个新的境界。黄宾虹已将中国文人画推向又一高峰。

【注释】

[1][2][4][5] 石泠编著. 八大山人[M]. 中国人民大学出版社，2010.
[3] 毕宝祥编著. 黄宾虹山水画技法解析[M]. 江苏美术出版社，2000.

（原载《湘潮》下半月，2010年，第11期）

略谈八大山人与潘天寿的花鸟画构图的相似性

王瑞强

一、书法用笔、笔墨造型的特点

在中国花鸟画里面，笔墨运用在元明清时期已达到成熟。书法用笔、笔墨造型是花鸟画传情达意的重要形式。最高的审美理想是通过墨与色的映衬反映出来，写意花鸟画是"写"出来的，作画时要注意意在笔先，胸有成竹，大胆落笔，随机应变，一气呵成，计黑当白来创造出佳作。就笔墨个性特点来看，八大山人与潘天寿都有书法用笔的共同特点。八大山人的用笔比徐渭的纵色狂挥显得是自制的、静态的。八大山人作品的用笔，在他"墨点无多泪点多"的水墨世界里用墨总是能压缩在较为凝聚的范围之内，用笔用墨不落俗套，气势奔腾，极有力量感，笔情恣纵，逸气横生，从他的用笔用墨中也能感受到对抗外部世界的束缚的那种张力。八大山人作画多以干笔淡墨为主，喜欢用苍老生辣的苔点完善画面，萧条淡泊、孤傲落寞之心境流露在八人山人的作品中。他以惊人的胆魂以抽象的用笔用墨程式，寄托着他无限的悲苦与情怀。在构图中颇具运动感的笔墨造型是一种艺术形象，他的作品在安静之中蕴藏生机。笔简而造成荒凉孤寂，他热爱生活，热爱艺术，把自己的心境、情感投入到创作之中。书法用笔而笔稳苍劲，采用运动感的用笔、用线来烘托画面的生气盎然。而在潘老的作品里以动感的笔墨造景造情，传达着他那顽强不屈的个性，也表现更宽阔的世界。

从潘天寿的作品里也能看得出是以线为主、书法用笔的中国画特点，他的花鸟画构图造型概括简约，风骨遒劲，用笔与八大山人有些相似。精练而果断，霸悍而有些控制，如屋漏痕、铁杈枝，使作品具有刚直、雄健、老辣、凝练的特点。喜欢用点苔，点出他的"潘公石""古松"的苍茫厚重。

二、趣味性的物象描写

八大山人遭受了家破人亡，妻离子散的苦痛，经历了天崩地裂的时代，如此残酷的现实使他的心态有了很大的变化，从他的作品就能感受到精神折磨和压抑，也感受到了冷眼看世界的八大。作品中"颠疾"的充分体现实际上也是为了捍卫自己的人格和自由，在花鸟画里"颠"与"不颠"之间反映出了八大山人的艺术成就。那样形象的怪异，给了我们极大的视觉冲击力、震撼力。冷、险、绝、怪，意境冷寂，笔墨放纵成为八大山人的绘画风格。把笔下的物象赋予个人的情感，给了他们生命力，也显出了极强的趣味性。他喜欢画白眼向天的鱼鸟、奇怪的石头，傲然挺立，孤鸟缩颈、垂首或者只画一根枯枝，气氛显得冷漠萧条，形象也很单纯，流露出长期埋在心底的怨恨。

从八大的作品中也可以看得出禽单鸟孤的特点，一个最大的特点就是闭着眼睛，目中无人；或者白眼朝天，这是八大给了鸟的生命力，用象征的手法来表现他对那个时代的不满，有着不平之气。他笔下的鸟多数站在枯枝上，显得很有性格，使人不敢接近，一旦接近有立刻飞走之感觉。他笔下的鱼多数也是独自游在水中，他画的鹰也是独立峭岩，雄视前方，有卓然不群的傲姿。在八大山人笔下，众多形象就是他自身思想情感的写照。潘天寿在读八大山人画展后赋诗："气可撼天地，人谁识哭歌。离离禾黍感，墨沈乱滂沱。"感悟出了他那强烈的民族意识。

而在潘天寿先生笔下的物象也是具备了极强的趣味性，在物象的描绘上，潘老先生的作品有很多与八大山人的作品流露出的气息相似相近，史书也记载潘老深受八大的影响。如：潘老先生笔下的鹰、蛙、鱼、鹫等这些物象的描绘上与八大有相通之处，青蛙的爪子开外，目光冷对前方，不管浓墨的还是淡墨的均是白眼朝天，愤视远方。这些鸟类、鱼类也是成单不成双，表现出了内心的孤寂，潘老先生认为秃鹫的丑陋更能表现其内心。抗日战争时期遭受外族侵略，民族要振奋图强，民族精神要弘扬，这是画家和全国人民共同的迫切愿望。潘先生不能直接描绘战乱，只能通过笔下的鸟、鱼、蛙等来反抗外族的入侵。鹰鹫的作品是那么的清新刚健，而又朝气蓬勃，潘天寿的作品真诚朴实，充溢着内在的精神之美，也充分体现了中华民族深沉的精神力量。他笔下的那些雁荡山花野卉，那些顽强的古松古梅，还有那些落拓不羁的秃鹫，处处流露出了他那种所特有的刚毅气质和高远情怀，也彻底改变了文人画的轻柔薄弱与玩世不恭，正好也在精神层面上与峥嵘壮阔的时代精神相吻合。如作品《盆兰墨鸡图》《灵鹫图》等，都具有趣味性地表达了潘天寿的心境，对战乱的愤恨，通过这些物象表达了爱国之情。

三、"奇"与"险"的构图特征

"奇""险""怪"的构图特点是八大山人和潘天寿花鸟画构图的相同之处。"奇""险""空"是八大山人的绘画构图特征，在八大山人的花鸟画构图中他以少胜多，用笔不多却把意境完全表现出来。这是八大的"奇"，而"险"在危石倾斜，一石一鸟居高临下，画面知白守黑。八大的花鸟画只画一只鸟、一条鱼、一块石。但是他的石很丑，枝干、鱼、鸟都很笨拙，并且画荷花只画残荷，他笔下的鱼鸟都是白眼朝天，鸟的造型独特，不管是蹲着、卧着、站着都无精打采，有一种冷气逼人的感觉。清代的评论家称八大山人的画以简、以奇制胜，八大作画笔墨高妙，虽寥寥数笔，一只鸟，或一枝枯荷，都让人感觉到有无限的画意充溢其中，笔简而不觉得空，物象单一但觉得奇，这种简笔奇险的花鸟画不是凭空臆造，而是画家对大自然的精心观察，把真实的形象进行高度的概括，加以艺术夸张创作出来，做到"笔不工而心恭，笔不周而意周"。八大也就是通过这些一石、一鸟、一枝干、一朵花来表达着自己的内心世界。他的作品多以"截枝式"的奇怪构图，根本毫无法度，随性情落笔落墨。他笔下的鸟和鱼也很独特，以眼睛来解说，点睛时把眼睛点在眼的上部或下部，中部或为一线组合。有一幅作品是眼睛朝地下看去，并且落款还有趣地落着："怪鸟人独看。"从眼睛的画法上就能体现出八大笔下鸟类的"怪"，白眼朝天之状况，对外界充满敌意。笔下的鱼也同样很"怪""奇"，鱼的造型大，胖如河豚，眼睛迷茫。他笔下的芭蕉、梅花、松枝等有奇特的变形处理，也都流露出了八大的孤傲愤世之内心。八大的作品除了用上面的大块墨石或巨石状的重物，下面站着单独、呈几何形状的鸟或鱼，来表现作品的险、怪，还将奇异的动物孤独地停留在大片的空白处，与外界脱离关系，造成一种孤寂之感。用"奇""险""怪"的构图来展现八大一颗热血凝结的灵魂，因而怪、奇、险的形象也构成了八大山人精神世界的代表性的符号。

潘天寿的构图也受着八大山人的影响，是以"造险""破险"的特点进行创作，使作品也具备了"奇""险""怪"的特点，他以大圆大方的笔墨物象特点进行造险与破险，其中具有特点的"潘公石"放在画中占主要面积，我们在欣赏潘天寿的作品时，很容易发现一块巨石占满整幅画面之中。很多画家画到这样的地步就难以下手，而潘天寿正利用这样的险境来破境，反而使画面达到了壮阔、浑厚、气势美的境界。如《睡猫图》是一幅有着奇特构图的作品。首先险要出奇的特点是将猫放在石块的左上角，猫是用线勾出外形，等稍干后用浓墨点斑点，白粉画猫身，猫尾巴用焦墨写出，有与八大山人相同的闭着眼睛之态。造型以线为主显得很突出，面积很大却不显得堵塞，原因主要是运用线的变化多变，有粗有细，而且墨色也较顿挫多变，十分显眼，石块中部也有石口，这样也就显得有灵巧之感。中间还留有空白，这样即便是画得很满很实，却显得很空灵。右下角的小草，虽说只有几笔却也很起作用。中间的点苔点出了石头的斜势，使平中有奇，还使整幅画面丰富，为了使构图更加有变化，就连题款也是上下对比、参差不齐。这样更能突出作品中奇、险、怪的特点。如此的作品还有很多：《蛙石图》《小憩图》《江南喜雨图》，等等。这些无一不是用奇险的特点来传递着潘天寿的情感，表达着他那爱国的精神和民族气节。

（原载《美术界》，2012 年，第 12 期）

潘天寿喜欢八大和石涛

任愚颖

  1928年，潘天寿被林风眠聘请到杭州艺专任教。翌年春，上海举办了一个唐宋元明古画展和八大、石涛主题画展。这时，潘天寿还兼着上海美专、新华艺专的课，所以参观画展很方便。他不止一次看了画展，特别是八大、石涛的作品，让他感触最深，并为此作了一首五律《读八大、石涛二上人画展后》："妙运金刚腕，辟支演太阿。奇才瞎尊者，怪物哑头陀。气可撼天地，人谁识哭歌。离离禾黍感，墨沈乱滂沱。"短短40个字，把潘天寿对八大、石涛（八大曾因口吃而佯作哑人，故有哑头陀之名；瞎尊者，石涛别号）作品的理解、崇仰，和对二位上人的真挚情感，描绘得入情入理。读者细细品味，仿佛就置身于画展之中，深有感悟。

  吴冠中在杭州艺专读书时，是潘天寿的学生。他后来回忆当时的情景，说："潘天寿老师很喜爱石涛，他早期作品受石涛的影响较深，他也经常要我们多临摹石涛、石溪及弘仁等人的作品。我们这些同学大都偏爱石涛和八大山人，这与潘师的指导是有密切关系的。潘师授课期间，我们谈得最多的除石涛外便是八大。在师友们的熏陶下，我一开始也爱上了八大，但除了遗民、气节、郁勃之气等等人的品质外……我认为八大山人是我国传统画家中进入抽象美领域最深远的探索者。凭黑白墨趣,凭线底动荡,透露了作者内心的不宁与哀思。"从吴冠中回忆潘天寿的情深意切的文字中,我们约略可以了解到潘天寿早年喜欢八大和石涛的原因。吴冠中所说的石溪(髡残)、弘仁(渐江)、八大、石涛,被后人誉为"四僧",是明末清初画坛上的四位著名画僧。石溪擅长山水,笔墨苍茫,长于干笔皴擦,所作繁复幽深,峰峦浑厚,平中见奇;弘仁擅长山水,亦写梅花和双勾竹,所作笔墨苍劲整洁,富有秀逸之气,给人以清新之感;八大山人擅长山水、花鸟、竹林,画作笔法劲疾简约,造型夸张,蕴藉含蓄,书法淳朴圆润,狂草自成一家;石涛以造化为师,师法自然,以我为主,山水、花鸟、人物皆工,用笔高古,变化无定。潘天寿喜欢八大、石涛,最核心的问题还是喜欢他们能够打破习俗、不循规蹈矩、以造化为师、以我为主的秉性。特别是八大的劲疾简约、石涛的变化无定,使潘天寿痴迷如醉。同时,他于潜移默化之中独辟蹊径,最终也形成了特有的自家风貌。

潘天寿喜爱八大、石涛,不仅在讲课时向学生们常常提起,在自己的许多诗文、题跋中,也常常对八大、石涛画作的笔墨、布局等予以评说,阐发幽微。他早年写了20首论画绝句,从东晋的顾恺之写起,一直写到清代的高其佩,每人一首。寥寥28个字,就把各位画家的特色鲜活地勾勒出来,既传神逼真,又深邃含蓄。他写八大的诗句是这样的:"不堪听唱念家山,尽在疾狂苦笑间。一鸟一花山一角,破袈裟湿暮云烟。"让人一看,就明白了八大的狂怪特色。写石溪的诗句是这样的:"镕六州钦锻千锤,沉默幽深累梦思。鼻息一丝云一衲,万山千水老垂垂。"简明扼要地概括出了石溪作品的苍茫繁复。写石涛的诗句是:"古阿罗汉是前身,五百年来无此人。岂仅江南推第一,笔参造化墨通神。"他还在诗后加一小注,云:"瞎尊者石涛,王麓台尝云:'海内丹青家未能尽识,而大江以南当推石涛为第一。予与石谷皆有所未逮。'"他是在借王原祁(号麓台)的话,来表达自己对石涛的敬意。

1940年,潘天寿随因抗战西迁的艺专到了昆明。一天夜里,他竟然梦见了石涛。次日,他即赋诗七律《重梦石涛》曰:"清湘去我年三百,底事翩然入梦频。阿阁灯辉云外寺,都天相变壁中身。书从屋漏飞来远,诗接秋容淡有神。我是打包苦行僧,苇航何日可知津。"诗的意思是说:虽然石涛已经逝去300余年了,但是他的艺事常常进入我的梦中。现在是抗战时期,离乱之中,我还是忘不了诗书和绘画,石涛上人什么时候能知道我喜爱他的书画艺术的一片真心呢?后来,他又在自己画的一幅《拟石涛山水轴》上题诗曰:"习俗派争吴浙间,随声相誉与相讪。苦瓜佛去画人少,谁写拖泥带水山?"历史上,吴、浙画派之间的论争此伏彼起,但各派论争的目的皆是为了固守自己,都忘记了发展与开拓。因此,潘天寿才不无遗憾地通过这首诗表示:自从石涛和尚故去之后,又有几人能拿出像他那样的作品呢?

1944年,潘天寿重回艺专担任校长之职。不久,他为当时的国立戏专校长徐伯璞画了一幅《八哥盆景》，并在画上题句道："个山僧一点一抹，均能不落恒蹊，此是从蒲团中来，学之者以绳墨守之，怎能得其似处？伯璞先生道正，三十三年，寿。"题句的意思是说：八大的一笔一画之所以不落前人窠臼，是因为都出于画家对事物的感悟，是从自我出发；如果学他的人以墨守成规的方法去学，学其画而不师其心，是学不像的。其实，潘天寿是在告诫众多从艺者：不管搞什么艺术，都应该出新才能有所建树。

抗战胜利后，潘天寿回到杭州，不久就辞去了杭州艺专校长之职，全力投入到教学和创作中。1945年年底，他在自己画的一幅《笔外之笔山水》上题句道："画事能得笔外之笔、墨外之墨、意外之意，即臻上乘禅矣。此意近代唯残道者得之。丁亥腊梅开候，心阿兰若住持者草草并志。"这是他对画好山水画的真知灼见。他是说：真要能画出"上乘禅"的意境，只有髡残才能做到；而真要达到笔外有笔、墨外有墨、意外有意的境界，那也是十分不容易的事情。

1966年5月，潘天寿还为自己的学生寿崇德收藏的一幅石涛的山水画题款："此清湘晚年精品，水苍茫，笔力劲肆，其意致在高尚书之外矣！崇德仁弟宝之。"这次题款，是他一生中最后一次对石涛的作品给予评价。其实也可以说，潘天寿的一生，几乎无时无刻不在思索品味着八大和石涛超凡的艺术！

（原载《老年教育（书画艺术）》，2010年，第10期）

略谈八大山人对齐白石的影响

王振德

中央美术学院王森然教授在《回忆齐白石》一文中曾提及这样一件事：有一次问及齐白石《和岩上老人诗》里"食叶蚕肥丝自足，采花蜂苦蜜方甜"这句话的含义，齐白石不无感慨地回答："我六十年来的成就，无论在刻、画、诗文各方面说来，不都是从古书中得来的。有的是从现在朋友和学生中得来的。我像是吃了千千万万人的桑叶，才会吐出丝来；又似采了百花的蜜汁，才酿造出甜蜜。我虽然是辛苦了一生，这一点成绩，正是很多很多古往今来的师友们给我的。"[1]不消说，在这"很多很多古往今来的师友们"之中，八大山人占有极为重要的位置（自然，对齐白石艺术有过重要影响的，尚有徐青藤、黄瘿瓢、吴昌硕等人）。1955年，我有幸随从惠夷之老师专程拜访年近百龄的白石老人，亲眼看到老人挥毫作画的情景，并从老人谈话中第一次听到"八大山人"这个响亮而奇特的名号。只是笔者当时年幼无知，无法领会老人谈话的深奥内容。后来从惠老师追忆的笔录中知道其中有这样几句："八大山人笔简意足，世所罕及。愈学八大，愈感觉八大意度超凡。"1962年，我在北京读书时，有缘与陈半丁老人晤面，半丁老人称齐白石为"八大迷"，遂使我强化了对齐白石那次谈话的记忆。随着时光流逝，白石老人那慈祥和蔼的面容与动人心魄的谈吐非但没有消失，反而变得愈发鲜明。闭目而思，恍如昨日，以致使我产生了与友人辑注《齐白石谈艺录》的愿望和行动。在搜集、整理、注释齐白石谈艺录的过程中，笔者进一步感受到八大山人对齐白石艺术的深刻影响，从而得出了这样一个结论：在齐白石的绘画作品中积淀着八大山人的才智。或者说，齐白石在其艺术生涯中充分汲取了八大山人的艺术精华，并使之成为自己艺术赖以成熟的基础。后来才又脱出八大山人窠臼，进而铸就了自己独特的艺术面目。在某种意义上甚至可以认为，齐白石是八大山人艺术所产生的深远的历史性影响的突出体现者，同时又是八大山人艺术在新时代予以发扬光大的无畏的开拓者。

纵观齐白石一生的艺术道路，使他从一位民间艺匠转为地方画师的重要契机，是他 1889 年（光绪十五年）拜胡沁园、陈少蕃二人为师，从而对古代诗文和传统书画开始了较为系统的学习。不过，此时所学还只是画山水、人物、花鸟的基本技巧。这技巧仅限于胡沁园、陈少蕃擅画的工致花鸟草虫一路，论水平并不高超。尽管胡沁园无私地将自家藏画拿给齐白石观摩临写，然而所临书画大致是清乾隆、嘉庆年间湘潭地区的几位画家之作，如王可山的牛、古月可人的花鸟、陈筠山的山水等等。因此，这一时期实际上是齐白石跻身画坛的起步时期。而帮助齐白石在起步之后又向前大跨一步的人物则是湖南名著当时的学者王湘绮。1899 年（光绪二十五年）齐白石得以拜王湘绮为师。在王湘绮处见到了明清以来第一流画家的许多亲笔佳作。经过王湘绮的熏染和引导，齐白石变成了八大山人艺术的痴情崇拜者和热烈的追求者，其绘作亦从缜密工致走向简括冷峭一路。1904 年春，齐白石随从王湘绮一道赴江西南昌，同住王湘绮的南昌寓所。在向王湘绮学习古文的同时，结识了不少良师益友。南昌，作为八大山人的故乡，早已使齐白石为之神往。在这里，齐白石追寻八大山人的足迹，慨然发思古之幽情，有机会见到并摹写更多的八大山人的原作，使自己的画风几乎完全皈依于八大山人一派。在其 75 岁画鸭小稿自记中写道："余四十一岁时，客南昌，于某旧家得见朱雪个小鸭子之真本，钩摹之。至七十五岁时，客旧京，忽一日失去，愁余，取此纸，心意追摹，因略似，记存之。"[2] 南昌摹八大山人的作品，在 34 年之后犹能珍爱不舍，可知齐白石此时钟情八大山人之深。两年后（光绪三十二年），齐白石应朋友之约赴钦州（今广东省钦县），为当时官居"钦廉兵备道"的友人郭葆荪代笔，得到了进一步临写八大山人原作的机缘。龙龚先生在回忆齐白石艺术历程时有这样一段文字："郭葆荪是一个有才气的人，会画几笔文人画却自愧不如'齐山人'远甚，为了并不符实的名声，自以为上策莫如请齐白石代劳。在'名誉不彰，朋友之过'的促使下，他承担了这个义务。对郭来说，请别人捉刀是一个卑鄙的行为。对齐白石来说，纸笔精良的效劳，正是一个难得的锻炼。何况，郭家陆续以高价购藏的名画，像八大山人、徐青藤的花鸟，金冬心的山水，都是往日轻易接触不到的瑰宝，借着这个机会，他临摹了很多古人作品，其中于他影响最深的就是八大山人。"[3] 由此可见，齐白石从 36 岁结识王湘绮之后，便倾心于八大山人。而在 40 岁前后不断找机会临写八大山人作品，经过 10 余年的潜心研讨，终于把握了八大山人艺术的精髓。正如他在 1945 年为自己诗作跋语时所云："予五十岁后之画，冷逸如雪个，避乡乱，窜于京师，识者寡。"[4] 在其 91 岁为胡橐题画时也说："此白石四十后之作，白石与雪个同肝胆，不学而似，此天地鬼神能洞鉴者，后世有聪明人必谓白石非妄语。"[5] 齐白石在 58 岁前后对八大山人的崇拜程度似乎达到顶点。有一次，他见到清代郑板桥有方印文刻着"徐青藤门下走狗郑燮"，颇有感触，遂咏诗云："青藤雪个远凡胎，老缶衰年别有才。我欲九原为走狗，三家门下转轮来。"[6] 其 58 岁所作《老萍诗草》中也有相类的语句："青藤、雪个、大涤子之画，能纵横涂抹，余心极服之。恨不生前三百年，或为诸君磨墨理纸，诸君不纳，余于门之外，饿而不去，亦快事也。余想来之视今，犹今之视昔，惜我不能知也。"此时，齐白石不仅从内心"极服"八大山人，而且甘愿轮番为徐渭、八大山人、石涛等写意画大师们当门下走狗，为他们磨墨理纸，即使不被接纳，饿死门外，也视为平生快事，这种崇拜真是到了无以复加的程度。

　　行文至此，不能不解答这样一个问题：为什么齐白石在学习胡沁园等人的工致花鸟之后，会很快拜服于八大山人？笔者认为这是有多方面原因的：首先在于他与王湘绮的结识。王湘绮是位学识渊博、眼力极高的文人，看重人品才华，不以出身门第论人。故而其门下有铜匠出身的曾招吉，铁匠出身的张仲飏，对于干过木匠的齐白石更是格外爱重。这使齐白石对王湘绮先生深为感激，至为仰重，以至一直将王湘绮像供奉在自己客堂里。同时，王湘绮又是深谙中国画理法的学者，他对八大山人的深刻理解和钦敬之情必然会传染给齐白石，促使齐白石产生研讨八大山人的浓烈情致和强大的动力。其次，齐白石在此以前所接触的多是民间艺匠、画师，学习的多是画神像、画帐檐、挽袖乃至鞋子上的花样之类，即使学了点芥子园画谱或是工致花鸟，也多是难登大雅之类。因此，当王湘绮等人引导他进入八大山人的艺术堂奥之后，便不能不使他为之震惊，为之狂喜，从而将自己的审美情趣升华到一个前所未有的崭新的境地。再其次，随着对八大山人作品逐层深化的认识，不可避免地产生了艺术上的共鸣和情感上的交流。这种共鸣和交流，用齐白石本人的话来说，就是"白石与雪个同肝胆，不学而似"。确实这样，齐白石与八大山人在许多方面不乏若合符节的神似之处。在思想情感的深处，他们皆漠视仕途功名，具有倔强嶙峋的傲骨。八大山人作为明王朝的宗室后裔，在世代荫袭的贵族生活中度过了 19 年。随着明王朝的彻底覆灭，他的生活和人生观发生了急剧变化，难以宣泄的家国之痛和偷生苟活之苦时时撕裂着他的心胸，使他不可能在新王朝统治之下去奴颜求官，只能削发为僧，以书画抒写胸中块垒。齐白石尽管不是"金枝玉叶老遗民"，虽没有皇子王孙那样显赫的身世，但在鄙弃世俗功名这一点上却是根深蒂固。还在其不满 40 岁的时候，就婉言谢绝过陕西臬司樊樊山出自本心的"内廷供奉"的推荐。他一直以"鲁班门下""湘上老农""江南布衣"自居，宣称"一生无梦侣侯王"，感到"独耻事干谒"，认为"穷到无边犹自豪，清闲还比做官高"[7]，唯愿以作画刻印谋生。这种淡泊宁静的胸怀导致了对八大山人冷逸画风的追求。虽然这种冷逸的画风不甚合乎世俗的口味，但齐白石深知"行高于人，众必非之"，并不因为他人说长论短而改变自己在艺术上刻意进取的初衷。显然，在超越平庸的"肝胆"上，齐白石承受了八大山人的衣钵。他们在艺术情趣上也殊途同归，当齐白石从八大山人艺术中领悟到自己早年绘作过于形似的缺点之后，便毅然"舍真作怪"，走上了"以我少少许，胜人多多许"的道路。然而，使齐白石很快转向八大山人的最根本的原因还在于艺术发展的自身规律。自宋代产生"文人画"以后，一些无意仕进的文人们不再热衷于像院体画家那样，煞费苦心地去表现帝王将相们所喜爱的珍禽异兽、牡丹芍药等形象纤丽、色泽浓艳的物象，在表现手段上也不迷信于勾线填色、工笔重彩的画法，而是喜欢以书法艺术中灵动的笔墨去绘制物象，有时干脆摒弃色彩而纯用水墨。元代赵孟頫大力提倡以书法入画。嗣后，元四家的山水画在笔墨形式上开始显示出各自不同的个性化因素。明清之际，以徐青藤、八大山人、石涛等人为代表的画家们进一步变易了前代文人画笔墨讲求优娴清雅的特点，采取大胆放笔落墨，极尽"纵横涂抹"之能事，开创了狂放奇峭的新鲜画风。在这中间，八大山人冷峭的风格和高度简括的笔墨成为明清写意花鸟画潮流中最为杰出和最引人瞩目的艺术成果。不言而喻，八大山人特有的异乎寻常的艺术魅力必然把后起的独具慧眼的艺术家们吸引过来，这实乃出于绘画发展史的必然。很明显，齐白石的艺术正是这种必然性的具体体现。

应当承认，齐白石接受八大山人的影响不是被动的、消极的，而是主动的、积极的。因为"纵笔安详费苦思"的齐白石毕竟不同于"墨点无多泪点多"的八大山人。在长年艺术求索的过程中，齐白石逐渐把握住自己的艺术潜能和优长，从而形成了独具一格的审美趣味。在这种境况下，他便开始寻觅脱出八大山人窠臼的途径。这种途径，一是兼学诸家，博采众长。如他在50岁画荷花时，便是兼学八大山人和李鱓的，这在其题识中说得十分明确："懊道人画荷过于草率。八大山人亦画此，过于太真。余能得其中否？尚未自信。世有知者，当不以余言为自夸耳。"[8]二是变易笔墨的格调。即变八大山人的雄奇酣畅为自己的古拙凝重。齐白石57岁题画虾时写道："即朱雪个画虾，不见有此古拙。"[9]可见齐白石接受八大山人写意花鸟画的某些理法仅仅是一个方面，更为重要的是接受了八大山人勇于开拓的创新精神。他在54岁前后所写的一首自题诗可视为画家的宣言："扫除凡格总难能，十载关门始变更。老把精神苦抛掷，工夫深浅心自明。"[10]画家55岁自题画石时又说："凡作画欲不似前人难事也。余画山水恐似雪个，画花鸟恐似丽堂，画石恐似少白。若似周少白必亚张叔平。余无少白之浑厚，亦无叔平之放纵。"[11]可以想见，画家在铸造自己绘画面貌时，从来也没有忘记设法脱出古人的窠臼。这两个途径导致了齐白石的"衰年变法"。1920年前后,齐白石在友人陈师曾的劝告下,决心进行"衰年变法",是年57岁,他在日记中写道:"余作画数十年未称己意,从此决定大变,不欲人知,即饿死京华,公等勿怜,乃余或可自问快心时也。"[12]要变谁的法?不言而喻,就是要变八大山人使他形成的以简括冷逸为宗的法。事实很清楚,齐白石崇拜八大山人到达顶点之日,正是其立志实行变法之时。脱开八大山人,别开自己蹊径,飞身腾入自己所建构的艺术王国,便是画家变法的主要目的。一般论者认为,齐白石"衰年变法"的大致时间应定于1920年至1929年为宜,即画家57岁至66岁之间。在这不平凡的10年中,画家"握笔把刀,日不暇给"[13],他"长夜镌印忘迟睡,晨起临池当早朝"[14],他"深耻临摹夸世人,闲花野草写来真",力求"脱前人习气,别造画格,乃前人所不为者,虽没齿无人知,自问无愧也"[15],并决心"自我作古"[16]。其作画在万幅以上,刻印在3000方以上。其间经过了千百次思考,千百次试验,终于取得了突破性的卓异成就,开创了以花鸟草虫题材为主的红花墨叶一派。王朝闻生先对此有过精辟的论述:"齐白石作品中的形象,恰好是'妙在似与不似之间'这说法的具体体现。荷花画得红艳艳的,荷叶却只用淋漓的水墨。枇杷,用黄色,草莓、牵牛花,用红色,而叶子,却只用淋漓的水墨。面对着这些形象,欣赏者会在不知不觉之间被魅惑,使人觉得体现了工具特长所画出来的水墨的叶子是绿色的。因为画家适应了自然现象相互联系的这一科学规律,利用了欣赏者相应的联想、想象和幻想的作用,大胆使用了这种半真半假的画法。淋漓的水墨虽然没有如实模仿花叶的绿色,却已经再现了它那一个重要方面的特征——生意。这就是说,淋漓的水墨画出了花叶的生意,这生意和真的花叶接近,具备了真实感。它和红的花一样,是从某些方面而不是从所有方面和自然接近了的。花用彩色,叶用水墨,好处还只是为了表现出叶子本身的重要特点,表现它的真实性,而且也因此加强了有色的花的鲜艳,从强烈的对比中产生了强烈的呼应。不论是不是为了给花做衬托,为了使红色的花显得更加艳丽,这种画法发挥了画家的创造性,也是强调了自然特征的。"[17]自然,齐白石"衰年变法"的成就是多方面的,开创红花墨叶一派只是其中较为重要的一项而已。正是画家多方面的艺术成就,才使他在变法之后拉开了与八大山人的艺术距离,并从八大山人艺术格局中脱颖出来,而以新鲜独特的艺术风貌卓立于世。画家在其《辛酉日记》手稿中不无自豪地宣称:"吾有独到处,如前人见之,亦必钦佩。"在为方伯雾画鸡题识时也透露出这种情绪:"毛羽由来见易知,侧身求饱啄迟迟。画家积习全删却,昂首超群顷刻时。"令人备感兴味的是,事隔20年后,画家见到自己58岁所画册页时,发现风格与八大山人极为相似,感慨系之,挥毫题识:"前身非雪个,何以怪相牟?此老无肝胆,一掷舍千秋。"时隔不久,在此画册又题:"冷逸如雪个,游燕不值钱。此翁无肝胆,轻弃一千年。"画家在这里做了清楚的表白:自己前身若不是八大山人,何能在怪异冷峭的笔墨上一度达到如此的酷似?但是,像以往那一味同八大山人般冷逸，是没有什么价值的。因此才狠心舍弃了自己钟爱已久的八大山人，迈上了自己的画路。

笔者认为，在齐白石橐笔耕耘的一生中，大体上出现过三种绘画面貌：一是40岁以前形成的工谨细致的画风（主要来自民间艺匠、画师的影响和胡沁园、陈少蕃等人的亲授）；二是40—58岁期间形成的简括冷逸的画风（主要来自八大山人的影响）；三是60岁以后逐步完善的前无古人的独特画风。不用说，齐白石晚年成熟的独特画风与八大山人的画风已经判然有别：首先是艺术特质的不同。八大山人因国破家亡，由昔日的王孙一变而为落魄的遗民，他以怪险奇绝的作品披露着自己不甘寂寞又无力改变现实的矛盾心情。他画傲然兀立的嶙峋怪石，画白眼向天的山溪游鱼，画缩颈垂首的荒天孤鸟，在心绪的表现上无疑是异常冷峭的。而齐白石自幼在泥土中长大，饱受农家生活的熏染，在其笔墨间充分体现着中国农民特有的勤劳、淳朴、厚重等传统气质。用画家自己的话说，即"通身皆是蔬笋气"。在题材上，齐白石画的是农家喜爱的犁锄柴耙、筐篓簸箕、鸡鸭猪牛、虾蟹草虫等等。在色彩上，画家喜用大红大墨，力主"古艳绝伦、透亮为上"，追求的是民间艺术中鲜丽、清新、生动的色调。其在心绪表现上是异常火热的。其次是艺术表现上的不同。八大山人属于典型的文人写意画，而且大写意成分居多，喜用破笔飞白之法。而齐白石有雕花艺匠和民间画师的功底，故而工写兼能，粗细并用，巧拙相济，雅俗贯通。常将阔笔写意的花卉与工致精细的草虫统一到同一画面之中。再其次是时代精神的不同。八大山人在作品中流露的孤傲冷峭等强烈的艺术个性和表现的"残山剩水、地老天荒"的画境，尽管与同时代画家们有所不同，但都从各自角度体现出那一特定历史阶段的时代精神，始终脱不出封建文人的狭隘圈子。齐白石则不然，他晚年欣逢盛世，其作品饱含着中国劳动人民和知识分子的光辉品格，并将自己的艺术与保卫世界和平的神圣事业连在一起。因此，齐白石不仅冲出了农民画家的圈子，也冲出了文人画家的圈子，成为名副其实的卓越的"人民艺术家"。这一切正是明末清初的八大山人所不可能企及的。

尽管如此，我们仍然不能低估八大山人对齐白石的深刻影响。十分明显，齐白石如六十而殁，他仅能停留在八大山人冷峭的面貌上。即使在齐白石"衰年变法"后的绘画风格中，依然烙有八大山人影响的印痕：他们敢于冲破前辈艺术大师藩篱的胆识及"自我作古"的创新精神是一致的。他们以简括灵动的笔墨，采取大写意技法，痛快淋漓地抒写自己的情怀和深挚的感受（包括曲折地表达不满于旧日统治者及宫廷艺术的微言大义），也是一致的。在章法上喜欢留出大块空白，善于将诗书画印组成和谐而又雄奇的整体，更是一致的。

总之，八大山人对齐白石艺术的影响是巨大的、强烈的，也是深入骨髓的。然而，这种深刻的影响并没有成为齐白石艺术前进的障碍，而是和徐渭、石涛、黄慎、金农、吴昌硕等人对齐白石的影响一样，化为了齐白石艺术的营养和跨越前人的基石。记得南朝萧子显说过："若无新变，不能代雄。"齐白石在对待八大山人艺术影响的问题上，出色地实践并证实了这一论断的正确。

【注释】

[1] 见人民美术出版社编辑的《美术论集》（第一辑）王森然《回忆齐白石先生》。
[2][4][5][6][7][8][9][10][11][12][15][16] 见河南人民出版社印行的《齐白石谈艺录》（王振德、李天庥辑注）。
[3] 见人民美术出版社印行的《齐白石传略》（龙龚著）。
[13] 见《白石诗草·自序》。
[14] 见《白石诗草》卷二"自嘲"。
[17] 见上海文艺出版社印行的《王朝闻文艺论集》（第二集）《再读齐白石的画》。

（原载《八大山人研究》，江西人民出版社，1986年）

一花一世界，一草一天国
——从八大山人对齐白石花鸟画的影响看民国时期北京中国画坛

余 洋

早在 1975 年，王方宇先生在《八大山人对齐白石的影响》一文中就对八大对齐白石的影响做了深入的探讨，此文解决的问题，亦如他所说："从齐白石自己的诗文题识上，认识他对八大山人画作的批评和景慕；从齐白石画作和八大山人画作的对比上，看他临摹的八大山人作品。从他自己创作上看其留存的八大山人的遗意，同时也从他的人物画上看他对八大山人的理解。"

王先生的文章使我受益匪浅，从中我亦发现一个很有意思的问题：在白石老人 1945 年所画《墨笔花果册》后，这样题道："予五十岁后之画，冷逸如雪个，避乱世于京师。识者寡，友人曾劝其改造，信之，即一弃。今见此册，殊堪自悔，年已八十五矣。乙酉，白石。"也就是说，尽管八大对齐白石有影响是毋庸置疑的，但是齐白石对待八大山人的态度却是变化的。

因此，本文所关注的是：齐白石为什么选择学习八大，衰年变法时放弃八大，最后又后悔放弃？为什么会发生这种对待八大画风态度的转变？在这种转变的过程中怎样影响了他的花鸟画？并且他是真正地对八大"即一弃"了吗？还是对八大的花鸟画画风的学习吸收从显性转换成了隐性，从而进行了有意识的创造？也就在这短短数十言中，是否反映了八大地位的升降，通过八大是否又折射出了当时的北京中国画坛的动向和社会的变迁呢？

本文试图分析齐白石对八大态度转换的情况，揭示隐藏于话语与作品背后的北京中国画坛的沉浮与"中华民国"时期社会的动荡，并且通过作品的分析比对来看其态度转换对白石老人花鸟画风的影响。

一、齐白石放弃八大，最表面，也最为一般人所知的是经济因素：1917年搬至北京法源寺后，在琉璃厂挂出卖画的润格。当时齐白石学的是八大山人冷逸的一路，不为北京人所喜爱，即使比同时一般画家的价码低一半，还是很少人来问津，生活很是落寞。在这种情况下，齐氏只有听从陈师曾的建议，放弃八大。

二、既然齐白石学八大一路的画没有市场，那谁又有市场？这里又包含着一个20年代的北京画坛谁是主导力量的问题：民国初年，面临"美术革命"思潮，国画家起而应变。或归唐、宋，或追清初"四僧"，或跟"海派"新潮，或续乾嘉以降形成的"金石画风"，不同艺术主张、风格倾向汇聚京华。但是，具有权威地位的仍是"金石画风"。当时，北京画坛的关键人物，四位影响最大的领衔画家：1915，余绍宋组织宣南画社，陈师曾、姚华被尊为"领袖"，金城被奉为"广大教主"，其中前三位都是主张"金石画风"的。余绍宋其书画格古博深，笔墨沉厚茂密，显然深受乾、嘉金石学蒙养，与陈师曾气息相近。姚华、陈师曾是把赵之谦、吴昌硕为杰出代表的"金石画风"伸延到北京的主要人物。虽然于1920年发起建立了北京画坛最大美术社团"中国画学研究会"的金城，自己的画风是摹古派，画会以返归唐宋为号召，实则综合宋元明清，包括文人画及院体画，甚至郎世宁的画法，没有明确主张"金石画风"。但从"中国画学研究会"早期的评议员中有陈师曾可以看出，金城应该是支持这一画风的。因此，从以上北京画坛的格局不难判断，20年代前后"金石画风"主宰北京画坛，并且最有市场。这亦能从当时"金石画风"的代表人物——吴昌硕，其画作在京师销路很好、价格不菲，不易在市场购得，可窥一斑。

三、并且，齐白石的态度变化还隐藏了更深层的社会因素：在清末民初，八大的身份、地位是十分微妙的。一方面，八大对画坛的影响进一步加剧，地位在提升。此时正是中国封建社会走向衰亡，屡遭外强凌辱的时代，同时也是爱国主义、民族自强精神蓬勃高涨的时期。因此，在艺术表现上，八大那"苍茫自写兴亡恨"的绘画艺术，最能引起艺术家的共鸣。如任伯年、赵之谦、吴昌硕、虚谷都受八大山人艺术不同程度的感染和影响。到了"五四"新文化运动时期，社会思潮波及美术领域的表现就是"革王画的命"，进而中国画的改良和中国画的现代化成为中国现代美术发展的时代标志。此时，富有创新精神的八大顺理成章地作为与"四王吴恽"及其流派相抗衡的身份出现。但是，另一方面，从新文化运动中对传统文化的集中否定中，不难看出"国民性""民族精神"一类的提法，在"五四"时期主要是作为贬义的被批判对象而存在的。因此，在八大地位攀升的同时，亦存在一股很强的消解力量。不过，在新文化运动以后，二三十年代西方现代艺术的引进和西方现代艺术思潮对中国画冲击的结果，反而使一大批西洋画家认识到八大的传统绘画艺术——疏简与线条的美感，足与西方现代艺术媲美。并且随着抗日战争的到来，民族精神再度被极力倡扬。30年代晚期到40年代初期，又产生了对民族文化传统的回归。这时作为遗民画家的八大不论是在绘画形式上，还是在精神内涵上，都与社会和时代紧紧合拍。他在民国时期的地位，在此时达到了顶点。

四、到这里就可以从外围解释白石老人对于八大从选择到放弃，再到重拾旧欢的大致过程：在封建社会式微的尽头，齐白石选择了当时诸多文人、画家推崇的"苍茫自写兴亡恨"的八大。1917年，在北平卖画求生，因为当时北京画坛的主导力量是"金石画风"，八大的地位由于社会运动而不稳定，他学八大冷逸一路的画没有市场，只有进行变法。当社会潮流在20世纪40年代把八大推向一个顶点时，这又使齐白石产生了后悔之情。在齐氏对待八大态度的转变上，似乎又浓缩了民国时期的北京画坛和社会的变迁。

（原载《八大山人研究》，八大山人纪念馆编，壬辰秋卷）

读《河上花图》随笔

罗文华

1697年，八大山人，这位画坛旷世奇才在他72岁高龄创作了历史上罕见的高47cm、长1292cm的巨幅长卷《河上花图》。每当夜深人静，多次展开《河上花图》一览，顿觉窥探到宇宙间那博大、深沉、清空而神秘的境界，宇宙生命的真情感知；典雅与拙朴、强悍与柔美、激越与悠扬、丰富与单纯、律动与静谧……一组心驰神往，思越千载的交响乐曲震撼我的心扉。八大山人一生所创作的花鸟画将近700余件，而荷花题材作品占1/7，由此可见，作为著名画僧的八大山人，他爱荷、梦荷、吟荷、写荷、画荷，荷花已是他艺术生命中的重要组成部分。八大山人深悟佛教中荷花的禅理：荷花出淤泥而不染，妙香广布，令见者喜悦、吉祥，并拟有所修之十种善法（除盖障菩萨所问经）。身为"金枝玉叶老遗民"的朱耷，抱恨国破家亡而不与清朝同流合污，毅然遁入空门，长夜与孤灯晨钟暮鼓相伴，把压抑在内心的悲愤与凄凉转化为不可遏止的艺术冲动。强烈的民族意识，孤傲不羁的品格，弘博高深的学养，颖异绝伦的天赋，使八大山人将"不染"的荷花引入到一个超然物外、清逸淡远、空灵淡泊、浑然朴茂的禅定僧趺的境界。山人壮年"欲觅一个自在场头"，独具慧眼地选中了风光秀美的梅湖之畔，建造青云谱道院隐逸，此地西踞仙瀛的岱山，南临浩瀚的梅湖，东衔吴越的朱姑，北接赣鄱的抚河，道院内风光旖旎，苍木翠竹掩映着殿宇云阁，丹桂碧池环抱住凉亭月楼。春天桃花竞开，绚丽多彩；盛夏莲叶接天，荷香四溢；秋日红白芙蓉，透人心脾；严冬梅影横斜，傲寒斗雪，具有说不尽的诗情画意，宛若人间仙境。特别要提到的是，道院周围的岱山村落，民风淳朴，村民历代喜种莲荷，每当盛夏来临，大面积的荷塘翠盖迎风展姿，莲花竞相斗艳，白鹭翱翔其间，与青云谱道院内唐桂相映成趣，大有柳永的江南"三秋桂子，十里荷花"的感之怡然、漾之在胸的高格调境界。八大山人长期隐居在这样一个令人陶醉的梦幻般的世界里，不断地观察感受、体验、顿悟荷花的"情""奇""拙""秀"之美，以禅境的更为纵深、更为宽广的视野对荷花的"不染"进行取舍扬弃、灵感升华，使之达到博大、宏伟、清新、简约的东方绘画的气概。

《河上花图》以情景交融的意境，浑厚简练的笔致，高洁深沉的墨韵，空灵超逸的点线所形成的视觉冲击力和审美感受力而不愧为前无古人的巨构墨荷绝唱。意境是八大山人《河上花图》的灵魂。中国传统绘画的精髓历来讲"气韵生动"，讲"神似"。《文心雕龙·神思篇》"神用象通，情变所孕，物以貌求，心以理应"道出意境中形、神、情、理的关系。"外师造化，中得心源"，唐代著名画家张璪这句名言更是揭示了意境创造的主观情思与客体形象结合的真谛。那么，构图、形象、空间、气势是形成意境生命力的源泉。展开《河上花图》就有一种迎面扑来的磅礴、博大、雄健、苍浑的意境。这幅长卷巨作，采取浪漫的写意手法，将画面构图分为三组，第一组从长卷右前面开始，两枝莲荷润叶向左倾斜生长至河中向左倾斜的危石。第二组为向左侧长的孤柳至凌空右垂的石崖。第三组为河中的坡石至河谷瀑布群。三组构图安排了极为丰富的场景：莲荷、河塘、危石、悬崖、孤柳、幽兰、野竹、山谷、瀑布、苔草……场景之间以莲荷为主线，以河塘为依托，有分有连、有起有伏、有疏有密。主体突出、曲折变化、层次分明。置陈布势、简而不陋、多而不繁、杂而不乱、秩序井然、变化多端，体现了八大山人豪迈沉郁、气势奔放的胸怀。山人在构思此巨帧过程中，面对着莲荷、水、山崖、瀑布及种种物象，凝思观照，情感与意象经过往复交流、融合，并将这些印象经过思维转换、递进、变形、组合，形成联想终端，构成了一幅气势磅礴，梵我合一的纯情世界。

《河上花图》在形象处理上，大胆变异，敢破成法，树立新貌。画中之莲荷，宛若一群天界仙女在云间轻歌曼舞，以婀娜的秀姿和轻灵的韵味荡漾在梦幻般的灵清境界，犹如《华严经玄记》所云："如莲华，在污泥不染，譬法界真如，在世不如世法所污。"画中第一组两块斜石，形貌怪异奇特，矮的似结伽趺坐的方丈在静默观照，高的突出画面，犹似挥戈冲锋的勇士在奋战沙场，特别是第二组中间那块怪石，更像一朵空中飘浮的彩云，时隐时现，使画面形成了奇特、含蓄、幽深、晦涩、静穆的境界。严羽《沧浪诗话》云："羚羊挂角，无迹可求，故其妙处，透彻玲珑，不可凑合，如空中之音，相中之色,水中之月,镜中之像,言有尽而意无穷。"

《河上花图》在空间处理上有很多独到之处。首先,它突破了透视学的视力范围,采用散点透视,极大地发挥了"通景式"构图的特点,荷叶大小、浓淡的对比,荷干跳动式的穿插,河塘湖面横竖的交叉,各种怪石的有机组合,兰草幽篁的点缀,奔腾不息的瀑布,背景层次的前呼后拥……在情景交融中求变化,在空间节奏中求深度,看似浓密繁杂,实则空灵神韵,画中的各种形象为"色",阳光、水、天、雾为"空",巧妙地融合在一起,色不异空,空不异色,色即是空,空即是色,实中见虚,虚中见实,虚实相生,妙在无处,佛家的色空之美达到了"言语道断,绝思静虑"的圣境。

《河上花图》在气势处理上是多元化的。他开创了画荷的磅礴、雄壮、险绝、张扬之势。画卷长近 13m,气势磅礴,神完韵足,蔚为壮观,弥漫了宇宙间的生命激情和生动气息。王昱《东庄论画》云:"绝处逢生,禅家妙用,六法亦然……心游目想,忽有妙会,信手拈来,头头是道。"画中顶天立地的荷叶,冲天凌云、纵横深邃、清旷畅达、万千气象,雄壮之势奔腾而来。失重、漂浮、狂怪的奇石,层叠无穷的乱崖,既造险又破险,险中求生,乱中求整。柔美而富有舞蹈韵律的荷干,梦寄潇湘、俊逸幽姿的秋兰,迂回奔泻的瀑布,云雾虚幻缥缈的山谷,夏风中曲垂摇曳的孤柳给人一种飞扬之势。

《河上花图》展示的是两个截然不同的季节场景。构图的第一、二部分突出仲夏河塘荷花竞相盛开,荷叶迎风披纷翻滚的生机蓬勃的形象。画中荷花以淡墨勾勒,深藏微露,用笔含蓄而内敛。荷叶的笔墨更显潇洒出尘、深茂朴厚、烟云流润、风神超逸、淋漓尽致,荷叶淡墨的高洁、宁静,浓墨的苍古、沉郁,产生了对比强烈、纵横穿插、虚实相生、浓淡相宜的心平气和、舒畅通达的韵律感。荷干的处理更具匠心,中锋放笔直取的荷干,既有剑拔弩张直冲云霄之势,又有惊蛇入草、翔凤盘龙之姿,荷干线条的灵动,荷叶墨色的肃穆,产生了动中有静,实中有虚,密中有疏,方中有圆的美学风格,体现了《老子》"刚柔相济"的辩证关系。《河上花图》第三组展示了从仲夏的荷塘已进入到深秋的山谷。八大山人是个艺术修养很全面的画坛巨擘。山水画对他来说得心应手。画面从萧疏简淡的坡石流水过渡到深谷层叠的瀑布,整体以淡墨干笔为主,但笔苍而墨润,有干裂秋风、润泽春雨之趣。轮廓线条的处理变化多端,气度雍穆,苔点用笔浑厚凝重、简洁洗练、节奏性很强。深谷瀑布笔墨更为苍茫无尽、雄朴自然、古淡天真。

八大山人对大自然形质的静观顿悟,驰骋莽原,以惊人的胆识,独特的禅宗思维方式,勇于删繁就简,超越物象和时空,铸就了旷然千古、率意天成的神品《河上花图》。

(原载《八大山人研究》,八大山人纪念馆编,壬辰秋卷)

八大山人《仿天池生画荷》与张大千

林树中

那是20年代末30年代初的时候，张大千在上海拜李瑞清、曾熙为师。李瑞清收藏有一张八大山人的精品，即此幅《仿天池生画荷》轴。他非常珍惜这件画，把它挂在自己的寝室里，只有那些真正能欣赏画的人，才会引之入室，共同评赏，以为人生一乐。张大千常到李家，因之常有机会观摩此画，留下极深的印象。李氏故后此画传到他的三弟李筠庵手里，有曾熙1927年的题跋："此清道人藏八大山人第一妙迹也，尝置之卧室，客有能赏八大画者，引至榻前，激赏以为乐，张生季爱[1]。当执贽时，道人诒之曰：'八大无篆书[2]，此数茎荷柄即篆书耳。'张生尚能记其遗事。此幅为筠安三弟护持。丁卯元月熙识。"下盖印"曾熙之印""农髯"。曾熙又题云："八大仿青藤老人墨荷绝品，阿筠装成，熙署。"外签题："八大山人仿天池生画荷，先师文洁公旧藏。"无署名，当为张大千。此画后又为顾阴亭藏，约在30年代流出外国，现为美国波士顿美术馆所藏，纸本、水墨。

画面对画八梗荷叶与花，两侧各从一点作扇形展开，这一章法起点就很大胆而奇突，然而各伸出之荷梗却变化多端：右上一叶一花，第三叶伸向中间，用淡墨展开，第四梗如弹性之钢条，弯曲伸向左侧，叶的部分竟伸出画面；左侧第一梗为含苞欲放之菡萏，直伸上方。第二为枯梗。第三为嫩叶，轻快地伸向画面中心。第四梗作抛物线，直射右侧下方，叶已老，先泼淡墨，然后浓墨及渴笔点燥交加自如，好像一阵风来，整个画面都在动，真是活泼潇洒极了，画上部有八大草书自题诗："若个荷花不有香，若条荷柄不堪觞。百年不饮将何为？况值新槽琥珀黄！仿天池道人画，八大山人。"因署名"八"作"><"，以八大山人一般署名规律推之，约为59—69岁之间所作。天池生即徐渭，号青藤，是晚清以泼墨写意作花卉的杰出画家。八大创作受其影响颇大，此画与今传徐渭作品的风格意趣或有相似之处，但这样的构图和笔墨更多的是八大自己的创造。

  张大千在现代画家中是个杰出的天才，他的正式老师虽然只有李瑞清和曾熙，但在师法前人方面，取资极为宽广，唐、宋以来的今传名迹大多过目，且远至敦煌石窟，反复临摹观摩，临摹古人画笔无一不肖，以至常常以假乱真，不少鉴定老手为之眼花缭乱，特别是30年代，"四僧"（石涛、石溪、八大山人、弘仁）画得到越来越多的评价，影响至巨。这一时期张大千在上海，一边学"四僧"画（特别是石涛、石溪、八大）也一边大肆鼓吹，从他所作的山水、花鸟画来看，所受潜移默化极为显著，而八大山人这一名作，实为他最早接触的"四僧"画之一，通过老师的引导，终身不忘，也受益匪浅。因之，在张大千一生所作的墨荷及其他水墨花鸟画中，常常自觉或不自觉地透露出八大山人的魂魄。

【注释】

[1] 张生季爰，即张大千。
[2] 八大无篆书——李瑞清当时尚未见到八大山人的篆书作品。其实八大的书法造诣极深，楷、行、篆、草皆精，篆书有《临禹王碑》《临石鼓文》等，见《八大山人画集》（江西人民出版社），此或为戏语，故称之曰"诒"。

（原载《八大山人研究》，八大山人纪念馆编，壬辰秋卷）

苦禅画传述异

包立民

九友画会

李英杰在北大画法研究会学习了一段时间，1922年考入北京国立艺专西画系。北京艺专设西画、国画、图案、戏曲四个系，他在西画系学了一年就转入国画系。关于李苦禅在北京艺专学画的事迹记载不多，有两件事值得一记。

一件是李英杰改名英，并得了一个艺名叫苦禅。"苦禅"的来历，据说是艺专的同学林一卢赠给他的，为什么要叫他苦禅？因为林一卢见李英杰生活十分清苦，学画又十分艰苦，为了交学杂费，晚上还要拉洋车，是一个苦画画的，深悯其苦，苦禅听了连连点头说："名之固当，名之固当。"（参阅《艺缘录》）关于苦禅的来历，我见到的文字材料，几乎都是这么说的，但是在私下里，也听到过这样一种说法，说李英杰在"艺专"曾爱过一个女同学，但这位女同学又另有所爱，三个人又经常见面，他很痛苦伤感，于是有人就开玩笑地叫他"苦禅"——苦和尚。这个说法出自李英杰艺专同学王仲年，他是九友画会的一员，想必不会乱说，故存此一说。另一件就是"九友画会"。九友画会是"艺专"的学生自发组织的艺术社团。当时艺专的学生社团很多,例如西画系比他低一班的同学刘开渠,就组织过只有三个人参加的"心琴画会"。顾名思义,九友画会是有九人参加的画会。据画会仅有的幸存者——89岁高龄的徐佩蕸回忆:画会成立于1924年,成员来自艺专西画系、国画系的九个同学,他们是同乡,九人中有八个是山东籍,只有王雪涛一个是河北籍,但王、徐已经相恋,可说是山东籍的准女婿了,更重要的是,这九位老乡志同道合,都主张中西融合,以西画之长来改革中国画坛"四王"一统天下的局面。这九位画友是:李苦禅、王雪涛、徐佩蕸、王仲年、孙公符、何冀祥、阎爱兰、袁仲沂、颜伯龙。又据徐佩蕸回忆,九友画会每季度在学校开一次作品观摩会,展品有油画、素描、写生、国画。作品观摩会在"艺专"反响较强烈。我问徐佩蕸:"九友画会中谁的作品比较突出?"她的回答是:"国画作品以苦禅、雪涛为最。"

李苦禅学过西画,画过油画,也画过素描。画得如何,徐佩蕸没有说,我也没有问,事实上也不必问了,一来是他早年的这些西画习作几乎荡然无遗,我所见到唯一的一幅李苦禅的人体素描习作,是保留在一张合影照片的背景中(见《艺缘录》)。据李燕在照片说明中指出:"这是他在30年代创办的'吼虹画社'中与部分画友和学生的合影。左上角的人体习作是先父的手笔。"二来是,学西画对李苦禅来说,只是改革中国画的媒介,也可以说西画在他手中是一把解剖刀,他要用这把解剖刀来向中国画动手术,来解剖中国画、改革中国画。这也许就是他当年学习西画的动机,也是他在"艺专"中发起组织"九友画会"的动机。

拜师齐白石

李苦禅拜师齐白石,是1923年的事情。那时他正想从西画系转入国画系。作为一名学过西画的洋学生,为什么要在校外投拜一位在北京画坛上并不为"名家"所重的、靠卖画为生的职业画家呢?李苦禅在晚年的一篇回忆《恩师白石翁二三事》的文章中对这个问题有所阐述。他写道:"1919年,我这个穷乡下人来到古都北京,靠半工半读或租拉洋车维持生计,很不容易进入了国立艺专西画系,但我更爱土生土长的国画,很想拜一位国画老师。可是,当时画坛死气沉沉,盛行临摹'四王',陈陈相因。悲鸿先生对我说:'唉,文止于八股,画止于四王啊!'当时我得知一位虽不太出名、却很有创新精神的老画师,就是齐白石先生。我贸然前去拜访,一见到他就说:'我爱您的画,想拜您为师,不知能不能收我?现在我是个穷学生,也没有什么赞敬礼孝敬您。等将来我做了事再好好孝敬您老人家吧!'齐老欣然应允了,他知我穷,不收学费……其实,我不但尊崇齐白石老师的画品,更尊敬他的人品,他一生只知砚田耕作,靠自食其力度日,他丝毫不懂巴结权势,深耻巧伪钻营、逢场作戏,对于吹拍场面上必不可少的本事,诸如抽大烟、打牌、吃请、聚赌之类一概不沾。日复一日,年复一年地从早到晚,完全靠艺术独立于世。"这段回忆录出自晚年,从文字上看,很可能出自李燕的代笔(由他口述)。所以谈起他当年拜师的原因,未免夹入了对其师一生的总体印象,这总体印象比起当年的印象来,自然丰富深化了,但原意还是清楚的,这就是他尊崇齐白石有独创性的画品和自力更生精神的人品。这也可说是李苦禅拜师白石翁的主要原因。

不过,我在阅读《白石老人自述》一书时,发现白石翁在1922年的自述中,他在北京画界(尤其是琉璃厂)的地位正在发生微妙的变化。这个变化也许与李苦禅拜师有关。现将这段"自述"摘抄如下:

"民国十一年(壬戌·1922),春,陈师曾来谈,日本有两位著名画家荒木十亩和渡边晨亩,来信邀他带着作品,参加东京府工艺馆的中日联合绘画展览会,他叫我预备几幅画,交他带到日本去展览出售。我在北京,卖画生涯本不甚好,有此机会,当然乐于遵从,就画了几幅,交他带去了。……陈师曾从日本回来,带去的画,统都卖了出去,而且卖价特别丰厚。我的画,每幅卖了100元银币,山水画更贵,二尺长的纸,卖到250元银币。这样的善价,在国内是想也不敢想的,还说法国人在东京,选了师曾和我两人的画,加入巴黎艺术展览会。日本人又想把我们两人的作品和生活状况,拍成电影在东京艺术院放映。这都是意想不到的事。经过日本展览以后,外国人来北京买我画的很多,琉璃厂的古董鬼,就纷纷求我的画,预备去做投机生意。一般附庸风雅的人,也都来请我画了。从此以后,我卖画生涯,一天比一天兴盛起来……"(岳麓书社1986年12月出版)

齐白石的画,所以为人激赏,主要原因就是他听从挚友陈师曾的话,实行了衰年变法,他从1920年开始变法,一改简少冷逸而为雄健烂漫,变法才两年,就初见成效,在海内外的艺术市场上发生了显著的变化。这些变化,李苦禅也会有所闻,这也许是他拜师齐白石的客观原因。

在齐白石众多的学生中,应该说李苦禅是"艺院"科班学生中拜师最早的一个。也有说李苦禅与王雪涛是同时去齐门拜的师(此说出自李燕,但王雪涛夫人否定此说,她说苦禅拜师在前,雪涛拜师在后,同年不同日)。

李苦禅拜师齐白石,对白石老人来说,确是平生一件很得意的事情,这可从他给李英(苦禅)的一首赠诗中看出:

怜君能不误聪明,耻向邯郸共学行。
若使当年慕名誉,槐堂今日有门生。

诗后还有一段小注:"余初来京师时,绝无人知,陈师曾(字槐堂)已名声噪噪,独英也欲从余游。"

从齐诗可以看出李苦禅拜师时，陈师曾还未死。陈师曾死于1923年8月7日，可见李苦禅拜师是在8月7日以前。关于陈师曾，确如齐翁所言，"已名声噪噪"，蜚声画坛。他与徐悲鸿虽同时执教于北大画法研究会，但名位比徐悲鸿高。陈师曾身兼数职，分别兼任北京"高师"、女"高师"和"国立艺专"的教授。因此李苦禅不但在画法研究会听过陈师曾的课，在国立艺专也上过他的课，要说老师，当然是他的老师了。那么为什么他不进陈师曾之门，不登堂入室执弟子礼呢？据我分析，原因恐怕也正出在"陈师曾已名声噪噪"上，他是一个大名人而李英杰是山东乡下来的穷学生，既无名人权贵引荐，又无过人的技艺，怎能贸然闯入陈氏家门？更不敢登堂入室执弟子礼了。不过齐诗中写的"若使当年慕名誉，槐堂今日有门生"，倒道出了李苦禅不愿慕名拜师的品格。

李苦禅向齐白石学画，学什么？

首先学白石老人独到的艺术匠心，学他如何细心观察生活，如何调动艺术手段，将自然界的花草鱼虫，提炼概括、组织变化成绘画艺术中的花草鱼虫。而不是像齐门的多数弟子那样，只是亦步亦趋地依葫芦画瓢，以形貌毕似，乃至乱真为能事。八旬之年，他曾对一位久别重逢的老友说过这样一段心腹话："齐老师画小鸡、大虾、螃蟹等等，是以古人法而创自家法。他画这些画了一辈子了，我如果只照老师的画法画这些，就毫无意义了。我与齐老师相处30多年，老师运笔作画时，我总是在一边仔细体会他的用心用意，以他的用心之处，画我的写生稿子。"（见香港《镜报》1979年6月号：《老画家李苦禅》）

李苦禅画过素描，打下了扎实的速写写生基本功，所以在取材上十分广泛（据他说，青年时代仅花卉就画过200多种，鸟也画过不少），有意避开常人画过的题材，也避开白石老人画过的题材，即使画相同题材，也尽量避免用老人的构图、造型，而是以老人的用心之处，变化新法，别出新意，画自己的东西。李苦禅的这种治艺精神深得白石老人的赞许。他拜师不久，白石老人看了他画的册页后，就在册页上题道：

> 论说新奇足起余，吾门中有李生殊。
> 深耻临摹夸世人，闲花野草写来真。

有一次，李苦禅画了一幅《鱼鹰图》，这幅《鱼鹰图》也是齐白石构思已久，但久久未能动笔的一幅心中之画，想不到李苦禅却把它画了出来，并与他构想中的鱼鹰图不谋而合——一片夕阳余晖，斜照着一池湖水，湖边的石上黑压压栖满了一群鱼鹰。白石老人看了大喜，欣然挥笔题诗道：

曾见赣水石上鸟，却比君家画里多。留写眼前好光景，篷窗烧烛过狂波。

"苦禅仁弟画此，与余不谋而合，因感往事，记廿八字。

题毕，他似乎感到还不尽兴，又挥笔题道："余门下弟子数百人，人也学吾手，英也夺吾心，英也过吾，英也无敌，来日英若不享大名，天地间是无鬼神矣！"

这段题跋，在齐白石为李苦禅题写的数十篇题跋（包括题诗）中是评价最高的一篇。诚然，白石老人为学生题跋、题诗、题词中，多用褒扬赞许之辞，目的是希望学生早日成才，并能青胜于蓝。但类似这么高的赞语，笔者在他为弟子的题跋中还未见过。

齐白石为什么要题写如此高的一段赞语呢？固然与他"学我者生，似我者死"的艺术教育主张有关，不过据我看老人还有另一番深意，白石老人出身于木匠，民间艺人有一句行话，叫作"教会了徒弟，饿死了师傅"。齐白石让学生学他，但又不要像他，因为像了就可以鱼目混珠，做他的假画。假画一多，便会影响真画的销路，当时他的门人确实也有一些不肖弟子，专做他的假画营利。请看丙寅（1926）年他为李苦禅的画题写的另一段诗跋：

一日能买三担假，长安竟有担竿者。
苦禅学吾不似吾，一钱不值胡为乎？
品卑如病衰人扶，苦禅不为真吾徒。

在"一钱不值胡为乎"句后，有一段夹注："余有门人字画，皆稍有皮毛之似，卖于东京能得百金。"这段夹注，点出了诗旨，原来白石老人是为了在学生中树一个"学吾不似吾"，宁可自己的画一钱不值，也不为画假画的徒弟做榜样，他一而再、再而三地赞许苦禅的话都是说给其他门人听的，也是为了给那些专做假画的不肖弟子看的。

李苦禅学白石老人，还能探本溯源。沿着齐白石师古人的足迹，深入研究。众所周知，白石老人生前最服膺的古人有三个——青藤、八大、石涛。他在《老萍诗草》中写过一段话："青藤、雪个（八大）、大涤子（石涛）之画，能纵横涂抹，余心极服之，恨不出生前三百年，或求为诸君磨墨理纸，诸君不纳，余于门外饿而不去，亦快事也……"对于这三位写意大师。李苦禅也终生服膺，并能深入研究，从笔墨、造型、章法、调色到他们的才气、悟性、作性无不悉心剖视，洞察其中的三昧。从1936年出版的第一本《苦禅画集》，到80年代他晚年创作的作品，都可以看出这三位大师对他的影响，也可以看出他在创作中是如何变化活用这三位大师技法的。《艺缘录》中辑录了一段他对青藤、八大、石涛与白石老人的比较，这段话比得十分精当，比出了四位写意大师的艺术个性。他说："写意大师中，青藤能力才气大，八大山人作性强，石涛悟性高，白石老师比起他们来天分有限，但功能最大。"

　　李苦禅认为，青藤才气大，石涛悟性高，这些都带有先天的禀赋和气质，很难学，也是不可学的，而他恰恰具备了这种禀赋和气质，所以心有灵犀一点通，一学即通，率性而作，一作可似。就以1951（辛卯）年春天，他当着徐悲鸿齐白石画的那幅《扁豆图》来看，无论从笔法墨法上，从"鹅鼻山人青藤浪墨"的草书题款上，活脱脱是一幅可以乱真的青藤笔意的佳作。连从不轻许苦禅艺术的徐悲鸿看了，也拍案叫绝，挥笔题句道："天趣洋溢，苦禅精品也！"站在一旁的白石翁在悲鸿题句下，又加了一句："旁观叫好者，就是白石老人。"关于徐青藤，李苦禅认为他"是文人画的代表，造型'不准'，是靠自己的灵感画画"（见《艺缘录》）。李苦禅作画，有时也靠自己的灵感，不过他的造型却是"准"的，因为他有写生速写的基本功。

　　李苦禅说八大山人作性强，何谓作性强？用他的话来说，叫作"惨淡经营却似不思不勉而从容中道的能力"，也就是苦心构思又不露痕迹的意思，与当今流行的利用各种手段产生某种特殊效果的制作画是迥然不同的，因为这种画的人为制作痕迹太重，让人一望而知，一览无余，因此要达到八大山人的"作性强"非常困难，这里除了要有先天的才分外，还要有后天的修养，正如他在1964年的一篇手稿中所说："八大山人之画，人多以'简单'观之，实则客观情况尽抹杀矣！八大山人之画，苦于生活、环境、情绪三者之不同常人，而画之创作亦不同常人常情。……八大豪爽天纵之气，聪明超迈之怀抱，生遇如此逆境，其内心一切可想而知！至其画之块垒酝酿，须特殊之简化提炼，幻妙而出，他人哪能知？"（见《艺缘录》）正因为如此，李苦禅一生中对八大的研究最力，直到耄耋之年，还亲笔为中央美院的学刊《美术研究》撰写了一篇《八大山人书画读后随笔》。在这篇随笔中，他对八大的笔墨、构图、造型、书法，给予了高度的评价和十分精辟的分析。

　　他学八大绵里藏针的用笔、墨分五色的用墨，学八大的笔墨意味缜密的构图：大处纵横排奡、大开大合；小处欲扬先抑，含而不露，张弛起伏，适可而止，绝不见剑拔弩张、刻意为工的痕迹。学八大的"意象"造型，但是，他学八大也是遵照白石老人的"学我者生，似我者死"的原则，以八大之法，画自己的画稿。难怪白石翁在1950年为李苦禅《双鸡图》的题跋中，要自谦地题道："雪个（八大）先生无此超纵，白石老无此肝胆，庚寅秋。"

　　李苦禅1923年拜师白石老人，直到1957年白石老人逝世，前前后后追随30余年。30多年中，白石老人对李苦禅的画，自始至终予以关注，为他题写了数十则诗跋，为他的画册题签，为他治印，还向林风眠、徐悲鸿推荐，为他在杭州艺专、北平艺专谋求教职，可谓师恩重于山了。而李苦禅也视师如父，事无巨细，为老人排忧解难，直到最后送葬，白石老人的墓碑在"文革"中被毁，80年代初，为修复老人的墓碑。经齐家子弟提议，书碑的重任落到李苦禅肩上。李苦禅不负重托，用了整整一个上午，反复写了20余遍，从中选定了两纸——"湘潭齐白石墓"与"继室宝姬之墓"。1982年清明节，他又亲自参加齐白石墓碑的揭幕仪式，了却对恩师的最后一桩心愿。

（原载《美术向导》，1994年，第1期）

八大对二十世纪绘画之影响

何平南

中国绘画进入20世纪之后，它的风格随着国际潮流以及国内政治局势，开始起了相当的变动。首先是以地域观念之结合而产生画家们不同之画系、流派。这可由民国初上海的画家吴昌硕、黄宾虹、"三吴一冯"等为代表，海派画家主要风格系以带着凝浑粗厚的金石派为其前瞻；在广东，亦兴起了以岭南三杰高剑父、高奇峰、陈树人等渗有日本南家画意以及西洋透视技巧之岭南画派；留学欧法之艺术家如徐悲鸿、林风眠等将西画之理论技巧注入中国绘画，以西润中，以求国画之改革而出现崭新格调。因师承关系之不同、地域性之隔阂以及艺术家逐渐强烈地表现主观，20世纪之中国绘画，在这般里冲外击状况下，无论绘画的风格、题材、形式，甚至各派之画风都渐趋进展并有它独特之表现。时至今日，中国山水画虽不见马、夏峻峭锐劈之宋人画境，但却有着傅抱石混合披麻、斧劈、乱柴三皴为一之皴法，看来非但潇洒自在，且有磅礴的气势；虽然未曾有黄子久那般苍莽中见娟妍、纤细而气益开的披麻叠嶂山水，但出现500年来一大千之张爰，吮毫挥笔，本着高度灵感与缜密思维，施展"破墨"与"积墨"技法，写下意隽境远之壮丽山川；纵然不见徐天池、朱耷的大刀阔斧、纵横捭阖的写意画法，但可因潘天寿傲笔写石之"造险"构章、黄宾虹取神遗貌之笔势而自豪；清人扬州八怪之洒脱，亦可由齐白石学古善变自成一家中窥出。20世纪的绘画发展，不啻为由唐至今1000余年中国绘画历史，开拓出多彩多姿之局面。

中国绘画在清初之际，在"四王"、吴历、恽寿平六家竭力倡导复古气氛下，绘风趋向保守且多临袭古法，一时董家山水甲天下。时至清代中叶，扬州八怪各家群起，逐渐发挥独家之创造性，并逐渐极力推崇徐青藤以及才气纵横之明遗民画家雪个及清湘的传统。郑板桥题画云："八大名满天下，石涛名不出吾扬州，何哉？八大纯用减笔，而石涛微茸耳。"秦祖永《桐阴论画》称八大之作为"神情毕具，超出凡境，堪称神品"，一时八大之风兴起。八大之"意到笔不到"的写意画风不但影响清代中叶画坛，且直趋任伯年、吴让之、赵撝叔，下逮吴昌硕、齐白石、张大千等，成为近300年来绘画的主流。

20世纪诸大家之绘画，虽然每家都在求变创新，以求独立门户。但在他们的笔触里多少都可嗅出师古之痕迹。黄宾虹曾云："画不师古，未有能成家者。"特别是八大山人之"笔简形具"要旨，更是当代写意画家们的座右铭。

"笔简形具"就如同19世纪中期，欧洲印象派绘画跳出古典派之领域一般，是画理观念的突破。无论山水、人物乃以表现意境与气韵为主，或以"六法"中之应物象形，作者对他们欲绘的目标，经过长时间的观察思考，而以简单之线条勾画，去捕捉其形。

在20世纪众多画家里，承受八大山人绘画风格与精神之画家不在少数，兹列举绘鱼、花卉、山水以及翎毛等藉以比较八大与当代画家们在"传移模写"上之关系。

"临渊羡鱼""游鱼自得其乐"，可能是八大羡鱼，且最喜欢画鱼之动机。此次历史博物馆主办之"海外珍藏八大石涛作品特展"的内容，量足质精，唯独不见游鱼，乃系不慎漏网。

提及鱼虾画，便会联想到齐白石之《海鲜大会》。一幅长条，画面最上层为数条游鱼，鱼由右上方游往左下角，鱼类则多系鲤鱼与鳜鱼之类。中层多为游虾，亦是朝着同一方向游去，而至下层则多为巨闸蟹，展钳伸肢，各呈其态。全景看来满满一网，好不热闹。八大山人甚少画虾蟹，最爱画鲶鱼独戏水，或小鱼数只逐戏。白石老人画鱼之造型，几近八大，但在经营位置上，则不及八大来得活泼，系与画面太满、鱼数过多、欠灵活调度有关，抑或白石老人故意或过分强调画面的"生"与"拙"，以示与众不同所致。

八大之鱼则可四方游动，而白石之鱼则千篇一律对着左下方。八大画鱼虽为简笔，但在形状上较呈写实感，笔点之下，干湿混用或先以干淡笔勾画鱼身，复加浓墨衬出立体；白石则喜欢扭转鱼体，鱼嘴半歪翘唇，略呈抽象，他的鱼体变得较肥胖，且多呈平面感，不似八大之鱼来得活跃且较立体。

在处理鱼身、鱼鳍、鱼尾之笔触时，不难看出白石将他写花瓣、枝叶所惯用之粗犷湿笔借用其上，或许过分的粗犷，使得鱼鳍与鱼尾给人似乎是用胶水沾上鱼身之感。

八大画鱼绝妙之处，全在"画鱼点睛"。无论大鱼、小鱼，都带有眼神，细看去可分出"无可奈何""无名怒火""无头无脑""无精打采"等不同之眼神。在画鱼上，没有什么能比一条鱼有了眼神后，更显得生猛。白石画鱼眼之方法，直接承袭八大。八大通常采用两种画法，一为画一圆眼圈，圈内点一黑珠；另一法则为无眼圈，而仅用笔锋点下一黑眼珠。白石画法如出一辙，但没有表现出神态，技差一筹，无法超越八大。

八大偶用椭圆形之"小混点"来画鱼眼，用他惯画八哥鸟之四方菱形之眼圈来画鱼眼圈，这都是八大在鱼眼神上下功夫，尽量不使雷同。可能白石未洞悉此窍，只好"临画羡鱼"，在85岁所绘之《游鱼图》里自题云："画鱼以八大山人为最好，好在不似之，其中似鬼神不可知也。"

除了白石之鱼外，近年来相继过世善绘鱼之名家有李苦禅、来楚生等，他们与八大也有渊源。

李苦禅师承齐白石，且醉心八大、青藤。他的写意作品有明快雄奇的构图、力透纸背的笔墨。艺评家对他的画给予"当其下笔风雨快，笔所未到气已吞"的评语。其实李苦老这类个性奔放的品性和天籁自鸣的化境，就是八大绘画精髓之写照。

来楚生之画鱼，用笔扎实洗练，朴厚沉着，并且在章法上颇似八大之处理，有看实处就法，虚处藏神的要妙。他所绘的鱼充满浓郁的生气，在形象间，虽无17世纪般的古雅，但已尽脱去20世纪的流俗。造诣深厚，耐人玩味。

八大山人花鸟画之创作数量，占他绘画作品之大部分。山水作品较少，而人物画作品有记载的则更稀罕，仅大风堂藏过他的《东坡朝云图》，还有镇江焦山定慧寺所藏之《应真渡海图》白描手卷。花鸟传世颇多，并且对日后之影响亦深。此次展览中，有不少由王方宇教授所珍藏的八大之写意花卉册页，尺寸虽小，一瓣两叶，构图明简，但是张张笔墨洒脱，淋漓尽致。故画不在大，笔妙自能传世。八大花卉题材包罗甚广，此次展出内容就有荷、海棠、芍药、水仙、梅、兰、竹、萱草等，都系他常画之对象。其他如佛手、茄子、荔枝等蔬果题材亦常见。八大在花卉里的笔意，富含青藤、白阳之造型及水墨用意，特别是在荷叶、荷花上之"挥""刷"，多少受到宋人牧溪、梁楷禅画里奔放简了的笔墨的影响。八大之写意花卉可以说是集合700年绘画之传统，将"意"与"形"综合起来。它有着纯熟的笔势与墨境，使得画里的花叶、梗茎仿佛灌注了生机，蕴藏着刚而不燥、柔而不虚、十足自然之风韵。此次展出之《墨荷八景册》一套，为最佳之佐证。

无论齐白石或张大千，虽在画荷形姿及笔墨上各具风格，然而均由八大之荷蜕变而出。白石画荷叶喜用湿墨，沉笔点按，不论浓淡，都有浑厚浊重之感，不似八大之叶片干湿兼顾，轻逸飘然。在花朵处理上，白石惯将花瓣内画上像丝瓜瓜身所呈之水纹般线条，而八大仅用双钩而已。

张大千早年画墨荷，大笔披刷，五色分瓣，气势昂然，几乎全是走八大之路。晚年所绘荷花已具抽象意味，将色、墨泼写兼施的技巧发挥出来，笔墨之痕渐为俱化，而呈清新淡活、优雅脱俗之姿。画评家姚梦谷称："大千画荷乃在形神之间得其中和，使作者与观者同享其中。至此，大千画荷已脱胎八大，他并将泼墨画荷之技巧运用于山水构想上，一时'光景显现，树石错置，蔚为奇观'，使得大千之山水也升华至另一高境。大千之破墨荷叶，虽臻古人俱无之境（张大千谦称该技巧系得自唐人王洽），然而荷花瓣之勾勒线条形状，始终一秉八大之绘法，至晚年未变。"

画荷最像八大者，莫过于丁衍庸，他的字画有"现代八大"之雅称。他早期作品几乎是八大之翻版，甚至题款之字迹亦无大异。晚年，丁衍庸的线条渐呈独特之狂狷。他年轻时曾在油画上探索野兽派马蒂斯的笔路。30年代正当国内绘画兴起扬西贬中的风气时，丁衍庸欲弃西画而走"二王"、怀素、张旭等的狂草路子，并钻研篆刻，且在画风上徘徊于八大之领域内。"荷花青蛙"的题材已成为他绘画的招牌。此构图与王方宇藏八大之《荷花双凫》极似，但荷扇下的鸭子游走了，而以青蛙取代之，在用笔上除了更为简洁，并掺和了20世纪野兽派之原始艺术之情趣，以及带有童稚之心的表达手法。观赏丁衍庸之作品，颇有八大山人重现于20世纪画坛之亲切感觉。

八大之山水作品虽不比花鸟画数量多，不过此次展出却有不少纽约二王收藏之八大山水。他在构图皴法上虽然师法董其昌，但不似董之柔顺，而现出豪迈奔放之笔势。在意境里透放出凄怆之感受，或许与八大思国忧民之心境有关。比起四王与恽、吴等人，虽然八大同样受董其昌之影响，然而他的画境不但凌驾在六家之上，且有直追宋元诸宗师之势。此乃他笔意浑厚之原因。此次展出王方宇藏之《临董其昌山水册》，以及《渴笔山水册》，其中有张大千题云："山人画法从董思翁上窥倪、黄，三百年来，无论藏家、画家，无一人于此着眼者。此一瓣香，始自老夫拈出，今又得此册，盖自证鉴赏不谬。"另一题写："此山人七十八岁时所作。初看颇似草草，细味乃知其神妙独到也。山人画从董思翁上窥子久，即烟客一生亦未能到此境地。北苑正脉，三百年来山人一人为之。"由以上两段短文看来，张大千不但鉴识眼力过人，并且对八大之山水造诣也是佩服至极。

乾隆年间与"扬州八怪"齐名之画家张赐宁，所作山水气魄沉雄，用笔爽健，深得山人笔意。在20世纪初吴派山水画法多拘泥于四王之风，作风比较保守。俟西风遍入，"引西润中"之风顿时一开，虽然拓宽了20世纪山水画路，但由于过分引入、转变，注重修饰、涂泽、调匀等，因而渐变成过分"狭义"地去追寻形与笔，误将浮华认为潇洒，将轻软当成秀润，而传统笔墨之华滋浑厚则极易消失殆尽。

黄宾虹之山水可列为20世纪山水画最具八大精神之代表。黄的作品以仿古起家，黄自云"画不师古，未有能成家者"。虽然他仿古，但不拘泥古意，至少没有落入四王之泥淖，这与他师法自然有密切关系。中年时候曾遍游国内诸名山胜地，搜尽奇峰打草稿，探览自然之美，因而他的画，也有着去俗除熟之风格。黄宾虹早年曾从浙江名家陈青帆学画肖像，后在扬州从郑雪湖学山水。他的画意及神韵与八大山人相似之处，倒不是由于袭仿八大，主要是同样走师法自然途径，同以笔墨、章法来表现山水的形神状态，而不是炫弄笔情墨趣。乍看虽觉粗枝乱石，但细看之下笔笔娟秀。他亦喜用简笔，这也像八大，简笔看似容易，然而在表达上较繁笔有更多的困难，特别是它能同样呈现千岩万壑之雄伟画面。称黄宾虹为八大山水之传人当无愧处。

八大山人所绘翎毛亦颇为引人入胜。记得三年前，历史博物馆举办鸡年画展，国内各名家多有鸡作参展。其中岭南山水大师黄君璧所作一幅《鸡图》，系干笔擦写，稍敷淡彩，颇为生动，至今未忘。该画与此次展出八大册页之一幅《鸡》相较，真有异曲同工之妙。还见过黄大师随手拈来之八大"八哥"，真是惟妙惟肖。

八大绘鸟虽承继明人林良、吕纪之风格，但用笔上不脱"笔简形具"主旨，因而所绘之鸟不受拘束，更富生气。谢堃《书画所见录》称："以淡墨二团，略加嘴爪，便成二雏鸟。"这是说八大写意已到出神入化之境。特别是八大所绘老鹰，雄立巨岩、怒眦钩距，引颈扫视，宛如生者，令人叫绝。齐白石、潘天寿、李苦禅、来楚生等人都是当今善绘鹰者，所绘之鹰得八大之嫡传，都成为收藏家们争相收藏之对象。

20世纪绘画之成就，已踞中国绘画史之重要地位，这多少要感谢八大之恩赐。今日吾人欣赏八大遗墨之际，应以欧阳修与蔡襄论书所言"书之盛莫盛于唐，书之废莫废于今"为戒，以免落入后世美术史学家所评："20世纪之绘画再也跳不出八大之圈套，非皆不能，盖不为尔！"那就如同吾人今日批评"清人画山水多沉湎于四王之山水，不能自拔"等语一般。此乃遗憾矣。

（原载《八大石涛书画集》，台北历史博物馆编，1984年2月）

八大山人的艺术特性对当代中国画的启示

王丽彦

"斗转星移,岁序四时",宇宙大化有着自身的循环规律。推及到人类,生老病死、繁衍消亡也是不容改变的事实。而之于人类生成的艺术是否也有着循环往复的特征呢?答案是肯定的。在这方面,中国的理论界称之为"反观自省"。西方则具体为"程式修定"。比如,元代书画巨擘赵孟頫的"借古开今",欧州16—17世纪的"文艺复兴",都将前代艺术的经典观念和作品中所得的汲养,用来充实和指引当代文化活动。经典的作用不是让人们常常将其挂在嘴边,也不是死守经典教条,而是用经典之中所蕴藏的恒久性审美特征和精神内髓,为今日的"迷茫"与"偏离"做出有效的指引。

当代的中国画,在经历了建国初期的西方改造之后,逐渐走向了政治附庸和精神性的乏味。新时期的艺术家开始第一次走向"反省"和"超越",形成了著名的"89思潮",但同时也带来了"扬弃"中的极端现象和"泛艺术主义"的时风。"中国画是穷途末路""笔墨等于零"的理论炒作成为一种潮流。多元的信息爆炸时代也让中国画的"质素""边界""特性"变得暧昧不明。没有大师的时代自然也没有"权威"可言,流行文化的娱乐性质自然也催生出精神高度的缺失。中国人特有的精神界域如何适应当代社会,当今的中国画如何向经典汲养，如何创新，都成为中国画家要面对和解决的问题。因此，艺术必然应该"反观自省"。20世纪90年代初，受"新儒学"影响而产生的"新文人画""传统派"的再接受，以及"泛传统派"影响的扩大，皆表明艺术界迎来了一次全面的对传统经典的回归和再认同。

纵观中国绘画史，八大山人无疑是最成功的大师之一。从整体特性上讲，八大山人的艺术是由尖刻走向圆融。他生命中明显的苦闷特质，使他的艺术在早期充满着尖锐刻板的笔墨和圭角外张的造型。但随着生命的逐渐演进，其艺术风格也走向浑厚朴茂的圆融。早期的款识，线条的组合有着向外式的扩张，到了晚期则变为内收式的含蓄。如果不是经过岁月的洗礼，这种变化是根本不可能的。

八大山人19岁时，李自成攻陷北京，明朝土崩瓦解。"国破家亡"的他在奉新山中避隐5年，而后又因清朝统治者的"薙发"政策皈依佛门。虽然天性颖慧的他得到了"竖拂称宗师"的佛学地位，但佛祖的外衣永远也消磨、掩盖不了他内心的亡国之痛和对清廷的愤恨。"家国俱毁"自然是他苦闷和愤世的重要原因，但笔者认为真正让他"不合流"的本质是满汉文化在清初的不融合。八大山人的内心冲突和文化层面上的社会责任与自我定位有着根本关联。中国传统文人的国民忧思，淡泊权贵、特立独行才是他自我认同的坐标。随着清朝统治的不断强化，八大山人"复明"之火逐渐熄灭，岁月的反复淘洗，使这样一位桀骜冷寂的孤苦文人磨平了圭角，消融了燥气，终成一代大师。天性与境遇的双重因素影响了他在艺术上的形式、格调和精神内核。

八大山人的艺术作品充满了冷寂、空灵、孤傲和怪诞，这些审美特性必须依附于中国画的笔墨来完成，本文也将以笔墨与当下画坛比较关注的两个问题进行讨论。

一、笔墨与精神承载

王伯敏先生在他的画论中说："中国画，用'笔墨'二字，概括性强，含义也深，在立意的前提下，'笔墨'担负着立形的一切任务，是中国画灵魂附着的身躯。""笔墨"是中国画艺术中一个重要审美定向，它不但具备独立的审美价值，还是"意象化的真实"形象。"皴、擦、点、染"的笔踪墨迹甚或是与物象的真实性关联不多的墨团、笔渍，都是画面中供受众欣赏和体验的"实体"。有时我们不用去强辨那一点、一面、一线、一片是什么，但它一定是画面"整体结构关系"中的重要组成部分。其实笔墨与精神承载的关系就是"技与道"的关系。"弘道"固然重要，但对于一幅艺术作品而言，放弃技法的精深而空言"道"的旨归，必然走进"形象虚无主义"的囹圄。并且我们可以注意到，中国人的传统哲学中就有"技近乎道"的提法，而"技与道"相连接的纽带仍然是技艺的精熟和高深。所以，当人们品读庄子的《庖丁解牛》时，生发出的是赞叹而不是茫然。因为"道"已经依附于"游刃有余"的刀法之中了。当受众面对一幅笔墨技巧高妙的中国画作品时,他会被画面的魅力所感动,这同时具备了获得感知"道"的钥匙,最终产生通往精神界域的可能。即使是"返璞归真"的作品也要有表现"返璞归真"的高超笔墨,二者如若脱离,就很难达到"道"的表达和获取了。

我们观看八大山人笔下的鱼石花鸟、山水木竹时,物象的真实度与笔墨的精妙度已经达到统一。他在准确地把握物象基本特征的情况下又将自我的"象外之意"注入其中,使画面生发出无限的精神隐喻,也让受众在有限的笔墨中体会无限的精神外延。以八大山人的荷花为例,历来大部分画家喜以阔笔整墨描绘荷叶,荷叶的位置也置于画面各处。但八大山人表现荷叶的笔墨一反常态,他运用的是小笔点虱、渴墨叠渍的方式,叶片之上不着一笔叶筋,将物象抽取到最简化的样式,笔迹、墨气、形象的统一臻于完美。在构图上,八大山人多将三两片荷叶重叠掩映于画幅上方,叶之空隙补以淡墨勾勒的莲花,用虚白的"气眼"冲破墨团的单一。亦真亦幻,亦虚亦实,韵味玄妙。更值得一提的是,他以拉长之茎干穿插于叶间,气脉贯通,强化了形式上线与面的构成。因此,他笔下的荷花具备了亭亭玉立、高洁无染的共性,又附载了八大山人自身性格的奇崛伟岸之气。

二、笔墨与个性创新

艺术毕竟是个人的东西,如果一位艺术家不在个性上有所创造,就很难在艺术史上占有一席之地。每一位艺术大师的成就皆伴随着个性特征的确立和完善。但人们也明显地认识到,当下的艺术界为了追求个性的突显而忘却了共性的摄取,使得民族特征淡化,甚至还要"抛弃一切传统工具还原为原材料","革毛笔宣纸的命"……

这些艺术观点已将中国画变成不伦不类的怪胎。以"制作"出的"肌理"效果充当笔墨的创造,以观念的移植硬套哲学与美学的承载,一度成为风靡一时的"绝招"。我们不能捧着前人的圭臬不放,也不能以丧失共性为代价来换取"个性"。

笔者认为,"笔墨结构"的创造才是中国画家在个性上成熟的标志之一。何谓"笔墨结构"?是指画家在表现形象时所形成的笔墨建构方式,比如,表现一块湖石的具体技法、时间顺序、笔墨多寡及空间搭建上的固定模式和具体效果。比如,齐白石画虾的笔墨摆布过程与张大千就有着明显的区别。或者,同样是画南瓜的叶子,有的画家是先用墨或色写出叶子的阴阳向背,再用白粉勾筋。而有的画家则先用白粉或胶矾水勾筋再用墨或色写出叶片。这两种不同的笔墨技巧可以区分出画家的风格。但风格不能等同于个性创新,因为"笔墨结构"还需要高度的提纯。如何将形象转化为笔墨,如何将笔墨提升为自我的结构,如何将"笔墨结构"一步步精益求精,皆是中国画家完成创新的途径。绘画最终是减法,尤其体现在中国的写意画上,如果画家能在画面上用最精简有限的"笔墨结构"表现出最丰富无限的形象和精神内蕴，那么他在个性创新上无疑是成功的。

八大山人笔下的孤鸟，有的隐藏于荷叶之下，有的站立于危石之巅，有的以中锋拖勾而出。不论哪种形式，其笔下的鸟都躬背蜷身，白眼视天，单腿兀立，嘴、眼、翅、足皆以重墨写出，甚至大部分小鸟的笔墨数量相差无几。这种高度凝练的"笔墨结构"成为八大山人惯用的路径和譬喻附载。他的笔墨是自我的文化信号，是展现内心世界的套路。无论是苦闷，是倔强，还是愤世嫉俗，都是他的本真面目，都是"有我之境"在画面上的物化。郑燮在评论八大山人时说"八大纯用减笔，而石涛微茸耳"。"减"是生命的提炼，"茸"是繁复的细碎。所以，"笔墨结构"的更新和精纯才是艺术家在创新路上的重要方向。

"笔墨当随时代"是我们公认的艺术真理，但"笔墨"毕竟有着自我的"语境"，当代人在苦寻如何将时代精神和个性注入艺术之中时，不妨回过头来以"反观自省"的方式在解放自我的同时站在"已成就者"的肩膀上寻求方向。

（原载《中国美术》，2010年，第4期）

八大山人与当代艺术

虞敏

时值 21 世纪之初，中国当代艺术状况如同失去方向的巨大航船，漂泊在精神的海洋上。尽管视野开阔，艺术手段也有多种选择，但是，当代艺术的信心如此空瘪乏力，既无法摆脱当代西方艺术的影响，又无暇学习中国传统艺术的精深，真如墙头之草，根浅身弱，随风飘摇，很不符合中华民族伟大复兴的形势。我们到底失去了什么？与其总是处于这种茫然肤浅的状态中，不如静下心来，回过头去，再看一眼传统艺术中一座座高峰，或许能得到些启示。

这里，我们谈谈八大山人，明末清初的伟大画家，四画僧之一。他是末代王孙，乱世逃于禅林，盛世避于乡野，哭之笑之，曾颠态百出，示人以目，终年喑哑[1]（陈鼎《留溪外传·八大山人传》，319 页），何其不幸。然而，他又是画坛巨擘，超古越今，纵横涂抹，含自然之法，抒郁结之情，300 年来领袖群伦，登临绝顶，何其壮伟！八大山人的伟大不是凭空而来，他一生悲惨的际遇，多重的身份，坚定的信念，孤独的禅悟，勤奋的创造，都是这伟大的注脚。

本文试从精神、修养、创造三方面来阐述之，这三方面又恰好与八大山人学兼儒、道、释三家相对应。自老子五千言，孔子杏坛讲学，六祖惠能树禅宗大帜以来，我国文化背景无不具儒道释三宗烙印。但三宗思想能在八大山人艺术里完美体现，艺术史中是极为罕见的。本文的主旨是通过分析八大山人如何从三家思想获得艺术创作所需的诸多营养，从而铸就了绘画的极则，再逐一对比分析中国当代艺术家在这三方面的普遍缺失，从而导致的当代艺术止步不前的根本病因，并探讨解决的方法。

一、精神立意——儒家

"达则兼济天下，穷则独善其身"是儒家处世的一大原则。据记载："八大少时为诸生，善诙谐，喜议论，娓娓不倦，尝倾倒四座。""少为进士业，试辄冠侪偶，里中耆硕，莫不噪然称之。"[2]（饶宇朴《题个山小像轴》，315页）可见八大出家前，主要修儒业，即以"修身、齐家、治国、平天下"为生活目标，而且性情开朗，幽默善谈，聪敏过人。八大山人少时的才华和王室身份似乎预示着美好的未来，然而，晚明自上而下腐败透顶，以致民不聊生，于是有自成举义，清兵入关，明亡。一夜之间，他的远大抱负化为乌有，而且身为王室，不得不遁迹山林，以避捕杀。"累累若丧家之狗"，国破之恨，家亡之哀，从此深深浸透着八大山人的一生。八大山人在奉新为僧时作有一联云："愧矣，微臣不死；哀哉，耐活逃生。"[3]（李旦《八大山人生平事略及有关问题考证》，82页）其实，八大山人何愧之有，明王朝的覆灭有着复杂的社会历史原因，断不是一位弱冠王孙之责。然而，明亡的不幸后果，却使得他以后的60年岁月饱含着痛苦与无奈，这对于任何人来说，都是难以想象的。所以，即使是参禅修道，都难以平息八大山人心中的痛与恨，儒家的忠孝思想始终盘踞八大山人的心头，使他选择了在政治上始终与清政府不妥协不合作的坚定立场。有学者研究，八大山人曾多次参与反清复明的运动，只是"可怜无补费精神"，结果都失败了。满腔愤恨而又无力回天的八大山人只能将自己围于书画之中，所谓"穷则独善其身"。邵长蘅文记："山人胸次汩悖郁结，别有不能自解之故，如巨石窒泉，如湿絮之遏火，无可如何，乃忽狂忽喑，隐约玩世……哀哉！"[4]（邵长蘅《青门旅稿·八人山人传》，316页）这段文字于八大山人何等痛切！而八大山人自己题画诗中有"南山之南北山北，老得焚鱼扫房尘"。"梅花画里思思肖，和尚如何如采薇"。"小陶语大陶，各自一宗祖。烂醉及中原，中原在何许"。在康熙朝严密的文网之下，敢写出这样胆大妄为的逆诗，若不是当时江西地方官对八大甚礼重之的话，恐怕八大是活不到80岁的，礼重者何？儒者之忠义气节也。

不仅如此，八大山人还俗以后，以卖画度日，其卖画的对象也要选择，"人有贶以鲥鱼者，即画一鲥鱼答之，其他类是"，"贫士或市人屠沽邀山人饮……醉后墨沈淋漓，亦不甚爱惜。数往来城外僧舍，雏僧争嬲之索画，至牵袂捉衫，山人不拒也，士友或馈遗之,亦不辞。然贵显人欲以数金易一石不可得,或持绫绢至,直受之曰:吾以作袜材"。[5]（邵长蘅《青门旅稿·八大山人传》,316 页）这种爱憎分明的态度,令山人至生命的最后一刻仍清贫如洗,以至作书于友求援手度日,真令人感慨万分,这不正是一位可亲可敬的真正的儒者吗？

当然,本文并非要倡导当代艺术需向儒家思想中觅什么"忠孝仁义"之类的东西,毕竟时代早已不同。不过辩证地看待影响中国社会长达 2000 多年的儒家思想是很有必要的。儒家不同于一般意义的宗教,它从形成时就特别注重对于社会整体结构的主动教化作用,儒家的主旨是每个人通过不断的学习与实践,最终成为具有以"仁"为核心的众多优秀品质的"君子",君子达时（在政治上经济上占有优势）兼济天下,是维护社会秩序稳定健康发展的道德力量,穷时（不为时用）,也仍然注重个人人格修养的完善。作为当代艺术家,从事艺术的最终目的无非是对于社会的进步与个人的完善都能起到促进作用。然而,事实上,当今的许多艺术家似乎并不想起到这样的作用。因循守旧,不思进取者有之；狂恣其外,枯索其中者有之；追逐时风,无真正自我者有之；语言含糊不清,不知所云者有之；整日沉浸在个人的小趣味中不管世事者有之；更有让画面艳俗、色情、暴力、泼皮、隐私,不让人恶心不算手段者,却自称批判现实云云,直令有良知的艺术家齿冷。然而,这种"艺术"却有时充斥当代艺坛。有的竟然成为所谓学术前沿,一时跟风者不少。凡此种种,我觉得都应在精神立意上正视自己,"己不正,何以正人"？在全球化成为必然,西方文化企图凭借商业巨潮的强势推广,日益挤压其他民族传统文化生存空间的时代,在即使是被称作真正西方的欧洲诸国都开始害怕美国的文化侵略的时代,我们的艺术家所做的工作在建立国家文化信心方面显得尤为重要！那么,该如何做呢？

首先,艺术家要全方位地研究艺术发展史,特别是中国传统文化艺术中精深的艺术思想,结合文化发展史,形成个人稳定的、条理清晰的,同时又具有自己独特视角的艺术史观,才能真正明确自己的艺术取向,而不能一味地挪用拼接西方曾有过的艺术思想。

其次,深入研究社会发展史,清醒地认识当代社会的状况,特别要注意,在全球化的背景下,中国社会如何确定自己的价值取向,个人的命运又是如何,以此为母题,以个人独特的视角,选择艺术题材,经过认真提炼,逐渐形成能象征、隐含个人精神、具有个人意义的形象载体,再选择合适的艺术手段,予以表现,而无论什么绘画、装置、行为还是其他什么手段,关键是要能准确地传递有道德及强烈责任感的艺术家个人精神世界。在这里,我们不能不叹服八大山人精深的造型能力,那些鱼鸟山石无不是一位有着坚定气节的儒者的心象！

其三,要充分研究艺术发生规律,要让观者容易感知作者所传达出的精神立意。这当然要把握一个度：太直白,则伤于无诗意；而过于隐晦则又令人不知所云；当代的许多观念艺术就是这样，别说是普通观众，就是艺术同行都是一头雾水，试想这样的作品怎能引起他人的感动、追问，从而引起精神上一次震颤？又如何能实现艺术最终的人文主义关怀？这个问题之所以令人关注，是因为当今很多艺术家的精神立意不可谓不好，但选择的表现形式、手法或者形象选择提炼得不够准确，都会造成观众对作品的迷惘与误解，从而远离甚至悖于作者的初衷。而且，当今艺坛特别流行把一些本属社会学家、政治学家、哲学家、科学家们研究解决的问题都引入艺术领域。按理说，关心社会、人类的生存发展是艺术家的职责，然而，以艺术来表现是否最有效，值得讨论。实际上，艺术家将主要精力都放在这些看似高远的目标时，其实也就陷入了艺术题材的狭隘，也就无法更全面地展示他们的精神世界。就说儒家吧，所谓"忠孝仁义"皆源于"情"，既有世俗人情，也有乐于山水融于天地的自然之情，真正的儒者都充满了人情味，而非刻意求贤做圣[6]（60-63页）。八大山人之所以伟大，是因为他总是以饱满真实的感情驱使笔墨来造型，将自己的精神立意浓缩为一个个艺术形象，令人观后引起深深的联想与共鸣，久难忘怀。而当代艺术最大的弊病，恰恰是缺少了"情"，或者说不屑于表达情感。动辄批判，社会历史人生宏观细节无不包容；动辄"观念"，谁向传统学习谁就低级，要做出一副学究天人无所不通大智慧大觉悟的样子，于是作品也摆出这种虚张声势的面孔，其实仔细深究又不知所云。特别是后现代艺术，往往是各种艺术形态以及价值观念局部机械地拼凑，给观众出题目让他们参与思考于是达到"艺术目的"云云；在观念艺术中更是主要手段，艺术家化身思想家居高临下地指导着人类的精神世界，似乎神圣而庄严了。我却想一件总是强迫人思考的作品，看不到作者真正的感情何在，是悲恨还是同情，是调侃还是欣喜，抑或平淡等等都无法令人感知，作品成了情感沟通的障碍，又如何能感动人？德国当代艺术大师基弗的作品就不是这样，宁愿通俗一点，即使我们这些异国人也能感知他深沉的感情，诗意的呼吸，伟大也许就是源于这种不故作高深至情至性的平常心态吧。

二、技法修养——道家

所有面对八大山人作品的艺术家都对它极为高超的笔墨技巧叹为观止，尤其是60岁之后的作品，更是一片天机，无迹可寻。与所有大师一样，八大山人早期认真研习过前代优秀艺术家的笔墨技巧，如对倪瓒、董其昌、陈淳、徐渭等都下过相当的苦功[7]（吴子南《墨点无多泪点多》，201页）。作品中自然有过他们的影响。然而他晚年的作品却能全方位地超越古人，并使中国传统的水墨技巧真正提升到自觉以哲学方法为依据的高度，将艺术观与人生观统一起来，从而将水墨艺术推向顶峰，为我们后辈学人留下了无可估量的精神财富。

八大山人是否做过道士，是否就是朱道朗，学术界一直颇有争议。从目前大多数专家的观点来看，八大山人与朱道朗不是同一个人几成定论，至于他是否做过道士也并无有力的证据。再者，与八大山人亲晤过的邵长蘅、龙科宝的传记中均无山人曾做过道士的文字，传记的一个作用就是记载其人身世中的重大经历，除非他想刻意隐瞒什么。从八大山人自己来讲，如果做过道士的话，隐瞒的理由不比隐瞒自己曾是禅宗高僧的理由充足。另外，八大山人书画中的内容与题跋均没有透露出他曾做过道士的信息，倒是有许多极为深奥的禅宗话头透露出他确是一位禅宗高僧。然而，中国晋唐之后的文化大背景就是僧道释三家思想合流，至明代尤盛。如王阳明的心学，就有着禅宗明心见性的精义；晚明的性灵小品，分明体现老庄的思想；像八大山人这样深参禅理的人，往往对道家的思想有着极深的认识。而且，他作品里高深莫测的水墨技法让人不由自主地联想到老庄思想的诸多方面，深究其作品并考察八大山人的一些题跋，我们可以相信八大山人的伟大艺术成就中，具体的笔墨技法修养应当较多地得益于道家思想。他将道家精义运用于笔墨实践之中，再经过几十年的消化与磨炼，八大山人终于超越了自己，超越了传统，在60岁之后逐渐登上了水墨艺术的顶峰。

为何八大山人修炼笔墨技法要觅道家呢？这是因为道家精义在艺术方法上具有实际的可操作性。据李泽厚研究：儒道都源于远古的巫术，但儒家着重保存和理性化的是原巫术礼仪中的外在仪文（礼）和人性情感（仁）方面。道家则保存和理性化了原巫术礼仪中与认知相关的智慧方面[8]（65—66页）。老子是有极大智慧的古代哲学家，他观察了自然方面天地山川以至万物变化的情状，以及社会方面历史的、政治的、人事的成与败、存与亡、祸与福、古与今相互间的关系与因果。他发现并了解事物的矛盾性比任何一个古代哲学家更广泛更深刻。他把这种矛盾性称为道与德，道是一切具体事物中抽象出来的自然法则和规律，而解决矛盾的方法是"抱一、取、守、无"四类。具体来说就是慎终如始、以弱胜强、以柔克刚、知止知足、知白守黑、有无相生、有生于无等等[9]。这些相对于佛家否定一切矛盾来讲确实更适合于艺术之道。实际上，在八大山人之前早就有艺术家将道家思想运用于艺术实践了，只不过不彻底不深入罢了。而古代各时期对于绘画技法的记载太过零散，或者近于民间口诀，缺乏系统的整理与哲学提升。一直到稍晚于八大山人的石涛撰写的《画语录》才做了这方面的工作，恰恰也纯是道家理论，但他在自己的作品中似乎并未彻底地运用。他的作品中的树法、石法、水法往往各自为法，缺乏技法上的统一协调，有违于慎终如始的道家思想；而且往往信笔画去，不太管旁边的东西，似乎刚猛太过，也有违于以柔克刚的道家精义。八大山人并无系统的画论行世，但在作品中特别是晚年的作品中，确实非常系统而深入地实践了道家的思想。如他的用笔，一笔包合太极，落笔即生两仪，圆中带方，正锋兼侧，柔中含刚，拙中藏巧，浓淡干湿兼备[10]（李德仁《八大山人的艺术哲学》，1133页），确实将看似单纯的水墨作品所蕴含的各种形式的矛盾对立因素尽量多地呈现出来，并通过主次强弱的安排，达到了艺术的丰富性与高度的协调性。特别是章法，或白多黑少，或反之，双方在比例上绝不雷同。并且大面积的墨色中往往留有小块空白，而在大面积的空白中往往有小块墨色，所谓阴阳虚实，相生相发。而在整体构图上往往呈现S形，首尾相顾，具有极好的视觉心理平衡。于是气韵贯通，深参太极，静悟八荒。甚至一个形象之内，如鱼、鸟、山、石的笔墨轮廓内部，都有精妙的笔墨布置，点线面，干湿浓淡，一应俱全。画面虽仅一物却并不单调，反而愈得神采。虚空至多，而与物同化。这种有无相生的认识，精妙绝伦的笔墨实在没有第二个人能超越。至于墨法，更显见八大山人对于水墨画的伟大贡献。水墨画的发展与生宣的广泛使用是紧密联系的。赵孟𫖯最早用淡墨干皴或飞白笔法画在半生的纸上，达到粗松秀润、浑茫而含蓄的效果，很适于表现山野自然的风致，后经黄公望的发展，形成理论，进一步成熟。其实，要说明的是：宋代山水画家，无论北派南派，都是绢上或熟纸上作画，先勾线后层层皴染，繁复费时，也难以达到生纸上的效果。明季沈周将之用于花鸟画，再传至陈淳、周之冕，至明末徐渭，以气驭笔，狂放不羁，墨色淋漓，但似乎过于疏狂而失于法度。至山人，才将生纸淡墨的水墨技法发展到了前所未有的高度。他于一片湿笔之中，往往能神奇地留有干笔（干湿）。一片墨色之中，又能留出空白（有无），淡墨之中，间有重墨（浓淡），又以笔法驭墨，收放自如（墨中有笔）；以墨法运笔，干湿自现（笔中有墨）。更要指出的是，山人的用墨完全以整个画面的"构成"为出发点，特别是他的荷花，不拘于具体的自然形状，故即使是尺幅册页，也能有纵横开阔的大气；而中堂、条屏、长卷等巨制，由于这样整体意识的观照，又能恢宏连贯，而不至于像许多画家那样支离破碎。就是同为四高僧之一的石涛的大幅作品，也有被后代画家批评气韵不贯通的。至于一些孤鸟独鱼，虽然没有大开大合的墨色，但形体轮廓之内，墨法恰恰也是自由灵活，疏密浓淡干湿，无不具备，自然得体，令人叫绝。这些独特的墨法与章法似乎天外之笔，超乎我们的想象，在美术史上是前无古人的创造，一洗文人画家只会游戏笔墨而劣于构图的现象。为后世郑板桥、吴昌硕、齐白石等一流大家膺服终生，为其法度完备也。真是桃李不言，下自成蹊。

还有一点要特别注意，即八大山人作品单个形象的塑造与整体画面始终是自然的毫无造作、强力为之的感觉，即使是翻着白眼有着不正眼瞅你的古怪鱼鸟。这种怪，恰到好处地将山人之情性表现出来，是有限度地与现实形象拉开距离——距离感正是诱导我们思考想象的手段，这正是意象造型。这些似乎古怪的形象以精妙的笔墨修养为神韵基础，显得格外生动自然耐看——观众也不过是自然之造化，其欣赏习惯也是合乎自然之道的。中国的绘画从它诞生时起，就注重这种以意造型的特点。而西方艺术，特别是现代艺术将自然形态强力变为机械、立体、几何形状，直至方格子，抽象到处处与自然相违。这种完全以某主义指挥视觉与造型方法，随着主义的过时也往往很快为艺术潮流抛弃。将现代艺术的某些几何样式运用于建筑、工业生产、平面设计是可行的，但用于人物及动物的造型，则有违自然，当然这仅是相对造型来讲。就技法修养来讲，当代艺术普遍不重视技法的完备与哲学方法指导，任意而为，使精神立意被误读甚至不知所云。现代艺术最重要的特征是不间断地创造，极力颠覆曾经出现过的所有艺术形式，以获得所谓艺术独创性，并成为唯我独尊的自大狂。但不间断的艺术革命使得各种艺本观念、艺术形式都极为短命，根本来不及完成高度的哲学整理与发展，就被新的同样不完备的观念与形式淘汰出局。所有现代艺术的表现技法，尽管花样百出，极度繁荣，每一位艺术家都极力成为"自己"的大师，我却想，这种自由创造精神固然好，但没有数代人的共同努力与累积，仅凭个人短短几年、几个月甚至几天的艺术行为是很难成为被载入艺术史册，而又感动许多后代的艺术经典的。

所以，我们面对现代艺术作品时，一方面要肯定它的创造精神，另一方面则要批判其艺术修养的匮乏、艺术形式的粗糙不堪。当后现代艺术揭竿而起时，正是对现代艺术的这种形式翻新而内里精神无从精确表达，或者本来就没有什么内在精神予以了无情的批判。然而，后现代艺术更是有着一种貌似公允的奇怪心态。它挪用所有的传统艺术形象、符号、手法，拼凑在一起时，其实是想证明所有这些艺术形式的荒谬，从而否定以往所有的文化，包括他自己，而将多元化无中心、荒诞、反权威、片断、拒斥深度模式等文化现象推到我们的面前，但后现代主义到底要将未来世界建成什么样子，却并未描述出来，它现在只是一种批判，毫无建设性地嘲讽过去及现在的事件，包括文化艺术[11]。在众多的后现代艺术作品里，我们看不到严肃的创作态度，只能听到冷冷而浮浅甚至是幸灾乐祸的笑声，如果说这就是未来艺术，则实在令人失望。后现代艺术与现代艺术一样，技法、修养都缺乏哲学意义上的整理与提升，所以，它只能是一种批判态度与价值观念的直露体现，而远未成为真正完备的当代艺术语言。因为作为艺术品，它不应仅是某种价值观念与哲学态度的注脚，它应该有自己的生命。然而令人失望的是，后现代艺术绝大多数如同宣言一样不能给我们以艺术享受，它强迫我们思考、接受，而自身却空乏得很，后现代反深度的模式的态度，使自己的艺术形式深受其害，它的技法与修养根本无法真正建立起来，已成为没有难度的儿戏，违背了人类社会不断进化的自然规律。但是，正是后现代的不足，促使我们的艺术家以东方的智慧走出一条有别于西方的艺术新路来，融入中华民族复兴的伟大事业中去。

三、悟进创造——禅宗

八大山人自国破家亡之后，遁入空门，时方23岁。1653年，28岁始参禅于耕庵宏敏。30岁即有所成，竖拂称宗师，从习者常百人。[12]（邵长蘅《青门旅稿·八大山人传》，

316页）后虽还俗，但修禅却终身未断。而且其画作由早年的在表面技巧上参仿古代禅画，转为晚年的由内在焕发出一种深深的禅意，其空灵深远，冷峻超逸的神韵，足令后代大家屏息。不能否认，禅宗对于八大山人有着深刻的影响。

"禅"的本意是"静虑""思维修"，禅宗作为佛教的一支，区别于其他派别的是修行者通过锲而不舍地思考，破除层层执着，最终觅得一颗清净自由的本心，此心即佛心。"佛"即有着大智慧的人，是对宇宙人生的根本规律有着深刻觉悟的人，而非世俗佛教中的法力无边的大神。可见修禅其实是指思想上哲学观念上不断地"革命"。所以，禅宗并不要求修行者一定做和尚，行佛事。禅门中甚至出现呵佛骂祖的怪事，足见禅宗之本意了。禅宗历史上高僧与著名文士论辩禅理的事非常之多，可见禅与其说是宗教，不如说是一种讲究高深思维艺术的哲学。中国古代著名文人艺术家很多都有修禅的经历，从而影响了人生观艺术观，如唐代王维、宋代苏东坡、黄庭坚，明代文徵明、王阳明、公安三袁及董其昌等。禅宗对于中国文化的影响是极为深远的。

其实修禅需要有相当的学力功底与智慧，才能进行高层次的精神思辨活动，普通的僧众很难达到修禅的层面。故而古代禅宗大德授禅时都选择聪慧并有一定文化修养且品行端正的弟子，八大山人毫无疑问是符合这个条件的。禅对八大山人的影响不仅是在艺术上的，在其人生观的形成与发展上也有着深刻的作用，或者说"禅"逐步改变了八大山人早期只有悲恨愤懑的人生态度，到晚年归于平和安详，而艺术面貌也发生着巨大的改变。修禅最重要的手段是"破执"，禅宗所有的公案几乎都是"破执"，只是时空情境不同，"被执"的方式也必然不同。禅师们授禅时可谓极具创造性，或棒喝，或呵佛骂祖，其目的只有一个：悟得此心即佛。在禅宗公案中有许多看似不合逻辑、不合条理，用理智不可理解的东西，这是为了逼迫参禅者把逻辑推理这种表层心理活动停止，将深埋的光明自性显露出来。逻辑推理必然造成种种指着，囿于小天地而不自知。学习绘画也一样，比如初学时执着于对象的形象、明暗、结构，而忽视整体画面的构图布白。其实构图也无非是为精神立意服务，所以又要不能执着于某种所谓标准构图方式。当有了一定的绘画技巧与构图能力时，又容易执着于此而忽视个人的体验与性情，物是物，画是画，我是我，难以达到物、我、画相融的情境。当达到这个层面时，而又执着于此，忽视时空流转情境变化，执着于此时此境此我，不能达到将小我放到无边无际的永恒中去，即物我相忘的境界。所以说，学习绘画仅一点点绘画技巧是远远不够的，更多的是需要不断地悟进求真与不断地开阔视野心胸，才能不断保持深度创造，而不是那种突发奇想式的肤浅的创造。

纵观八大山人的作品与题款，可明显感受到他对禅的体验随着年龄的增长而愈来愈高深，其作品境界也愈加深远，韵味无穷，如早期署"传綮""个山"款的作品，山人尚处在法古的阶段，有选择性地学习前代的优秀水墨作品，如董其昌、陈淳、徐渭等，尚不完全能见山人自己，但作风简洁洒脱清峻，颇有禅风。而50多岁署"刃庵""个山""雪个"款作品行笔如刀劈斧斫，冷峻逼人，行笔方硬，甚少渲染，此时正值山人患颠疾——不知是身体之病，还是精神上远未摆脱国破家亡之痛，无力回天却暮年忽至，于是愤懑郁结，如"巨石遏泉、湿絮之遇火，无可如何。乃忽狂忽喑，隐约玩世"[13]（邵长蘅《青门旅稿·八大山人传》，317页），虽早年修禅学道也无济于事。但此时山人已有将个人的身世性情融入笔墨的本领，充满生命的激情几乎不能自已。但如果一味地这样下去的话，山人将同稍早的徐渭，西方的梵·高一样剑拔弩张，过于狂放，生命之灯也必将过早地消耗殆尽。

但八大山人毕竟是理智的，在将近60岁时，取"驴"为名，刻"掣颠"为印，身体奇迹般地逐渐好转，生活也稍安定，山人似乎拯救了自己，在这之后的作品中孤寂冷郁之气虽未断绝，但题材更多了，山水花鸟鱼虫皆入画面，有清新可喜者，亦有生气蓬勃者。翻开《八大山人全集》，一片石，一条鱼，一只鸟，如同天地洪荒，本来寂寥，有着无限的深意，这也构成后人对于山人的主要印象。确实，八大山人有着将孤寂的自己融入孤寂的画境中去，达到物我合一的高超本领。然而，人世间是否真的这样冷寂可悲呢，那么八大山人为何要留恋世间呢？难道就没有沐春风而舞，遇故知而乐的事情吗？万物生灵欣欣向荣，春夏秋冬各有韵致。事实上，八大山人晚年的生活虽清苦，然而却丰富多彩，一方面游历名山大川，大江南北；一方面多交结文友。此时八大山人以一种更加圆融的方式来看待自己的苦难，他不再执着于苦难，而是遵从自己的心境，既不刻意回避，也不再斤斤于自己的苦难，将身心完全投入自然的怀抱，遇喜则喜，喜中又含有一种淡淡的悲伤，如72岁时作的《河上花图》；遇哀则哀，此时的哀则多了淡淡的平和，如晚岁多作的鱼石，似有似无，若即若离，这不正是"禅"对于山人的指引吗？八大山人用了一生来修禅，早年即已开悟，然而却是到了晚年，才真正达到物我皆不执着的境界，修得正果，这也正说明修禅并非是一悟而再无余事，更需一生来勤修苦参，方能将纯粹理论上的认识变为一种自然而然的生存方式与态度。同样，那种以为悟得一两条绘画法则与观念便万事大吉，不思进取，或者只知模仿而不思创造者，最终都难有所成。

从八大山人的艺术经历来看，其艺术伟大的创造性正是包含在一生不断的悟进之中的。在本文中，将悟进包含于创造——艺术发展最宝贵的因素，是想说明，创造是有前提的，而且创造也是讲质量的。没有层层悟进便不能产生高质量的创造。悟进是创造的前提，悟进是每一位艺术家的日常生活方式，即通过不断的深悟，从而不断进入更为广阔、更为深远、更能使人的智慧与人的自然属性在新的层面上，在心灵深处契合无间的艺术境界。悟进依靠的思想手段仍是破执，以更宏观的艺术视野来重新定位自己的艺术，不执着于以往的种种思维定式与艺术经验，才能创造出全新的无法用以往的审美规范定位的艺术品。所以，创造不能离开悟进。创造其实也并非强迫，一个人是生活在具体的时空中的，随着空间的移动，时间的流转，其外在的社会状况与生命内在的心境自然发生微妙或剧烈的变化。这些因素都有可能使艺术表达选择更恰当的方式方法。不认识这一点，我们很容易成为艺术的保守主义者；但过分强调创造，随意与先前的艺术经验完全割裂，忽视当下社会文化的接受程度，忽视艺术实际上是一种特殊的社会文化交流符号——具有历史延续的属性，作品便会成为自言自语式的创造，最终违背艺术表达的本意，其所谓的激进态度，必然会成为后现代所讽的"无意义"。这就是创造的分寸。那么，创造的质量如何衡量？创造实际上是经过艰苦探索后获得艺术自由的一种体现，孔子言70方能随心所欲而不逾矩；苏轼则指出艺术为世人所贵者，在乎其难！许多伟大艺术家毕其一生至其晚年才有所创获，超越前人，是因为要建立超越前人的审美规范的创造是异常之难的。在这种创造中，既要有对于艺术内在规律的把握，艺术技巧的难度以及精神世界的诗意展现；又要不执着于先前的审美观，创造出新的审美规范，才可以说是真正有质量的艺术创造。这种创造，也必然为广大的艺术受众所接受，真正进入历史。当然，创造往往超越时代，天才往往可预见未来，许多艺术大师生前不为人所理解，死后几十年甚至上百年才为人们感慨赞叹，实际上是因为他们洞察了艺术的本质规律，达到高度自由的艺术境界，再咀嚼生存的苦痛与孤独，以常人难以企及的意志与对艺术的酷爱，才能酿出历久弥醇的艺术之酒，让无数后人陶醉其中。中国如徐渭、八大山人、黄秋园、石壶等，国外则有伦勃朗、维米尔、梵·高无不证明着创造的伟大与创造的代价。

因此，对于悟进与创造的错误理解是导致当代艺术停滞不前的又一要因。现代艺术大师杜桑、博依于斯都以善于吸收东方智慧特别是禅宗思想而影响深巨。禅宗悟进的方式帮助了他们突破原有的架上表达方式，将现成品、装置、行为等都纳入到艺术的表现手法中来。博依于斯更是将触角伸入到社会现实问题中，从而成为现代观念艺术的宗师。他们的创作方式至今仍然笼罩着当代几乎所有前卫艺术家的思想空间，让人难以挣脱。毫无疑问，现成品、装置、行为、媒体网络等观念意识较浓的艺术手法，一方面与时代紧密相连，一方面相对于架上艺术而言，有着材质丰富与自由、总体感染力强的许多长处，而且当代艺术家们也都以善于思考且勤于突破思维定式而颇为自负。但是由于错误地理解了悟进与创造，当代艺术的状况至今停滞不前，于是只好紧跟时代的新科技，如电视、影像、网络多媒体等手段来延续当代艺术的所谓创造性，本质上仍停留在博依于斯时代。岂不悲哉！

艺术品的实质是用一定可感知的物质材料（包括声、光、影像、行为）有技巧地、以少承多地将精神立意体现出来。精神立意有高下之分，而技巧亦有高下之分。在诸多古代艺术品中，材料无非纸笔色而已，何以成就卓越古今的杰作，关键在于如何驾驭材料与工具。于是技巧成为艺术家毕生修炼的要素。现代艺术却执着于材料拼命翻新与开拓，以求得精神立意及艺术观念的创新与革命——其实是缘木求鱼。正如禅宗公案中"手指不是月亮，文字本身不是精神"一样，只追求新式材料甚至是高科技手段的"纸笔"而不重视真正的表现技巧，于艺术是不可能深参的。这也违背了以少承多的艺术精神。事实上，古代艺术的伟大成就并非一时一人的创造，而须几代几十代人的传承积累创新渐变完善突变等一系列复杂的过程。如王羲之的足下，有钟繇、张芝、卫夫人及无数的书法家做了铺路石。八大的前面，有王维、米芾、倪瓒、徐渭、董其昌等无数的名家作为先导，将自己看成小我，而将整个艺术史看作大我，才是艺术家正确的学习方式。当代艺术家过于高估自我的能力，期望将完全个人化的材料通过某种故作高深的安排就能成为艺术名作，这无疑是可笑的！

事实上，一旦在表现材料上无所拘束了，就是走上了一条不归路，必然会带来艺术技法的肤浅，因为它再无传统可继承，除了与众不同的外形，以及作者强加的精神立意的解释，我们还能看到什么？所以说，该回头看看了！学习历史，都是为了向前看，研究艺术史，掌握艺术史、艺术发展的内在规律，才能真正把握艺术的未来，我们以东方的智慧，重新梳理目前的种种艺术现象，或许能有所帮助。当代艺术的问题在于"执着"二字，即执着于站在传统艺术，包括现代艺术的对立面，不能打破两者的界限，以一种更为宏大的思维空间来俯瞰，所以很难向传统艺术学习什么。同样，许多从事传统艺术样式的艺术家也将当代艺术完全看作异端而排斥，这就是所谓执于两端。如果我们将当代艺术看作是小我的话，实际上它仍从属于整个艺术长河——大我，只有将小我融入大我，方能汲取大我无穷的营养，真正成熟起来；方能超越自我向未来发展，而不至于萎缩。让我们等待未来的又一次艺术变革，当代艺术必将成为内在精神与外在形式达到平衡的典雅艺术！

【注释】

[1][2][3][4][5][7][12][13] 八大山人研究 [G]. 南昌：江西人民出版社，1986.

[6][8] 李泽厚. 己卯五说 [M]. 北京：中国电影出版社，1999.

[9] 范文澜. 中国通史：第1编 [M]. 第4版. 北京：人民出版社，1964.268—271.

[10] 王朝闻. 八大山人全集：第5卷 [M]. 南昌：江西美术出版社，2000.

[11] 张国清. 中心与边缘 [M]. 北京：中国社会科学出版社，1998.54—56.

（原载《南昌大学学报（人文社会科学版）》，2005年，第6期）

八大画风的现代特征

何平华

一、审丑：时代的风会

明末清初，中国文学艺术史上出现了一股令人瞩目的浪漫猎奇思潮。从文学上来看，明代的文艺空前繁荣，尽管宋代平话本中已出现了"志怪""传奇""胭粉""公案"等题材，但缺乏生活的真实性和审美的平易性。明代不仅将说唱文艺发展为书面文学，更将市民文艺推向了一个高峰，以冯梦龙的"三言"（《喻世明言》《醒世恒言》《警世通言》）和凌濛初的"二拍"（《拍案惊奇》两集）为标志，描画了一个时代的风俗长卷，据"三言""二拍"而成的《今古奇观》选本在序言中谓"极摹人情世态之歧，备写悲欢离合之致"。在人化的基础上极写奇与怪是明代文学的鲜明特色，吴承恩的长篇章回体神怪小说《西游记》和兰陵笑笑生的长篇世态小说《金瓶梅》，则是从生活的两翼为我们提供风格不同的丑怪典型。《西游记》中的"猪八戒"形象可谓丑到极致，但他又具有人的质朴。《金瓶梅》中的"武大郎"亦是奇丑无比，但他心地善良，而西门庆虽然外表俊美，但却心灵丑陋，龌龊至极。而清初短篇小说大师蒲松龄在其《聊斋志异》中更为后世塑造了一系列花妖狐魅但又人情十足的艺术群像，其笔下丑陋骇人的形象读之令人心惊。

再从绘画而言，丑怪形象也成为画坛大宗。林木先生说："明清文人画风格随着绘画情感内容的日益丰富，题材内容的广泛开拓，以及形式技巧的不断进步，也日趋多样而达前所未有之丰富程度。比较而言，在众多的风格类型中，较为突出的，有雄肆风格和对丑、奇、怪、乱的表现。"就花鸟画讲，明后期徐渭画风即是一例。这位曾讽刺以模仿为能事的人为"鸟学人言"的天才画家，一改传统的画格，阔笔写意，笔墨粗狂，笔下的对象产生高度的变形效果，从而开一代画风，如著名的《墨葡萄图》《牡丹蕉石图》。《越画见闻录》还提到他以怪笔画美人趣闻："文长醉后拈写字败笔作拭桐美人，即以笔染两颊，而丰姿绝代，转觉世间铅粉为垢。此无他，盖笔妙也。"就人物画论，陈洪绶画风的怪诞更是人所共知，他画的水浒人物，夸张放诞，对比鲜明，造型奇特，体态万端。清初孔尚任编《享金簿》时载，老莲"画水浒四十人，奇形怪状"，"阅之令人惊讶交集，不能赞一辞"。他的《观音像》《晞发图》等作品呈现出迂怪的个性可见一斑。他的花卉画也是怪怪奇奇，胡介说："老莲画梅，故作支离肥白，问之，答曰：'须悬五六步看耳。'"人物画造型的特异现象不唯陈洪绶，李士达亦如是。李士达有造型独特的《三驼图》称名于世，画中三个驼背老人，线条简洁，风神怪异。钱允治其上题诗云：

张驼提盒去探亲，李驼遇见问缘因。
赵驼拍手呵呵笑，世上原来无直人。

又有文谦光书诗云：

形模相肖更相亲，会聚三驼似有因。
却羡渊明归思早，世途只见折腰人。

于此可见，画风的怪异实在是炎凉的世态在画家心灵上的投影。明清之交丑怪画风一直影响至有清一代，"扬州八怪"更是将这一美学趣味光大发挥，如罗聘画鬼，创作过很多本《鬼趣图》轰动艺坛，其《醉钟馗图轴》即是代表作之一。

明清时期，尤其是晚明至清初，文艺领域这股浪漫主义的审丑思潮，首先是封建末世资本主义萌芽时期市民阶层在意识形态上的直接反映，它迎合了新兴市民趣味的广泛要求。李泽厚论"明清文艺思潮"涉及"三言二拍"说：

"尽管它们像汉代浮雕似的那样薄而浅，然而它所呈现给人们的，却已不是粗线条勾勒的神人同一、叫人膜拜的古典世界，而是有现实人情味的世俗日常生活了。对人情世俗的津津玩味，对荣华富贵的钦羡渴望，对性的解放的企望欲求，对'公案'、神怪的广泛兴趣……尽管这里充满了小市民种种庸俗、低级、浅薄无聊，尽管这远不及上层文人士大夫艺术趣味那么高级、纯粹和优雅，但它们倒是有生命活力的新生意识，是对长期封建王国和儒学正统的侵袭破坏。它们有如《十日谈》之类的作品出现于欧洲文艺复兴时代一样。"

　　这种既雄肆而又丑、奇、怪、乱甚至有些颓废色彩的文艺风尚一反长期以来以温柔敦厚不偏不倚为正宗的美学风貌，平衡了市民趣味的内心渴求，但这种对神、怪、奇的追求，又不同于远古的神话、宗教故事，而是被充分地"人化""对象化"，就像孙悟空是个"大闹天宫"的神猴，但却被赋予了人性的弱点，蒲松龄笔下的花妖尽管面目可怕，却赋予人间的真情至爱，李士达的三驼老人让人想到"世上无直人"。

　　这类神奇丑怪形象在明清时期的大量出现，并呈现出独特的美学内涵，的确反映了社会的深刻变化。以绘画为例，中国绘画史的前半部分是人物画的历史，后半部分则以山水为大宗。今天的典籍和考古文物表明，绘画的丑怪神奇形象在先秦两汉则表现于楚画、汉画像砖石、壁画、帛画之上的神怪、传说、灵异及暴主、逆臣、淫夫、妒妇身上，同时又体现于魏晋南北朝及隋唐盛行的佛画、道教画上，而无论是俗世画还是宗教画，对劝诫实用主题都表现得十分鲜明，尤其是人物画更类似于今天的政治宣传画，与现代意义的个性化的审美创作不可等视之。这种劝诫的绘画功能论，曹植的《画赞序》中表述得十分直接：

　　"观画者，见三皇五帝，莫不仰戴；见三季暴主，莫不悲惋；见篡臣贼嗣，莫不切齿；见高节妙士，莫不忘食；见忠节死难，莫不抗首；见放臣斥子，莫不叹息；见淫夫妒妇，莫不侧目；见令妃顺后，莫不嘉贵。是知存乎鉴戒者，图画也。"

　　鉴戒的绘画功能论虽然在此后随着山水画的兴盛，以及绘画形式美学理论的发展而有所冲淡，但绘画丑陋的形象本身与政治劝诫的联想产生了一套固定的政治隐喻模式。正是在这个背景下，明清绘画的丑怪形象不仅标志着从政教中心论向审美中心论的转移，更标志着丑怪形象由承担宏大的政治寓言功能而向个性化的抒情与叙事发生深刻意义的位移，它不仅赋予了审美主体的憎也赋予了强烈的爱，它更投射了人的复杂性感情，而不仅仅是具有批判功能的政治隐喻符号。

　　这种艺术的怪异现象建立在封建末世的政治基础之上，而晚明的异端心学、狂禅所鼓动起来的浪漫主义之风与清初思想家的启蒙号角、遗民文化的感伤主义纠结在一起，又共同催生着这股文艺思潮，八大山人便是绘画领域这个丑的艺术的宁馨儿。

二、鱼、鸟、荷、松、石

八大画风之奇，清高秉在《指头画说》中曾说："画有以简淡为贵者，右丞云林是也；有以工艳为贵者，大小李将军十洲是也；有以厚为贵者，荆关董巨仲圭子久是也；有以奇为贵者，八大山人是也。"高秉将画风分为"简淡""工艳""厚"和"奇"四类，而认为八大山人的画风"以奇为贵"。龙科宝在《八大山人画记》中说："又尝戏涂断枝、落英、瓜豆、莱菔、水仙、花兜之类，人多不识，竟以魔视之，山人愈快。""人多不识"说明八大画风之怪，其形象悖于常识。谢彬说："僧雪个，南昌人。善写意花卉，奇奇怪怪，巨幅不过朵花片叶，善能用墨点缀。"

画风的丑奇怪乱质而言之，即画家笔下的物象失去常形，用现代艺术理论归纳之，即艺术的变形与抽象，从接受美学角度看，即艺术本文的陌生化效应。对此，王朝闻先生说："八大山人常寓嬉笑怒骂于变形化的形象，那些比较写实的形象也有寓神于形、寓理于形的特点。因此增加了观画者体悟其中意蕴的困难。但艺术形式这样的缺点也是它的优点。它不只给观画者提供了自由创造意象的无形空间，它仿佛还向观画者提出了无形的邀请，邀请观画者共同参与、深入绘画创作的艺术境界。"

对于八大此类"变形化的形象"，笔者将列举引起人们最为关注的"鱼、鸟、荷、松、石"加以评析。

1. 鱼之独游

在八大的作品中，鱼的形象给人最为深刻的印象。在现存八大的画作中，鱼画的数量和鸟一样较之其他动物多得多，也是画得最为传神的动物之一。谭天先生说："在八大山人的绘画艺术中，有两种题材特别引人注目，一是鱼，一是鸟，有人形容为'失群强项伤心鸟，张口无声瞪眼鱼'。""八大山人画中的鱼常作仰视，眼睛常画有硬硬的方形，那黑黑的瞳孔有力地点在眼眶的上方，恨恨地翻着白眼望着青天，冷冷逼人心目，有无可名状的孤傲之气。"可见鱼眼的确是八大的着力处。但谭天所谓的方形鱼眼只是其中之一，从《八大山人全集》辑录的鱼画来看，鱼眼图式的变化共有四种之多。

其一是圆中点睛式。这类图式最多，也是最主要的表现方式，一般是在鱼头的中部一笔或两笔画成的大的圆圈内靠上点上有力的黑圆点，或是在鱼头部的墨笔皴擦过程中留下圆的空白，再点睛，从而通过睛的大小与眼眶的变化以及黑白对比产生不同的接受效果。而眼睛的比例与鱼的整体比较，又具有极度的夸张性。如作于康熙二十八年己巳（1689）著名的《鱼鸭图卷》，堪为杰作，其中鱼眼的变化十分丰富，眼眶或圆或椭圆，眼珠或大或小，或上或下，或左或右，极情绪之微妙和心理之怪异。

其二即方笔式。方笔图式是在头部用折笔勾出的方框内再点上圆圆的黑珠，这种图式变形最大，视觉冲击也最有力量，外方内圆和黑白差异的对比极具匠心。如美国弗利尔美术馆藏《花鸟册》之《鱼》页，该图全用焦墨干笔皴擦而成，阔笔写意，气势雄豪。

其三是圆点式。这种图式不画眼眶，以点代睛，极其简洁，即在头部上方对称部位点上黑珠就可告成，抽象简括之至。如北京荣宝斋旧藏《杂画册》之《鱼》页（图105），该图被图像风格学家举为八大采用阴阳八卦图式作画的经典之作。

其四是一线式。这种图式如"圆点式"，也不画眼眶，以线代睛，即在头部上方眼睛部位着一短线，好似眯缝着眼，又像熟睡的眼，这种抽象变形与实际生活相差更远。如作于康熙三十二年癸酉（1693）、上海博物馆藏《鱼鸟图卷》中，该长卷在辽阔的江天中，将鱼置于憩息沙渚鼓腹缩背眯眼的两只江雀之上，似跃似飞，构图大胆奇崛。

从中国美术史来看，鱼的意象是最早出现的几种动物图形之一，如1921年我国在河南发现的属新石器时代中期的仰韶文化中，便存有《彩陶人面鱼纹盆》《彩陶缸绘鹳鱼石斧图》。显然原始绘画中的鱼在人类文化学者看来，更多地具有社会实用性质，邓乔彬先生在《古代文艺的文化观照》一书中，曾对早期图腾美术有过系统的分析，他认为"画鱼的目的不但在于美，而且应有祈求丰产的意义，而人面含鱼纹更应当是丰产巫术的表现"。他又据闻一多、何新等现当代著名文化学者对《诗经》等典籍中鱼的文化学分析归纳说："我国先民对鱼的崇拜另有祈求人口繁衍的特殊原因。"对鱼的描绘虽然在数千年的美术史上没有中辍，但它不像"四君子"那样蔚为大观成为独立的中国画科，它始终框定在"鲤鱼跳龙门""双鱼送子"这类求仕进盼兴旺的俗世观念中。

而八大将鱼以自况，把庄子式的"鱼乐"观注入画幅中以抒发士之情怀，则赋予了这一传统题材全新的美学含义，更具艺术的自觉性。其《题画游鱼》诗云："点笔写游鱼，活泼多生意。波清乐可知，顿起濠濮思。"其对"游鱼"羡慕之意跃然纸上。上述"一线式"图式列举的《鱼鸟图卷》上有三段八大题跋，其中一则可直窥八大画鱼的思想意图：

"东海之鱼善化，其一曰黄雀，秋月为雀，冬化入海为鱼；其一曰青鸠，夏化为鸠，余月复入海为鱼。凡化鱼之雀皆以肫，以此证知漆园吏之所谓鲲化为鹏。"

这里八大着意于鱼之"善化"之"逍遥"之自由精神，故而八大画鱼从不见水，独鱼居多，以寓独游。然而，这又是一条古怪的"白眼鱼""瞪眼鱼"，它的内心充满着妒俗傲世之气。

2. 鸟之孤鸣

在八大的花鸟世界中，鸟画数量之富，无出其右者。有画眉、山雀、鹌鹑、黄雀、鹳鹆、翠鸟、孔雀、鹤、鹭、鹰等等，而这之中神情毕具、最富特色的当为一般画工所不屑的小鸟、山雀之类。鸟的夸张造型较之鱼更为丰富，它体现于眼、颈、腹、背、翅、足几乎全身各个重要的部位。

（1）眼：和鱼一样，眼成为八大塑造鸟的重要部位，"圆中点睛式""方笔式""圆点式""一线式"，一应俱全，只是其点睛的方式较之鱼更为丰富，其体现的表情更为复杂奇特。以"圆中点睛式"为例，如作于康熙三十三年甲戌（1694）、现藏于上海博物馆的《山水花鸟册》之《双禽》，两只立于土坡上的鸟，其上一只的眼睛只是在硕大的白眼球中描上弯弯的一弧，一副似睡将醒的样子；其下一只的双眼则是两颗小圆点，但又不对称，一颗点在上眶，一颗点在下眶，似在警惕地寻找什么。深谙"传神写照，正在阿堵中"这一中国传统绘画法则的八大山人，其点睛的艺术功力可谓空前绝后。不止鱼鸟，其他如猫、鸡、鸭、鹿等动物，其眼睛均被赋予了无穷的生机，尽管那是不曾在现实生活中存在过的。例如他画的猫眼，可谓曲尽其态，有些是圆眶中点一圆圆的黑睛，有些干脆不要眼眶画成两条直线，有些则是斜线，另一种画成两撇人的眉毛，其下吊两块大半圆的眼袋，似猫似虎又似人，确如八大的签名，似哭似笑，既悲又喜。

（2）腹与背与颈：鼓腹驼背缩颈几乎是八大笔下鸟雀的共同特征。如作于康熙三十三年甲戌（1694）、杭州西泠印社藏《书画册》之《鸟》，该鸟可谓丑陋至极，其背如驼翁而凸，其腹如孕妇而鼓，其颈缩若无，其足独若瘸，其只眼巨眸若怒，读之骇然惊心。不唯鸟，鼓腹凸背的形象在小鸡、猫、鸭身上同样体现出来，这类形象几成符号化体系化。

（3）足：只足也成为指认八大笔下鸟形象的专门符号，八大绝大部分的鸟雀是单足立于危石、枯枝、沙渚之上。如作于康熙三十二年壬申（1692）、云南省博物馆藏的《孤鸟图轴》，这只缩颈鼓背的小鸟单足立于一根从图的左下角伸向图中的枯枝端头，此外整个画面空无一物，小鸟似在不动声色地俯瞰着这个大千世界、芸芸众生，画面构图精审、奇绝，意境深邃，耐人寻味。

鸟像鱼一样，在艺术史上也经历过实用化的巫术图腾时期，但在中国绘画史上它却最后演化成一个大的画种画科，尤其是凤凰、孔雀、鹤鹭、鹰鹫，这类象征富丽、高贵、长寿、典雅、英武等含义的瑞鸟，不仅在宫廷画，即使在文人画中，接受的都是相似的价值取向，同时在技法理论上也逐渐发展了一套程式化绘画语言模式，明清两代不仅是画史画论的体系化总结化时期，也是技法理论的专门化时期。八大生当王室，又处艺术之家，宫廷绘画之富贵、技法理论之传承对其影响自不待言，而其花鸟主要学习的对象是明代"吴门画派"，以及林良、吕纪、陈淳、徐渭等。后者虽则开启了写意花鸟之路，但总体上笔墨蕴藉，气格闲雅，即使于徐渭，其禽鸟在造型上尚没有真正完全地从传统的图式与格调中摆脱出来。八大禽鸟造型的丑怪风格不仅与文人花鸟画家的作品迥然有别，更与宫廷画风相距如霄壤。若说八大自喻于鱼旨在一个"游"字，那么其自拟于鸟则寄托于一个"悲"字，所谓"巢覆卵亦倾，悲鸣向谁屋""鬼挞野雀禅林暮，傍着人来少竹笼""傍着独琴声，谁为挽歌版""横施尔迹便，炎凉何可无"这些题鸟诗深深地流露出作者的悲鸣之情。

3. 荷之高疏

龙科宝说八大绘画"最佳者松、莲、石"，而"莲尤胜，胜不在花在叶，叶叶生动，有特出侧见如擎盖者，有委折如蕉者，有含风一叶而正见侧出各半者，有反正各全露者，在其用笔深浅皆活处辨之"。吴昌硕也曾作诗说："八大昨宵入梦，督我把笔画荷，浩荡烟波一片，五湖无主奈何。"可见花卉中，八大画荷特出，古今论者皆同。

八大荷之造型奇特亦确如龙科宝所言，首先在叶而非花，其叶之千姿百态，皆非常形、整齐出之，而是犬牙交错，盛衰互参，其著名的长卷《河上花图卷》中荷叶更是画得如大千世界的芸芸众生，蹲起偃伏，蜷缩张放，五色披离，穷形尽相。而晚年的一些写生小品，尤见天机化露，意笔俱老。如作于康熙三十三年甲戌（1694）、日本泉屋博古馆藏《安晚册》之十《荷花小鸟页》，整幅画面一根荷茎自右至左弯曲地坠向左下角，顶端的这片荷叶几不类物象，干湿互破的墨汁仿佛是倾倒其中，其肌理像夏天暴雨即至前一团团翻滚的黑云，似是"墨戏"，但见其构图又审慎至极，右上角一只缩颈拱背闭目只足的水鸟安憩于那根秃干之上，荷花性静而似动，小鸟性动而似静，整幅画疏密有致、动静得当，堪为神品。何平南先生说："八大在花卉里的笔意，富含青藤、白阳之造型及水墨用意，特别是在荷叶、荷花上之'挥''刷'，多少受到宋人牧溪、梁楷禅画里奔放简了的笔墨的影响。"如果说八大画荷时挥刷的笔意具有徐渭的特点，那么其构图之高疏之出乎常规则非徐渭之所能及。有论者说："八大山人之花卉、松枝、荷叶、荷梗都有特异的变形，其花卉，枝少花更少，有的梅花小幅，只有三二朵，很高大的松树上只有数簇松针，荷叶柄则长得无可再长。"

八大画里的荷花世界与客观现实构成了透视学的根本区别，其画幅中柄长荷高，仿佛接天，造成视觉接受的仰视心理，而生活中更以俯视平视居多；同时他还更多地在构图上采用高矮对比的方法加以衬托渲染，以加强这一审美效果。如作于康熙三十五年丙子（1696）、上海博物馆藏《荷鸭图轴》，画面中偏左可见三根荷梗从两边巨石间拔地而起，荷叶错落，直冲云霄，冠盖之高，其两旁的危崖似乎都俯下了傲兀的身躯，而荷梗之下，蹲伏在一块小小危石之上的鸭子则瞪着警醒的目光注视着对面的危崖。诚如八大在《河上花歌》中所说："撑肠挂腹六十尺，炎凉尽作高冠戴。"尽管躲在这"撑肠挂腹"的莲之冠盖之下，作者正似这警惕的鸭子历经炎凉世态，时时用心留意那危崖之外险恶的世界，这幅画意象隽永，令人味至无极。莲的世界构成了八大绘画独特的象征体系。

4. 松之老屈

八大之松怪亦如龙科宝所谓："观其松顶，屈蟠而秃，萧疏数枝，翻垂如拗铁。下有巨石，不嵌空而奇怪。"松在绘画史上有"岁寒三友"（松、竹、梅）之称，其技法理论并不如梅、兰、竹、菊蔚为大观，但它仍杂在山水科或花卉科而偶有理论出之，而专擅画松的名家也代不乏人。唐代诗人杜甫曾有《戏为韦偃双松图歌》诗，称其松"两株惨裂苔藓皮，屈铁交错迥高枝。白摧朽骨龙虎死，黑入太阴雷雨垂"。元稹则有赞张璪的《画松诗》，称"张璪画古松，往往得神骨。翠帚扫春风，枯龙戛寒月"。可见松之老、枯、屈是画松的一般要求，而八大之松既有符合松的一般审美要求，其"屈蟠"，其老"秃"，其"萧疏"，但又赋予其笔下之苍松独特的魅力，其图式的变化表现在：

枝干屈而似舞。八大的松树大部分不是"挺且直"，而是"弯而曲"。但那种弯曲又不是传统图式那类蹲石攀岩啸傲云海的雄拔壮美，而是压抑下的凛然，伸向四周的秃枝仿佛是嶙峋的手，又像刺向空气里的蒺藜。如作于康熙二十九年庚午（1690）著名的《快雪时晴图轴》及故宫博物院藏《松树图轴》，即可见一斑。王朝闻先生说："《墨松图轴》和《快雪时晴图轴》，都是用简练的笔墨画松……但从松树的特殊姿态看来，形象可能使人联想到人的舞蹈姿态。"

腰粗根细而形骇。八大松的又一奇特之处是：自然界中的树木是按照下粗上细这样的客观规律而生长，但八大画松则不然，普遍腰粗下细，比例极为夸张，有一些松干中粗，松鳞斑驳，巨腹畸人一般，丑骇至极。如作于康熙三十四年乙亥（1695）、苏州灵岩山寺藏的《杂画册》之十《松》图即是。

5. 石之生动

八大精于写石，其石怪也是众所周知。郑板桥曾说："西江万先生名个，能作一笔石，而石之凹凸浅深，曲折肥瘦，无不毕具。八大山人之高弟子也。"万个即八大的高足，其画石若此，其师自不待言。八大画石也经历了一个艺术的发展蜕变期，由生拙至老辣，有论者分析其传綮时期的石，造型较工板，缺乏质感和变化，属写生而心手不逮的"塑形"阶段，而艺术的成熟期，则如单国强先生评《湖石双禽图轴》所说："山石作中锋用笔，圆劲含蓄，沉稳简古，融入了篆书笔法，干湿浓淡极富韵味；小鸟寥寥数笔，类似隶草，笔简意赅。在率意的挥洒中蕴含着丰富变化，达到得心应手的地步。"

八大写石的一个共通特征是危石，也如其画松一样，头重脚轻，上粗下细，给人摇摇欲坠极不稳定感。如前引杭州西泠印社藏《书画册》之《竹石》，图中巨石上下比例极度夸张，并由左向右欹倾，脚下则寥寥几根竹枝，有随时被倒下的巨石窒息之虞。为了增加这种静而似动、危机四伏的感觉，巨石之上八大还经常让只足的鸟立于其上，让白眼的游鱼穿梭其下。

丑石是传统画论中关于石的评判标准,郑板桥曾云:"米元章论石:曰瘦,曰绉,曰漏,曰透。可谓尽石之妙矣。东坡又曰:'石文而丑。'一丑字则石之千态万状皆从此出。彼元章但知好之为好而不知陋劣之中有至好也。"八大之石丑,不仅体现于变化万端之形态,而其石危,石能生动则形成其独特的图式符号,与其他风物一起构成了一个庞大的意象体系。

三、八大怪奇形象的美学承传

八大丑怪形象的大量涌现,并构成一个庞大的意象系统既与特定的社会思潮、社会意识相关,同时还与其个人艺术的本体观和艺术精神的承传及影响不无联系。

在艺术的继承观上,上文曾论及八大主张"法法不宗而成"的"无法论",那么在风格学上,他则主张"不似之似"和"拙"论。

在《题画牡丹》中,八大曾说:"适为友人抹得一副(幅),乃花王也,大是懵懂。""花王"即花中之王,"懵懂"即"不似之似"。石涛曾有诗云:"名山许游未许画,画必似之山必怪。变化神奇懵懂间,不似之似当下拜。"

八大于牡丹,大发"懵懂"之叹,亦当与徐渭写墨牡丹而发议论相似,徐渭在其"题画花卉"中有一段著名的画论:

"牡丹为富贵花,主光彩夺目,故昔人多以钩染烘托见长,今以泼墨为之,虽有生意,多不是此花真面目。盖余本窭人,性与梅竹宜,至荣华富丽,风若马牛,弗相似也。"

所谓"真面目",亦即符合创作主体的真性情,而不拘泥客观的真实。"懵懂"之义遥接宋代文人画论,是欧阳修的"古画画意不画形"之谓,是苏轼的"论画以形似,见与儿童邻"之谓。对"形似"与"神似""形与意"的区分,苏轼更以"常形"和"常理"这一对概念加以厘析,在《净因院画记》中,苏轼云:

"余尝论画,以为人禽宫室器用皆有常形,至山石竹木水波烟云,虽无常形而有常理。常形之失,人皆知之;常理之不当,虽晓画者有不知……世之工人,或能曲尽其形,而至于其理,非高人逸士不能辨。"

"常形"即谓客观之真实,"常理"即谓主观之真实,故而苏轼继续说:"与可之于竹石枯木,真可谓得其理者矣……根茎节叶,牙角脉缕,千变万化,未始相袭,而各当其处,合于天造,厌于人意,盖达士之所寓也欤?"八大对欧、苏诗画观之认同,前文已述,故自评其画也直言"懵懂",由此表明八大对自己的画风有相当的自觉意识,其笔下的丑怪形象虽然悖于"常形"但符合"常理",其对艺术抒情言志的本质论持有强烈的主观色彩。龙科宝记载,八大所画的花卉虫鱼"人多不识,竟以魔视之,山人愈快"。对其作品怪奇的形象,旁人不识,自己反而越发高兴,这一细节足见八大绘画创作,极具理性意识,对艺术观念有着自觉的追求。

不仅肯定自我的"懵懂",八大还对艺术风格的"拙"情有独钟。他在《题画黄雀》中曾说:"此余水明楼上工欲辍未辍时画。岁月既忘,一日苍老年翁出笥中索题数首,亦是兴既阑未阑时笔。语云:百巧不如一拙,此其是耶。"

"欲辍未辍时画""既阑未阑时笔"言诗画的偶成而非刻意,是"清水出芙蓉,天然去雕饰"。诗画虽拙,但胜"百巧",画虽"丑拙"但发抒的是人之性情,合"常理"有远意;而画即使"甜巧"合"常形"但乏意少韵则味短。巧拙之论是中国美学史上的传统命题,老子即谓"大巧若拙",这一思想庄子做了更深刻的发挥,而在画论上强调生拙美学观更是普遍,如明顾凝远在《画引·论生拙》中说:"画求熟外生,然熟之后不能复生矣,要之烂熟圆熟则自有别,若圆熟则又能生也。工不如拙,然既工矣,不可复拙。惟不欲求工而自出新意,则虽拙亦工,虽工亦拙也。生与拙惟元人得之。"

如果说追求神似、生拙、抒情言志的艺术本质论形成了八大画风怪奇特征的理性化表现,那么楚骚、庄老中的诗学形象及贯休、齐己、苏轼、倪瓒、徐渭等画风则为八大艺术的审丑特征提供了感性化资源。

方薰曾说:"大都江西、闽中好奇骋怪,笔墨霸悍。""江西"即指八大、罗牧为代表的清初江西画派,但江西、闽中又是地域名称,是古文化中的楚地,在文化学者的视野里,是神话、巫术、浪漫、激情、"怪力乱神"之地,在今天的典籍(如《山海经》)和出土文物(如长沙马王堆帛画)中,这块地方充满了奇禽怪兽、仙神鬼魅的形象。赣为楚地,其地域文化对八大的影响,我已在前文论及,而《楚辞》《庄子》均产于楚地,其诗学中所塑造的丑怪形象更直接成为后世文艺的原型意象,这也为古今学者所共识。《楚辞》中既有芳草美人、蛟龙鸾凤、云旌丽裳这类美的典型,亦有"康回倾地,夷羿弹日,一夫九首,土伯三目,谲怪之谈",楚骚诗学中丑的形象更具神话特性,而《庄子》中丑的形象则具寓言特性。《庄子·逍遥游》中描绘了"大本臃肿而不中绳墨"的大树"樗",《人间世》中描绘了"肩高于顶,会撮指天,五管在上,两髀为胁"的人物支离疏。闻一多先生认为这种"清丑"式的人物"代表中国艺术中极高古、极纯粹的境界;而文学中这种境界的开创者,则推庄子"。

长久以来,庄骚并称,其对诗画的影响更多地体现于精神潜移的价值,对八大而言也是如此,而对八大画风怪奇图式及艺术精神有直接影响的大约要推画僧贯休和文人画家苏轼、倪瓒、徐渭诸人。

康熙十三年甲寅(1674)黄安平绘《个山小像轴》中,八大僧友饶宇朴跋中载,八大曾对他说:"兄此后直以贯休、齐己目我矣!"唐末五代间画僧贯休,俗姓姜,字德隐,原籍婺州(浙江兰溪),因避乱而迁隐江西新建西山为僧,70岁入蜀,蜀主王建赐紫衣,尊号"禅月大师"。贯休工诗书画,其诗与当时诗僧齐己齐名,有《禅月集》。

八大以贯休自居，当与贯休曾居离南昌不远的西山有关，更重要的是贯休以诗画自美，其绘画更以风格独特著称于世，所画十六罗汉像之奇特造型在其后绘画史上的重要典籍中均有记载。黄休复在其《益州名画录》论其画"庞眉大目者，朵颐隆鼻者"，"蕃貌梵相，曲尽其态"。郭若虚的《图画见闻志》云："贯休……尤工小笔，尝画水墨罗汉……悉是梵相，形骨古怪。其真本在豫章西山云堂院。"《宣和画谱》言其："状貌古野，殊不类世间所传……若夷獠异类，见者莫不骇瞩。"贯休的罗汉像一反常形而大胆创新必然深刻影响着八大不拘一格的艺术革新思想，王方宇先生在其《八大山人对齐白石的影响》一文中曾云齐白石多次临仿八大山水的人物画册页，白石曾在其《搔背图》中留有三题，其一是："朱雪个画，有小册，中有搔背者，仿奉简庐仁兄先生一笑。戊辰夏，齐璜。"又有《老人葫芦》《白衣和尚》《小童扶醉翁》《老人坐》四幅均见题仿八大字样。至今仍未发现八大人物画的真迹，但白石临仿的这些人物画均系罗汉像，八大是否受贯休启发而画，拟可聊备一说。

贯休以外，苏轼心中盘郁作《古木怪石图》，文同怀才不遇作《迁竹图》，郑所南哭失山河作露根兰，倪瓒孤高傲世作画"逸笔草草，不求形似"，徐渭恃才傲物而作墨牡丹墨葡萄，文人画传统中这股以丑怪为美、以抒情言志为宗的特色亦必对八大风格图式的形成起了重要的推动作用。

八大丑怪简拙的艺术造型有学者还认为受其时的民间艺术影响。方闻先生对八大《传綮写生册》中某些题材的研究得出："这种在画面上表现出阴阳与黑白对比的新感受，其灵感并不得自前代的名家名画，而是受了一种来自民间版画艺术的影响。"如风行一时的晚明木刻《画谱》《十竹斋笺谱》均能在八大早期的画作中找到借鉴的影子。朱旭初先生则认为明清民间瓷器对八大画风有明显的影响，他说在八大"其中、后期的作品中，我们却可以找到大量的材料足以证明他是受了民间瓷器，尤其是景德镇青花瓷器图纹的明显影响"。作者认为像八大喜欢画的鳜鱼、鱼的白眼朝天的神态、飞鸟回首、芦雁栖飞等图式均能在元、明青花瓷器中找到类似的形象，民间艺术给了八大以绘画的养料，八大画风又反过来影响着民间艺术。

无论是从民间艺术和文人画（士夫画）之间的比较角度，还是从现代精神分析学角度分析和观照八大的创作心理及其画风，均对正确全面理解八大独特的绘画风格具有启发意义。

四、自我的象喻

美国高居翰先生在充分研究八大图像元素后，提出了八大绘画形象异于常人的几个特征。如其动物显出高度的自觉，极不自然地意识周围的环境，并带有惊恐和不信任的表情。他的动物常是变形的，一只畸形的兔子，一只奇怪的几何形的猫，古怪呈块状的鸟，是一种对熟悉的否定。其动物常背对着观众，像在显示一种疏远的欲望，一种内向的、反社会的性格。他的鸟总是狐疑地斜睨后方，像觉察了自己被人注视。他的成双成对的禽鸟破坏了传统意义的和谐，只有构图上的联系，而无共同的意识。他的动物大部分置于一大片空白之中而存在。有些动物总是仰视上方，使画面隐约透着一种不祥的感受。同时其画面中动物的配对组合总是出人意表，拒绝成规，如鹌鹑和鱼、鹰和螃蟹、月亮和西瓜等组合。高先生总结认为，八大笔下的动物传达出一种强烈的疏离感，其效果的造成一般通过它们的姿态和表情，通过它们和周围环境的关系，通过违反正常绘画结构的排列所造成的不连贯感来实现。

八大山人通过对鱼、鸟、荷、松、石这些对象的变异与夸张，通过对画面构图异乎寻常的安排与组合，"丑化"其审美对象而造成其表现对象与人的惯常审美习惯构成"强烈的疏离感"，亦即"熟悉的陌生化"，艺术学上所谓的"风格化"，创造学上所谓的"抽象化图式化或符号化"，由此达到一种自我的象喻。这也是为什么八大的绘画孤独地看像是一幅宗教画，而系统地观照其整体意象，他的画则与所有古典绘画大师不同，他创造了一个个人的隐喻世界，一个独立的审美识别系统。宗教象征或由历史而积淀的意象原型只要在一定的知识背景下均得以透彻的注释，但八大的隐喻系统是通过作品本身的知觉特性而传达出来，有着谜一般的审美魅力；宗教的象征可通过理性的分析而得出结论，而八大的作品背后隐藏着个人的哭与笑、情与理及广阔的社会心理情绪及意识形态，对其作品的解读永远只能是近似的、即时的、感性主义的。余秋雨先生道：

"他的天空全都沉沦，只能在纸幅上拼接一些枯枝、残叶、怪石来张罗出一个个地老天荒般的残山剩水，让一些孤独的鸟、怪异的鱼暂时躲避。这些鸟鱼完全挣脱了秀美的美学范畴，而是夸张地袒露其丑，以丑直契人心，也不想发出任何音响的，但它们却都有一副让整个天地为之一寒的白眼，冷冷地看着，而且把这冷冷地看当作了自身存在的目的。它们似乎又是木讷的、老态的，但从整个姿势看又隐含着一种极度的敏感，它们会飞动，会游弋，会不声不响地突然消失。毫无疑问，这样的物象也都走向了一种整体性的象征。"

确如余秋雨先生所说，八大的画风完全挣脱了秀美的美学范畴，他以丑而傲视甜媚，并以之成为其悲剧美学的核心概念，也使其由自我的象喻，走向一个时代的写照。他和弘仁、髡残、石涛、陈老莲、萧云从、傅山等一起，以画笔共同为那个时代而"立此存照"，深刻的时代性使其绘画由此获得超越时空的价值。这也是为什么余秋雨在把他和同是悲剧一生的画家徐渭做比较时得出："他具体的遭遇没有徐渭那样惨，但作为已亡的大明皇室的后裔，他的悲剧性感悟却比徐渭多了一个更辽阔的层面。"这个"辽阔的层面"意指八大的背后那个沦落的家与国，一种对封建末世的悲悯情怀。恰如南唐后主李煜的词风，其北掳之后，由温婉而变得阔大苍凉，乃人生之痛、家国之忆使之然。

对这种因主、客观的关系失衡，而导致艺术出现主观倾向，感情色调较浓，在易代和社会动荡时期尤是。徐复观先生对此分析道："南宋末年，国势阽危，人心抑郁，人生失掉了生存的信心，于是出现了流传在日本的牧溪、玉涧、日温这一类带有幽玄气息的、偏于'暗'的形象的作品。在这类作品中，客观的自然，被置于若存若亡的地位。他们从表面看，有近于米氏父子的墨戏，但气息却远较米氏父子为深厚沉郁。换言之，其艺术性实远在米氏父子之上。因为在他们的作品中，含有更大更深的时代性。若仅从画的背景来说，有点像明末清初的朱耷（八大山人）、石涛。"

可见，在徐复观先生看来画风是否含有时代性对其艺术性的高低具有重要的构成作用。八大与同时代画家相比，其卓越之处在于他将时代的色彩有机地融于其独创性的风格图式及象征体系中，时代的愤懑既成为其创作的动力之源，又内在地规定了其风格的美学走向。

（原载《八大画风与楚骚精神》，江西美术出版社，2004年）

论"雪个精神"及其对中国当代艺术的启示

何平华

作为中国明清时期个性主义绘画大师的八大山人，时逾380年，其艺术光芒今天依然如此璀璨，其艺术地位依然如此显赫，其传奇式的人生和独具风格的绘画作品今天依然迷倒众生。对八大山人的研究，自清初、民国至现当代，数百年来没有中辍，较之其他中国古典画家的研究，"八大山人学"在海内外更显燎原之势。无论是历时性研究，抑或共时性研究，作为文本的八大，总能为理论语境的生成，提供独特的切点、视角和言说的动力，这或许是经典之所以成为经典的理由吧，这样的语境不仅在域内，也活跃在域外。

今天我们要向八大山人学什么？遭遇21世纪的八大，它为中国画和中国艺术带来什么，贡献出什么？清代诗人、著名书法家、"碑学"的倡导者何绍基曾这样评价八大及其绘画："愈简愈远，愈淡愈真。天空鏊古，雪个精神。"[1]何绍基所谓的"雪个精神"更多的是从艺术风格学着眼，观照八大的绘画，认为八大的画有古意，其精神充满上古羲皇之风。然而"雪个精神"的核心意义和理论内涵在经历数百年的美学诠释和演化下，"天空鏊古"已远不能概括其精神内核，而现代理论语境中，"雪个精神"更偏重艺术动力学、艺术社会学的一面。其内蕴的楚骚精神、儒学精神、悲剧精神、创造精神是支撑八大绘画精神的核心思想，是八大超越同时代画家，在共时性和历时性审美接受中，构成永恒价值的力量与源泉。"雪个精神"的要义恰恰是当代中国的艺坛所欠缺的，19世纪末20世纪初期，中国画曾经历过第一次彷徨；今天，走在千年之交的十字路口，中国画何去何从，争论依然不休，返观八大山人的背影，汲取"雪个精神"，也许会给我们些许启迪和答案。

一

认识八大的楚骚传统、楚骚精神是把握全部"雪个精神"的关键和钥匙，"楚骚精神"是"雪个精神"的密码和基因，是构成其整个精神图谱的根系和魂魄。

"楚骚精神"的显性特征是"抱独"之心。清代学者邵长蘅在其所撰《八大山人传》中云："世多知山人，然竟无知山人者。山人胸次汩淳郁结，别有不能自解之故，如巨石窒泉，如湿絮之遇火，无可如何，乃忽狂忽喑，隐约玩世，而或者目之曰狂士，曰高人，浅之乎知山人也。予与山人宿寺中，夜漏下，雨势益怒，檐溜潺潺，疾风撼窗扉，四面竹树怒号，如空山虎豹声，凄绝几不成寐。"[2]康熙二十九年（1690），邵长蘅与八大相晤于南昌北兰寺，这是时年65岁的八大山人给作者的直接印象。这篇传记是迄今对八大山人最早最全面最真实的记录，文献的可靠性毋庸置疑。而"易堂"子弟梁份于康熙甲申年（1704）写给八大的信中则表明，即使80高龄的老人，其悲郁独绝之心依然强烈。信中陈述了梁份徒步拜谒明十三陵之事，最后说："想先生闻此必为开数十年未开之笑口，而展图一览，又必凄然于此日矣。"[3]数十年未开笑口，这是何等的悲绝、苦闷与孤独！

八大"楚骚精神"的产生既来自于天崩地裂的时代，一个朱明皇室的后代遭遇异族追杀，山河沦丧，家破人亡的独特社会环境、家庭环境及个人遭际，更源于中国独有的士人传统，及其精神价值取向的主动性。八大楚骚精神的时代成因、楚骚精神产生的思想背景和体现于诗学上的精神源泉，笔者在专著《八大画风与楚骚精神》中做过专门论述，兹不赘述。

由伟大诗人屈原开创的楚骚精神，不仅形成了一条源远流长的美学传统，他还以生命为代价谱写了一个典范士人的传奇和品格的图腾。八大山人的楚骚精神在绘画美学上表现于其对比兴诗学的继承和运用，以及由此形成的象征主义绘画风格中；其在怪奇形象的美学承传上，表现出惊人的现代主义绘画特色；在诗歌上则体现于感伤与怨愤的色调，充满幽情暗恨的诗风。而作为士人的八大山人，则体现出传统士人的典型特点：具有怀道抱德、强烈而执着的理想主义精神，具有忠贞不阿的高洁人格，具有任性使气、爱憎分明的情感追求。

强烈执着的理想主义是士之为士的共同特征，它构成楚骚精神的内在动力。具有理想主义精神的人，表现在外在行为上具有孤独执着的特点；道德上体现出正道直行、表里如一的高风亮节；表现在心理上具有丰富细腻的情感表达；而在想象力上则较一般人更为丰富、奇特、夸张与浪漫。就此而言，较之现实主义，理想主义是最具审美色彩的思想与精神，理想主义的诸多特征构成了审美创造学、艺术动力学、艺术发生学的基本要素和环节。

类似于屈原那"帝高阳之苗裔"的显赫出身，八大山人也有着大明纯正的皇室贵族血统，尽管"甲申之变"时，八大年仅19岁，其生命的大部分在清朝度过，但其念念不忘皇室血脉、希图光复大明江山的理想信念却终其一生丝毫未移。《个山小像》上他那方"西江弋阳王孙"的大印；49岁时他"戴斗笠""著宽袍"的明式装扮；他的法号从起初的刃庵、雪个、人屋到八大山人；他那纪念崇祯帝讳日的"三月十九日"著名画押，这一切无不显示对自我追求的宣示，对世间的告白。大思想家黄宗羲谈到明末清初士风变迁时说："年运而往，突兀不平之气，已为饥火之所销铄……落落寰宇，守其异时之面目者，复有几人？"[4] 在清政府高压和怀柔两手政策下，明遗中的大部分人已抛弃曾经持有的忠孝节义观，而归顺新朝，连遗民画僧石涛都两次接驾康熙，八大山人却成为坚守"异时之面目"的少数人之一。八大如此顽强地坚守自己的信念，这使他的一生处在美好的理想和残酷现实的漫长对抗与冲突中，感情的波涛也环绕一生，由此种下了人生苦难的涅槃，却收获了艺术的永恒浆果。

"楚骚精神不仅仅是表现在一个文本层次的形式美学范畴，它同样指向作家主体、个体人格及心理创作层面，而后者更成为中国古典文论中的核心思想，即是孟子所谓的'以意逆志''知人论世'说，在作家与作品、主体与客体、人格与文格之间，中国文论的价值取向更重于前者"[5]。对作家、艺术家审美主体人格的重视同样表现于世界范围内，荷兰的画家梵·高、德国音乐家贝多芬、俄罗斯文学家托尔斯泰，无不表现出令人崇敬的士人风范。

对创作主体、审美主体人格的高扬，在中国文学艺术史、美学史上从来便是创作及理论的主旋律，但现代以来，尤其是20世纪50年代至70年代，这一命题却走向极端政治庸俗化的胡同，画坛也未能幸免。80年代以来，随着文化领域掀起对泛政治主义的批判，审美主义逐渐高涨，现代主义、后现代主义陆续登场，今天对作家、艺术家创作主体人格的态度和看法又滑向另一个极端。面对中国正经历一个史无前例的千年转型时代，整个画坛和艺坛也迷失在一片物质主义盛行的汪洋大海中，思想像浮萍一样随波逐流，何谈坚守？风格像万花筒般，是转瞬滑落的色彩碎片。谈论终极价值、人文关怀，在大部分艺术家的心目中，仿佛是史前思想的化石；谈及坚守和执着，那是冥顽不化、迂腐可笑的代称。后现代主义迷障下，艺术纷纷下架，"思想"变换成"观念"，"感情"变换成"行为"，"零度写作"喧嚣尘上，决定艺术本质的根本要素——思想之美、道德之美、情感之美和历史之美已然远去。感觉主义君临天下，它正试图对艺术重加命名，扩大艺术的边际，消弭艺术与生活的界限；它反对情感对艺术的介入，试图抽空艺术的血液，使之枯萎成标本。感觉主义给现代艺术带来的恶果是它最终从真理的神龛上，拉下真、善、美，以艺术的名义，迎合人性的丑陋与弱点，从而搅乱社会秩序的天平。

"雪个精神"对当代画坛的启示是，它不仅仅要求艺术家重塑士人的品格，确立艺术创造主体作为社会人的价值体现；更重要的是，它表明士之"用独"，之对精神的固守和执着，不仅不会阻碍艺术创造，相反，它会激发艺术的情感力、想象力和创造力，使艺术成为美的结晶，它提升人性之美，而非迎合人性之恶，它使艺术的价值变得永恒而非昙花一现。

二

据《八大山人年表》载，八大于顺治五年（1648）23岁剃发为僧，顺治十年（1653）入进贤介冈灯社，顺治十三年继其师任住持，成为曹洞宗青原下二十八世传人。此中，文献称其"绍师法，尤为禅林拔萃之器"[6]。"不数年，竖拂称宗师"[7]。康熙十年（1671），八大居奉新芦田耕香院；康熙十九年（1680），于临川发狂疾，病愈还俗。自顺治五年到康熙十九年还俗，八大山人有三十多年的禅林生活，他生命中最有作为最具价值的时间均在禅院中度过。因此学者大都认为佛道思想对八大较之儒家思想更具影响力，而八大也的确在佛事上表现出特别的颖悟和才智。近代以来，关于八大和儒释道关系的学术论争便一直没有停止过。诚如中国古代大多数文人士夫一样，思想上都深浅不同地涉足过儒释道，八大山人也经历了这三家思想的洗礼，只是儒家的入世精神才是他艺术的主体精神，在"儒"与"释"、"遗"与"逸"之间，前者决定和制约着后者，并构成"雪个精神"的思想基础，只是这一特征在特定的历史环境和历史文本中以隐晦而曲折的方式表达出，不易识别而已。

此举八大于康熙十年（1671）46岁，为临川县令胡亦堂的女婿裘琏的《生妣刘孺人行略》一文所做的跋为例。跋云："震旦数百年，称节孝麟炳。袍笏蝉联者，海内不数名家，为余姚孙氏为最著。推孙所由盛，则忠烈元配杨太夫人实衍之，盖古节至性、浩然之气全焉。倪文正先生云：'英灵道尽，实钟妇人。非必有激而云，固有所试矣。真宰熔铸，炉鞴为劳。余姚而后，萃于四月。'裘氏今居士之为读书种子也，胎教优先焉者。既植之，宁不实之，亦终必食之。盛事鸿名，高甬上矣。云水偶逢，属书《行略》，絮虽刊落情缘，顾犹人子也。寸草春晖，能无怅怅？漫跋数言，等于《蓼莪》之废云耳。

个山传綮。"[8] 178字的跋文，寥寥数语，娓娓道来，由人及己，情真意切。内中称赞数百年来，守节尽孝的行为，彪炳神州；忠贞护国的事迹，代代相传，有着"古节至性、浩然之气"的杨太夫人（宋·佘太君）实是榜样的源泉。诚如倪文正（明·倪元璐）所说，当男儿事业未竟时，妇人便成为道义的继承者担当者。裘居士今日如此明理善读，亦是令母早早施教、书香代代相传之故。我虽落入空门，但还为人子，对慈母能不和"寸草"报答"春晖"一样充满深情吗？拉杂写下几句，权作《蓼莪》之"续貂"而已。君臣家国、忠孝节义、天地君亲，儒家的纲常伦理观，以及满含伤感、恪尽礼法的儒士形象，在短短的跋文中表露无遗，却是出自一位弘扬佛法多年的禅林高僧之手。

儒学的入世精神使八大的画风烙下与众不同的深刻印记。"正是将哀乐之情形诸笔墨，八大的绘画才被论家认为有'奇情逸韵'；正是笔端饱蘸悲愤之情，其画风才显得荒率简远，意境深邃，才有一种'整体性的象征'，一种历史苍茫的指向性"[9]。深刻的时代性以及由此带来的历史认识价值，使他超越了清代其他画僧及个性主义画家，并与宋元文人画遥相呼应，但又超越于宋元画。徐复观先生在他的《中国艺术精神》一书中认为："南宋末年，国势阽危，人心抑郁，人生失掉了生存的信心，于是出现了流传在日本的牧溪、玉涧、日温这一类带有幽玄气息的，偏于暗的形象的作品。在这类作品中，客观的自然，被置于若存若亡的地位。他们从表面看，有近于米氏父子的墨戏，但气息却远较米氏父子为深厚沉郁。换言之，其艺术性实远在米氏父子之上。因为在他们的作品中，含有更大更深的时代性。若仅从画的背景来说，有点像明末清初的朱耷、石涛。"[10] 在徐先生看来，时代性是构成绘画艺术价值高低的重要因素。较之于宋元绘画在"淡"和"简"的美学上过度走向禅寂、虚空不同，"八大的画风，空而不虚，寂而不灭，简而能远，淡而有味"，"远"和"真"才是其画风的核心概念。因此尽管庄老、道释思想也深刻影响了八大，其风格总体上虽然没有背离以"淡"为宗的中国艺术主体精神，但儒家入世精神却对其画风的生成起着无可替代的动力作用，他的画风空寂却不是死寂，有禅意却不是禅画。

中国艺坛在对待儒家思想的态度上，也如思想史的发展中儒家思想的遭遇一样。艺术家对社会政治生活、人情冷暖的关注，积极的入世观一度被提高到无以复加的地步，今天却又奔向另一个极端——象牙之塔是画家作战的堡垒；内省成为画家审美创造的动力；刻画生活被视为艺术低能的表现；塑造典型被视作向政治投诚；关乎国家、民族、人类命运的主题被当作寓言和宏大叙事而"敬而远之"；内心独白和个人的呓语才是流行的绘画题材；先锋艺术和"观念艺术"家无须去体验生活、操练思想、表达概念，作品中显示出足够的智力和逻辑力，有类似于心理小测试的把戏，这就够了，作品的最后完成还留有一半，仰仗于观众是否有类似于禅宗那样的顿悟之心。

八大绘画的伟大之处在于他没有将一生销蚀和沉迷于佛教的空无之中，没有痴迷于禅宗的语录、机锋、话头和公案，让心灵之花在青灯中枯黄并萎去，而是贴近生活，让感情同逝去的家国一同起伏，让个人的呼吸永远攀附在生活的常青树上，时代的主题才成就了他的绘画成就，使他由小我的吟唱，而变成大我的吟唱。当代画坛如若不能向后世奉献出反映时代主题、具有历史认识价值的画卷，则它愧于这个民族巨变时代的艺术。

三

除了在文学戏剧上有少量的悲剧作品外，以"天人合一"观为哲学及文化基础的中华民族，在文学和艺术史上也缺少西方那种建立在主客体强烈对抗冲突基础上大量的悲剧艺术。中国绘画最典型体现了怡情养性、讲究中和的美学观，尽管在绘画史上也曾出现过具有阳刚之气、崇高之美的"北宗"山水，但由于独有的文化环境和艺术史家的倡导，表现静穆，崇尚淡远，具有优美之气的"南宗"画派却成为绘画艺术的主体，"淡"成为中国艺术的主体精神。八大山人则不然，在中国绘画史上，他是悲剧意识和悲剧品格最为鲜明的绘画大师，也由此确立他在古典绘画史上独特的地位，悲剧精神成为"雪个精神"又一重要的思想指证。

众所周知，八大的身世及其遭际，自然是人生的悲剧，但这只是生活的悲剧，此处八大的悲剧精神指的是他一系列文学及艺术作品中体现出来的整体性美学特点。兹举最为人称道的一首题《飞鸟图》诗为例：

> 翩翩一双鸟，折留采薪木。衔木向南飞，辛勤构巢窠。
> 岂知巢未暖，两鸟竟相啄。巢覆卵亦倾，悲鸣向谁屋？[11]

该诗有学者认为是八大对南明小朝廷同室操戈的隐喻，是对王孙末日的无限哀鸣，诗风沉郁，极尽悲愤。再如题《墨花》图诗：

> 尿天尿床无所说，又向高深辟草莱。
> 不是霜寒春梦断，几乎难辨墨中煤。

该诗尽管引用了佛经典故，对整首诗的解释也众说纷纭，但作者那种悲怆抑郁，心绪黯然的感情是不难体味的。幽涩哀怨是八大诗歌的总体风格，而八大绘画风格整体上呈悲剧性特点几乎是古今论家的共识。"扬州八怪"之一的郑板桥对八大山人的评析最为人称道，诗云：

> 国破家亡鬓总皤，一囊诗画作头陀。
> 横涂竖抹千千幅，墨点无多泪点多。[12]

"墨点无多泪点多"句生动而又精练地揭示了八大山人绘画艺术的形式与内容的辩证而又统一的关系，也揭示了悲剧产生的动力和精神基础。吴昌硕曾题八大《山水花鸟册》诗云：

> 离离禾黍故宫芜，钟阜龙蟠剩画图。
> 只有荷花如旧日，桌歌凄断莫愁湖。[13]

潘天寿曾赋诗云：

> 不堪听唱念家山，尽在疯狂哭笑间。
> 一鸟一画山一角，破袈裟湿暮云烟。[14]

晚清绘画大师吴昌硕在八大的画中读出"禾黍"之悲，现代绘画大师潘天寿则读出山水沉沦之痛；徐复观先生在八大的画中读出"深厚沉郁"，李泽厚先生读出"孤独、寂寞、伤感与悲哀"。[15]

当代学者余秋雨先生在其著名的散文《青云谱随想》中说："明确延续着这种在中国绘画史上很少见到的强烈悲剧意识的，便是朱耷。他具体的遭遇没有徐渭那样惨，但作为已亡的大明皇室的后裔，他的悲剧性感悟却比徐渭多了一个更寥廓的层面。他的天地全都沉沦，只能在纸幅上拼接一些枯枝、残叶、怪石来张罗出一个个地老天荒般的残山剩水，让一些孤独的鸟、怪异的鱼暂时躲避。这些鸟鱼完全挣脱了秀美的美学范畴，而是夸张地袒露其丑，以丑直锲人心，以丑傲视甜媚。它们是秃陋的、萎缩的，不想惹人，也不想发出任何音响的，但它们却都有一副让整个天地都为之一寒的白眼，冷冷地看着，而且把这冷冷地看当作自身存在的目的。"[16]

的确如余秋雨先生所说，八大山人通过对鱼、鸟、荷、松、石这些对象的变异与夸张，通过对画面构图异乎寻常的安排与组合，丑化其审美对象，造成其表现对象强烈的疏离感，又通过一系列独特的隐喻符号——孤独的物象、怪异的神态、令人窒息的环境、摇摇欲坠的空间，传递出人生的悲情。而无论是古代画家，还是现代论者，他们不约而同地把目光投向八大山人悲剧画风构成的根本原因上，这就是八大悲剧精神的民族性、时代性和历史性。这也是为什么余秋雨说"他的悲剧性感悟却比徐渭多了一个更寥廓的层面"，尽管他的个人遭遇没有徐渭那样惨。学者认为明清个性主义画家尤其是"四画僧"的画风均打上了鲜明的时代印记，具有普遍的伤悲特点。但笔者看来，具有典型的悲剧美学特质，鲜明的个性主义精神、独创性的图式化语言以及风格的整体性和一致性，无疑非八大莫属。石涛以其《画语录》和"乱头粗服"的画风及笔墨技法的革新著称；弘仁和髡残以山水画取胜，风格冷寂，几近于禅。而八大画风里，我们能直观地感悟他那挣扎的灵魂、焦灼的心灵、生命的烈焰和精神的浩瀚星空，相比之下，石涛缺乏八大精神的崇高性和纯粹性，弘仁和髡残则缺乏八大执着的入世精神和对生命的热情，他们画风的悲剧感、生命感和历史感，较之八大，便显得苍白而一般了。

八大画风的悲剧感因其浓缩和象征着民族、时代及历史的意义，个人的不幸与遭际也因此而升华，悲剧带来的崇高感和历史价值近400年来感染了许许多多的画坛巨擘和文人士夫，其作品的艺术价值和地位在海内外画坛也日益隆升。

在人类艺术史中，悲剧美学在美的形态学上，从来便是处在一个较高层次的美学式样，在审美上它具有灵魂净化的效果，它总是和社会正义、道德完美、人类进步等伟大、崇高的主题相联系，悲剧是美学领域中的理性主义、道德主义和伦理主义的捍卫者。中国画坛有过一段时期，因政治意识形态影响，悲剧美学的地位受到极大高扬，今天，受世界文化思潮和社会发展环境影响，却又走向低谷，构成悲剧的核心思想基础遭到后现代主义及物质主义思潮的严重挑战而动摇。表现国家、民族、英雄、时代、正义、伟大、崇高等宏大主题受冷落，甚至于不屑，感觉、印象、梦境、脏与恶则纷纷登堂入室，成为绘画题材的时尚主题，美的道德性和伦理性被模糊并失去清晰的边界，悲剧对灵魂的净化作用，美的情感性因之而失去动力和评判的依据，审美活动是对人性的提升还是与人性之恶一同沉沦，这使当代艺术面临着巨大的价值危机。八大山人绘画的悲剧感建立在爱憎分明的强烈的道德基础上，体现出具有坚定的普世价值的爱国主义追求。尽管他有近40年的为僧经历，却不像弘仁和髡残那样，在画中冻结自己的感情，泯灭自己的道德判断和伦理认知，更没有像石涛那样放逐自己的精神追求，因此八大山人及其绘画不仅在美学领域建立起自己恒久的艺术价值，也在社会历史生活领域确立了自己崇高的道德和价值尊严。八大山人难道不是为处于价值迷惘、道德迷雾状态的当代中国画坛提供一种不可多得的继承和学习的范式吗？

四

艺术的"创新精神"是"雪个精神"的又一重要含义。"创新"概念在文艺理论中实际上指涉的是关于文艺的"继承与发展"问题，而在中国漫长的思想发展史和古典文论、画论中，也是一个广泛而经久不衰的话题。对八大山人有重要影响的明代大书画理论家、"南北宗"论的倡导者董其昌曾云："画家以古人为师，已是上乘，进此当以天地为师。"[17]尽管董其昌在这里已意识到"以天地为师"的重要性,但他的整个艺术发展观还是把"以古人为师"作为艺术创作的先决条件。而同为"四画僧"之一的石涛,则在其画论名著《苦瓜和尚画语录》中系统阐发了艺术的发展观。石涛在《变化章第三》中说:"我之为我,自有我在。古之须眉不能生在我之须眉,古之肺腑不能安在我之腹肠,我自发我之肺腑,揭我之须眉。纵有时触着某家,是某家就我也,非我故为某家也。天然授之也,我于古何师而不化之有?"[18]"故君子惟借古以开今也。又曰:至人无法,非无法也,无法而法,乃为至法。"[19]石涛以其具有玄学思辨色彩和散发着近代个性主义光辉的"一画论"名噪画坛,在艺术的发展观上高扬艺术的主体精神和创新精神,在其艺术实践上,这种革新精神更多体现于笔墨形式的运用上。尽管八大山人没有艺术发展观的系统理论论述,从他的诗文、题跋上我们依然能够发现他对该话题的真知灼见,更重要的是他以卓越的绘画艺术实践成为石涛"一画论"的真正践履者。在《题山水图轴》中,他说:"倪迂画禅,称得上品上,迨至吴会,石田仿之为石田,田叔仿之为田叔,何处讨倪迂耶?每见石田题画诸诗,于倪颇倾倒,而其必不可仿者与山人之迂一也。"这句的意思是,八大每每从画家沈周的题画诗中,发现沈周虽然对倪瓒颇为倾倒,但沈周、蓝瑛仿倪瓒的画时,又哪里看得见倪瓒的影子?八大之仿倪瓒与沈、蓝之仿倪瓒,道理是一样的呀。由此可见,在艺术的师承上,八大更加强调的是"不可仿"之处,这就是画家的主体精神、主体人格和独创精神,创作主体的精神气质是无法模仿的。又说:"董巨墨法,迂道人犹嫌其污,其他何以自处也?要知古人雅处,今人便以为不至。"这里的意思是说,董源、巨然的墨法,倪瓒看来也有不利索之处,更何况成就不如董、巨的其他画家呢?古人成功之处,今人便以为无法抵达,不敢越雷池。八大在此强调的是今人要向倪瓒学习,敢于怀疑权威,勇于疑古,不怕超越。又说:"士大夫多讥东坡用笔不合古法,盖不知古法从何处出尔。""法法不宗而成",这里说的是"无法"和"有法"的问题。语虽简,但更具思辨意味,以苏东坡画法不合常人眼中的古法为例,八大以历史发展的眼光阐明"法由人立"的观点,第二句则更精练地归纳出"无法而法,乃为至法"的道理,与石涛的画论相呼应。

如果说石涛以其"好野战"的笔墨技法纵横一世,那么八大山人则以其独步今古的造型能力和那画史上罕见的花鸟形象载入史册。八大绘画的"深刻之处在于他背离了绵延中国画数千年传统的程式化寓言特质,没有遵从传统中国文人画从'梅兰竹菊'这类普适性题材上开掘士人品性的静态审美思维习惯,而是将笔下的一切形象置于共时态下,使审美对象获得特定时空的烛照,他所创造的形象不仅由此灌注醒目的个性主义色彩,而且被赋予了历史主义内涵及价值深度"。他笔下白眼瞪人的鱼、鼓腹耸背的鸟、撑肠挂腹的荷、屈蟠拗铁的松、丑陋鼓斜的石和那超乎常规的构图,大异于绘画史上中和静穆的传统形象和绘画美学的优美范畴,打破了艺术的图腾与禁忌,形成了"金刚怒目"式的异乎寻常的怪奇风格，其图式语言的鲜明性、原生性、独创性中国绘画史上无人能及。八大艺术的创新精神在于他全然蔑视了中国绘画史上数千年来形成的超稳定美学法则，抉发了楚骚传统中比兴手法的原初意义，其笔下的风物被整体性地重新赋予和灌注了象征的内涵，使比兴走上了一条回归原点的道路。

和其他中国传统文化一样，晚清以来，中国画在自身发展的道路上便一直处在激烈的争论中，20世纪初，甚至出现要灭绝中国画的极端论调，显然这是其时中国社会政治积贫积弱时代在文化领域中的焦虑表现。80年代初，画坛还掀起过"笔墨等于零"的说法，这是国门再次向西方敞开后，文化自信不足的重新表现。以笔墨为特质的中国画迥异于以素描为基础的西方绘画，这是两种不同文化、文明在艺术领域中的体现。可悲的是，迄今为止，对于中国画的继承、发展、革新的争论焦点依然停留在对国画使用的材质、技法等形式因素上，所谓"现代水墨试验"，某种意义上讲，是献媚于现代和后现代西方思潮的"行为艺术"，它抛弃了国画之为国画的根基。如果这就是中国画的改革方向，那将是釜底抽薪式地彻底地消灭国画的文化基因，终将使这一民族艺术走向历史的博物馆，成为艺术的史前化石。20世纪以来，中国画坛的名家大师无不对八大山人推崇备至，中国画坛的20世纪成为花鸟画的世纪，这不能不归功于八大山人的影响，今天，即使在西方艺术史家的眼里，八大山人也享有崇高的艺术地位。被石涛称为"眼高百代古无比"，有着无比张狂的艺术个性的八大山人，其艺术的革命性和创造性不是从根本上抛弃传统，否定继承，将艺术的非理性因素推向极端。他曾在《临古书法册》中抄录格言一则："气象高旷而不入疏狂，心思缜密而不流琐屑，趣味冲淡而不近偏枯，操守严明而不伤激烈。"这表明八大山人的艺术趣味执中而不极端的一面，因此没有像徐渭那样，风格上呈现狂放有余而韵味不足。八大以深厚的塑形能力著称，但也同样具有无与伦比的笔墨技法。有学者称："明末四画僧书画可称春兰秋菊各擅胜场，然而，论书法应为四僧之冠，八大当之无愧。"[20] 如果说深厚的书法功底是八大艺术创新的坚实基础，那么楚骚传统、时代生活则为他的艺术革新提供了创作的动力和方向。中国画的发展方向同样如是，艺术的形式因素决定了艺术的种属，抛弃笔墨，也就改变了它的画种和属性；艺术的内容则赋予了艺术的价值，真、善、美的完美结合，则为艺术带来永恒性。形式具有相对稳定性，而内容最为活跃，它反作用于形式，成为推动艺术发展的决定性因素。以振兴中国画为己任的有作为的艺术家，应该把眼光投射在这个民族复兴的伟大时代生活上，而非自掘坟墓，去革"笔墨"形式的命。

石涛所谓的"笔墨当随时代"，八大山人恰恰以他和他的绘画为此做了脚注，八大山人的绘画正是他个人的心灵史也是那个时代的精神史。对"雪个精神"的理论厘析，不仅仅在于缅怀，更着眼于今天中国的艺术现实。

【注释】

[1] 何绍基题八大山人《双鸟图轴》，见清代陆心源《穰梨馆过眼续录》。
[2][7] 邵长蘅《青门旅稿·八大山人传》卷五。
[3] 梁份《怀葛堂文集》卷一《与八大山人书》。
[4]《黄宗羲全集》第十一册《寿徐掖青六十序》。
[5] 何平华《八大画风与楚骚精神》，南昌，江西美术出版社2004年版，第18页。
[6] 康熙《进贤县志·弘敏小传》。
[8]《八大山人全集》卷5《八大山人年表》，南昌，江西美术出版社2000年版。
[9] 同[5]，第160页。
[10] 徐复观《中国艺术精神》，上海：华东师范大学出版社2001年版，第268页。
[11] 下引八大山人诗文、题跋均出自《八大山人全集》。
[12]《郑板桥集·题屈翁山诗札、石涛石溪八大山人山水小幅、并白丁墨兰共一卷》。
[13] 转引自王方宇《八大山人对吴昌硕的影响》，《八大山人全集》卷5，第1305页。
[14]《潘天寿》，北京：学林出版社1996年版，第99页。
[15] 李泽厚《美的历程》，天津：天津社会科学院出版社2001年版，第340页。
[16] 余秋雨《文化苦旅》，上海：东方出版中心2001年版，第87页。
[17] 转引自邓乔彬《中国绘画思想史》，贵阳：贵州人民出版社2001年版，第669页。
[18][19] 石涛《苦瓜和尚画语录》。
[20] 周士心《八大山人及其艺术》，台北：台湾艺术图书公司1974年版。

（原载《八大山人研究》，八大山人纪念馆编，壬辰夏卷）

临八大山人画集序

范曾

甲申之变使八大山人由一个皇裔贵胄变为飘零的闾里庶民,内心固有深不可测的痛楚。论者往往以"墨点无多泪点多",以"天地为愁,草木凄悲"视八大,那就恐怕脱不了皮相之判。

艺术之伟大不仅仅在表现内心的痛苦,而更在化解这痛苦。大艺术最终是对灵魂的大慰藉,从大牢笼得大自在。这便是对着八大山人的艺术用得上"冷逸"二字的原因。"冷"固然是八大山人精神对来自社会、人生的感觉,这其中成就了八大山人特立独行的人格和寂然自守的孤抱;而"逸"则是八大山人对困境的心灵超越。这正铸炼了他艺术上卓尔不群的气质和清峻绝俗的笔墨。这两者的融合便是八大山人在美术史上所创造的不朽符号。

八大山人的画当然有着沉雄郁茂和深文隐蔚的崇高修养为底蕴,然而它并不费解和艰涩。他的画其实对观众有着炽烈而真诚的亲和力,它像强大的磁场,抓住每一个看到它的人,使你心旌摇动,甚至颤栗。而对一个虔诚的艺术信徒,它们自然有着疏沦五脏、澡雪精神的净化作用。八大山人绝不同于那些以艰深而文浅陋的所谓文人画家。他的画使你精神清纯而高华，于此，我们不要忘记350年来，没有第二个画家有他那样皭然不滓的清华笔墨，离开了这艺术语言，你的感受便失去了依据。

八大山人已经作为一个特殊的存在彪炳于世界画史，所有的人都赞美他，那是由于八大山人在临摹宇宙万有时，是那样天才地贴近着宇宙本体，以致使我们恍觉八大山人的画便是天地大美的本身。然而天地大美却只在极度个性化了的伟大艺术家那儿才一现它的光华，艺术和宇宙本体的辩证关系在八大的画中我们得到非常清楚的了解。卓越的画家们都对八大山人膜拜顶礼，吴昌硕、任伯年、齐白石、张大千、李苦禅都临摹过八大的作品，我想他们都从中得益匪浅。

然而八大山人的绘画语言并不轻易为人所掌握。在巴黎我对所有可能得到的八大山人的书籍和画集研究并临摹，我最后在《庄子》书中找到两句再确切不过的话，作为我研究的概括：其一，"形莫若就，心莫若和"（《庄子·人间世》），必须视八大山人为异代知己，有天上人间的对话，这样的临摹画外形便必以内心交融为前提，做到挥洒自如中得其神韵；其二，"彼且为婴儿，亦与之为婴儿"（《庄子·人间世》），婴儿，是朴，是无极，是宇宙本初，必须与八大山人携手游于无何有之乡，在撄宁之境中忘怀得失。当有这样的感觉时，我自以为摹出的作品不让先贤专美于前，同时自觉我的摹品不似八大，却似八大，在似与不似之间，我的摹品便有了出版的价值。因为是范曾理解的八大山人，而不是张大千描摹的八大山人。写到此处不免被视为"狂"，于是我请至圣先师孔子的高论来做盾牌，子曰："不得中而与之必也狂狷乎？狂者进取，狷者有所不为也。"

此书中的所有作品是献给我深爱30年的楠莉60岁生辰的礼品，谨愿天下共享"狂者进取"的果实。

（原载《中国书画》，2003年，第1期）

生面别开的阿万提风格
——从八大山人说到阿万提

薛永年

阿万提充满幽默感的新疆风情画，以及他在新疆工作30年坚韧不拔的学习和研究，已有许多专家做过精到的评说。我与他只见过一面，承他抬爱，远道寄来画册，送来资料，希望也听听我的意见。我虽然没有条件深入研究他的绘画，但翻阅画册之际，面对那充满生活气息的场景，观赏那生动活泼的形象，思索那漫画式的造型手段，不禁想起了与阿万提艺术若有联系的八大山人的花鸟画。

前几年，我在王朝闻先生的指导下编写《八大山人全集》，经常沉浸在八大作品的意境笔墨之中。其间正值中国画笔墨之争越演越烈之际。八大山人又素以笔简意丰著称，于是引起我对八大独特成就的思考。思考的结果是，八大不仅发展了前人的笔墨，形成了"笔中用墨"简练含蓄的风采，而且创造了超越具体时空的意境，充满感情地表达了自然生命在广大境界中的呼吸潜动与追光蹈影之美，体现了有着真情实感又超越具体感受的充沛精神，但把简单含蓄的笔墨与高妙动人的意境联系起来的重要环节，则是别出心裁的夸张变形的形象。他画的树干中粗下细，有着奇异张力；他画的石头上大下小，仿佛蘑菇云的升腾；他画的小鸟缩颈弓背鼓腹伸足，似乎即将展翅翱翔；他还把富于表情的人眼移植于鱼鸟，使之或惊悸，或孤傲，或稚气，或沉思，神态如生，情趣动人，充满了热爱生活又善于从中撷取智慧的幽默感。他的笔墨是与高度幻化的形象天衣无缝地结合在一起的。唯其如此，他才在写意花鸟画上突破了前人，既与重视平面效果而造型趋于写实的一类拉开了距离，又与过于强调草书入画表达情绪而流于符号化的一类区分了泾渭，从而别开生面，成了齐白石等众多画家无比佩服的千古一人。为什么此前无人洞悉在花鸟画中充满幽默感地运用夸张变形技巧的奥妙，而让八大独领风骚？究其原因主要有两点：一是前朝贵胄王孙的悲剧身世，使他摒除了功名心，全身心地投入大自然，对描绘对象充满了真挚而强烈的感情，在参悟自然与品味人生中，实现了"物与我化"。二是以景德镇瓷都闻名于世的江西文化环境，使他有机会接触民间瓷绘，透过其夸张变形的形象，体会出民间艺术的质朴天真与聪明睿智。

阿万提在研究绘画的漫长岁月中，尝试过许多画种。1982年他到南京艺术学院深造，师从陈大羽先生。在这之前他重点临习吴昌硕、八大、齐白石，后来转入人物，他的花鸟，特别是墨竹画得不错，但突出的成绩却表现在人物画上。他的人物画取材于新疆少数民族载歌载舞的生活风情，境界舒展开阔，气氛生动幽默，造型夸张变形，笔墨纵横质朴，设色鲜明浓丽。虽然一些作品尚可精益求精，避免率意中的用力平均，但已形成独特风貌。这种面貌几乎在中国画中前所未有，既比水墨写实作风的众多人物画在提炼形神中强化了少数民族群体特有的豪放不羁又富于风趣的精神，而且在夸张变形中拉开了与西方现代派以及新旧文人画的距离，从自己的角度突现了民族特色与现代意识。以往的评论家曾经指出，阿万提的新疆人物风情画的笔墨来自中国画，造型来自漫画和民间艺术，色彩来自古代壁画和民间年画版画。但仔细追寻，他的奔放不拘的笔墨特别是生猛有力的用笔，其实更多得益于乃师陈大羽的大写意花鸟画，他的用色得益民间年画版画比得益于古代壁画为多，他的充满天真稚趣不乏夸张变形的形象，除去得益于他自小热爱的漫画和长期探索中研究的民间艺术之外，我隐约感到从艺术渊源上亦可追溯到八大山人。如众所知，阿万提写意花鸟画师承陈大羽，而陈大羽是齐白石的门人。齐白石生平最服膺的古代画家便是八大山人，他晚年的一大遗憾是中途放弃了学习八大，他曾说"作画能令人心中痛快，百拜不起，惟八大山人一人独绝千古"。他还在一本学习八大风格的作品上写道："予五十岁之后，冷逸如雪竹，避乱窜于京师，识者寡，友人师曾劝其改造，即一弃。今见此册，殊堪自悔。"我揣度，作为齐白石再传弟子的阿万提，说不定在白石的影响下，自觉不自觉地悟到了八大变形夸张在花鸟画史上的突破性意义，并转而在现代中国人物画的探索中找到了与众不同的致力点。由于他的不拘小节的豪放有力的笔墨，充满欢乐与情趣的意境也正是靠流露着幽默感和稚趣童心的夸张变形的造型有机结合为一个整体的。进一步追溯阿万提在人物画上自成一格的更深刻的缘由，我看也与八大有相近之处。一是对生活的热爱对艺术的执着。阿万提这位自幼爱画的书香子弟，在讲求阶级斗争的年代，以弱冠之年便怀着远志主动去新疆戍边。在30年的日日夜夜中，他无论做工还是教书，或是从事工艺设计，一直和少数民族同胞生活在一起，半生道路的坎坷，境遇的艰辛，人情的冷暖，培育了他对这第二故乡新疆民族的热爱。唯其热爱，所以了解透彻，有所发现。最主要的一点，便是发现了他们乐观幽默的人生态度。他说"新疆民族的气质，举止行动，穿戴打扮，有一种潜在的幽默意识"，而这种意识反映了人们追求真善美的心理。阿万提说"幽默是人类共同喜欢的一种生活情趣，幽默可以引发人们的喜悦，带来欢乐，可以使人放松精神，解脱忧愁，解除压力，幽默可以和疲劳、伤感悲观产生平衡"。而对新疆民族幽默感的捕捉和他对幽默意识的认识，正是阿万提人物画在精神内涵上超越以往中国人物画的关键。认识到了不等于就能用绘画语言表达出来，他能够最终找到夸张变形的语言，正像八大山人一样，得益于民间艺术的启示。阿万提通过不息的探索，在广泛地涉猎源远流长的民间艺术之后突然悟出："原始艺术和民间艺术，虽然造型不准，但有一种情感意识的内涵，有一种古朴的、善良的、天真的、活泼的、诙谐的、幽默的成分在内。民间艺术的夸张变形，精神得到强化突出，成为主观世界改造过的客观世界。"于是解决了终于自成风格的艺术手段。50岁后他调离新疆；现任广州大学美术系教授、硕士生导师，六十又三的阿万提步入老年还在夜以继日地研究学习，不断深入完善自己的艺术风格。

  阿万提的不加修饰艺术还不能说达到了精纯完美，过多的称赞也许会遮蔽他继续奋进的大道。从八大山人说到阿万提，我没有丝毫意思比较不同时代不同擅长的画家成就，只是在继承与创新中再次体悟到必须"一手伸向生活，一手伸向传统"的颠扑不破的道理。也许需要补充的是对生活必须怀着淡泊名利的真诚热爱，使自己与所描绘的生活自然融为一体。阿万提画中的变形毛驴那么天真可爱，正如他充满幽默感的自述所称："当年随南泥湾大军在戈壁滩上开垦荒地，和毛驴、骆驼在一起工作和起居，究竟自己是人还是毛驴、骆驼也分不清楚了。"这个不正是文与可谈的"其身与竹化，无穷出清新"吗？至于对传统也必须从狭义的传统观中解放出来，文人画传统是传统，民间绘画传统同样是传统，而且有着前人忽略的以神写形一片天籁的优良传统。当然，只有用新的眼光批判地审视传统，才能学到前人的长处而不被前人的成法束缚手脚。这便是我从八大山人想到阿万提获得的点滴启示，是否适当，希望得到阿万提和读者的指教。

（原载《东方艺术》，2004年，第10期）

一种风格，两种心境
——关于八大山人与陈子庄绘画风格形成之分析

韦 静

"各师成心，其异如面"，刘勰在《文心雕龙·体性第二十七》篇中这么说。艺术个性与风格的不同表现，就好比人与人面貌之间的差异，是一种必然。一幅同样题材的艺术作品也会因为画家才情个性、精神气质以及在历史环境中不同的遭遇，影响到它最终的视觉效果和审美体验。通过探讨关于其艺术风格形成渊源的差异，以期能在他们的绘画研究中得到启示。

一、八大山人

八大山人（1626—1705），原名朱耷，又名朱道朗，号良月，八大山人是他晚年的文号。他是明太祖朱元璋第十六子宁王朱权的后裔。崇祯十七年（1644），明朝灭亡，满洲贵族入关统治全国。八大山人那时19岁，不久父亲去世，内心极度忧郁、悲愤，他便假装聋哑，隐姓埋名遁迹空门，潜居山野，以保存自己。

他的绘画，大多缘物抒情，用象征的手法来表达寓意，将物象人格化，寄托自己的感情。"八大山人"之名，连写为"哭之笑之"，也正是寓"哭笑不得"之意。而且在八大山人的作品中很难看到尖峰的笔触，其中更多的是秃笔的恣意挥洒。而形成这一风格的主要原因有以下几点：

1. 十几年富足的王孙生活，在诗书画方面的精深造诣是他后期绘画创作的坚实基础。八大山人生长在宗室家庭，从小受到父辈的艺术陶冶，8岁时便能作诗，11岁能画青绿山水，小时候还能悬腕写米家小楷。他的绘画功底是毋庸置疑的。

2. 明朝灭亡，受制于清人对于年轻气盛的八大来说在精神上受到强烈的刺激，对清政权的极力排斥以及对复国无望的无奈让他无处倾诉，故而将满腔愤慨挥写于笔墨之间。内心的极度痛苦和矛盾使其不得不将自己的情感进行抑制，进而将它扭曲，将它锻造，终以另一种形式公之于世了，于是便形成了八大的那些多以顶天立地式为主而构图的隐喻画。所以，他的作品才会让人有一种压抑感。

八大山人所绘花鸟，形象洗练，造型夸张，表情奇特，构图险怪。而山水作品多以干笔枯墨为之，虽宗法董其昌，却绝无秀逸平和、明洁幽雅的格调，而是枯索冷寂，满目凄凉，于荒寂境界中透出雄健简朴之气，反映了他孤愤的心境和坚毅的个性。也正是这种誓不与清人为谋的心态，让他的作品有了与前人迥然不同的艺术语言。

二、陈子庄

将陈子庄拿来与八大山人同时登台亮相，是因为虽说其在绘画的风格上汲取了八大山人的很多元素，但他却没有完全照搬八大，而是将其消化后形成了自己的东西。在陈子庄看来，绘画的本质就在于发现事物的精髓、灵魂，只有提炼出这些东西，才会真正找到绘画的乐趣。正如其画论中所归纳的"技法、技巧是学画的初步，到后来，这些东西是不起作用的，起作用的是灵感、神"。

陈子庄，名福贵，又名思进，别号兰园，南原下里巴人。民国2年（1913）10月15日，生于永川县永兴场（今永荣镇），1976年7月病逝于成都，终年63岁。抗日战争前，齐白石、黄宾虹先后寓居成都，陈子庄因得到他们的教诲而眼界大为开阔，同时上窥八大山人、石涛、吴昌硕诸大师的艺术精奥，从而决定了他的艺术走向。50年代开始变法，逐步形成了自己的艺术思想体系和独特的"子庄风格"。

50至60年代中期，他的画艺以奇兀、峭拔、灵宕的特色呈现，异于时流。"文革"时期使他陷入困境，在妻子疯癫、幼子夭亡、自己疾病缠身的情况下，仍以极大毅力潜心于艺术的追求，把自己的艺术推向了一个更高层次。他的早期作品偏于清新、奇兀、险峻，晚年作品则日趋朴质、自然、幽微、绵邈。

陈子庄的山水，以秃笔勾勒轮廓，湿笔淡墨为主，山石少皴擦、多点染，不难看出，黄宾虹对其山水风格有着莫大的影响，但陈子庄的山水基本上是将中景拉近至眼前，以平远式构图为主。与八大山人相比，其山水的用笔用墨则秀润明丽，倍显蜀中山水的滋润明洁。其花鸟画注重水墨晕染的效果，构图以简练、精准为其特点，造型夸张但意趣天成。

他的构图简单，一两笔就能生动表现其所绘形象。在陈子庄看来，只要抓住了事物的"神"，形的似与不似就不重要了；但如若只注重形似，而忽略了事物本身的精、气、神，那么这幅画也就只会是一幅俗品。无独有偶的是，这一思想和苏轼的"身与竹化"的理论极为契合。

三、小结

一个真正的画家，在绘画创作的时候，会将自己的情绪不自觉地融入自己的作品，而这种心境的不同也是别人所无法仿效的，在作者肆意地挥洒自己的情绪的时候，自己的风格也就在这种天人合一的情况下产生了，八大风格是如此形成的，陈子庄亦然。相信只有真正理解了这一点，无论是绘画者还是观画者都会有一个很高的提升。

【参考文献】

1. 孙林《陈子庄绘画风格谈》，《西南民族学院学报（哲学社会科学版）》2002 年 01 期，194 页。
2. 俞兆鹏《八大山人的生平与艺术》，《江西社会科学》1982 年 05 期，105 页。
3. 周时奋《八大山人画传》，济南：山东画报出版社，2003 年。
4. 陈寿民《陈子庄 一个勇于自行其道的画家——怀念先父陈子庄》，《书画世界》2007 年 03 期，18 页。

（原载《大众文艺》，2008 年，第 12 期）

静境
——北鱼对八大山人艺术精神的继承

贾素慧

  展开当代画家北鱼的画作，亘古的静气扑面而来，而这种静气的产生，却是由画面中简简几笔一挥而就的一石一鸟、一树一花以及萧疏旷远的几笔山水那里传递出来的，这种静境与简笔图式是北鱼画作的代表图式。北鱼作为新文人画派的大家，他画作的这种图式显然是从300多年前的四僧之冠、文人画之集大成者八大山人那里遥承而来的。

  八大山人对静境是有追求的。这一方面是对作画环境的要求，他在《上鹿邨先生》手札中说："春雨作画，少得静专。"[1]另一方面是"万物静观皆自得"的心境，他在《荷石水禽图》的题记中写道："湖中新莲与宅边古松，皆吾静观而得神者。"静的环境、静的心境，流注于画面的自然也是一片静境。他在题画诗中说："斋阁值三更，写得春山影。微云点缀之，天月偶然净。"[2]

  画面的静境来源于何处呢？画面的静境显然来源于画家对道的体验和心性的流注。老子说："致虚极，守静笃。万物并作，吾以观其复。夫物芸芸，各复归其根。归根曰静，是谓复命。"[3]芸芸万物回归的本源和根就是道，作为万物之一的人归根体道的状态就是静。庄子心斋与坐忘的过程也是一种体道的过程。在心斋和坐忘的状态下，心如明镜如止水，是一种虚、静、明的境界，是经过了涤除玄览之后的澄明之境。《庄子·天道》中说："圣人之静也，非曰静也善，故静也。万物无足以铙心者，故静也。水静则明烛须眉，平中准，大匠取法焉。水静犹明，而况精神！圣人之心静乎！天地之鉴也，万物之镜也。"[4]《庄子·庚桑楚》中说："正则静，静则明，明则虚，虚则无，无则无为而无不为也。"[5]

八大山人对道的体验、对心性的体验是下过一番功夫的。《行书扇页·昭阳大梁之十月书以曾老社兄正》中自述其"静几明窗，焚香掩卷，每当会心处，欣然独笑。客来相与，脱去形迹，烹苦茗，赏奇文，久之，霞光零乱，月在高梧，而客至前溪矣。随呼童闭户，收蒲团，静坐片时，更觉悠然神远。"[6]与八大同时，又是同乡的吴堪曾亲见八大作画，认为八大笔墨之妙，实得力于参禅静悟。他在《题花卉鱼虫果品册》中说："严沧浪论诗，以禅悟为宗，诗与画同一家法。迹象未忘，终归下乘。余乡八大山人作画，颇得斯旨。余与山人交几十年，见其画甚夥，山人画凡数变，独其用墨之妙是始终一致。落笔洒然，鱼鸟空明，脱去水墨之积习。……数年，对人不作一语，意得于静悟者深欤！东坡云：'作诗必此诗，定知非诗人。'山人作画以画家法绳之，失山人矣。"[7]潘天寿说："石溪开金陵，八大开江西，石涛开扬州，其功力全从蒲团中来。"[8]

北鱼画面所呈现的静境，除了与八大相似的画面图式外，更多的是与八大一样，得力于对道的体验。他在《自述》中说："因好学老庄与禅宗，喜好在书法与绘画中追求对道的体验。"作为北鱼体道之具的绘画，画面流露出来的静境就是道境，就是空境，就是禅境。这种静境和空境不是死境。苏东坡在《送参廖师》中说："欲令诗语妙，无厌空且静。静故了群动，空故纳万境。"[9]心的静境不是死静，而是静观群动；心的空境不是空无，而是包纳万有。同样，表现于画面的静境不是死静，而是静境中有生气的流动；画面的空境也不是虚无，而是有限中的无限。在北鱼处理道与艺的关系的过程中，不仅有由技入道、以艺践道的体验过程，而且有一个以形而上之道规范形而下之艺的过程。在中国，绘画者的精神是体道的精神，其画作达到的境界，就是道创造万物的境界。这种体道的精神，也是一切所谓技巧的根本，有无这种体道的精神，便是文人画与匠画区别所在。八大与北鱼的图式同构，浅层次看是北鱼学习八大的结果，深层次看来，八大与北鱼的精神指向同一个圆心——道。在一定意义上说，八大只是北鱼的一个标月之指。

画面的静境在技法层面是如何实现的？也就是如何把心中体验到的静境、空境、澄明之境落实于画面上，使静境有群动，空境纳万有呢？除了静观的心性照射，八大与北鱼都走向了即道即技的有无相生。八大《题山水册页》有一则语："此画仿吴道元阴鹜阳受、阳作阴报之理为之，正在瑟地。"[10]八大从仿吴道子画悟得阴阳相生之理，计白当黑，构图简明，虚处不虚，生气灌注。最有代表性的是他的一些《鱼乐图》中画鱼不画水的出色构图。不画水处给人以无中生有的幻觉，是无画处皆成妙境。这可以从老子那里得到哲学依据，老子说："知其白，守其黑，为天下式。为天下式，恒德不忒，复归于无极。"[11] 又说："故有无相生，难易相成，长短相形，高下相盈，音声相合，前后相随：恒也。"[12] 北鱼把老子哲学化语言的黑与白、有与无以及八大哲学化语言的阴与阳阐释为绘画上的把握笔墨与空白的关系。他在《画与道》一文中说："绘画艺术的奇妙处就是把握笔墨，调整笔墨与空白之间的关系。这种把握极其微妙，它就如同收音机的调频，左也不是，右也不是，恰到好处时音乐就产生了。""埏埴以为器，当其无，有器之用"。绘画如果看不到空白（无）的作用，也就不会知道笔墨（有）的作用。表现情形的绘画，其笔墨恰到好处时，空即不空，无即不无，不着一笔处亦有血、亦有肉、亦有情。表现意境的绘画，其笔墨恰到好处时，笔墨与空白则浑融为意，浑融为境。表现心性的绘画，其笔墨恰到好处时，空即心、空即性，空白处会灵灵欲动。

由体道状态的澄明之境，来对笔墨与空白进行微妙把握，以达到心灵澄明之境的物化。反过来，画面的静境与空境，借由笔墨与空白，使不可见之道如在目前。道被中国古代士人认为是一个至高无上的宇宙本体，士人也努力通过各种途径去体验它，来达到与道的合一。老子说："有物混成，先天地生。寂兮寥兮，独立而不改，周行而不殆，可以为天地母。吾不知其名，故强为之名曰道。"[13] 孔子说："志于道，据于德，依于仁，游与艺。"[14] 作为相对意义上的两极——形而上之道与形而下之艺，正如一鸟之两翼、一车之两轮，如何找到道与艺之间的通道，从而在道与艺、形而上与形而下之间逍遥行走，成了一些士人的终生追求。庖丁解牛、佝者承蜩是《庄子》一书中两个脍炙人口的故事。解牛这一普通的行为，由于庖丁的游刃有余而使他有了体道的快感；承蜩这一普通的行为，由于佝者的用志不分而使他达到了一种乃凝于神的境地。这种由技入道的过程，也就是形而下行为过程对形而上道的体验，使这一行为在一定程度上具有了现代意义的行为艺术的特质。绘画作为艺之一种，其过程在一些从艺者那里也相应地成了由技入道的过程，其行为也相应地成了体道的表现。而所有这一切落实到架上绘画的结果就是有无相生的图式结构。

游走于道与艺之间的人生，北鱼恰似 300 多年前八大的又一个轮回。

【注释】

[1] 八大山人书法集（下）[M]. 北京：北京工艺美术出版社，2005：219.
[2] 八大山人书画册 [M]. 杭州：西泠印社，1982：10.
[3][11][12][13] 张松如. 老子说解 [M]. 济南：齐鲁书社，1987：109，193，20，165.

[4][5]陈鼓应.庄子今注今译[M].北京:中华书局,1983:337,618.
[6][10]八大山人书画集(第2集)[M].北京:人民美术出版社,1983:212-213,11.
[7]萧鸿鸣.八大山人生平及作品系年[M].北京:燕山出版社,1997:315.
[8]潘公凯.潘天寿谈艺录[M].杭州:浙江人民美术出版社,1997:166.
[9]苏轼文集[M].北京:中国文史出版社,1999:147.
[14]杨伯峻.论语译注[M].北京:中华书局,2006:76.

(原载《美与时代(中)》,2011年,第11期)

八大山人与瓷画

尧治华

前些时候，一藏友拿了几件晚清及民初瓷瓶、壶、莲子罐及灯笼罐等东西给笔者见识见识，道之曰：此乃八大山人所作之瓷画珍品，笔者则不以为然，并不管他的画多好，字写得多像，都不以为然；主要原因是八大山人——朱耷，乃生于明天启六年（1626），卒于清初康熙四十四年（1705），不可能生还作画书法于晚清、民国之瓷物之上。再说，即使八大山人在生之时也没有在瓷物之上作过什么画和书法。

八大山人享年80岁。明末清初画家，明宁王朱权之后，封藩于江西南昌，后便成为南昌人。其祖、父皆为书画家，于是明末之年朱耷便成为享有一定名气的书画名家，并年仅19岁便遇朱明覆灭，杜甫诗涌于心头："国破山河在，城春草木深。感时花溅泪，恨别鸟惊心。"于是心痛作哑，削发为僧，后又改为道士，于南昌建青云谱道院。由于悲愤心痛，生活贫苦，使之书画意境冷寂，所画鱼鸟多为"白眼向人"之情状，或所画一足单立，眼珠向上，白眼看青天，并署款八大山人，连缀"哭之"或"笑之"，以表心迹，以含意隐晦的诗句寓其对清廷不平，都寄寓着国破心痛。然而晚清和民国之书有八大山人款瓷画，不管山水也好，花鸟也好，鱼虫也好，大都与八大山人之意境冷寂相差甚远，甚至相反；大多还意境含喜及生机勃勃；所书之款也并非八大山人书写之法，连缀为"哭之笑之"，而是分开的"八大山人"，甚至在罐盖的四方各写一字，合为"八大山人"，完全失去了八大山人的艺术风格。

因此，可以断定：晚清及民初之瓷画书有八大山人之款作，绝非八大山人所作，也非八大山人书画之真迹的复印。

（原载《中国商报》，2002 年 3 月 14 日）

朱耷瓷砚与中州龚氏

吴之邨

清康熙初、中期，南昌故明王孙朱耷芒鞋破笠，漫游南北，隐显莫稽，行踪诡谲，江右遗民社会对之即深藏若虚，而清朝野官局率史志阙如，云尘鹤迹，扑朔迷离，多罕为世知。八大山人行脚所及，是否考察游历过饶州景德镇，亦缺乏可靠文献与实物证据足资镜鉴。近年，广东省收藏家谢志峰先生公布其"瓷砚堂"珍藏"寤歌草堂，哭笑定制"八字底款碟形瓷砚孤品一例，该瓷砚与朱耷有无关系？又有何关系？拾遗补阙，颇具深入研讨之学术价值。

一、朱耷砚事小志

清康熙朱观辑《国朝诗正》卷4《题八大山人遗照》诗："予昔游南昌，访君寤歌堂……别君越三载，闻讣心悲伤；文孙西江来，过我邗水傍；出图索题诗，展卷急相望；见君如生前，露顶坐竹床；手横一枝杖，案上纷缥缃；文房供具备，一一昔时光；呼君君不应，感叹泪双行。"

朱观，字自观，号古愚，清初安徽歙县人，侨寓扬州，与石涛、李考及八大山人交游。朱耷殁后，与八大山人"嗣孙"亦曾交往。朱观约于清康熙四十年后"昔游南昌"，曾亲见"寤歌堂……文房供具备"之况。朱耷辞世后，其"文孙"携"八大山人遗照"远赴扬州，请朱观等朱耷生前故友题挽，时朱观所见《八大山人遗照图》亦"见君如生前……文房供具备"。则八大山人"寤歌草堂"斋头文房四宝之冠砚品"具备"颇不乏当时当事人诗文书证。

朱耷砚事，除清康熙朱观等当时当事人亲见亲录书证，八大山人传世诗文中亦不乏内证。检汪子豆辑《八大山人诗钞·寄答庐陵赵年翁品砚》载："宋家沱石今还在（上声），赵老罋矶何处耶？念把云飞心灿烂，更谁南去点琵琶？庐陵往复重相识，海岳磨砻却是差；遗诏往时山岛内，田横一横死为家。"又《八大山人诗钞·无题》载："沱石荆南尽，端州竟莫凭；闻之古式研，一倍谱庐陵。"朱耷"庐陵"两诗互诵，本事皆与"赵老""赵年翁"有关；其所咏"沱石"即"端州……古式研"材；更为重要的是，朱氏两庐陵涉砚诗"宋家沱石……遗诏往时山岛内，田横一横死为家"等秦汉、南宋典实，咏史明志，皆蕴寄了八大山人内心底层浓烈的遗民情结、亡国之恨。

续检汪辑《八大山人诗钞·题画石奉答倪翁秋叶砚之作兼画附正》载："端石遗春舠，云林会秋晚；是山三落叶，练子一低头；画法根归尽，文章苦入流；它家为鹍鹆，旋上广南州。"又《八大山人诗钞·题画奉答樵谷太守之附正》载："读书至万卷，此心乃无惑；如行路万里，转见大手笔……研之一峰砚，予为老王墨；南昌几川树，山谷几族戚；高文重杞赠，嗣响二千石。"八大山人《题画》两诗环读，所咏"端石……秋叶砚"亦端州砚石；又"旋上广南州""山谷几族戚"晦文涩句，似仍应考虑到朱耷与南明残余西南永历政权的心绪纠葛（另考）。

清康熙四十四年，朱耷殁后，其寤歌草堂文房遗珍炙手可热，身价百倍，陡然升值，成为江南数省而主要是东南繁盛富庶之地文坛士林附庸风雅流辈竞相玩赏鉴藏的抢手罕物。八大山人砚事，其生前诗文内、外书证固称举不疲，朱耷身后亦颇未落寞，可谓"风乍起，吹皱一池春水"。余波遗绪，不绝如缕。而首轮鉴藏高潮峰值，似出现在清康熙末至乾隆初年约二三十年内。

清嘉庆廿年胡氏敬义堂刻本康熙陈梓《删后文集》卷4《黄金鼎几记》载："小春望，命门下，拓八大山人砚铭，味其字画之古雅，为神往。"又清康熙陈梓《删后文集》卷5《宝稽堂记》载："余癸丑（清雍正十一年）馆邗江，虎林周秀才携一古水坑，仅三寸余，腹镌草书，云：'稼穑惟宝，代食惟好。'末署曰：'驴。'乃八大山人真迹也，草法大合，刀法出文彭右。索值昂甚，不可得私。"清康、乾间人陈梓，字俯恭，又字古铭，号一斋，浙江余姚籍，侨寓秀水。清乾隆中，屡举鸿博、孝廉方正，皆不就。勤苦笃学，著述不懈。陈氏《删后文集》所载扬州、杭州两地八大山人"古水坑"砚事，与前引朱耷诗"端州……古式研""端石……广南州"印合,亦指端州砚石。那么,朱耷斋头遗世砚宝除"端石""古水坑"外,有否其他材质砚品呢?又清康熙、雍正间,八大山人"驴"款砚石虽掌上袖珍"仅三寸余"已"索值昂甚,不可得私"。盛名之下,素号重利渊府,江右、江南坊肆间曾否出现市侩牙驵托名逐利仿冒赝品呢?

二、清"寤歌草堂"款瓷砚考(上)

清康、乾间文献,除前引朱耷"稼穑惟宝,代食惟好"八字铭文史料外,笔者又检得广州收藏家谢志峰先生珍藏明末清初风格青料楷书"寤歌草堂,哭笑定制"八字底款瓷砚一品。

谢志峰《瓷砚赏析》卷首《瓷砚史略》称:"我所收藏的清代瓷砚,有近二百件,绝大多数有年号、干支款或堂名、人名款……此外,还有一件'寤歌草堂,哭笑定制'的碟形瓷砚,仅有两条青花弦纹,造型简朴,青花呈灰蓝色,是我国明末清初杰出画家八大山人的堂名款砚,亦具有明末的遗风。"[1]

谢氏之孤例,与晚清、民国间景德镇收藏"寤歌草堂,哭笑定制"款瓷砚,以笔者之寡闻,尚未见史料与实物披露,为目前仅见民窑仿古赝品粗制滥造,动辄数百千件不同,似应非晚近诡制仿器,为近年来伪劣浊流泛滥横恣冲击下,朱耷研究界鲜见罕闻的实物新证。

谢氏《瓷砚赏析》第四十三品《青花碟型砚》载:"青花碟型砚,清初。口径13厘米,底足口径8厘米,高2厘米。砚呈碟形,砚面微凹,周沿有一条水槽。除砚面不施釉外,砚边唇滚圆,砚身施内釉,泛青色;砚边饰为两条青花弦纹,图案简洁,砚唇釉润如玉。底足青花楷书'寤歌草堂,哭笑定制'两行直书款。据查文献记载,'寤歌草堂'是我国明末清初杰出画家八大山人晚年在江西南昌城郊居住时的堂名。从瓷质来看,是江西景德镇民窑烧制,青花蓝中泛紫灰色,有明末的遗风。"

谢志峰,号耕砚笔农,著名收藏家。现为广东省中国文物鉴藏家协会会长、广州市文物鉴定委员会委员。谢氏"瓷砚堂"藏瓷砚300余方,据称皆已经中国陶瓷鉴定权威冯先铭、耿宝昌等,中国文物鉴定权威商承祚、唐云、林散之、黎雄才、关山月、赖少其、谢稚柳、程十发、徐邦达、邓平初、刘济荣、何为等及广东省中国文物鉴藏家协会专家赵自强、宋良璧、曾广忆、高成、张从达、赵汉光等鉴定为真品,千手千目,法家法眼,似非孟浪无据。其判断"青花碟型砚……从瓷质来看,是江西景德镇民窑烧制"尤属内家谳词,不可移易。

笔者细检谢氏《瓷砚赏析》图谱,共登录汉、唐、宋、元、明、清、民国瓷砚一百十品。其中清"顺治玖年"款瓷砚一品,清康熙年十八品,清雍正年十三品,清乾隆年十品,共计四十二款。全卷图版砚式形制纷呈，但仅见所谓"碟式"瓷砚两件，除前引"寤歌草堂"款碟式砚外，另件为清乾隆年间仿哥窑碟式瓷砚。

谢志峰《瓷砚赏析》第九十五品《乾隆仿哥釉碟型砚》载："仿哥釉砚：清乾隆。口径10.2厘米，高2厘米。砚呈小碟形，砚面较平，周沿有一条小水槽，砚唇滚圆，砚足下收，施黄色护胎釉，釉面莹白，开细片纹。"谢书第四十三、九十五品两款"碟式砚"形制特征及主要设计参数，可简略表示如下：

表一　谢志峰《瓷砚赏析》载两例清代碟砚品比对简表

序	砚品	口径	底径	高径	砚堂	形制	砚边	釉质
1	青花碟形	13厘米	8厘米	2厘米	微凹	周沿有一条水槽	唇滚圆	润如玉
2	仿哥小碟形	10.2厘米	/	2厘米	较平	周沿有一条小水槽	唇滚圆	莹白

谢氏"瓷砚堂"仅见二款特制"碟式砚"，虽装饰手法迥异，且大、小微别，但其胎器型制如范一模，完全一致，具有实证的可比性，显然皆出自清康、雍、乾三代景德镇民窑瓷工之手。而"仿哥窑"器装饰模式的选择，刻意追求、趋附江浙士大夫审美趣味，并与清康熙末至雍正间"虎林周秀才"又"邗江"即扬州陈梓等江南文士藏家"神往"并竞相追逐、收藏"八大山人砚……之古雅"的文房时尚相呼应，折射出两款"碟式砚"商品属性文化附加值的市场特征，即其所谓商品"定制"方向或曰商品终端市场反映的传统文化需求与艺术品位，带有显著的时代与地域色彩。换言之，两款特制"碟式砚"装饰手段的设计与设定，皆为特定市场需求选择的结果。清康熙陈梓《删后文集》两条朱耷砚事佚闻与谢氏"瓷砚堂"两品"碟式砚"逸器互相发明，"寤歌草堂，哭笑定制"款砚品为八大山人砚事余绪，应无问题。

笔者所据谢书"寤歌草堂"款砚图有限资讯，既经过手，亦无从获知其出土或传世线索，虽姑以国内诸鉴藏家目验谳辞暂定为真品，但以为似不必亦不能排除清康熙末至雍正年间甚至更晚时段托名"定制"或仿制的可能，其中尤以清乾隆前期"定制"的可能性为较大。

三、清"寤歌草堂"款瓷砚考（中）

谢氏"瓷砚楼"藏"寤歌草堂，哭笑定制"砚品，虽称已经国内一流专家团队集体鉴定，但笔者为慎重起见，仍不妨暂不考虑该砚品真赝的变数，先进一步深入、细致地全面剖析南昌八大山人"寤歌草堂"所汇聚并承载的明遗老"哭之笑之"边缘话语圈时、空二维属性，能否获得"清康熙末至雍正年间甚至更晚时段"当时、当地乡邦文献与文坛史料的有力支持。

清乾隆四年刻本张庚《国朝画征录》卷上《八大山人朱重容附》载："八大山人，江西人。或曰：'姓朱氏，名耷，字雪个，故石城府王孙也。甲申后，号八大山人。'或曰：'山人固高僧，尝持《八大人觉经》，因以为号。'余每见山人书画，款题'八大'二字，必联缀其画，'山人'二字亦然，类'哭之笑之'，字意盖有在也。"张庚字溥三，号瓜田逸史，浙江秀水人。幼弃科举，肆力于诗古文，工书善画，山水入董、巨、倪、黄之室，又自成一家。清乾隆初，以布衣举鸿博不遇。著《国朝画征录》《强恕斋诗文集》等书行于世。张版《八大山人传》为朱耷研究屈指可数的重量级核心历史文献。

细检山西省图书馆藏清乾隆四年刻本张庚《国朝画征录·自序》称："是《录》，创始于康熙后壬寅，脱稿于雍正乙卯，十余年间，凡三上京师，一游豫章，一游山左，再泛江汉，三至中州，江南则经者数矣。"对检浙江图书馆藏清乾隆刻本张庚《强恕斋诗钞》卷1《乐府》载《豫章行癸卯客江西作》诗："驱车远行迈，言至豫章山……累累中田瓜，大小相钩连；白云渺天末，游子何以安。"

张庚诗文对读，可知张氏《国朝画征录》创稿于清康熙六十一年（1722）壬寅，杀青于清雍正十三年（1735）乙卯，而张庚为八大山人及朱容重作传，应在其"一游豫章"即雍正元年（1723）癸卯内。但张庚《国朝画征录》所作八大山人并附朱容重合传，虽全文连题仅218字，却错讹连篇，如朱耷字"雪个"而张氏误书为"雪個"；朱耷印款自署"西江弋阳王孙"而张传误植为"故石城府王孙也"；朱耷约清康熙二十三年（1684）甲子始自号八大山人而张书误传为明崇祯十七年（1644）"甲申后，号八大山人"；甚至误书朱耷族侄朱容重庠名为"朱重容"等等。其尤谬劣者，讹借西江陋儒之腔"或曰：山人固高僧，尝持《八大人觉经》，因以为号"云云，顾名思义，强作解人，流毒乡里，贻害后学匪浅。可证张庚"一游豫章"客次所获有关南昌明遗民八大山人的消息，多半出于江右巷儒村宦、蠢道愚僧、驿卒舟子、荒樵野老徒辈市集瓦肆风谣、茶楼酒馆谈资，途说道听，口耳无凭，故颇为南昌当道官宪、饱学缙绅不屑与诟病。

清乾隆十六年刊《南昌县志》卷34《人物志·隐逸·八大山人传跋》按语："（八大）山人，隐进贤灯社。有故家子，示以赵子昂所书《八大人觉经》，山人喜而跋之，因以自号。世乃谓：'八大'隐'笑''哭'二字，非也！"清乾隆十六年版《南昌县志》为顾锡鬯、蔡正笏主修，顾锡鬯，字孝为，号瓒园，浙江钱塘人，进士，原丰城县令，乾隆十四年调令南昌；蔡正笏，字书存，号松亭，南昌县人，乾隆四年进士，候选知县。

浙江钱塘人顾锡鬯颇不以其秀水同乡张庚所"每见"为然，并讥其"非也"。则南昌僧俗两界、城乡四民哄传八大山人"哭笑"之密旨隐义，并不为清官方学阀认同。

清雍正元年，八大山人辞世约已十有八年，浙江秀水人张庚"一游豫章"之后，始称朱耷"款题'八大'二字，必联缀其画，'山人'二字亦然，类'哭之笑之'"。并载入其书录，该项解读是否如张氏自言出自"余每见山人书画"的创见，已莫必究诘，但至迟清乾隆四年《国朝画征录》刊布后，八大山人书画题款类"哭之笑之"一说，必已盛传江右、江南。

清康熙瓷砚"瘖歌草堂，哭笑定制"八字底款，与清雍正元年张庚《国朝画征录·八大山人传》"余每见"云云，又清乾隆十六年顾锡鬯《南昌县志·八大山人传跋》"世乃谓"云尔的记载参合互印，不但再次证明谢氏"瓷砚楼"藏八大山人"瘖歌草堂"款瓷砚的清代文物属性及笔者"清乾隆前期'定制'的可能性为较大"的审慎推论，而且首次不容忽视地与无法回避地提出一项失落了三个世纪的严肃命题：明末清初伟大的遗民书画家八大山人生前是否观摩游历过"工匠来八方，器成天下走"的世界陶瓷艺术圣地——饶州景德镇？而谢氏"瓷砚楼"藏"瘖歌草堂，哭笑定制"款碟式瓷砚究竟与八大山人有无关系？又有何关系？

四、清"瘖歌草堂"款瓷砚考（下）

笔者发现谢氏"瓷砚楼"藏碟式瓷砚"瘖歌草堂"名款，与清雍正元年至乾隆十六年间当时、当地、当事人所撰录权威史志的逻辑对应关系，已构成三环互扣的完整证据链。不同寻常的是，得到双重证据加强的逻辑链条上，交织缠绕着两例浙江籍官绅表现出的既等位对称又互相矛盾的对"哭笑"公案的强烈兴趣。这一生动、微妙的遗佚环节投射在似乎俚俗不经、令人啼笑皆非的"哭笑定制"市语行话中，辗转传递出更隐蔽、更确凿的历史文化信息。

谢志峰《瓷砚赏析》全帙所登录历代瓷砚一百十品，其中明、清两代瓷砚计九十一器。笔者于九十一品明、清瓷砚中共抽检出底（腹）部署瓷匠窑工自纪款文者逾四十四器，兹择要表列如下，借作以谢氏《瓷砚赏析》版砚品为基础参数的研读个案定量数据的定性分析：

表二　谢志峰《瓷砚赏析》载明清浮梁民窑瓷砚底款略表

序	砚品年代与款文	备　注	序	砚品年代与款文	备　注
01	嘉靖八年季夏置用	青料行书	23	独占鳌头 雍正三年秋月办用	青料楷书
02	大明万历卅三年岁 次念八置用	青料楷书	24	大清雍正伍年秋月吉旦	青料楷书

序	砚品年代与款文	备注	序	砚品年代与款文	备注
03	万历丁未年仲秋月置用	青料楷书	25	大清雍正年制 邓春芳自造	青料楷书
04	万历四十叁年造 田梓置	青料楷书	26	大清雍正拾年 徐龙万记	青料行书
05	大明天启二年岁次孟冬月吉旦置用	同 上	27	大清雍正 康长方记用	青料楷书
06	天启六年三月日置	青料行书	28	刘厚庵制	青料楷书
07	大明崇祯拾贰年季秋月张引九所造器用	同 上	29	乾隆元年 本月初七	青料行书
08	（明）汝南继斋置用	青料楷书	30	大清乾隆十五年瑾办用	青料行书
09	荣华富贵万万年 洪记号	青料楷书	31	身登四榜天子门生	乾隆庚子年帅记办用
10	连中三元 黄	青料行书	32	皇清乾隆癸丑年制	青料楷书
11	万古千秋 游用	青料行书 游用楷书	33	大清光绪十一年沈朝模字造相送	胡肆林字收用
12	（明末仿）大明成化年置	青料楷书	34	黄金万两 嘉庆八年冬月邬远记用	青 楷
13	（晚明仿）大明成化年见（砚）	青料楷书	35	嘉庆拾年制汪尚达造用	青料楷书
14	玉堂美器	青料隶书	36	砚田长留子孙耕 道光元年谢氏置用	青 楷
15	康熙五年遵贤制 康熙丙午伯言办用	双 款	37	孔孟文池……道光丙戌造	青料楷书
16	康熙六年 艾继鲁置	青料楷书	38	花香生画意 鸟语助诗情	咸丰壬子秋月面壁作
17	康熙七年冬月先生用	青料楷书	39	平心发笔…… 陈聚泰号字造	青料楷书
18	康熙廿六年置办用	青料楷书	40	光绪年制季冬月造 陈志和用	青料楷书
19	康熙卅肆年置	青料楷书	41	光绪丙戌年制 万明辉办用	青料行书
20	康熙卅六年丁丑岁仲夏月置用记	同 上	42	光绪壬寅年立 易子坤记	青料楷书
21	雍正元年办用	青料楷书	43	宣统元年秋月用办 刘永言计	青料行书
22	雍正贰年办用	青料楷书	44	宣统贰年腊月吉立 廖先生办造	青料行书

据表显示：自明嘉靖八年（1529）至清宣统二年（1910）380 年间，浮梁景德镇民窑工匠手自书款（"万历四十三年造田梓置""大清雍正年制邓春芳自造"等），或代订主书款（"康熙七年冬月先生用""宣统贰年腊月吉立廖先生办造"等），皆习用楷体（三十余例）书写"置用"（七例）、"置"（五例）、"置办"（一例），或"办用"（八例）、"造"与"造用"（九例）等。其中清康熙以前多习用"置"或"置用"等语词，清雍正至其后清朝则习用"办用"或"办造"类词语，皆与谢氏"瓷砚楼"藏碟式瓷砚"寤歌草堂，哭笑定制"款式迥异。

笔者推考：谢氏"瓷砚楼"藏"寤歌草堂，哭笑定制"八字器铭"碟式砚"的参考年代，已为国内专家反复鉴定并经以上统计学数据计量与定性分析有效证明，尤其是"哭笑定制"四字市语，内含清康、雍、乾三代浮梁景德镇陶业行会行规等商贸秘密；其"定制"行话铜臭熏灼，即不类浮梁窑工言痕语迹，又"哭笑"二字谑近于虐，更绝非八大山人"古雅"唇吻；而该特型"碟式砚"即具备文化商品属性，器铭"定制"则相应兼具市场贸易"订制"行规商务性质。"寤歌草堂，哭笑定制"八字款文，应为"订制"者亦即订货方窑商瓷贩杜撰虚拟。该佚名商侩必为清康熙末至乾隆初年间人士，且必须与南昌八大山人"寤歌草堂"明遗老核心文化圈及浮梁景德镇陶业公会民窑行业圈，甚至朱耷砚事"索值昂甚"的景德镇民窑商品终端江、浙市场所谓"吴门"文物富庶之地官绅仕宦文化消费圈，皆有经济、文化产销互动关系，而此天时、地利、人文、经贸等学术或曰技术景深四重内置光圈，皆自动聚焦于"定制"焦点——浮梁景德镇。千年历史名镇，万古艺术大师，遗尘逸事，惹人遐思。

五、八大山人与景德镇窑事

古伯察《中华帝国纪行——在大清国最富传奇色彩的历险》第十章《瓷器制造》载："全国所有的大型瓷厂都在江西。南昌府就相当于瓷器买卖的天然货栈，它拥有数家巨型商店，那里摆满了各色各样瓷器，从带有彩色镂空浮雕的巨坛，到精致入微的酒盅，一应俱全。最大的瓷厂在景德镇，它位于鄱阳湖东侧，没有城墙，算不得正规的城市。然而，其居民超过百万，几乎全都以造瓷为业。全镇上下忙忙碌碌、热火朝天的景象真是无法形容。根根烟囱吐着火舌，冒着浓烟，入夜之后，整个地区仿佛处于一片火海，新来乍到者还会以为全镇陷入了巨大火灾。500 多家厂彼此独立，成千上万座窑遍布各处，夜以继日，烧出件件瓷罐、瓷瓶，源源不断地运往各省，然后销到全世界……殷弘绪神父，曾于 18 世纪初被派到江西传教，因而常有机会光顾景德镇。那里一些已经改信基督教的工人，向我们提供了关于造瓷的详细而有趣的记录。"[2]

法国旅行家古伯察自称其江西行旅"时值 1846 年 10 月"前[3]，即清乾隆十一年八九月间；而古伯察氏所引据的法国传教士殷弘绪神父在"江西传教，因而常有机会光顾景德镇"则约在清康熙末至雍正年间，两位法国人前后衔接对江右景德镇大型窑业与南昌府瓷器巨型商店货栈的持续考察时段，恰与八大山人"寤歌草堂"岁月及浮梁"寤歌草堂"款瓷砚出世年代完全重合，中外历史文献从不同的微观视界共同勾勒出清三代宏观的时代大背景，拓展了朱耷学研究的深度学术空间，并提出了全新的多学科或曰跨学科挑战。

明遗民八大山人与浮梁景德镇，一个是18世纪世界最伟大的中国书画艺术巨擘，一个是18世纪世界最伟大的陶瓷艺术与产业中心，两者毗邻而居，并肩矗立在江右境内，人杰地灵，良非虚誉。朱耷与景德镇之间，或曰八大山人书画艺术创作与景德镇官、民窑陶瓷艺术风格之间有无直接地相互影响与借鉴？质言之，八大山人生前究竟曾否亲赴景德镇参学游历呢？令人困惑的是，迄今为止，似尚无可靠的文献与文物资料足以正面回答上述问题。

清康熙三十七年自刻本陈鼎《留溪外传》卷5《隐逸部·八大山人传》载："八大山人，明宁藩宗室……外史氏曰：'山人果颠也乎哉？何其笔墨雄豪也。余尝阅山人诗画，大有唐、宋人气魄。至于书法，则胎骨自晋、魏矣。问其乡人，皆曰：得之醉后。'"清康熙二十二年（1683）前后，江苏江阴人陈鼎亲履江右，"问其乡人"所作《八大山人传》文，与朱耷本人诗文及稍后邵长蘅、龙科宝、张庚等人所撰《八大山人传》相同，皆未提及朱耷与景德镇有无历史渊源。但陈鼎所作《八大山人传》本文在朱耷与景德镇关系的研究领域，较邵、龙、张等《八大山人传》文本更值得学术界注意，因为陈鼎不仅曾亲身行走江右，过访南昌"问其乡人"而后为朱耷立传，而且又曾长期栖寓浮梁市廛，深入"追道"调查景德镇陶业史实，堪称清康熙中、晚期八大山人与浮梁窑事未知关系探索的权威与先驱。

清康熙三十七年陈鼎自刻《留溪外传》卷10《苦节部·姚节妇传》载："姚节妇吴氏，明浮梁令姚宗舜之妻也……外史氏曰：'余昔南游江右，舍浮梁者，半载余。邑父老多追道姚侯德政，言其夫人尤能佐之廉爱。又云：浮梁故产瓷皿，比屋皆陶'。"清康熙陈氏《留溪外传》两传环读，据知八大山人中、晚年（约58—73岁）期间，即陈鼎为朱耷作传及板行的清康熙二十二至三十七年前，曾亲身"南游江右，舍浮梁者，半载余"的陈鼎尚未闻知八大山人有浮梁之旅；朱耷晚年及身后，邵长蘅、龙科宝、张庚等《八大山人传》文亦皆未载其传主有景德镇瓷缘艺事。虽然清康熙三十七至四十四年间，即朱耷辞世前8年，其所栖止"寤歌草堂"堂号与谢氏藏砚"寤歌草堂"款铭字偶句合，年代参差不悖，而笔者已考断"哭笑定制"四字不伦，麟皮马脚，贻笑大方，必与"古雅"如朱氏无涉。既然传世文献与存世文物皆未能明确证实朱耷曾瓢笠杖履过浮梁，一观景德镇窑火之繁盛，并与所谓"哭笑定制"碟式瓷砚发生关联。那么，广州"瓷砚楼"

藏"寤歌草堂"款瓷砚的佚名"定制"者究竟为何许人也？其与"寤歌草堂"及其主人朱耷又有何真假因缘呢？

六、南昌中州龚氏瓷商佚史

清乾隆间刻本鲁之裕《式馨堂文集》卷12《尺牍》载"《复八大山人僧名雪个，其师兄曰一浊》"之札。鲁之裕，号亮侪。清初太湖人，寓居麻城，所撰《式馨堂文集》因"内有钱谦益等姓名，词多狂诞荒谬"[4]，清乾隆四十五年六月二十七日为湖广总督奏缴禁毁。笔者曾首揭清康熙三十四年初秋，鲁氏过昌，与八大山人相识，并得闻知或亲见"八大山人……师兄曰一浊"。又详考"一浊"其人，即明末抗清忠烈南昌中州龚棻子侄龚夔字一足，而龚夔及其族人龚木等，又皆朱耷丛林密友[5]，南州明遗民翘楚。

清道光二十九年刊《南昌县志》卷22《人物志·善士》载："龚元照，字星若，号巨川。国学生，蜀溪人。高祖佐圣，崇祯末，徵知雷州府，殉职，与族棻同，而罹劫异，子鋆乞代，称孝烈。元照幼有至性，及长，知学，好谈忠烈，而于棻等忠义，尤常举以勖子庠生宽，孜孜不倦。贾蜀，家稍裕，即商伯兄元熊，割腴田百余亩，归族，建祠祀先，设学育后，意弥笃。又客吴门，施槥同仁堂，银以两计，凡贰仟。他多类此。年七十四，终于家。"明崇祯末叶，南昌中州龚佐圣任雷州知府，与族人龚棻等先后殉职于南明抗清斗争，其孙龚鋆、曾孙龚元照、元熊辈"于棻等忠义……意弥笃"念。龚元照虽"贾蜀……又客吴门"为行商客估，计锱铢之末，逐什一之利，而"家稍裕"后，仍不忘"建祠祀先"以忠义余烈聚族绍宗。清初，前明豫章簪缨世族南昌中州龚氏子弟尤其是"元"字行辈，每见弃仕业商，拒与清朝异族政权合作妥协，以寄托铭志其胜朝"忠义"世家故国乔木的家国剧痛宗门碧血。

清同治九年刊《南昌县志》卷20《人物志·文苑》引道光二十九年《南昌县志补》稿："龚正，字慎修，号松丈，蜀溪里人。家故贫，嗣母刘，年少守节，即浙抚石闾从孙女、凤阳公赘女也。外家故多藏书，正得从搜讨，学益富，尤工欧、王笔法。乾隆（十六）年辛未，以拔贡生，应顾令尹瓒园聘，偕蒋心余、蔡书存、族弟元玢等初纂《县志》。"龚正母家中洲刘氏，与中州龚氏互为姻娅，皆前明南昌衣冠高第。龚正与其"族弟"龚元玢应县令顾锡鬯延聘，参与纂修清乾隆十六年版《南昌县志》，其中或由龚氏两昆仲采进之力，收入了一条不见于浮梁史志的龚元玢之父与景德镇窑业史的重要资料。检清乾隆十六年刊《南昌县志》卷39《人物志·善士》载："龚国英，字启贤，生早孤，有至性。家贫，年十五，即授徒以养弟，殁，厚葬之。女弟嫁，丰其奁，务称母心。一日，游饶州景德镇，见业陶者，曰：'是可以养矣。'逾年，国英得陶利倍，菽水外，间以周急，人称为'龚善人'。陶使者欲见之，国英不往，归里。悯弟贫，余赀三十万钱，皆予之。筑北园，著书自娱以终。"对检清乾隆五十九年刊《南昌县志》卷24《人物志·善士》载："《旧志》：龚国英……筑北园，著书自娱以终。以子元玠贵，赠文林郎。"龚国英子龚元玠，与龚元照、元熊同行辈，则龚国英当亦龚荃孙或族孙辈无疑。

续检清同治九年刊《南昌县志》卷19《人物志·儒林》载："龚元玠，字琢山，西城里人……少贫，不能从师读书。"又清同治九年刊《南昌县志》卷34《杂志·轶事》引《东湖纪闻》佚文："龚世章，村农也，不识字，与元玠同族。元玠授徒家塾，教子弟读《周礼》，世章过户，闻书声，荷锄悄立门外窃听……然终不识一字也。"南昌中州衣冠旧族龚氏自明末衰败后，多"罹辟异"至覆门破家，沦为"村农"贱儒，至有"不识一字"者。龚国英父子两传更迭称"家贫""少贫，不能从师读书"等语，寒窘之气，浸透纸背。不可思议的是龚国英与龚元照等，穷极思变，忽然弃儒业贾，私游饶州景德镇仅"逾年"，即获利不赀，由捉襟见肘，一钱不名，倏变而长袖善舞，一掷千金。且弟殁厚葬，妹嫁丰奁，周急泛施之外，尚"余赀三十万钱"之巨。至引起满清鹰犬景德镇"陶使者"的注意，又因拒惧见满清陶官而金盆洗手，遁归故里。其族望、其人脉、其陶事、其避归、其腴赀，与前考其族祖龚木之"奇诡"行迹对审，[6] 颇觉谲秘有致。而龚善人急流勇退，仓皇"归里……筑北园，著书自娱以终"的神秘结局，亦势必造成"瘖歌草堂"砚品寥寥，"哭笑定制"窑事草草，昙花一现，不了而了，沦为广州"瓷砚楼"碟式孤砚历史身份一条小小注脚。

清同治九年刊《南昌县志》卷19《人物志·儒林》载："龚元玠，字琢山，西城里人，俗呼水巷里。乾隆甲戌进士……性至孝，年五十，丁父母忧，不茹酒肉，不入内室……年八十二，卒。"龚国英长子龚元玠，清乾隆十九年进士，历官铜仁知县、抚州府学教授等，"年五十，丁父母忧"。自其生卒年履推算，其父龚国英年轻时"游饶州景德镇……业陶"及其族兄龚元照"贾蜀……又客吴门"等商业秘史，上限不逾清康熙晚岁，下限约在清雍正至乾隆初年之间，与谢氏"瓷砚楼"藏"瘖歌草堂，哭笑定制"款瓷砚佚史，年代重叠，行迹密迩，或非偶合。但是，清康熙末至乾隆初年，一介冬烘寒儒龚国英摇身幻变为阔佬"龚善人"的景德镇，端的是撮土成金、聚火化银的工商版世外桃源或曰18世纪东方版乌托邦吗？

清康熙钱塘吴允嘉《浮梁陶政志》卷首载："景德镇一隅之地，四方商贾贩瓷器者，萃集于斯，其业陶者，亦不皆土著也。庐舍稠密，烟火相望，其实无一富户，执役最为劳苦。重以官府之制造，往往疲于供应。盖民以陶利，亦以陶病，久矣。余游西江，有客从事于陶者，为余述其源委，颇详且悉。"[7] 笔者推论：清康熙末至乾隆初年，南昌龚国英、龚元照等中州龚氏，皆八大山人"师兄"龚夔及龚木子侄晚辈，承其故明族祖龚"荃等忠义"家世背景及其与明王孙朱耷的世交厚谊，虽然无拳无勇，一穷二白，仍以"业陶……余赀三十万钱"素封誉世，并阑入邑乘地志；所谓半路出家，单人匹马，居然在"其实无一富户，执役最为劳苦……陶病久矣"的景德镇封建行会制工场手工业陶瓷作坊"重以官府之制造，往往疲于供应"的超经济压榨剥削沉重桎梏下，神话般地创造出前资本主义时代古典版脱贫致富的暴发户奇迹。南昌中州龚国英白手起家、无本万利"得陶利倍"的发家秘籍或曰经营奥秘，已具备典型的商业投机性质，诚毋庸赘辩，问题的实质在于其陶业投机的真正对象是"寤歌草堂"主人朱耷本身？还是所谓"哭笑定制"碟式砚品？答案是明确的：与其祖龚夔师弟八大山人的通家旧契，奇货可居，稳操胜券，显然是龚国英辈陶业投机运作的重要甚或唯一稀有、独有资源；而清"陶使者欲见之"亦多半出于景德镇陶吏对八大山人的仰慕或对朱耷砚品市"值昂甚"的贪慕，适足资反证并坐实风鹤虚惊、挟赀远飙的南昌中州龚氏陶商与浮梁"哭笑定制"陶事间的暧昧话题。

七、结语

笔者首证：朱耷"八大山人"名号"哭之笑之"另类解读，似滥觞于清乾隆四年刻本张庚《国朝画征录》卷首《八大山人传》，其上限或不晚于张氏亲赴南昌动笔作《传》的清雍正元年，而其流布海内，倾动朝野，则当在清乾隆四年张庚《国朝画征录》正式梓行之后。

笔者又注意到：张庚《国朝画征录》刊布仅12年后，清乾隆十六年《南昌县志》官局已断然否定张氏的"哭笑"创说。这场悠悠260年前的笔墨官司虎头蛇尾，无疾而终，迄今乏人问津，不为世知；而其衍生出的诸如朱耷生前曾否知闻江右或江浙市井流俗对其"八大山人"名号"哭之笑之"的另类解读等问题，亦被朱耷研究界在文本的阅读与历史的解读过程中有意无意地忽略或曰假装忽略，导致八大山人史实若干基本问题的集体失忆与失解。

今考广州谢志峰《瓷砚赏析》刊布碟式瓷砚"寤歌草堂，哭笑定制"八字款文，与清雍正十一年虎林周秀才藏"稼穑惟宝，代食惟好"末署"驴"款八字砚铭雅俗相校，真赝互稽，既绝非南昌朱耷古雅口齿，又不类浮梁窑户佣徒语气，虽"哭笑"不得，却考按有迹，应系清代"业陶者"即浮梁民窑业主或江右瓷贩陶贾"定制"商务的特署市场标纪。又八大山人生前曾否慕名考察游历18世纪世界陶瓷窑业中心——饶州景德镇，并与浮梁民窑民间艺术互动交流？因史志阙如，已无从揣测；疑信之间，尚难定谳。幸今谢氏"瓷砚堂"庋藏并经权威鉴定为清康熙年真品的"寤歌草堂，哭笑定制"款瓷砚悄然面世，冥冥中折射出一段已湮佚史海的早名或托名代理商事，并极可能与朱耷"师兄一浊"即龚夔族人龚国英"游饶州景德镇……业陶"淘金，倏起倏落"逾年"暴富奇史间，有隐秘的人事纠葛与隐晦的经贸关联及隐约的史地踪迹。旧案重提，新证共析，特公诸"朱耷学"同好，并书此以俟后识。

【注释】

[1] 谢志峰，《瓷砚赏析》，广西美术出版社，1994年版，第7页。
[2][3][法]古伯察，《中华帝国纪行：在大清国最富传奇色彩的历险》下册，南京出版社，2006年版，第196—197页。
[4] 雷梦辰，《清代各省禁书汇考》，书目文献出版社，1989年版，第26页。
[5][6] 吴之邨，《"朱耷八题"续三之七题：朱耷师兄"一浊"考》，载《江西科技师范学院学报》2009年第4期。
[7] 涵芬楼影印清道光十一年六安晁氏木活字《学海类编》本清康熙钱塘吴允嘉《浮梁陶政志》一卷。

（原载《江西科技师范学院学报》，2009年，第6期）

景德镇元明瓷器绘画与八大山人花鸟绘画

余 劢／邬德慧

在中国绘画史上，瓷器绘画作为一门独立的绘画形式，在整个绘画史的研究领域里，所占的比例较之于主流绘画来说，显然是处于劣势地位而未引起足够的重视。这除了瓷器作为实用器具的应用性在起着一定的作用外，与瓷器绘画一直被视为民间绘画的地位是分不开的。这种现状的存在，虽然是中国绘画史和研究界一个不小的悲剧，然而这并不能说，不被史界重视，亦即不能表示她在现实生活中应用不广泛，更不能否认她对美术史所起的作用。就元、明两代的瓷器绘画来说，它对八大山人绘画中花鸟画风格的影响，就是一个鲜明的例子。

八大山人擅山水、花鸟，工书法篆刻，尤以笔简形赅的水墨写意花鸟著称于世，在中国绘画史上，占有着极其重要的地位。历来对八大山人艺术的论述，也多着意于他的花鸟，花鸟画成为八大山人艺术特色的杰出代表。推究八大山人的花鸟画的师承渊源，历来的理论界，有主张其来源于宋、元花鸟的；亦有说其是承袭了明代各大家风格的；更有见地的理论家们，把目光投向了汉唐以来的诸多民间艺术。这些，都从各自不同的侧面，反映了八大山人花鸟画风格的形成过程，是向中国传统绘画学习后所流露的必然。

笔者就专业影响的原因，在这里，将把八大山人的花鸟绘画所汲取养分的目光，投向到元、明两代各朝的民间青花瓷器绘画上来。

限于篇幅，这里仅限于讨论元代的青花花鸟鱼草和明代各朝的花鸟鱼草瓷器绘画。

面对八大山人绘画当中的花鸟画，我们当然可以毫无疑问地说，他是从历代传统绘画模式的传承和嬗变中来。其成熟风格的形成，应当是在充分地汲取了传统给予的养分之后，在他自己不断地创新和变革中，逐渐过渡到那种脱胎于传统风格、独具个性色彩的造型和塑造模式。这一独特个性的建立，不仅奠定了八大山人花鸟绘画在后世300多年中备受推崇的地位，更因为这一独特风格的造型绘画形式和手段的创立，促使了不管是中国人还是东西方外国人，都争相要去进行研究的必然。

然而，当我们一旦将景德镇元、明各代瓷器中花鸟鱼虫的绘画作品摆在我们面前的时候，我们就不得不承认：八大山人花鸟绘画作品的风格和传承，与元、明两代各朝瓷器绘画作品，具有惊人的相似性和接近性。不管是创作观念，还是他的笔墨技巧、构图章法，甚至被后人赋予了作品风格之外的人格力量的每一笔、每一画，无一不与这些民间瓷器绘画风格的形式，有着千丝万缕的联系。

一、元明青花瓷器绘画中的花鸟鱼虫与八大山人花鸟绘画的比较分析

从元末至正德时期的景德镇官督民办窑口所烧制的青花瓷器中的各类纹饰，到明初洪武、永乐、宣德、成化、正德这几个时期的民窑青花（包括青花釉里红）图案纹饰瓷器，我们都不难看出这一期间景德镇瓷器绘画风格的典型性。

在这些瓷器绘画中，不管是我们今天认定的元标准器，还是各大博物馆所藏的民间瓷器，都是取材于民间那些喜闻乐见的花、鸟、鱼、虫和走兽动物。其写实者，张着大嘴的鳜鱼、凫鸭、锦鸡和梅花鹿等，以其逼真的形象，考究的姿势、体态，甚至每一支羽毛，每一片鳞片，都无不精雕细刻，展现其丰富的画面。缠枝花纹的牡丹、芭蕉、菊花，云纹、水纹，以其流畅的线条和钴料独有的纯青，将整个器皿充填得饱满而丰富，使器皿上的画面给人以丰满的感受。其写意者，三两笔简约到最简约。在经意与不经意之间，潇潇洒洒，淋漓尽致，飘飘逸逸地使其所绘对象的动感和空灵感跃然瓷上。在这种大开大合的空灵构图中，开窗的空间里，用极其精致的笔法，描绘着各种提炼过的飞禽走兽纹样和足以让欣赏者任意想象的图案。

其动物的造型方式，呈现的亦是诸多的方、菱形的口、眼，特有的惊恐和翻着白眼向天张望的形象；荷叶水草，又莫不以圆形的随意点染，穿插于瓷器特有的方圆造型之间，与器皿、画面形成了强烈的对比。其表现手法，多在继承宋代影青瓷器刻花、竹刀剔花的简练基础上，以钴料为其主要原料，在传统的二方连续图纹式样内，以大

写意的点缀风格和介于具象与抽象的写实、写意风格，来展现这一特定时期的瓷器绘画风格。

值得注意的是，不管是写意还是写实，每一件器皿所绘之物，都充满着无比的冲动力和冲击力。每种动物的脸部表情，都在通过无比情绪化的嘴、眼、颌来塑造着静止在瓷器上的每一件图纹样式，在润泽、光滑的釉料下面，描绘着容易使人激动和情绪产生波动的具有菱角的或成三角，或成四方形的诸多造型，器皿上所绘的每一件东西，似乎都成为富于情绪化的视觉形象。这种瓷器绘画所具有的表现形式，在此以前的所有主流绘画里面是难以见到的。

但是，在八大山人绘画的花鸟画中，却让我们见到了这一可类比的风格。在经过严格的比较之后，我们不得不相信，八大山人绘画中的禽鸟、花卉、鱼虫，不管是在章法上，还是在造型、图纹样式的取势上，都具有与元明瓷器花鸟绘画惊人的相似之处，甚至包括其创作方法。

从八大山人绘画的早期风格来看，以现今所能见到的最早作品《传綮写生册》为例，所绘 15 页花卉、蔬果，明显地继承了明代沈周、陈淳、周之冕、徐渭的水墨花鸟传统构图和笔墨法等。而翎毛虫兽所学，与历代花鸟画家走过的师承道路几无分别。宋代的赵佶、李迪、牧溪以及许多佚名大家的风格和元、明代张中、吕纪、唐寅、林良、李展、卢朝阳等人的风格，我们不仅能从早期平静的绘画风格作品中，看到传统给予八大山人的明显痕迹，即使是在晚年的成熟期作品中，这种早期的影响，仍然带有明显的前代传承和平静风格。

至中年早期，八大山人的花鸟绘画，承接早期平静造型的风格样式，单一的物象和中心构图，简明概括、鲜明夺目的造型和具有几何形体的造型，越来越多地成了作品的主要对象，这种独特的空间结构和形象，已经具有了强烈的视觉冲击力，形成了一种容易被感知、被感动的共鸣。可以说，这一时期八大山人的绘画，就已经具有了元明瓷器民间绘画的这一特征。

再至中年癫狂以后，其花鸟画日渐成熟，造型更加简化和夸张，直至变形，其作品中的整体形象虽不似早年那样方拙，但却显得更加怪异。禽鸟的眼睛往往更大而呈菱形或方形，整体效果更具有一种促使情绪波动的效果，瞪着的眼睛怒目而视的状态，单腿独立、缩脖、弓背的物象塑造，完全变成了仅仅是具有"象征性"的某种符号。传统主体性绘画的影子，在这里几乎荡然无存。诗文题跋与画中的内容，亦并不产生某种必然的联系，而是以画面的视觉效果为目的。这种题诗题款与画面和绘制物游离的现象，成了八大山人晚年花鸟绘画作品的重要特点之一。这种变化，从其创作的目的性来说，亦与景德镇瓷器绘画的目的不谋而合。

晚年八大山人的花鸟绘画，造型更加简洁，禽鸟无论是鹰、鸡还是鹭鸶、游鱼都更加怪异，所绘动物大都呈现着胸背前蹲而后拱的弓形造型。成为具有典型意义的八大山人造型。花草亦更加飘逸，笔法则粗中有细，并以一种随意而准确的明暗来施以典型的瓷器"勾花墨叶"法，显出特有的工细秀润感，其熟练把握宣纸性能的渲染效果，使作品像上了釉的瓷器一样，具有更多的相似和类比性。

从景德镇瓷器绘画的目的性和其造型所采用手段来分析：器皿上的任何绘画，都是作为一种点缀和附加的工艺而存在的，因此对它的技术要求和成本要求来说，都需要将之成为一种特定的绘画形式，这种思想指导下的绘画，就必然最终走向简约和程式化，形成一种象征性的符号。这就是今天在众多的瓷器器皿中能见到完全相类似绘画的原因之一。这一重要观念的产生，被许多后人所忽视，却可能是被八大山人继承和光大了。

随着八大山人晚年卖画的行为越来越频繁，八大山人作品中象征性的符号风格，就越来越趋于明显。这种符号性作品风格的建立，已经不单纯是为他所描绘的某种物象的具象反映，而是在被卖画目的掩盖下某种特定情感的表现。它已经成为被寄予八大山人特定情感的特殊符号。换句话说，这种符号，在画家的手里实际上已经是可以随意泛用的了，这大概可以用来作为解释八大山人同一件作品，却有多种传世版本的一个重要的原因。从这个意义上讲，八大山人花鸟绘画的目的性，与景德镇瓷器绘画的目的性，具有非常的接近性了。

在瓷器的绘画中，由于其主体绘画多在瓷器的凸腹部，这就形成了一个不可回避的现实，从平面看去，原本并无前蹲后拱的形象在收颈、凸腹器皿的作用下，视觉的效果却变成了前蹲后拱了。从八大山人的现存作品来比较，八大山人对此不可能漠视，二者之间存在某种相关的联系是毫无疑问的。

八大山人这一引起中国画坛几百年来高度关注的花鸟绘画风格，从风格的客观性来说，它仅仅是一种绘画风格的传承关系。然而，这种传承关系的建立，通过八大山人以文人画方式的介入，二者之间却发生了巨大的变化。

八大山人将自己的特定情感，由元明瓷器民间花鸟绘画中，仅限于花鸟的美丽和动禽间对话的成分，转化到拟人化的造型模式上来，使作品不仅具有了冷峻、乖戾的"白眼相向"的愤懑，"口如扁担"的痛苦和无奈，"静思无明"的幽情寄托，使作品既具有了思念君国的成分，又有了追求癫狂的"鬼气"成分。这种创造性的巨大变化，是八大山人由借鉴景德镇瓷器绘画语言，渗透情感后经过逐步地完善和发展，再到完全成功地创造自己绘画语言的最根本变化。他不仅开了有史以来的花鸟画拟人的先河，更是将这一创造推向了巅峰。这一巅峰的创造，300年过去了，至今也没有人超过。

二、元明瓷器绘画风格的样式决定了八大山人精神需求选择的必然

建立在将民间瓷器绘画的风格引入文人画，并以此作为自己风格和审美情趣的八大山人，具有典型意义的独特绘画风格的建立，它除了与元明瓷器绘画所具有的传承关系外，是否还存在着某种内在的联系？审美情趣和善恶意向的趋向性，到底代表着八大山人什么？这需要进一步深入和细致地比较与分析。

八大山人是一个对形象（包括具象造型和抽象造型）非常敏锐的人，在对冷峻的元明瓷器绘画的符号性作品继承后，创造了独具自我风格的绘画形式，这种形式，虽然并不能图解似的认定这一风格形式，就一定是后世许多研究者们认为的那样，"具有明显的反清思想"。但是，作品中的狂放和"白眼向青天"给人的感受，足以让人们从那些具有强烈痛苦感和冲击力的禽鸟所营造的冷逸风格中，体现出八大山人情感的好恶，毫无怀疑地使人感觉出它们之间存在的密切关系，甚至是直接关系。

面对八大山人作为大明王孙所承受的国破、家亡、妻儿俱死给自己情感上造成的巨大痛苦，不能不说这种绘画语言的选择，应当是有其一定的心理背景和定向因素的。

然而，纵观八大山人花鸟绘画的发展轨迹，却并不像人们所想象的那样，成熟期绘画作品中具有典型意义的那种冷峻、乖戾、痛苦和具有冲击力的作品风格，没有出现在他早期承受那一系列痛苦更加巨大，与清统治者思想、情感更加对立的时刻。以八大山人现存的早期绘画作品《传綮写生册》和《水墨花卉图卷》为例，显然这些绘画，都还处在一个探索和学习百家之长、意欲寻求创造自己独特风格的非成熟时期。尽管如此，这并不能影响八大山人内心所想要表达的东西。为此，八大山人在绘画形式之外，借用诗、印、款的形式，最大限度地来弥补绘画手段所没能表达的情感。这说明，八大山人在其艺术创造的过程中，始终是在追求一种能更好表达自己思想、情感的形式和手段。

中年以后八大山人的作品风格，开始越来越趋向于景德镇元明瓷器绘画，作品风格亦更加趋向于冷峻，具有典型意义的符号性造型手段，也越来越多地呈现在人们面前。过去那种用众多诗、印、款、花押来弥补绘画情感不足的风格，变得简洁和飘逸。

至晚年，八大山人作品风格日趋成熟，飘逸、冷僻、怪诞，具有浓重鬼气的典型意义符号性造型，几乎成了绘画的主题，作品中尽管存在着例如《松鹿图》《松鹤》之类的欢愉喜庆题材，但给人的感受，呈现的却仍然是一派静散如冰的情绪流露。

这种现象的产生，显然与他吸收、遴选更加贴近自己内心情感的作品风格样式，有着密切和不可分割的联系。而情绪的流露，又不可回避地说明了风格的选择和传承，正是其内心情感和精神状态需求的反映。

八大山人从对景德镇元明瓷器绘画中冷峻风格传承的可能，到自己独特风格的建立，经过这个转换过程，二者之间已不再仅仅是一个传承的关系了，而是具有了比传承关系

更深刻的精神领域内的关系。传承风格的选择，实际上，是传承人情感灌输和思想渗透的过程。

八大山人从景德镇元明瓷器绘画中，寻找到了适合自己的最佳艺术表现手段，这种手段，达到了宣泄自己情感和填补心理需求的目的。

（原载《中国陶瓷》，2004年，第4期）

论八大山人笔墨在现代陶瓷艺术中的运用

洪南雨／徐广青

八大山人为明末朱氏王孙，他历经国破家亡的心灵之痛，性情孤高，不入流俗，后出家进入寺院，并把禅学思想充分运用到他一生的书法、诗歌与绘画之中，尤其以他独特的笔墨、怪诞的构图、枯淡的精神境界著称于世。今天的陶瓷艺术绘画既传承了传统工艺，同时也吸收了八大山人等古代国画艺术大家的精神营养。这里简略地从八大山人的艺术领域汲取一些东西，并论述其在现代陶瓷艺术中的运用。

一、笔墨的单纯与独特

八大山人笔墨是最单纯也最独特的，其中最明显的就是在他一生的画作中，很少用色，几乎全部采用浓淡虚实的墨色来表现物体的形状和精神面貌，他勇敢地抛弃了色、光、影的束缚，而直接以传统书法用笔入画，正所谓最强烈的艺术效果不是通过浓丽或雄辩的形式才能体现出来的，而是通过极度的单纯。八大山人传承了禅宗美学的艺术思想，它讲究单纯与简略简约而蕴无限生机。其实讲起陶瓷绘画艺术的单纯和独特，自然会提起景德镇青花艺术。它历经元代最初的简单图画、清朝时期的复杂图案，发展到今天的"泼墨艺术"，其中既有现代艺术人的创造，同时也继承和借鉴了古人的泼墨手法。我们学八大山人，陶瓷青花艺术最能体现他的单纯与质朴的笔墨精神，因为青花为单色调，但却可通过笔墨的皴擦点染，急速快慢变化出无穷的"光影"色相，既能看到描绘对象的栩栩如生，也能感觉到作者的精神情感。其实除了青花之外，陶瓷艺术中还有新彩中的黑料也可直接用来体现和借鉴八大山人的泼墨手法。学习八大山人的单纯和独特，除了用墨、用青花料表现之外，我以为主要是学习他单纯质朴的心灵和站在另一高度看人生真理的独特情感。其实陶瓷艺术画面，也往往可用纯粹的红、纯粹的绿，或黄或调和色来表现我们所要描绘的对象，也能达到这种单纯而独特的艺术效果。

所谓单纯，不要太多华贵色彩，不要太多艺术教条，不要太多世俗框架，以自我的方式自由宣泄出来。所谓独特，就是要用自家的笔法和自我的见解来诠释画面的意境。

二、笔墨的内涵与精神

八大笔墨的精神内涵是什么？是简易中蕴涵生命力的脉动，是一种天真烂漫，渊纯澄寂的气象。在这里，我们看到了传统文化的凝结，儒家推崇的文质彬彬，道家的虚静清明，南宗的平淡幽远。八大山人的笔墨体现着精神自由，他从习惯、传统公式、法则等的重压笼罩之下解放出来，其实是对常规的打破，并不是真的不要法度、法则，而是将它化入一个更高的层面，以进入无法之法。我们历经了几千年的文化积淀和熏陶，在儒、道、禅的综合影响下，其中最突出的就是受禅宗美学的影响，即艺术家很早以前就已经开始沉思并实践了关于虚和平淡的美学含意及表现，从而使中国艺术进入了一个堪称全新的境界。我们借鉴八大山人的笔墨精神，要以形写神、以单纯自我的笔墨体现。即使画一片竹叶或一只孤石上的小鸟，也意味着宇宙万物存在的真理。在陶瓷艺术表现之时，太烦琐、太堆积总会使人眼花缭乱。我们学习八大山人禅学的艺术核心，就是不拘泥于多、不拘泥于过强的色彩，所谓"由一表现多，而不是由多表现一"。循着这种精神，陶艺绘画艺术一洗火气、燥气、锐猛之气，化浑厚为潇洒，变刚劲为柔和，在恬淡虚静的笔墨内涵韵律中，展示自然与人生的内在节奏，即物我神遇变化之间的豁然开悟境界。

三、笔墨的技巧与构图

八大山人绘画构图与技巧，往往是以奇取胜。八大山人创作构图的方式是怪诞的，缺乏正常性，但正因为如此，他的绘画中所表现的东西都烙印了一种转瞬即逝和孤立的真实形式。在他的画中构图都有强烈的生命感和节奏感。他时而失望、时而狂喜、时而又紧张和平静，受这种状态的支配，他的绘画技法及构图手法中就出现了曲线，旋转的线，角状和圆形。他笔墨的技巧也紧密结合在构图的变化之中，毫无做作、雕琢的痕迹。

谈起八大的笔墨技巧，这其中也应包含它的书法艺术，仔细观摩他的笔墨，其完全来自他的书法用笔，他用写字的线条及运笔技法来表现山石、小鸟、鱼类以及花草、蕉叶。

例如八大的《古梅图》，其先用浓淡墨色侧卧扫出树干、树枝，然后再用笔皴擦树身，从此作可以看到八大作画时用笔肚甚至笔根在宣纸上用力扫出，形成一种苍茫古朴的粗服乱头的笔墨技巧风貌。然后再用饱蘸水墨的苔点，侧笔于纸上一路铺排开去，形成一种水墨淋漓的感觉。《山石小鸟》图也是八大佳作，他几乎将山石、荷花、小鸟都用单一的墨色简化成一种抽象图式，而只剩下虚实、黑白，用笔技法相当的恣肆，放纵不加修饰直接显露质朴之美。

陶瓷绘画构图是将个别的局部的艺术形象有机结合在一起，使其形成符合艺术规律的组织结构，从而创造出一幅完整的艺术作品，而构图在传统画论中称为"章法""布局"，亦即顾恺之所说的"置陈布势"，谢赫"六法"中的"经营位置"。

其实，八大的构图也是和他的精神内涵分不开的。他的构图遵循的基本原理为简洁洗练，物象表现少而精。其《莲房小鸟》图轴从画的下方起笔，很不规则也很不具象地画一朵莲蓬，莲蓬之上伏首站着一只无名小鸟，寥寥数笔，似草书中的简化字体，不求形似却把鸟的欢叫和莲蓬的生机表现出来。

综上所述，我们在陶瓷绘画语言中的笔墨技巧，应多吸收八大山人等传统画家的书法用笔、用墨，领悟出书法艺术与陶瓷绘画相通的真谛，同时在陶瓷绘画构图时，借鉴前人的禅意构图精神，虚实相承，空灵深远。

（原载《景德镇陶瓷》，2007年，第2期）

传承与创造
——对陶瓷绘画传统的反思

李青

我国古代遗留下来的宣纸画、丝帛画、壁画、岩画、砖画、陶瓷画的诸种文物中，保存最好、数量最多、时代作品最全、制作者最众、流传区域最广的首推陶瓷绘画。至今，施以绘画装饰的陶瓷制品仍是我国出口创汇及富有民族特色的"拳头产品"。因而研究陶瓷绘画的传统与现状，探讨陶瓷绘画语言对现代文明的适应与嬗变，应是文化、美术、陶瓷学术界的重要课题。笔者仅以所知的陶瓷绘画发展历程为依凭，谈谈瓷画艺术对传统的承传与超越的一孔之见。

一、辉煌与失衡

20世纪60年代，在距景德镇市百余公里的万年大源仙人洞出土了中国大地最早的陶瓷——大口深腹圆底罐及众多的陶片。这是新石器早期遗存下来的文物。这处遗址出土的陶片中，已出现原始朴拙的绳纹装饰、刻画格装饰、附加堆装饰。这些距今九千至一万年的简单线条，揭示了当时的人类已有了审美需求，已开了使用图画语言来表达某种感觉的美术创作的先河。这地处荒郊黄土岗的陶片实是后世震惊全球的华夏陶瓷艺术的源头。此后，陶器的纹饰逐年演变，战国时期彩陶文化已具相当水平，如河南洛阳烧沟战国墓出土的彩绘陶壶，在壶的上方颈部，是对称而多变的规则几何连续纹，在壶的腹壁，则绘有类似孔雀尾毛的图案，其中较粗的曲线勾勒色界，斜行而较细的立线勾勒出羽毛，羽毛组合成雀尾，与雀尾对应的是鸟头，线条回环婉转流畅，多变而不凌乱，已具变形艺术的雏形，显示出作者高度的才能和熟练的技巧，至今仍具有极强的感染魅力。

陶器的制作导致了瓷器的出现，出土实物和窑址表明，中国瓷器的故乡在浙江，商朝之际已有原始瓷器出现，这种原始瓷器可视为陶与瓷的过渡产品，至东汉，瓷器生产已基本成型，浙江上虞东汉窑的产品碎片，表明中国瓷业称雄世界近2000年的历史已经开始了。

瓷器绘画自六朝早期的青瓷釉下彩开始。在未烧成的坯体上用色料彩绘，或在已烧成而未施釉的坯体上彩绘，然后施盖一层透明釉入窑烧成的瓷器，称为釉下彩。由于色彩不暴露在外，又有釉层的保护，故瓷画不会在使用中被磨损，千百年后仍然保持原貌。釉下彩出现初期，由于缺乏精品，并不为社会完全接受。从出土文物的施彩比例看，人们似乎更喜欢无彩的瓷器。景德镇地区的窑场在唐代已有烧制白瓷的名声。《景德镇陶录》载："陶窑，唐初器也，土惟白壤，体稍薄，色素润，镇钟秀里人陶氏所烧造。邑志云：'唐武德中，镇民陶玉者，载瓷入关中，称为假玉器，且贡于朝，于是昌南镇瓷名天下。'"唐代釉下彩产品的代表窑址应算湖南长沙的铜官窑，这时的瓷画具有很强的绘画性，颇具中国画写意画特色，构图注重传神。如浙江宁波出土的铜官窑釉下彩壶，壶腹画一头幼鹿，它弓身翘尾，前蹄腾空跃起，伸颈反顾，双耳竖立，两眼大睁，眼白几占全眼，黑眼球成为一条线，一边跳跃一边警惕观察四周动静。其他动物禽类，作者注重刻画它们的瞬间动态，注重小品性的情趣，人物画也十分注重神态，尽管这些作品绘制水平不均衡，有些画的基本功不够好，但其中已清晰地显露出作者美化瓷器的同时也追求着具有相对独立意义的美术效果，它应是中国陶瓷画艺术的正宗。

始于唐代的青花瓷，标志陶瓷装饰进入举世瞩目的辉煌时期。青花以天然钴料为色彩，烧后呈现蓝色，青花装饰主要通过线条的粗细、疏密、点线笔法处理图案与图画，运笔技巧具有鲜明的图画风格。青花瓷画，在我国古代瓷画中占据最重要的位置。景德镇是元代中晚期以后的青花瓷艺术中心，此时的青花烧结技术完全成熟，绘制技艺对汉唐也有所发展，此后青花图案历年增多，经明代的鼎盛之后，到清代图案款式已数以百计。长期使用青花瓷器的中国人民，已形成民族欣赏习惯，以致直到今日青花瓷仍是众多地区喜爱的品种。

清代出现了粉彩瓷，它使用加入砷的白色彩料对各种色彩"粉化"，如大红变粉红等，使色彩湿润柔和，这样色彩的种类也在原五色上大大增加。雍正、乾隆之后，粉彩已风行民间，这种瓷画工整严谨，重填彩、重工笔，色彩铺盖全器皿，具有典型的宫廷富贵味。

笔者不厌其烦地追叙历代瓷艺，意在表明做出下面阐释时没有忽略我国传统陶瓷画的赫然业绩。

在由各代陶瓷绘画器皿组成的历史画廊中，人们可以发现，凡是能够直观地较为强烈地表达作者创作个性的绘制，都难以承传。不仅上文所提及的富有个性变形韵味的战国陶壶图案未能进一步发展为艺术的抽象，而且像铜官窑所绘制的富有生活情趣、表现制作者独特视角的绘制，也未能形成流派。

一门具有千年以上历史、影响广及全球、接受者数以亿万的绘画艺术，竟然未能出现几群，不，哪怕是一伙；不，哪怕只是一位艺术风格卓然独立的艺术大师！在品味这门艺术时，作为传统艺术的传人们，心中恐怕难免泛出一番苦涩。

数以万计的陶瓷文物揭示着这样一种失衡：瓷画追求从官、从俗、从众，排斥独特个性；追求图案的严整平和，排斥富有创意的变形；追求对器皿的装饰性，排斥绘画艺术的独立性，几乎各个朝代都存在着艺术灵性与王朝统治年限背反的规律：封建王朝越长，体现在瓷画中的创作个性被扼杀的数量就越多，个性作品就越少。清代末年的瓷画，实际上已难以成为一门独立的艺术。

二、艺术创作中的桎梏

脱离艺术创作的制约因素孤立地评价作品，是难于揭示艺术生产种种矛盾的，而不少论及陶瓷美术的书籍恰恰步入这一误区：过于重视陶瓷的制作工艺成就，过于漠视陶瓷美术自身兴衰的动因。

唐代是封建王朝中对文化持较为宽容态度的朝代，于是佛教文化也融于瓷器，于是长沙的铜官窑得以成为陶瓷艺术的"敦煌石窟"；宋代的君王有绘画的癖好，且数代承沿，形成王族画家群落。徽宗赵佶、高宗赵构，堪称有成就的画家皇帝，他们的审美情趣，对宋代瓷器的装饰产生直接的、强烈的影响，宋瓷的灿烂，折射出了宫廷的影响力。外族入主中国的早期、中期，忙于政权巩固，实施对汉族的怀柔政策，对艺术还豁达。元代、清代之初，瓷画创作似乎都还比较自由，元代中期与清代初期也不失为瓷画佳作层出的岁月。

然而"圣德"的另一面是异常酷烈的。正如统治者们对书籍要进行"钦定"一样，对瓷器也要进行"御定"。这种控制尽管由于各个朝代的内部争斗而时紧时松，却几乎没有全然中断过。宋、明、清在瓷都专设陶瓷官员，是皇权对艺术顺我者昌、逆我者亡的明证。

元代的龙图案，躯体四肢细而长，弯曲度大，造型活泼，面部狰狞，带有威慑感，而此图历经修整，到明代永乐则通体粗大，气度雍容，化凶猛为柔媚，完全失去"龙"的生命力，成为纯粹的装饰图案，从中不难推测皇权的造型规则。

江西新建县璜源村出土的宁王墓白瓷罐，是明瓷珍品，国外陶瓷美术研究者中有人认为这是明仿唐代的白瓷，体现人们对盛唐的向往。而考古文献却告诉我们，朱元璋这个开国皇帝死后，朝廷的政局不稳，采用阴谋手段登基的朱棣为示正统，对朱元璋极尽"孝道"，钦令各地窑场一律烧白瓷，不准施彩，因此已被人民所接受的元青花、釉里红瓷具等出现了一段生产空白。国外研究者的臆断，成为对这段艺术专横历史的讽刺！

宫廷禁令及宫廷习尚导向，成为封杀陶瓷绘画的硬、软两手。统治者铁腕的双向搓揉，使陶瓷绘画走上失去自我而向官方驯服的艺术末路。从战国时代充满灵气的变形鸟纹，到"大清宣统"款识的"万寿无疆"粉彩瓷具，工艺陶瓷经历了极度辉煌又极度暗淡的历史。

正是这种内在的动因，构成瓷画艺术的传统，这种传统培育出的种种用笔技法及彩墨趣味，在封建皇权消失之后仍然长久地潜藏着，影响着一代又一代瓷画艺人。

几方连续的图案意味着机械地重复，对这种作者只求其有装饰性的绘画暂且不论，瓷画中与国画相近的绘画形式，如以花鸟虫鱼、山水为题材的景物画，以戏曲人物或高士、儿童为题材的人物画，这些画坯在入窑前就有"见官"可能，故传统画风具有两个明显的特点：一是题材具有各方认可的"保险度"，二是大量临摹成名之作。

花鸟山水从一度仅作为人物画背景发展到主体地位后，主要用以表现由诗文熏染所形成并为众人所接受的"诗中有画，画中有诗"的意境，这种意境中又融入了大量的消闲和隐逸观念。宋高宗的花鸟与王维的山水分别堪称消闲与隐逸的代表。这两者临摹中熔于一炉，形成被官方认可的对皇权无害的审美情趣。这种情趣的作品可以高雅精美，可以遗世独立，然而却缺乏作为高层次造型艺术作品的根本要素——强烈而真诚的激情。陶瓷画中的人物画，也与花鸟山水一样，人物成了某种图画符号，人们能辨别作者要表叙的故事，却看不出作者的个性，看不出作者的美术追求。

而临摹又使各种画法变成机械化的、批量生产的程序，它一方面使复制赝品层出不穷；另一方面，又扼住了这门艺术的咽喉，以致画工云集的"瓷都"有一个怪现象：一些绘制过大量花鸟或人物画的艺人，脱离了传统的画稿，就成了不会"造型"的"画家"。

陶瓷艺术要发展，陶瓷绘画要真正构成审美主体，创造出富有时代气息的绘画语言，就必须超越植根于封建长夜的这种传统，消除其中的负面影响。

三、超越艺术的程式化

就在景德镇的艺匠们勾腰驼背屏息凝神小心翼翼地填充着清宫御用的珐琅彩瓷之时，在距景德镇200多公里的南昌近郊青云谱道院，一位具有国际可比性的艺术大师，正用笔墨宣泄着道袍里裹藏着的强烈悲愤与孤傲，使中国画登上了一个新的高峰。他就是朱明王朝中宁王的后裔——八大山人朱耷。

这位内心深藏亡国之恨的遗民，用残荷、衰草、枯木、寒江、怪石、孤独的鸟、怪异的鱼、方眼眶的鹰，在中国画坛竖起了一面石破天惊的大旗。他夸张地袒露丑态，渲染荒凉，用方眼眶的怪鸟的白眼，冷漠地傲视举世的驯顺与臣服，他的残山剩水、怪鱼丑鸟挣脱世俗审美情趣的羁绊，辐射出令人透不过气的强烈感情：一种受着内心痛苦的煎熬，走投无路而又不愿入世从俗的悲烈情结。

只需把"万寿无疆"的粉釉罐与八大山人的方眼鹰两相对照，有悟性的美术鉴赏者很快会明白什么是艺术穿透力的成因。

朱耷作品启示我们，仅仅达到物象的逼真并非掌握了绘画语言的真谛，最感人的画，不在于与宏观物象的完全相同，而恰恰在于让观众感觉到作品与宏观物象有什么不同，让观众感觉到作者对物象进行了什么样的处理，在处理过程中表现出了什么样的思想感情和观察方式，也就是说，用什么样的整体艺术手段来改造物象，达到震撼人心的效果。

用各种物象创造出一种独特的心灵语言，又用这种语言交织成的感情去感染观者，从这个意义而言，朱耷的作品比古代任何朝代的任何画家更具艺术个性。遗憾的是，景德镇的画家们与朱耷的审美距离，远远不止地域上的200多公里，朱耷这位奇才，不仅没有被当时陶瓷艺坛所接受，也没有被后来时代多数艺人完全接受。朱耷的影响力，远远比不上"传统"。

在印象派大师莫奈把自己的审美心得告诉学生们，指出在写生的时候，画家情绪应从物象中出离而进入色彩之时；当欧洲现代派代表人物、现代画艺术理论家瓦西里·康定斯基强调，艺术家的艺术活动的程序是艺术家的感情通过其具体感觉到的东西而物化为作品，作为通过观众所感觉的东西再达到观众灵魂中的感情之时，他们的艺术理论，与朱耷的创作实践实际上已心心相印、东西合璧了。

陶瓷艺术的悲哀，正在于以自己的千年规范、祖传图纹来傲视不合世俗、标新立异、不从众、不媚俗、不泥古的大艺术家，陶醉于能够取悦于买家而又无须在作品中与观者进行感情交流的程式化图样。

正如朱耷的写实性图画问世时不被人理解，康定斯基的抽象性绘画初成时受人讥讽一样，瓷画的创新会有一个多磨的过程，然而它的前途，只要看看受到朱耷影响的徐悲鸿、张大千、齐白石等一代名家的业绩，看看遍布大江南北、通都大邑的富有现代派抽象语言的大型建筑装饰，也就一目了然。

发展艺术个性鲜明的"真品"，培育瓷画的艺术精品意识，应是瓷画艺术超越程式化意识而再创辉煌的关键。

（原载《中国陶瓷》，2006年，第5期）

花鸟画与瓷器装饰

潇 然

　　花鸟画是人类精神的花朵,是画家对自然界无情的花、鸟、虫、鱼移入人的情感,使之有情化、意象化,然后通过笔墨等媒介来加以表现的绘画艺术。它蕴涵和寓寄着画家的思想美、人格美——即所谓天人合一,画如其人也。而瓷器装饰中的花鸟画内涵丰富、清新雅丽,更具有动人心扉的艺术形式美。

　　中国花鸟画自唐成为独立画科以来,经历代画家长期艰辛的探索,留下了许多令人目不暇接的优美画卷:五代黄筌、黄居寀笔下花鸟形象勾勒精细,形象逼真而富有真实的美感;五代徐熙、徐崇嗣开创的"落墨花""没骨花"花鸟画,给人以清淡高雅的美感;以赵佶等为代表的两宋花鸟画华丽鲜艳、结构周密而具有浓厚的装饰美;明代以青藤、白阳为代表的水墨淋漓、笔意奔放的写意花鸟画,独具笔情墨趣;清代朱耷的花鸟画形象夸张、笔法简练,作品富有清寂、孤独和冷峻之美;清末任伯年以生动活泼的笔意,鲜活明丽的赋色描绘出一幅幅令人喜爱的花鸟画,给花鸟画的发展引入新的生机;清末民初画家吴昌硕以篆草书法笔意入画,其作品浑厚苍劲,笔酣墨饱,带有明显的书法线条美和雄浑苍老的美;现代著名画家齐白石擅作花鸟虫鱼,笔墨雄健、造型质朴,吸取民间美术色彩强烈的特色，促使文人画与民间美术的融合，大大促进了花鸟画的发展。

异彩纷呈的传统绘画给瓷器装饰带来了丰厚的营养，花鸟画在瓷器装饰中得以充分地施展。

如宋代磁州窑瓷器上的花鸟画，写意花卉生动传神，不逊文人画家手笔。它的特点是将中国画的技法大量运用于陶瓷绘画，形成了白瓷黑花的独特风格，取得了强烈的对比效果。请看绘制器皿的牡丹纹饰，有双钩的、写意的或图案法的，一花一叶或缠蔓绕枝，布满器身；或花朵怒放、花枝招展，一派繁荣富丽景象。在线条运用上流畅之中又显出特有韵味，线条具有顾盼生姿、蹁跹起舞、气韵生动的效果。其使用装饰纹样变格多至近百种，可见当时瓷器绘画表现手法之丰富。

宋画史中常有关于"墨花"和"逸笔写生"的记载，此类作品鲜见，但在民间瓷画中，却留下了不少墨花和逸笔写生的作品，使我们从这些瓷画中看出当时宋代文人画的风貌，寥寥数笔之中抓住对象神采，具有"不似之似"的写意画韵致，这种文人画的写意形式在后来景德镇的青花瓷画上，也得到了很大的发展。

我们瓷都景德镇，在元明清三朝，除官窑外，大量的民窑生产民用瓷器，其中最多的一类是青花瓷。明代继承了宋代"墨花"和"逸笔"的手法，进一步把画法简化为"简笔"瓷画，这是瓷画中的大写意派，其中含有抽象化的艺术手法。这种简化风格的形成，一方面是长期的描绘工作实践，熟能生巧，逐渐减去琐碎的细部，而留下了画中最主要的线型，神态生动，这种抽象的表现形式在瓷画中是逐渐形成的。从现存的瓷画中，可见明显的痕迹。另一方面，是制瓷画工受社会上文人泼墨画的影响。陈淳、徐渭等一批在文学、书法艺术上造诣颇深的文人画家，以绘画抒发个人情怀，自由地发挥笔墨的特长，创泼墨大写意花鸟画。他们生活在人民之间，与社会各层人物都有密切联系，他们的画风不仅影响了明代的文人画，不可避免地也为民间瓷画的发展提供了新鲜养料。如青花瓷婴戏图的画法即为水墨写意形式，这样的画法，至今还每每被画人运用。至于一些涂抹的花朵或点线，则十分抽象，如文人"墨戏"。梅兰竹菊四君子是文人画家喜爱表现的题材，民间瓷画上也常常出现，无论是圈点的梅花，还是点厾的竹菊，在用笔上，都再现了文人画的恣纵、浑穆的笔意，此种笔法亦可从清代扬州画派的李方膺等人作品中显示。最为生动的是鱼的表现，鱼是瓷画艺术的传统题材，但在青花瓷画中，一变以线为造型的表现手法，仅以极少几笔画出水中游鱼，或作卧游状，或作折尾状，尾鳍如在水中划动，加上运色之浓淡，效果十分生动。这样笔法与后来的八大山人的简笔花鸟画很相似，说明朱耷生长在江西这个环境，他是生活在民间的文人画家，除受到传统文人画的影响，亦受到当时十分兴盛的民间瓷画人的启发。同时他那鲜明个性的文人画风、简练的笔墨、奇绝的构图，又被民间画工所吸收采用，在瓷画上一时广为流传。釉下青花受写意画风影响较大，釉上粉彩、新彩却更受工笔画风的左右，任伯年、齐白石、潘天寿、张书旂的影子在景德镇的釉上彩装饰中比比皆是。由此可见，中国的花鸟画与瓷器装饰互相影响、互相交流达到了水乳交融之状。从民间瓷画上我们可以看到花鸟画的兴起与发展，可以看到花鸟画风格流派的变化。

另外，花鸟画从宣纸走上瓷器，变换了一种新的载体，这个载体与平面的宣纸不一样，它是立体的，是有一定造型的。花鸟画之所以在瓷器装饰上运用广泛，是因为它构图随意自如，能适应各种器型，加上花鸟的结构亦能使立体器型无论从哪个角度欣赏均能获得完整的美感。加上花鸟画诗、书、画、印四位一体的特点，使光洁细腻的景德镇瓷器装饰丰富了内涵美和形式美。

花、鸟、虫、鱼本身并非社会属性的产物，人们在一定时期赋予它们的寓意，也将随着时代精神的变迁而蕴涵着新的意义。"笔墨当随时代"，让我们不断努力去探索花鸟画与瓷器装饰的新路子。

（原载《景德镇陶瓷》，2004年，第2期）

八大山人花鸟绘画与景德镇元明瓷器绘画的关系

黄思源

在中国绘画史上，八大山人是明末清初杰出的画僧，他擅长山水、花鸟，工书法篆刻，尤以笔简形赅的水墨写意花鸟著称于世，代表了明清之际中国画的最高成就，并在后世300年中到了备受推崇的地位。

过去学八大山人者众，论八大山人者多，学习者都有不同出发点，研究家也有不同视角，对他的认识已经相当全面与深入。究其水墨写意花鸟的师承渊源，其翎毛虫兽来源于赵佶、吕纪、唐寅、林良、李展、卢朝阳等人的风格；花卉、蔬果，明显地继承了明代沈周、陈淳、周之冕、徐渭的水墨花鸟绘画的传统构图和笔墨。此外，本人经细心考察，发现八大山人花鸟画中与元明两代的民间青花瓷器绘画有很深的渊源，从某种意义上看，两者具有水到渠成的传承关系及由此而发展创新花鸟绘画的众多表意元素。

瓷器上的任何绘画都是作为一种点缀和附加的工艺而存在，从制作成本上来说，民窑为节省成本，将纹饰形成一种象征性的符号，与以少少胜多多的中国画原理巧合。基于流传至今的元明瓷器与八大山人的花鸟画相对比，这时便会发现八大山人花鸟画独具个性的造型、章法、笔墨、手法及风貌学习传承了元代的青花花鸟鱼草和明代的花鸟瓷器绘画。

元代景德镇官督民办窑口所烧制的青花瓷器中的各类瓷绘，都是取材于民间那些喜闻乐见的花、鸟、鱼、虫和走兽等动物，有写实者，以其逼真的形象，考究的姿势、体态，甚至每一根羽毛、每一片鳞片，都无不精雕细刻展现其丰富的画面。缠枝花纹的牡丹、芭蕉、菊花、云纹、水纹以及流畅的线条和钴料独有的纯青，将整个器皿充填得饱满而丰富。有写意者，三两笔简约，打破沉闷构图，在经意不经意之间结合勾、皴、点、染技法，线条苍劲有力，显示元代工匠高超的绘画才能。

其中动物的造型方式，呈现的亦是方、菱形的口、眼，特有的惊恐和翻着白眼向天张望的形象。荷叶水草，又莫不以圆形的随意点染，穿插于瓷器特有的方圆造型之间，与器皿、画面形成了强烈的对比。其表现手法，多在继承宋代隐青瓷器刻花、竹、刀剔花的简练基础上，以钴料为其主要原料，在传统的二方连续图纹式样内，以大写意的点缀风格和介于具象与抽象的写实、写意风格，来展现这一特定时期的瓷器绘画风格。

值得注意的是，不管写意还是写实，每一件器皿所绘之物，都充满着神奇的冲击力，每种动物的脸部表情，都在通过情绪化的嘴、眼、颌来塑造着静止在瓷器上的每一件图纹样式。器皿上所绘的每一件东西，都赋予浓烈的情绪化表现。这种瓷器绘画所具有的表现形式，在此以前的所有主流绘画里面是难以见到的。

明代民窑瓷器绘画在继承元代瓷器绘画一些特征的同时，在立意上偏重趣味。这也是明代民窑画工绘器多出己意的原因。在明代民窑画工笔下，我们常能看到不受人意干扰、制约、左右的自由创作。《明嘉靖芦雁纹残碗心》，一支芦苇、一只失群后赶来的归雁中途歇息平湖，既装点了寒塘景象，又让人品味着飞逝、寂寥、荒凉。《明天启青花珍禽纹碗心》，几根流畅的线条，几大块层次丰富的钴料就描述出了珍禽的天然野逸。章法上让人体验到人生际遇和对生活与自然的细心体察，可见明代民窑画师掌握了中国画里写神不写形的创作方法。从润泽、光滑的釉下青花色浓淡变化来看，其匠师也具有熟练的中国画笔墨技巧。

八大山人绘画的花鸟画中，却让我们见到了这一可类比的风格。八大山人绘画中的花鸟鱼虫，不管是在章法上，还是在造型、意境的取势上，都具有与元明瓷器花鸟画惊人的相似之处，其中吸取的表现手法使我们看到了与其前后演变发展关系，甚至可看到其中所包含的绘画精神气质。

从八大山人绘画的笔墨来看，其花鸟绘画，在笔墨上借鉴了元明瓷器画青花的表现形式，技法上除施以典型的瓷器"勾花墨叶"法，以线立形和以墨皴擦点染物之凹凸结构之外，多以放笔用墨、侧锋外露的形态写照对象，在笔墨的把握中，与千度高温之下烧制出来的钴料达到了同样的效果。我们以其《河上花图卷》的笔墨特征与元明青花瓷青花色块相比较分析，就不难看出，不管是其笔下的墨色还是瓷器上的青花色在整体表现出的风格面貌上有着相同的特征。更具有相似和类比性的是，八大山人熟练地把握宣纸性能的渲染效果，使作品像上了釉的瓷器一样，画面具有浓重感和透润感。

八大山人的花鸟绘画在造型上特别突出。从现存的《书画册》和《鱼鸭图卷》作品中的游鱼、鸟的造型来看，鸟的身体大多呈现着胸背前蹲而后拱的方形造型，游鱼呈现给观众的感觉就如同在观赏玻璃缸里的鱼一样，显得十分的怪异。将其特征与元明瓷器绘画进行对比，我们发现，瓷器的绘画和八大山人花鸟画动物的造型形成了一个不可回避的现实，即在瓷器的绘画中，由于主体绘画多在瓷器的凸腹部，从平面看去，原本并无前蹲后拱的形象在收颈后，凸腹器皿作用下，视觉效果变成了前蹲后拱了。另外，八大山人作为大明王孙所承受的国破、家散、妻亡、子夭的巨大情感痛苦，只能选择冷峻、痛苦和具有冲击力的造型风格来遣散心中的国仇家恨。

元明瓷绘禽鸟大多是缩头单腿独立的小鸟，眼睛往往具有大而呈菱形或方形，保持瞪目而怒或白眼向青天的状态，正好与八大山人想表达的个人思想情感不谋而合。

章法是八大山人处理画面最为精彩的部分，他的花鸟章法最有个性，承接了瓷器绘画单一的物象和中心构图。这种独特的空间结构，已经具有了强烈的视觉效果，与读者形成一种情感的共鸣。一般的，我们用"简""险"来概括他的章法特点。如在元明民窑画工笔下的雄鹰，屹立巨礁，途险境恶，翅折翼伤，画工参以己意，以败羽、狂澜、乱云、巨礁等渲染出一种英雄末路的气氛，于是便具备了撼人心魄的力量。八大山人折取其中的"险"境，另造新"险"，从而使他的绘画自然内蓄，险峻高寒，造就奇境。由此可以看出，八大山人绘画在章法上就已具有了元明瓷器民间绘画造"险"这一特征。

将民间瓷器绘画的风格引入文人画，并以此作为自己风格和审美情趣的八大山人，除了与元明瓷器所具有的传承关系外，景德镇元明瓷器中的奇特风格也正是八大山人内心情感作品风格样式和精神状态的需求。八大山人正是从景德镇元明瓷器绘画中，寻找到了适合自己的最佳艺术表现手段，从而使其绘画达到了宣泄自己情感和填补心理需求的目的。使作品既具有思念君国的成分，又有了追求癫狂的"鬼气"成分。他不仅开了有史以来的花鸟画拟人的先河，更是将这一创造推向了巅峰。他创造的这一巅峰，300年过去了，至今也没有人超过。

（原载《艺海》，2009年，第2期）

论八大山人花鸟画与清康熙景德镇民窑青花瓷画艺术

赖德春

　　八大山人（1626—1705）法名传綮，字刃庵。又用过个山、个山驴、驴屋、人屋、灌园老人、道朗等55个号，后又入青云谱为道。通常称他为朱耷，但这个名字用的时间很短，晚年取八大山人号并一直用到去世。八大山人是明末清初中国水墨写意派大师，一生的行踪均为江西中部及北部，自23岁清兵占领南昌后，退避新建，落发为僧，后又辗转奉新、进贤、永丰、贵溪、南昌、临川等地，最后定居南昌。可以说一直都生活在景德镇民窑青花瓷画艺术氛围中。

　　清康熙（1662—1722）时期的经济、文化空前发展，景德镇民窑青花瓷的瓷画艺术以大写意为主的画法，造就其艺术风格上散发着动的韵律、美的意境。八大山人在这些民窑的写意青花瓷上找到了灵感，并发扬光大。

　　艺术的本原存在民间，真正的艺术大家，往往是溯源而上，从而寻找到最后的恣肆汪洋。八大山人擅山水、花鸟，工书法篆刻，尤以笔简形赅的水墨写意花鸟画著称于世，在中国绘画史上，占有极其重要的地位。对于他的花鸟画的师承渊源，历来的理论界有主张其来源宋元花鸟画的，亦有说是承袭了明代各大家风格的，更有见地的理论家们把目光投向了汉唐以来的诸多民间艺术。这些都是从各自不同的侧面反映了八大山人花鸟风格的形成过程，是向中国传统绘画学习后所流露的必然。但我在这里把八大山人的花鸟绘画所取养分的目光，投向清康熙时期景德镇民窑青花瓷画艺术上。

八大山人花鸟画最突出的特点是"少"，用他的话说是"廉"。少，一是描绘的对象少，二是塑造对象时用笔少，如康熙三十一年所作《花果鸟虫册》，其《涉事》一幅，只画一朵花瓣，总共不过七八笔便成一幅画。在八大山人画中，一条鱼、一只鸟、一只雏鸡、一棵树、一朵花、一个果，甚至一笔不画，只盖一方印章，便都可以构成一幅完整的画面，可以说少到不可再少的程度。少，也许有人能做到，但是少而不薄，少而不贫，少而不单调，少而有味，少而有趣，透过少而给欣赏的人无限的思想空间，这是难以有人做到的。这些都可以看出八大山人有着深厚的笔墨功夫。他用笔由方硬变圆润，饱和墨汁与运笔的方法相结合，一笔就给人以浓厚丰富之感；其次，他能够充分利用生宣纸特性以加强艺术表现力。生宣纸的吸水能力强，容易使墨汁扩散（洇），这本来是缺点，而八大山人却把它变成优点，不但为水墨写意画开辟了广阔的前景，而且也创立了人们对水墨写意画的新观念。

康熙时期景德镇民窑青花瓷画同样是笔墨简洁，有着由内而外的华贵。色调单纯，却有着一种无法比拟的绚丽；清朗飘逸，是一种温柔可融的意境。这时期的景德镇民窑青花使用了云南的"珠明料"，这种青花色料提炼精纯，由水沉法改进为煅烧法，呈色鲜蓝、青翠，无漂浮感，明净艳丽，清朗不浑，艳而不俗。有的呈现宝石蓝色，鲜蓝而不火气，它与清代其他各时期青花有很大的区别，时代特征十分明显。人们往往称康熙青花为"翠毛蓝""康熙五彩"，色彩变化有五个层次的色阶，所用青料有头浓、正浓、二浓、正淡、影淡之分。古人对康熙青花评价甚高，不同层次的渲染完全是由工匠们熟练地运用色料的技巧，即分水法，有意识地造成多种深浅不同的色调，甚至在一笔一画中也能分出深浅不同的笔韵。流畅的线条和钴料、独有的色彩给人以丰满的感受，其写意的工匠三两笔简约到最简约。在经意与不经意之间潇潇洒洒，淋漓尽致，飘飘逸逸地使其所绘对象的动感和空灵跃然瓷上。若将这些民间画匠的佳作与八大山人水墨放于一处，很难否定它们之间声息相通的渊源关系。自由自在的三两笔不正与八大山人不受羁束的追求如出一辙吗？可见，八大山人当时在随处可见的民窑青花瓷绘中汲取营养是顺理成章、理所当然的。

八大山人的花鸟造型，不是简单的变形，而是形与趣与意的紧密结合，逐渐形成了一种象征性的符号。从康熙景德镇瓷器绘画的目的性和其造型采用手法来分析，器皿上的任何绘画都是作为一种点缀和附加的工艺而存在的，因此对它的技术要求和成本要求来说，都需要将其成为一种特定的绘画形式，这种思想指导下的绘画，就必须最终走向简约和程式化，形成一种象征性的符号，而这种象征性的符号被八大山人继承和光大了。

八大山人早期的花鸟画承接平静的造型样式，单一的物象和中心构图简明概括，鲜明夺目的造型和具有几何形体的造型，独特的空间结构和形象，增加了作品的视觉冲击力，形成了一种容易被感知、被感动的共鸣。

中期癫狂以后，其花鸟画日渐成熟，造型更加简化和夸张，直至形变。其作品中的整体形象虽不似早年那样方拙，但却显得更加怪异，禽鸟的眼睛往往更具有大而呈菱形或方形，整体上更具有一种促使情绪波动的效果，瞪着眼睛怒目而视的状态，单腿独立、缩脖、弓背的物象塑造，完全变成了仅仅是具有"象征性"的某种符号。传统主体性绘画的影子，在这里几乎荡然无存。这种变化从其创作的目的性来说亦与景德镇民窑瓷画艺术的目的不谋而合。

晚年八大山人的花鸟造型更加简洁，禽鸟无论是鹰、鸡还是游鱼都更加怪异，所绘动物大都呈现着胸背前蹲而后拱的弓形造型。康熙时期的景德镇民窑瓷器上的花鸟造型恰恰也呈现这种风格。在瓷器的绘画上，由于主体绘画多在瓷器的凸腹部，这就形成了一个不可回避的现实，从平面看去，原来并无前蹲后拱的形象在收颈、腹器皿的作用下，视觉的效果却变成了前蹲后拱了。这二者某种相关的联系是毫无疑问的。

八大山人不仅仅是对康熙民窑青花瓷画艺术的传承，更深刻的是精神领域的一种发展。他在绘画过程中寻找到了适合自己的最佳艺术表观手段，这种手段达到了宣泄自己感情和填补心理需求的目的。

（原载《景德镇陶瓷》，2011年，第2期）

八大山人的花鸟主题与景德镇青花瓷器的文样

宫崎法子

はじめに

　　近年、八大山人（1626-1705）に関する様々な資料の発見とそれにともなう研究の進展により、従来一般に考えられてきたような「明宗室出身の遺民」として「抗清精神」に貫かれた生涯……というような見方ではとらえきれない八大山人像が、明らかになった。そのことは、八大山人の作品に関しても新たな解釈をせまっている。54歳での還俗も、画家自身が文人として詩文書画に生きるという強い意欲にかられて、自ら選び取ったものであったし、晩年に制作された書画の多くは、当然それによって画家が生きるための糧でもあった。自ら選び取った書画家としての道は、必ずしも平坦ではなかったであろうが、それは「遺民」ゆえの苦労というより、当時の多くの在野の文人たちが基本的に共有した状況でもあった。

　　八大山人が繰り返し描いた蓮・魚・木蓮などは伝統的吉祥モチーフであり、画家は、好ましい画題を描き人々に贈り、また求めに応じて描いた。筆者は以前、花鳥画のモチーフに見られる様々な寓意について考察した際、伝統的な吉祥主題である「藻魚図」の系譜の掉尾として八大山人の「魚図」を取り上げ、そのとき、八大山人の魚図が元の景徳鎮青花磁器の藻魚文様に非常に似ていることに気づいた。そこで八大山人が、故郷南昌に近い景徳鎮で作られた青花文様から影響を受けた可能性があることに言及したことがある[1][図1, 2, 3]。八大山人の抗清精神のシンボルのように考えられてきた画中の魚や鳥の天をにらむような表現も、実は陶磁器の文様の表現と共通していることは、八大山人作品理解において、非常に興味深いことと思われた。

　そんななか昨年、英国において、膨大な量の明代景徳鎮製の欧州向け輸出用青花磁器のコレクションの存在を目の当たりにする機会をえたが、そのなかに他にも八大山人作品との関連を思わせる文様があることに気づいた。そして、八大山人の花鳥主題のうち特に動物の表現に、景徳鎮の青花文様が影響を与えていることを確信した。今秋（2004年）、泉屋博古館の中国絵画展に際して講演を依頼され、そのテーマについてお話しし、その内容を紀要に発表させていただく運びとなった。ところが、その後、八大山人と景徳鎮青花文様の関係についての先行論文の存在を教示された[2]。80年代に、すでにその問題を扱った論文が刊行されていたことを知らずにいた自らの不明を恥じ、本論の発表を断念することも考えた。入手した朱旭初「八大山人研究中的一个新視角」を読むと、新しい八大山人研究の成果をふまえて、従来の政治的な解釈を離れ、新たな八大山人像を示すことに重点が置かれており、基本的に筆者と同じ立場に立つもので、共感することが多かった。しかし、景徳鎮磁器との関係については、中国本土には明の輸出用磁器がほとんど残っていないこともあってか、「魚」について元青花の文様を挙げるにとどまり、他の主題については具体的に示されておらず、また逆に後の乾隆朝の官窯磁器の文様へ八大山人画が影響を与えたことが強調されており、その点いささか見解が異なっていた[3]。よって、明代の景徳鎮民窯から八大山人画への影響について、多くの具体的な作例によってもっと詳しく示すことも何かしら意味があると考え、ここに予定通り発表することとした。以下、朱氏論文と重なる点などについては、必要に応じて注記しつつ、先に用意した内容によって論を進めたい。

　本論では、八大山人の生涯についての新知見については、すでに1996年刊泉屋博古館『中国絵画図録』の解説に示したので、繰り返さない。ただ明末清初の文人文化の広がりのなかで、各地に登場した数多くの個性派とよばれる文人画家達が、古画の学習に依拠する文人画を具体的にどのように習得し、どのように自らの創作を展開したのかという、筆者が以前から持ち続けてきた関心の一環として、江南の一地方都市に生きた一画家としての八大山人をとらえるために、彼をとりまく時代の文化的状況をはじめに確認しておきたい。

1. 八大山人の時代と画譜

　当時、地方の知識人（文人）たちが、絵筆をとりはじめるとき、作画の手本としてまず想定されるのは、『十竹齋書画譜』『十竹齋箋譜』など明末に出版された画譜類箋譜類であろう。このような出版そのものが、当時の文人文化の普及の産物でもあった。江西弋陽府に明宗室として生まれた八大山人は、父をはじめ周辺に書画詩文を嗜むものが多く、文化的に恵まれた環境に育った。よって、清軍による南昌陥落とそれゆえの逃禅（1648年）以前、ほぼ同時代に南京で出版された『十竹齋書画譜』（1619-33年刊）や『十竹齋箋譜』（1644年刊）をすでに目にしていた可能性も高い。少なくとも、現存する最初期の作品で、34歳（以下すべて数え年とする）のときの「傳綮写生冊」（1659年）（台北故宮）（傳綮は八大山人の僧名の一つ）（図6, 7, 7）には、明末に出版された『十竹斎書画譜』（図10）『十竹斎箋譜』の影響が明らかであり、そのことは方聞氏によってすでに指摘されている[4]。方聞氏はまた八大山人の初期作品に徐渭画の影響が見られることを強調している[5]。劇的な生涯を送った徐渭は、八大山人に影響を与えた画家として魅力的な先例ではあるが、どちらかといえば、八大山人の初期作品は、激しくたたきつけるような墨面を多用する徐渭よりも、モチーフの形をとっていく陳淳作品に近い特徴をもっている（図4, 5, 8）。地域的にも浙江紹興の徐渭よりも、明代文人画の主流であった蘇州・呉派の陳淳の様式の方が、当時の江南の画壇では影響力が勝っていたと推測される。いずれにせよ、陳淳や徐渭を代表とする文人の花卉図がもてはやされ、様々な模写や贋作や類似作品が流布し、明末には文人画の一典型として認識されていたのであろう。明末に出版された画譜の中に典型的な図様としてそれらは流れ込んでいる。そしてまた画譜によって、それらの図様はさらに広く流布していったと思われる。当時江西の山中に僧として身を潜めていた八大山人は、すでに後の独自な画風の片鱗を見せながらも、このように、画譜または当時流通していた贋作あるいは真作などを通じて、先行する明代の文人の花卉図を学んでいたことが分かるのである。

　ところで、八大山人が画家として活躍した17世紀後半から18世紀はじめにかけては、まさに文人画が人々の耳目を集め、たくさんの人々がそれに親しみ、絵筆をとった時代であった。上述の『十竹齊書画譜』（1619-33年刊）から50年ほどのち康熙18年（1679）には、『芥子園画伝』初集「山水」が刊行された。その後二集「蘭竹梅菊譜」三集「花鳥譜」が康熙40年（1701）に刊行されている。この『芥子園画伝』は、文人画のマニュアル本として、後々まで版を重ね、文人画修得の手引き書として不動の地位を占め続けることになる。この『十竹齊書画譜』から清初の『芥子園画伝』初集二集三集の出版に至る時期は、ちょうど八大山人の生涯（1626-1705）と重なっている。明清交替の政治的社会的大混乱を挟みつつ、当時江南の人々の間には、文人画そのものへの需要だけでなく、それを描くことへの強い思いや関心が途切れることなく存在していたことが、これら画譜の出版状況から窺える。実際、八大山人を含めて、江南各都市に陸続と個性派画家がこの時代登場したのである。八大山人の作画や画家としての活動は、文人文化や文人画をめぐるこのような大きな時代の潮流のなか行われていた。明の滅亡後、生き延びるために出家したものの、やがて文人として生きることへの抑えがたい思いがつのり50代半ばで故郷南昌へ逃げ帰り、還俗して晩年を文人画家として生きた八大山人の生涯、その生き方の背景に「文人画」をめぐるこのような熱い雰囲気が存在していたことを、先ず捉えておく必要があるだろう。

2. 岩にとまる鳥

さて、八大山人の作品のうち最も親しまれているものとして、『安晩帖』のなかの「叭叭鳥図」を挙げることができる。大きな岩にとまる小鳥の図様は『十竹齊書画譜』中にもあり、八大山人も数多く描いている。しかし、『安晩帖』の「叭叭鳥図」は、それらの小鳥とは違い、黒く存在感のある叭叭鳥を画面中央に真横向きに描き、きわめて印象的である。叭叭鳥は八大山人が好んで描いた主題であった。先行する作例として南宋の牧谿の「松に叭叭鳥図」があり、また似た姿をもつ鵲は中国古来から喜びの象徴として、繰り返し表現されてきた（図11, 12）。八大山人の叭叭鳥も、このような画題の系譜を継承したものと考えられる。比較的早期、59歳の作である「个山雑画冊」（1684年）（図13）には、すでに柳枝に止まる叭叭鳥が見られる。このように枝にとまる鵲の図様は容易に先行する作品を見いだすことができる。一方、八大山人は「鴨魚図巻」（1689年上海博物館）のなかに、すでに岩に止まる鴨を描いており印象的であるが、「叭叭鳥図」とは鳥の姿勢がかなり違っている。その後「野鳬図」（1691年）（図14）は単独作品として岩に止まる鴨を描くもので、姿が1694年の「叭叭鳥図」（『安晩帖』）にかなり近づいている。そして『安晩帖』以後、1699年頃まで、岩や瓜などに止まる単独の鳥を描く図が散見する（図16）。

『安晩帖』の「叭叭鳥図」を代表とするこのような岩にとまる黒い鳥の図様は、以上見たように、八大山人が叭叭鳥や鴨を描くなかで、独自に発展させたと考えることができよう。しかし、一方、明代景徳鎮のヨーロッパ向け輸出磁器には、岩に止まる一羽の鳥の図様が、きわめてありふれた文様として繰り返し描かれていることも注目されるのである（図17, 19）。イギリスの中国陶磁愛好家が俗に「岩の上の鴉」[6]

(a crow on a rock) と呼ぶその文様は、中国青花陶磁を模造したペルシャ製のイミテーションの青花磁器文様にも使われており（図18）、当時いかに広く流通していた模様であったかが分かる。

　この岩にとまる鳥の文様は、もとをただせば、中国の伝統的花鳥画中の岩にとまる鳥の図様に溯り、絵付けをした陶工は、花鳥画を代表する図案として、それを抽出し単純化し、主文様としたのかもしれない。いずれにせよ、それは官窯の高級磁器には見られず、明末16-17世紀にかけて、大量生産された景徳鎮民窯製の輸出用青花磁器に独特の文様である。中国で生産された陶磁器の中国国内における流通については、あまり研究が進んでおらず、まだまだ不明な点が多いようであるが、時期的・地理的な近さから、八大山人がこのような景徳鎮の輸出用青花磁器の文様を目にしていたと考えることは自然である。八大山人が黒い叭叭鳥を、岩にとまらせ横向きに描こうとした発想に、輸出用磁器の「岩にとまる鳥」を考えることもまた不可能ではないだろう。もちろん、八大山人の潤った墨によるすぐれた絵画表現と、青花磁器の文様は全く別の次元の表現であることはいうまでもない。ただ、八大山人の早期の作品には、図6，7や図13のように、画面中央を空ける構図が特徴的であったが、画業の成熟期と一般に言われている69歳の『安晩帖』（1694年）のなかの魚や叭叭鳥、また晩年の鳥石図などは、モチーフが青花磁器と似ているばかりでなく、画面中央に描かれている点でも、青花磁器の特に盤の中央に描かれた文様の配置と何らかの接点が感じられる（図2，15，16，27，28）。八大山人が独自の画風を大きく展開させたとき、図柄のみならず構図という点でも青花磁器文様から影響を受けた可能性すら考えられるのである。また、景徳鎮の陶工が巧まずに描いたこの岩にとまる鳥の眼も、魚の場合と同様、八大山人画の鳥と共通する表情を見せている[7]。そのことは、次に挙げる鹿の図において、さらに顕著である。

3. 鹿

　英国で目にした輸出用磁器の文様のうち、八大山人画への影響が最も直接的で分かりやすいと思われたのは、鹿の図である。八大山人は晩年に、大幅の鹿の図を多く描いた（図20〜22）。抗清の思いを絵画に表現した遺民画家という従来の図式のなかに、このような吉祥主題の大画面作品は納まりどころを得なかった。またその表現も、画業の頂点とされる『安晩帖』の頃の潤った墨とは違い、晩年に特有のかすれた線描により大胆に描かれており、戯人化したような強い顔つきとともに、八大山人の作品としてかなり違和感を覚えさせる表現である。だが、八大山人の各時期ごとの作品の編年や生涯についての研究も進んだ今、このような鹿の図も八大山人の画業の展開のなかに、位置づけうるものになった[8]。

　鹿は古来から長寿の象徴であり、また鹿と禄が同音であることからも広く吉祥の動物として、絵画の主題や工芸としても繰り返し表現されてきたが、それは文人たちの画題ではなく、専ら職業画家の画題であった。八大山人は、このような画題を水墨によってはじめて大画面に描いた画家であった。

　八大山人の鹿は、明らかにデフォルメされ、生きている実際の鹿からはかなり遠い表現がなされている。明代の無名の職業画家による鹿図などを見ると、中国花鳥画の伝統にそって基本的に写生的な表現で描かれ、このような戯画的な表現は見あたらない[9]。八大山人の鹿のような表現は先行する絵画作品には見いだせないのである。ところが、その特徴は、景徳鎮の輸出用の青花磁器の鹿の文様に驚くほど似ている。鹿の図も明の景徳鎮民窯製の輸出用青花磁器の文様として、きわめて一般的なものであった。この文様も先の鳥と同じく図24のようにペルシャでの模倣品に作例があり、いかに当時の輸出用青花を代表するありふれた文様であったかが分かる。それらの鹿は、多く松や梅、朝日や鳥や蝶々とともに描かれ、その姿は卵のような形にデフォルメされた胴体から細い四肢が突き出て、後ろを振り返るポーズや、二匹ずつ鼻面を合わせるなど、実に様々なポーズのものが描かれ、八大山人の鹿図と近い姿のものが見いだせる（図20〜26）。そして、いずれも、白目に点を打って描かれた目に特徴があり、顔に独特の表情があって、まるで笑っているようにも見える。このような表現は、現実の鹿からは遠く、また、絵画作品にも先例がない。比べてみると青花磁器の鹿の表現と八大山人の鹿の表現は、どちらかがどちらかに拠っているとしか考えられないほど互いに似ており、その場合、時期的にみて、16-17世紀の景徳鎮の青花磁器の鹿が、17世紀後半の八大山人の鹿の造形に影響を与えたことは間違いない。

　八大山人は、先述した魚や叭叭鳥に続いて、ここでも景徳鎮の陶工達が巧まずに描いた不思議に生き生きとした顔つきの鹿を下敷きに、さらに強い意志的な表情の鹿を造形し、自分の作品としていると考えられる。晩年、吉祥の画題である鹿を描く必要があったとき、景徳鎮の青花文様に鹿の姿を求め、それによって描いたのか。あるいは景徳鎮の鹿の文様を目にして心を引かれていて、吉祥主題の作品を描く必要があったとき、それを用いて鹿を描くことを思いついたのか。いずれにせよ、青花磁器の鹿の文様に何らかの影響を受けて、鹿図を描いたことはほぼ間違いないだろう。鹿の形態や、擬人化したような強い顔の表情の近似が、鹿モチーフにおいて特に顕著であり、魚や岩にとまる鳥の場合よりもさらに、図様上の直接的な影響関係が見て取れる。

　魚や鳥にも見られたように、青花磁器文様の動物の表情が見せる巧まざるユーモアは、八大山人の同一モチーフを描く作品に、さらに洗練されて踏襲されている。しかし、この晩年の鹿の図は、特に大画面に大きく描かれているため（図２０〜２２はいずれも縦２メートル前後の作品）、もともと小さな青花文様として描かれていた鹿が、大画面に引き延ばされたような印象があり、デフォルメされた形態や人のような表情が強調され、それ以前の八大山人の小動物を描く作品とはかなり違った印象をもち、不自然さが目立つことは否めない。

結び

　以上見たように、初期には、先行する文人の墨戯の伝統に沿って、主に花卉や岩のみを描いていた八大山人が、それまでとは違って鳥などを描くようになるのは、1680年代半ばの「个山人雑画冊」頃からであった。同じ画冊のなかの兎の図にも、形の大胆さといい、強い目つきの表情などに、青花磁器の兎の文様の影響が窺えるかもしれない（図29〜31）。この頃は、まさに八大山人が本格的に画家としての活動をはじめた時期であり、独特の作風を大きく展開させはじめた時期でもあった。そして1690年以降、主題的にもまた構図的にも、青花磁器文様との関連がはっきり現れるようになった。そうであれば、八大山人の画家の創作活動の大きな飛躍にとって、青花磁器の文様が重要な契機になったとも考えられるのである。少なくとも、従来は専ら八大山人の抗清の思いの表出として語られてきた鳥や魚の独特の目つきも、そもそも景徳鎮の陶工達の素朴な表現のなかに先例があり、それらの影響を受けている可能性があることは、今後、八大山人の作品を解釈する際、無視することはできないように思われる[10]。

　しかし、そのような青花磁器文様の魅力を「発見」し共感し、自らの芸術世界に積極的に取り入れたのは、他ならぬ八大山人であり、彼の自由な発想と大胆で優れた造形感覚であったことはいうまでもない。八大山人の筆が、それらを陶工の素朴な文様とは違った複雑で洗練された精神世界の住人として生まれ変わらせ、新たな生命を与えたのである。山水画とは違い、文人の副業的な画題である花卉雑画において、民間の吉祥画題を取り入れて描くことはすでに明代の文人画家たちが行ってきた。八大山人は、さらに民間の図様を直接取り入れて、大胆に新たな絵画世界を作り出したのである。

　明清交替の過酷さのなかを生き延び、当時の文人的価値観の広がりのなか、文人の作画をめぐる熱い潮流のなか、その流れに身を投じるように文人画家として生きることを選び取った八大山人は、当時彼の生きた環境で手にはいる情報を最大限に使いながら、文人画の基礎を習得し、さらに新たな絵画世界を切り開き創造していった。それは、伝統的な文人画家にはない、新しい方法であった。八大山人の生きた時代と場、その状況のなかでの画家の個性と天分によって、それははじめて可能であったと思われる。

【注釈】

[1] 宮崎法子『花鳥山水画を読み解く――中国絵画の意味』231頁（角川書店2003年）。なお、これに先行して、すでに「中国花鳥画の意味――藻魚図、蓮池水禽図、草虫図の寓意と受容を中心に」上（『美術研究』第363号、1996年3月）において藻魚図について論じた際、八大山人の魚と元青花の藻魚文様の類似に気づいたが、そこでは図を並べて掲載するにとどめた。

[2] 朱旭初「八大山人研究中的一个新视角」（『朵雲』15, 1987年）。この論文の存在について2004年11月に張子寧氏より教示され、送付いただいた。記して謝意を表したい。

[3] 朱論文では、八大山人の芦雁図がのちの乾隆朝の景徳鎮官窯の文様に影響を与えたとするが、明末の青花輸出用磁器にもすでにそれとよく似た芦雁図文様が1, 2見受けられることから、必ずしも八大山人画の影響ではなく、直接明末の青花文様が乾隆朝の官窯磁器の文様に影響を与えたと考える方が自然だと思われる。その場合、八大山人の晩年の芦雁図も、青花磁器の文様からの影響を受けて制作された可能性が出てくる。この点についても、今後さらに調査し検討をする必要があるだろう。

[4] 方聞「朱耷之生平与芸術歴程」p.128。但しそこには具体的な作例は挙げていない。その後 Wen Fong and James Watt eds., Possessing the Past (N. Y. Metroporitan Museum of Art and Taipei National Palace Museum, 1996) pp.495-97で、『十竹齊箋譜』の石図と『傳綮寫生冊』中の石図の図を掲げ、また徐渭の石榴図と『傳綮寫生冊』の石榴図を掲げて、影響関係を論じている。また、朱氏も「前掲論文」(141頁)において、類似する魚図として元青花とともに『十竹齊箋譜』中の魚図を挙げている。

[5] 八大山人の花卉図が、牧谿、沈周、徐渭、陳淳などの花卉雑画の系譜上にあることは、すでに米沢嘉圃氏が論じている。米沢嘉圃「八大山人・揚州八怪―花卉雑画序説」（水墨美術大系第11巻米沢・鶴田『八大山人・揚州八怪』所収1975年）。また、米沢嘉圃「明代における花卉雑画の系譜」（泉屋博古館紀要巻2 1985年）。

[6]「鴉」というのは、顔料で青く塗られた姿から西洋人がつけた俗称であり、2003年6月に大英博物館で行われた青花磁器についての学会でも、鴉でなく本当は鵲であろうと、論議されていた。

[7] 朱氏も、八大山人画中の小動物の天をにらむような目つきは、青花磁器文様がもとになっているといい、政治的に解釈する従来の見方を退ける。朱旭初「前掲論文」139頁。

[8] 八大山人研究の新たな動きは、肖像画「个山小像」（江西南昌八大山人紀念館）発見などによってはずみがつき、その生涯に関して新たな資料や知見が次々に発表され、今日に至っている。イェール大学の「八大山人展」とその図録 (Wang Fangyu and R. Banhart, Master of the Lotus Garden, The Yale University Art Gallery, 1990)はそのような流れの成果であり、また最

近の『八大山人全集』全5冊（江西人民美術出版社、2002年）は、従来目にする機会のなかった作品も、近年の研究をふまえ編年されて紹介されており、八大山人研究上きわめて有用である。

[9] 清初の将軍の墓（トロント、ロイヤルオンタリオ美術館蔵）の石浮彫にも鹿が表現されているが、その姿も、職業画家の作品と同様に実際の鹿と近い表現がなされており、陶磁文様の鹿の表現はきわめて独特である。

[10] 朱氏は、さらに八大山人が還俗した時期は、すでに清朝が完全に安定し、明遺民たちが復権した時期であり、その時期には、明宗室出身の遺民という「看板」も、文人の間ではかえって栄えあるものであったと言う（「前掲」137頁）。なお、八大山人に遅れて1690年以後、揚州で画家として生きることになった石濤も、そのときはじめて明宗室出身の遺民であることを強調し出したことを、張子寧「石濤の白描十六尊者巻と黄山図冊」上・下、『國華』1184号・1185号（原著；＜石濤的「白描十六尊者」巻與「黄圖」冊＞『国立歴史博物館館刊』第3巻第1期、1993年1月）に論ずる。

（原載《泉屋博古館纪要》，2005年3月）

景德镇明末清初民窑青花与八大山人绘画风格的比较

朱晓虹

一

1. 景德镇明末清初民窑青花的绘画风格及其分期

明朝是一个极度中央集权的时期，统治阶级为了满足自己的权势、奢侈的生活以及对内、对外、赐赏和交换的需要，于洪武年间在景德镇设置御器厂（官窑）专为朝廷生产瓷器。从此，景德镇便有了官、民窑同时并存生产瓷器的情形。当然，这种存在并没有产生竞争发展的机制，而往往是以官压民、以官限民、以官剥民。

明代官派民烧的现象已是供认不讳的，所以官窑青花不一定都是官窑所烧。窑都是一样的窑，制作者也都是来自民间的艺人们，只是使用对象不一样。因此造就了民窑青花与官窑青花的风格迥异，即以"雅"为代表的专为皇家使用的官窑和以"俗"为代表的乡民、百姓使用的民窑。

景德镇民窑青花，从元代开始发展至今，绵延了700多年。明代是景德镇民窑发展的黄金时期，尤其是明代后期，资本主义萌芽，景德镇民窑逐渐摆脱封建桎梏的束缚，民窑青花瓷发展成为了主流产品。

从现存的传世文物资料及出土的青花瓷器来看，官窑的演变与发展同明朝的政治、经济、文化密不可分。明代各帝王的兴衰，关系着官窑瓷器生产的盛衰，它的繁盛同明代皇室状况相一致。

而民窑青花瓷的发展恰好与此相反，嘉、万是官、民窑转折的分水岭。万历中叶至天启、崇祯是其高峰期。并且民窑青花在明代的最后 10 年（1634—1644），甚至在清朝的头 20 年（1644—1664 康熙三年）更为繁荣。因为瓷器的制作工艺和绘画风格并不会随帝王更替，在一夜之间发生变化，从一个年号到另一个年号，制作工艺和绘画风格有可能是延续的，也有可能会产生变异；有时虽然其他窑场都已经发展出新风格，但总有个别窑场仍然会在一段时间内沿袭以往做法。

万历瓷器纹饰的时代特征极为明显，主要是受到当时版画的影响。明万历年间徽派及金陵派版画的崛起，不仅是明代版画艺苑的大事，同时也给景德镇瓷器纹饰带来了变革，使其走出了一味承袭传统的窠臼，拓宽了瓷器装饰题材；其次是创新。如民间大众所向往的"福""禄""寿""喜"文字，原本并不是瓷绘题材，但经过创意加工，巧妙构图，成为具有装饰韵味的形象。

万历时期，色料中"回青"掺和有"平等青"，色度适中，呈鲜蓝色。风行锦地开光装饰，开光式样繁多，有压字锦、古钱锦、梅花锦以及圆形、长圆形、长方花瓣式样，纹饰有简有繁，用笔精致挺拔，构图较严谨，描写景物，远近有致，料水活泼。

由于民窑产品这时已大量供应国内外市场，因而天启、崇祯时期的民窑青花瓷遍布世界各地。图案装饰题材丰富多样，完全突破了历来官窑图案规格化的束缚，写意山水也很盛行，画面构成上也如国画配诗题跋。

崇祯朝开创了类似中国画的淡墨水彩的新的皴点法用笔，并一直延伸到清初。大量采用变形夸张的手法来表现纹饰图案，画风荒诞，笔意豪放，无拘无束。

清代顺治朝的青花装饰的绘画技巧有了很大的发展和进步，甚至可以说是突破，除了传统的单线平涂外，广泛采用了勾、染、皴（含披麻皴、斧劈皴）、擦等多种运笔技法，使画面分出阴阳面和层次来。

清代康熙时期与崇祯瓷器相似处已经不是特别多。青花装饰采用云南珠明料，质地纯净，色调鲜明青翠，蓝中泛青，混水法使青花画面形成多层次、多色阶、笔路分明的效果。不同浓淡的料水，能分染出深浅不同的九色之多，甚至在一笔之中也能分出不同浓淡的笔韵，具有丰富的色调变化，有"青花五彩"之誉。用笔精细，笔笔都极为讲究，清楚整齐，绝无渗晕流动的表现。康熙早期[1]保留有一些顺治朝瓷绘的遗风；康熙中期装饰颇有董其昌、陈洪绶、华嵒及四王的影响，与晚明瓷器风格拉开了距离。

总之，在明末清初（万历末年——康熙早中期）这样一个风雨飘摇的时代，景德镇的匠师们却为人类创造了大量空前绝后的瓷器精品，为中国陶瓷史和中国美术史谱写了一段精彩的篇章。

2. 八大山人的绘画风格及其分期

八大山人，姓朱名耷，是明太祖朱元璋第十六子江西宁献王朱权封藩在南昌的第九世孙。生于明天启六年（1626），卒于清康熙四十四年（1705）。字法崛，号刃庵、个山、雪个、驴屋、灌园老人、八大山人等，一生所用名号多达55个，以八大山人的名声最著。

他是明末清初杰出的书画家、诗人，他的绘画削尽冗繁，返璞归真，以极其简练清脱的笔墨，含蓄蕴藉、淋漓痛快的艺术语言，不同凡响的构图，人格化的形象，表达了自己对现实世界、对人生的态度，塑造了一种前所未有的纯净酣畅、深邃淡远的意境，开创了元明以来新风貌，将写意绘画推向极致，成为300余年来中国画坛的巨擘。

八大长达80年的一生，从现存最早的一件作品《传綮写生册》（作于34岁）算起，其艺术活动持续了将近50年。在这半个世纪中，他创作了大量的绘画作品，其风格面貌，也是多种多样的，很难以单一的风格样式来加以概括，从和他同时代人的评论中即可见一斑。如邵长蘅称其"颇怪伟"，那是见到他60岁前后的作品（邵与八大相识时，八大64岁）；龙科宝说"奇劲"，应当也是指这一时期的作品；石涛曰"淋漓奇古"，陈鼎曰"笔墨豪雄"则是说70岁前后的作品；张庚所称"苍劲圆晬，时有逸气"是指晚年将近80岁的作品[2]。

学界对其艺术风格分期也有许多种，有以传綮（23—46岁）、个山（46—59岁）、八大山人（59—80岁）将八大山人艺术分为前后三个时期的。

薛永年在《八大山人全集》中是以55岁以前为萌芽期、56—65岁为突破期、66—80岁为成熟期来分期的。

还有以其花鸟画风，分为三个时期的：

50岁以前为僧时（即1676年，康熙十五年）属早期，署款"传綮""个山""驴""人屋"，多绘蔬果、花卉、松梅一类题材，以卷册为多。画面比较精细工致，劲挺有力。

50岁（1676年）至65岁（1691年，康熙三十年）为中期，画风逐渐变化，喜绘鱼、鸟、草虫、动物，形象有所夸张，用笔扁方刻削，行笔劲疾，波动激烈的笔触，气势不凡。动物和鸟的嘴、眼多呈方形，面作卵形，上大下小，岌岌可危；禽鸟多鼓腹缩颈，栖一足，悬一足，那细细的独足着实令人不安；画石上大下小，画树干上粗下细，给人一种危立不稳的"失重"感，而稳健圆润的中锋用笔又在某种程度上缓解了"失重"的压力。

65岁（1691年）至80岁（1705年，康熙四十四年）为晚期，艺术日趋成熟。笔势变为朴茂雄伟，造型极为夸张，鱼、鸟之眼一圈一点，眼珠顶着眼圈，多半是眼白很大，直瞪瞪地看着目标，就连独鱼没有目标物可视，也会眼白很多地瞪视着前方，一幅"白眼向天"的神情。在眼神上他的拟人化手法可谓登峰造极，在他之前从未有一位画家把动物的眼神放大到人的地步，他画的鸟也有些显得很倔强，即使落墨不多，却表现出鸟儿振羽，使人有不可一触，触之即飞的感觉。有些禽鸟蜷足缩颈，一副既受欺又不屈的情态，在构图、笔墨上也更加简略。

二

1. 景德镇明末清初民窑青花的艺术特征

明、清两朝历时近550年，景德镇窑火代代燃烧，几乎少有熄灭，为世界所罕见，遗存器物之丰，可谓恒河沙数。民窑是景德镇瓷业生产的主体，据清代唐英《陶冶图说》记载就有300区，民窑在中国陶瓷发展史上占有极其重要的地位，可以说没有民窑，就没有官窑，在历史长河里就没有如此多令人叹服的作品。天启、崇祯两朝是明王朝内忧外患频仍，国力衰竭，经济凋敝，政局极为动荡，并最后失国的时期，但景德镇民窑瓷业却有了很大发展，开创了明代民窑瓷业发展最辉煌的时代。

在表现方面主要有如下几个艺术特征：

以型布饰，以意布局：民间青花装饰是在生产工艺、材质特点、适用要求和造型形体等制约下进行，因而有它自身的装饰特点。由于造型尺寸的局限，民窑青花装饰大胆打破时间、空间的限制和正常的比例关系，创造出一种清新活泼的审美艺术形式。

以小观大，浓缩集中：这是陶瓷构图布局上的独特处。由于装饰依附于造型，而造型主要是日用的碗、盘、罐居多，尺寸不大，不能像文人画或官窑的大器物那样尽情施展，而只能画少、画快，尽量画美，所以必须化大为小，化广为聚，集中体现，打破事物的正常比例，表现典型动态或结构。比如牡丹花常是一花数叶而不是花繁叶茂，并且花大于云，云鸟相齐，草云相近，地小于花，这种反常的比例，即是浓缩集中，以小观大的表现方法。

以少胜多，以一当十：工艺及生产等条件的要求都促使民间青花的装饰必须少而精，以极少的笔墨表现事物的特征，高度概括简化，简到不能再简的程度。但少而不空，简而不薄，可称作是绘瓷的"减笔画"。如民间青花在形象的塑造上有一种"连线"笔法，好像书法中的行草，一块玲珑石、一朵菊花仅用三笔就画成了；青花盘上的树，仅用了八片叶子就画出茂密的感觉；青花人物的脸、手只勾而不染，衣纹平填；《婴戏》中的孩子两横两点就画出了眉、眼、鼻、嘴，两个圆点就是脚。

为了便于绘瓷和生产，所绘形象尽量少占面积，少重叠，多留白地。在边饰上，亦尽量简化。如碗，官窑青花多会在口、足等部画上丰富的纹样如焦叶纹、莲瓣纹等边饰，而民窑青花则常常打上几道粗细浓淡不同的横线，这几条线是明确造型的部位，加强安定感和衬托主要装饰的。

不似之似，不周之周：民间青花常常用形象的外轮廓线、结构的区分线和姿态的动势线表现形象的全貌，抓住形象的关键结构大胆省略。从细部猛然一看，会有不周全之感；但从总体上看，又感到形全意足。如画鸟，有的把头和嘴一笔连成；鸟的翅膀，有的只画一曲线，而不画羽毛排列；画站立的鸟腿，有的先画两条直线接着微向外屈伸，后再补两道短线，以示鸟爪的结构和站立时鸟爪的姿态。"不似之似，不周之周"是为了更加高度概括表现形象的特征与神情。

具象与抽象相结合的装饰化手法：由于适用性和生产性的限制，也为了便于绘制，瓷画很难做到如实写真，也不能离开具象而单用抽象的点、线、面，而用具象与抽象相结合的装饰性语言来表现。并且瓷画不能照搬绘画，而是要把接近绘画的纹样加以装饰化，再加上很多图案、纹样，形成绘画和图案相结合的一种特殊装饰风格。如柳树的处理，柳条以倾斜有序的笔线组成网状线，虽然和真的柳树大不一样，但却让人一看就知道是柳树。

扎根民间，面向大众：产品多为人民大众生活的日用品，装饰题材多为人民喜闻乐见的生活题材，有着浓厚的生活气息。既满足生活实用要求，又给人以美的享受，它和人民大众的生活、喜好紧密相连，把生活中的美升华为奇妙动人的装饰美。

2. 八大山人的艺术特征

明清时期，中国处于封建社会后期，显露出颓败的景象，题材以文人士大夫的山水画、花鸟画为主，但作品大多内容空洞，形式单调，保守因循，明四家就有此弊。到了清初"四王"则登峰造极，愈演愈烈，要求作画笔笔有出处，不能脱离古人规范，扼杀画坛生机，如同黄庭坚在诗坛提倡"无一字无来处""点石成金"一般。但八大则大胆革新，打破这一沉闷气息，为画坛注入新鲜力量。其中八大的个性化写意花鸟尤为突出。

何绍基称："愈简越远，愈淡越真。天空鋻古，雪个精神。"八大山人绘画艺术可以概括为简、奇、怪、逸、意、孤、寂、冷、古、秀、静、驰十二个字。

简：即绘画以简取胜。善于以极其精简的笔墨表现复杂的事物。这一点，也是有人认为与民窑青花异曲同工之处。在他笔下，无论是小鸟、小鱼、小鸡，还是一花、一木、一石，只用寥寥数笔来塑造，似乎已到了不能再多一笔的地步，造型高度洗练，将一切多余的笔墨去掉，只留下"神""韵"所依托的必不可少的要素。因而他的造型"神"最集中、最突出、最鲜明、最强烈，"韵"最澄澈、最悠远、最虚灵、最耐人寻味。

奇：即构图奇特，八大的构图多"截枝式"，形象往往怪异，笔情恣纵，逸气横生，章法不求完整而得完整。他的一花一鸟用得适时，用得出奇，用得巧妙，不落常套，自有创造。他一生留下的画作、书法、诗作，每每成为后世揣摩的经典。他所提供的花鸟世界充满着奇崛、突兀、锐利的意象，而山水画则浑然浩大、空渺无际。他的诗作题跋隐藏着玄机，令人费解着魔。

怪：八大的"反常、怪异与不协调"表现得很突出。如在危耸的巨石下游动着的几尾微不足道的小鱼，或蜷缩着的小鸡，或荷叶折弯了压到小鸟的背上——作品的构图既出人意料又浑然天成。他的"怪"不是装模作样，故作姿态，故弄玄虚，而是一种自然、真挚的表达。也不是纯粹给人感官上的刺激，而是在其怪异反常的形式中凝聚着一种深沉崇高的历史感。

逸："逸气"是最为文人画家所崇奉与追求的。宗白华在《美学散步》中说"逸，是自由超脱的心灵节奏"。这种自由超脱的心灵节奏正是八大绘画作品的显著特点。

意：即寓意深刻。八大依仗一支笔，从立意、构图到题诗、落款都充分表达对国破家亡的难言之痛和悲愤凄凉的心境，同时宣泄着他对现实的强烈不满。

孤：八大以孤鸟、孤鱼、孤花、孤石成画的作品非常多，它们就像寂、冷中蕴涵着的一种坚韧不灭的生命，如《梅花》，全幅只一枝寒梅，一枝两杈四点梅花，枝杈用淡墨，梅花点点于枝尖，它是严寒中的一缕生气，是荒茫宇宙中的一枝灵秀、一点真心，而它就恒定在这种淡然而出的寂静里。

冷与寂：组成八大山人绘画艺术的基本底色，其所透显的是山人内心世界。寂者自冷，冷者必寂。冷，即是景物、意境冷，亦是复明无望、寄世飘零的心冷。

古与秀：山人画作，多用块墨皴染，粗笔勾勒，故显古朴稚拙。然粗笔之下必有精细纤秀之处。在山人的画作中，纤秀乃是与枯古相对衬的。秀代表的是一点宇宙中飞动、不息的精气，是一种对生命精神的追求与固执，它既是一种对抗宇宙人世的脱俗超逸之姿态，又是一种清奇高洁的个性、节操与品质。如荷花之细茎，怪石之下的三两小鱼，危石之旁的秀兰，老干枯枝上的瘦鸟，或一丛青竹，一棵水仙，一枝独出的菊花。凡此种种，皆于荒古枯淡中见清奇纤秀，于寂寥玄漠的宇宙中见生气、见精神。

静与驰：山人之画，越到晚年越是笔线粗简浑拙，笔势恣纵，其中有一股强烈的个人意绪充斥彰显着，又有一股浑蒙沉厚的造化之生气运行着，一种生生不息的生命之气势奔驰着。但山人之精神、意力驰骋于静寂之中，静与驰对举。故静亦是贯穿于山人艺术之一基本艺境。通观其画，几乎每幅皆静。永恒的禅静是山人追求的人生境界。"栖隐奉新山，一切尘事冥"即是求静；佯装喑哑癫狂，亦是求静；入佛入道入艺，仍是求静；"客问短长事，愿画凫与胫"，晚年意在庄子，也仍是求超脱之静。然国亡家破之痛终难释去，且性本孤介，亦不愿与世容。故内心又终难超脱平静。这就决定了山人画作外静内驰的艺术特征。

三

下面谈谈景德镇明末清初民窑青花与八大山人绘画的不同。

1. 作者生活境遇的不同

（1）一般文人和制瓷工匠的生活境遇

元代文人士大夫多被正统社会所遗弃和冷待，元代不存在如五代、两宋那样为当局所看重的"画院制度"，专为宫廷服务的御用画家只占少数，在朝的士大夫更是屈指可数。精英地位的失落，使他们较少甚至无缘成为现实政治的参与者，几乎完全丧失了关注和表现社会人伦的资格与机会，只得投目于自然山水，成为审美文化实践的主将和旗手。他们除了有普通人的生存需求外，还有普通人所不具备的文艺审美实践素质，他们借此可以审美的方式来反映和展现自己所熟悉的普通人的生活和体验。具体标志是："文人画"的勃兴，山水、枯木、竹石、梅兰等绘画题材作品悄然兴起，以帝王仕女、神仙布衣为主的人物画相对稀少。

明朝的建立，在形式上，使文人士大夫找回了面子和自信，但在实质上却又给他们赋予了极大的精神压力。因为到了明代，几乎所有在中国古典文人眼里被视为正宗的艺术品类都已经发展到了烂熟的程度，大凡一种艺术手法、样式若已被锤炼到了纯熟的地步，形成了统一的格套，艺术本身的生机活力也就枯竭了，只有摒弃熟套，从既有的文化遗产中找种子、找养分，另辟生路了，从而造成了精神压力，这也促进了明代文人水墨画的高度发展。

明清以后，中国文化中心南移并集中到江浙一带，日渐凸显的文人绘画艺术，影响了毗邻江南的景德镇，一批擅长文人绘画的匠人被景德镇官窑、民窑重用，景德镇也因此而成为彩绘瓷器的中心。明清绘画艺术的空前发展，使瓷器彩瓷装饰艺术更加生机勃勃，既扩大了彩瓷表现题材，又提高了彩瓷的表现水平。

明代后期的景德镇形成了"官民竞市"的局面，此时的景德镇已成"天下窑器所聚……万杵之声殷地，火光烛天，夜令人不能寝"[3]的江南雄镇。由于明代青花日用品的大量生产，青花大写意得到前所未有的蓬勃发展，瓷画的题材和数量都在绘画之上。

但是民窑画工，窑是私家的，拉坯、绘制都是家庭作坊，产品的销售直接关系到家庭的经济。故而，其产品无论是造型上还是图形上都为了好销售而追求大量复制流行样式，但又为了节约劳力，节省时间，降低成本，能一笔画完的就绝不用二笔或三笔，更不重复修改，所以在装饰上，民窑青花装饰多采用一笔勾画的技法，执笔连贯，一气呵成，青花色晕圆润，如吉祥纹饰蝙蝠、鱼纹、如意纹都几乎是一笔连画而成，仿佛书法之行草，意到笔到，这种大写意的中国水墨画技法运用到青花装饰上，使得青花装饰别具一格，独树一帜。当然这种技法的形成即除了是借鉴中国画的风格以外，还是主要与上面提到的明代民窑陶瓷器皿需要大批量生产来提高经济效益有关，绘瓷匠人劳作的强度大，迫使青花纹饰装饰要程式化，纹样也由繁复变为简略，这样既降低了绘制的难度，又增加了瓷器的产量。

制瓷就是他们一种赖以生存的手段，他们对艺术思潮的反应相对迟缓得多，对改朝换代、皇帝的变化而转变就更缓慢。

（2）八大山人的生活境遇

八大山人奇特的画语模式，与他非凡的人生际遇有关，和他少年时代家庭熏染和逃禅生活对艺术思维的启示等文化素养的优越性有关。

八大山人家族自宁献王朱权[4]始，远离了政治的斗争，倒成了一个文苑世家。八大出生在弋阳王府，即今南昌东湖旁，当然户籍并不落户南昌，一切还是由中央政府的"宗人府"掌管[5]。就家庭环境而言，皇室后裔自然藏有不少前人书画精品和官民窑陶瓷精品，且其祖父朱多炡是一位诗人兼画家，山水画风多宗法二米，颇有名气；父亲朱谋鸛，也擅长山水花鸟，名噪江右；叔父朱谋垔，也是一位画家，著有《画史会要》。

八大山人天赋很高，自幼受祖辈的艺术教养，8岁能写诗，11岁能画青绿山水，少时能悬腕写米家小楷[6]。"善诙谐，喜议论，娓娓不倦，尝倾倒四座"[7]。崇祯十四年16岁时放弃爵位以平民身份考取"诸生"（秀才）[8]，19岁时，清兵入关，20岁时便弃家避祸山中。甲申国变是八大山人命运的转折点。这种转折于个人际遇来说是残酷的，但正是这种注定的残酷现实却孕育磨炼出性格情操上的一位奇人，艺术浩海中的一位大师。

山人的一生，寂苦无依，漂泊无定；逃于禅、道，寄情书、画；入佛出佛，入道出道，并于俗、教之间辗转纠葛再三；入世与出世，自由与束缚之中，以畸形和近似于变态的书画释放自己的灵魂和不满。

据他《青云谱志》中的自跋，23岁的他才出家为僧，法名传綮。28岁，在耕庵老人处竖拂称宗师，取名刃庵，意为"割断一切尘缘，承传佛理肯綮"[9]。号雪个始于41岁，"雪个"意为"冰天雪地里的一棵孤竹"[10]。号个山始见于46岁，个山是"圆中一点"与"雪个"的喻义相同，并象征着"人与天地共生"[11]。八大山人号，始自59岁，直至80岁去世，以前的字均弃而不用。它取自《八大人圆觉经》，意为"四方四隅，皆我为大，而无大于我也"[12]。已经还俗的八大是借以表达自己与艺术王国合为一体，变个山为大千的境界升华。这时，从小我中挣脱出来的八大去掉了一切心灵苦闷，成了一个心胸豁达、心态宽容、思想自由的人，全身心地投入到与大化同一的艺术世界中，在领略大自然的永恒活力与不息机趣中，实现了物我合一，超越了具体时空，获得了精神自由，62岁时，山人正式还俗并娶妻生有一女。但对性格粗野的妻子并不满意，此后近20年，山人周游远近，居无定所。76岁时，山人在南昌城东筑一陋室，名曰"寤歌草堂"，遂安身至死，死年为乙酉年即1705年，享年80岁。

2. 思想意识与画面意寓的不同

众所周知，风格的形成取决于作者的艺术思想。艺术思想是进行艺术创作的指南针，对艺术行为具有指导作用。

中国传统绘画与青花装饰都是在中国特有的文化氛围中传承、发展的，具有浓郁的中国特色。这使得传统绘画与青花装饰在外观上表现出了足以令人咋舌的相似，成为血缘相近的艺术门类。

"比兴"，是中国花鸟画的优良传统，是在长期的历史文化传统演进中形成的隐喻性象征。中国古代花鸟画的作用，首先在于给予喜爱团圆、吉祥、喜庆的中国人以心理上的满足和视觉上的赏悦。

景德镇民窑青花也多是这些祥瑞喜庆题材。因为是商品，这就决定青花瓷画必须最大限度地符合世俗的需求，其实用性和观赏性必须相结合，它是普通老百姓和市民生活方式的物化表现，体现了市民阶层的审美需求与生活情趣。

明代城市的兴起，贸易的发展以及城镇的大范围的出现，是市民文化产生的根本条件。市民阶层是一个文化素质低于文人，而社会见识却高于山野村民的社会阶层。他们的生活环境不是书斋画轩，也不是山川田园，而是在人来人往、风波丛生的都市。市民们以一种不同于贵族文人士大夫的情调营造着自己的文化生活，形成了特定含义的市井文化，成为不可忽视的一种社会意识形态，对中国书画以及民间陶瓷产生了重大影响。

城市人口的剧增、熙熙攘攘的商市生活、在人头攒动的瓦舍勾栏中成长起来的野俗而生动的市民文化及市井艺术的流行，促使着民窑长足的发展，民窑陶瓷正是得力于市井文化的推动而获得顽强生命力的。

民窑青花的题材表现都是紧扣广大市民求吉祈福的心理和市井文化重视家庭延续、多子多福的民俗思想。大致可归纳为三大类：即花鸟瑞兽纹样、人物山水纹样、文字书法纹样。

花鸟瑞兽纹样有：虎、凤、麒麟、狮、鹿、马、兔、鸭、鹅、牛、鱼、鸟、松、桃、梅、菊、石榴等。

陶瓷人物纹饰中，有故事传说、历史事件、隐士活动、宗教理念、神话等内容。有"尧王访舜""三顾茅庐""陈桥兵变""昭君出塞""萧何追韩信""僧稠解虎""八仙过海""西游记""雪中送炭""汜桥传书"等等，还有"刘海砍樵""麻姑献寿""桃园三结义""牛郎织女""西厢记""三国演义"等等。

文字书法纹样：如嘉靖万历时期常见的以松枝组成的"福""寿"图形以及万历天

启年间的灵芝托"寿"、灵芝托"喜"画面，寓意吉祥，图文并茂，相得益彰，充分反映了平民百姓的审美情趣和美好愿望。

民窑青花瓷绘题材是受市井文化的意识支配的，而八大山人纯为个人消遣；同样画鱼，在八大心目中，鱼是精神自由的寓体，是激情下，沉静的自我心灵传达；而在民窑青花瓷绘中，鱼具有浓郁的市井内涵，是生活幸福的象征。

从其诗作及与友人的书札看，八大山人的感情世界非常细致丰富，他大起大落的人生经历，使得他桀骜不驯的性格更显突出。特殊的心路历程、不一般的艺术追求、与众不同的艺术表现手段，这些都使得其绘画作品是不会和民窑题材的审美意趣相一致的。他的绘画题材看似与民窑青花中部分题材有些雷同，实则不然。八大山人的比兴与民窑青花的比兴绝然不同，是他个人的真挚吐露和人生的自我告白。

例如，我们从八大山人的画幅上常常可以看到一种奇特的签押，以及隐晦难懂的题画诗。要释读八大山人的画不能不仔细分析他的题画诗[13]和他的花押。

（1）题画诗

八大山人在特定的历史条件下所写的诗，在客观上是需要其运用一藏再藏、典中套典等隐晦的手段来掩饰自己真实情感的；在主观上又有卖弄的成分，因此，在用词、造句的过程中，便常有生僻、古意的字、辞、句的衍意用法及延义用法。

如《题画栗》：

石女呼长风，木人打腰鼓。抛出栗棘蓬，是谁解吞吐？

八大的题画诗往往仅提供一个思维的路子，并在这一思维内任意发挥。其诗意与画面不产生多少明显直接的联系，却又不能说没有有机的联系。

用白话来翻译即：不会生儿子的女人，呼唤着能长能耐。而第二句"木人打腰鼓"，更进一步讲生儿子的不可能。

诗人由画一颗俗称毛栗子的果实，引发了诗人的思维快速地转动起来，从而想到不会生儿子的"石女"，八大山人内心深处对自己婚姻状况的不满和对子孙后代的祈盼就流露出来了。这首诗是八大山人在被这一思想情感压迫下产生出来的畸形变态。他不说自己却用"栗子""石女"来说。在八大看来，没有子孙祭祖就是忘记大明朝。他晚年再一次"入世"，还俗娶妻并不是贪图个人享受，而是根深蒂固的儒家思想中修身齐家的表现，是为了延续大明香火，可见儒家思想对他影响很深。

又如《题鱼藻图》：

朝发昆仑墟，暮宿孟诸野。薄言万里处，一倍图南者。

山人画鱼，已不是一次运用鱼化鲲鹏的典故来做诗了，都是在借小鱼抒发自己的感叹。小小鱼儿，那种不怕万里之遥，而要去奋力搏取远大前程的精神以及诗人对此精神的赞颂，实是诗人自己理想主义和浪漫主义情怀的真实写照。

再如《题海棠图轴》：

西浒海棠棣华，垂丝海棠唐若邪。若邪四海皆兄弟，琴瑟东施未有家。

这是一首由画海棠花所引发，诗人感慨还俗后婚姻不满的诗。诗由海棠品种的众多，而想到自己原来王府家庭的众多兄弟；又由垂丝海棠的窈窕和名贵，又联想到古越国的美女西施；继而又由西施浣纱处的若耶，想到因甲申之变而漂泊八方四海的宗亲和兄弟；再由宗室兄弟而想自己为宗室传后而再婚带来的苦恼。诗人由海棠而贯穿始终，阐发出自己的无限感慨：我欲成家求琴瑟之好，不幸所遇是东施而非西施，不合己意，因此至今也没有家。在诗中，诗人用了很多生僻的典故，其目的都在于要叙述自己难以言状的因婚姻不满所带来的痛苦。

类似的还有《题画芙蓉》："芙蓉好颜色，老大昆明池。薄醉忘归去，燕（胭）脂抹到眉。"将池中芙蓉比作涂脂抹粉的出卖色相者，讽刺贪恋富贵的献媚讨好者。

《题画兔》由兔想到被称为玉兔的月亮，由月亮想到蟾宫折桂，又生发到历史上许多有才能的人不能中举。"下第有刘蕡，捉月（指蟾宫折桂）无供奉（李白）"。人才遭遇社会不公，因而把酒问西去不回头的月亮。"欲把问西飞，鹦鹉秦州陇"。秦州鹦鹉被人"抚背而哑"，不能言，不敢言，装哑守默，绕来绕去，又落脚到山人自身，耐人寻味。

《题画玉兰花》："是笔摇春思，平明梦作花？玉兰未开似笔，开则如笔生花。判官把不定，金马落谁家？"笔生花代指文思大进，但写了好文章不一定能得到公正的评价，科场不一定被看中，金马玉堂，功名利禄不知落谁之手？又是愤社会不公。[14]

除了著名的《瓜月图》《孔雀竹石图轴》有着特殊的政治寓意以外，从八大山人上面的题画诗可看出，八大所画的普通题材，如"毛栗""鱼""兔""海棠花""芙蓉花""玉兰花"等的寓意都与寓意吉祥喜庆的同一题材的民窑青花毫无关系。

（2）花押

八大山人还独创有一系列扑朔迷离、具有象征性的书法"花押"。花押的出现，正是八大或寄以纵横之志，或托以散郁结之怀的创新之举。

"花押"是代表自己的一种签字形式，常用在契约上，是表示一种信约的符号。不会写字的人就画一个"十"字，文人多半用自己的符号。在陶瓷上面，明代民窑瓷器底部多题有年代、窑名、人名、堂名、轩名等文字款识。万历时期，有为供中、上层地主官僚使用的极精细民窑制品，瓷上绘有款识，如"博物斋藏""京兆郡寿房记""东书堂"等。到清代康熙款识则踵事增华，形式更多，除了堂名款外，康熙时期的民窑器还附有各种图案标记，如木叶花、灵芝、爵、书卷、锭、八宝、吉祥、半叶等。

但八大山人的"花押"，是"书法兼之画法"艺术思想诉诸书法意象表现的直接成就，和民窑青花瓷器上绘制的款识的作用是不同的。

《书法山水册》上面花押的第一次出现，是八大书法创作老辣活脱的开端。在《书法山水册》中与"书法兼之画法"并题于一页的"个相如吃"草书签押，势如丹顶鹤丰羽翘尾、延颈引吭，已完全是一种象征性图像。此后，花押成为八大津津乐于锲入画幅的神秘书法图像。他在69岁作的《安晚册》，现存20页中就有7页题有"个相如吃"花押，并又在此册中创造出另一种花押——人们普遍认同的鹤形花押"三月十九日"。三月十九日，是崇祯帝自尽、明朝灭亡的日子。如将两种花押做比较，可以发现"个相如吃"花押比"三月十九日"花押更神似于鹤形。笔者认为，后者如水凫浮游，倒更贴切。八大有一幅《草书五绝诗》轴，可用来阐释他的花押意象：客自短长亭，愿画凫与鹤。老夫时患胆，鹤势打得着。按诗中所云，八大的花押意象确实是书法兼之画法之作——由画凫、鹤而达其性情，交臻鹤势，触发灵感，从而创造出寓意含蓄、抽象的造型。

　　从上可知，八大的绘画作品形象看似单纯，但并不像人们看到的那样简单直白，同一题材不断地重复画，却极少有相似的，给人一种变幻不定之感。其画面背后包含着含蓄隐秘的东西，就像他的诗偈和花押一样隐晦难懂，寓意深刻，耐人寻味。

　　八大生于帝王家，虽已是皇族之边缘，但贵族的心灵有别于百姓。八大所具备的丰厚家养，使其成为一个大智间间而不是小智闲闲的人物，这对八大山人的伟大艺术绝对有着不可估量的作用。

　　哲人说："人靠食物充实自己的肚皮与躯体，靠观念与信仰充实自己的灵魂与思想。人不是在食物的摄取中提升自己，而是在观念的升华中提升自己。"

　　大师绝不会像试管婴儿一样"培养"出来，除去需要个人禀赋之外，还需从漫长而艰辛的观念升华历练中来。八大山人的一生都在不平静中挣扎度过，八大从事的所有艺术活动，都是纯粹为了表达自己个人情怀而创作的。他的艺术成就是超越遗民情结的结果，靠被同情是成就不出八大这样的大师的。他的思想脉络大体是：筑基于儒，体成于佛，浑化于道。儒家的信条根深蒂固地左右着八大的生存观念；佛禅的思想则具体细微地影响着八大的艺术模式；而道家的方法随时随地地启发着八大的思维方式和处世态度[15]，从而做到随俗沉浮。

　　民窑画工是为了谋生，为了"食物的摄取"而绘瓷画（这里丝毫没有任何贬低民窑画工的意思，"民以食为天"这是无可厚非的）。瓷画工艺技术只是一种绘制手段，是一个浅层次的技术问题，相比较来说，学技术比较容易，而观念和个人情怀是多方面因缘修来的结果，是人格，是学不来的，八大的思想观念是民窑画工所无法具备、难以企及的，却是最重要的。

　　从前面身世比较我们可知，抛开八大山人的文化素养、心灵体验与激情不谈，八大的生活经历和民窑画工的生活经历是绝然不同的，八大没有民窑画工的生活经历，所以也画不出民窑青花那轻松、随意、稚拙的风格。同样，民窑画工也没有八大山人的生活经历,当然也画不出他那"奇劲""豪雄""圆晔"的画面。八大与民窑画工对生活的感受不同,在思想意识上、画面意寓上当然就没有一点相似处。民窑青花和八大山人绘画的成长与发展,像是两条各自发光的平行线,但均与时代拐点环环相扣,成就了他们自身的辉煌,也成就了那个艺术璀璨的年代。

3. 艺术形式的比较

(1)造型程式化和原创写生的不同

在我每每研读八大画作时,其对于物象观察之细,让我感到吃惊。所画之形象,纯是写生原创,形象多为原生态,毫无程式化之感,充满活力与激情。同一题材风格迥然不同,如同不是出自一人之手,若对生活没有积累的人,是绝对画不出来的;而民窑青花产品刚好与之相反,是千人一面,年年相似,用笔虽简洁但草率,造型不很讲究,中间常用一些不具备任何意义的简单笔触或图形来填充空白处,有的甚至是胡乱涂鸦,不知何物,更不是可以仔细把玩、细细品味的文化精品。并且民窑青花多是在一个新图案样式,被市民大众所接受以后,或是其他姐妹艺术中非常流行的图案纹样,就照着样式大量地临摹复制。因为它毕竟只是生活用具的装饰,而且画工是为着经济利益而作,是不可能体现个人前卫尖锐的思想感情的,就是要表达当时的社会思想,也要在这种思想已经非常普及了,成了大众文化的一部分才能运用到瓷器上。

八大山人作画是为自然表达内心的感受,即使是晚年卖画也不改变初衷,这在他的书札中可见一斑。他在自己的艺术发展道路上,也曾临摹过不少前代名家,如徐渭、董其昌、董源、米芾、倪云林、黄山谷等人的作品,但他只是借古人以启发自心领悟艺术之道。八大学古人,时时在变,起初外形很相似,渐渐越学越不像,外行看来是临谁不像谁,其实这正是其高超领悟力的表现。八大的笔墨,从"有法"到"无法","我自用我法",广学博取,又不为其所囿,并非以模仿为目的,而是在前代画师中汲取精华,滋养自己。八大师法自然,也不是从事物表面上去师法,而是从本质上去师法。从这些也可以看出,八大与景德镇民窑模拟的动机和目的是不一样的。

民窑青花的"鱼""鸟"和"鸭"基本上都是点、线、混水程式化中,加上一点随意性、偶然性。这是因为:由于民间陶瓷工艺、造型、适用和经济的限制,使得瓷画很难做到如实写真,迫使它只能简练快捷、具象与抽象相结合,打破形象的正常比例,表现典型的动态和结构。

而八大山人的画更重写生、更原生态。如他画的鸭,从造型体态上看,笔者认为应该是鄱阳湖的湖鸭和鹰潭龙虎山的中华秋沙鸭,全部是写生或是仔细观察后,按主观意图默画而出的,是在理性促使之下,与诗情成功的融合体。

八大画的一种会飞的鸭子,大家多半都认为是一种"化鸭为鸟"主观臆造的象征手法，就如同他的"化鱼之雀""飞鱼"的意象一样。但事实上，八大完全是写生而来，他画的是中华秋沙鸭并且形象非常逼真写实。

2007年12月，中央电视台新闻联播、《中国环境报》、大江网等媒体先后发布了中华秋沙鸭在江西鹰潭龙虎山泸溪河越冬的消息。中华秋沙鸭是中国特有鸟种，国家一级重点保护物种，在全球的现存数量不足1000只。比大熊猫还珍贵，被称作"水中大熊猫"，已被列入国际濒危物种红皮书和国际鸟类保护委员会濒危鸟类名录。

中华秋沙鸭全长约60厘米，头及上颈部呈暗绿色，后颈和背为墨绿色，腹部为白色，是一种候鸟，在中国东北地区和俄罗斯的西伯利亚繁殖，在长江以南越冬。中华秋沙鸭是吃鱼的水鸟，对生存环境要求苛刻，喜欢生活在无污染的宽阔清澈急流、鱼虾丰富的沙滩上，或成双成对，或以家族为群体，筑巢于河流两岸林间树洞中，又被称为"会上树的鸭子"。中华秋沙鸭个头不大，"脾气"却不小，河水要清澈，还要流动，并且要靠山、靠森林。因其独特的个性，对人以及声响反应强烈，一旦发现异情，立即藏匿或者飞走，为此，人们一直很难寻觅到它的芳踪。

有关统计数据表明，江西的青山绿水受到中华秋沙鸭的喜爱。近几年来，江西弋阳、婺源、德兴等地都先后观测到越冬中华秋沙鸭的群体。

将八大所绘的飞鸭与龙虎山实景拍摄的中华秋沙鸭比较后，我们可以非常清楚地看出：它们无论是姿态、体形或羽毛的颜色都是非常相似的，笔者可以肯定八大画的就是中华秋沙鸭写生作品。也许当时的自然环境比现在好，中华秋沙鸭数量非常多，甚至在八大居住生活的南昌附近就有；也许是八大在鹰潭龙虎山或弋阳、婺源、德兴等地写生而得。八大山人孑然一身，虽足迹从未出过江西，但交游甚广，四处浪游，比如他画的山水画就基本上是实景写生成画。

（2）绘画题材的不同

明代民窑青花的装饰画面，注重从客观现实和日常生活中选取素材，完全突破了历来官窑器图案规格化的束缚，各种大小动物如虎、牛、猫、虾、鹦鹉、鸳鸯等全都入画。写意山水也非常盛行并且在画上配诗。植物题材方面，早期多为花果，常见的有牡丹、缠枝莲、菊、牵牛花、灵芝、月季、葡萄、海棠、石榴、桃、月影梅、兰草、云蝠等。到中晚期逐渐代之以松、竹、梅、菊等，构图笔势由繁入简，疏朗明快，线条优美；动物题材方面，常见的有鱼藻、芦雁、鸳鸯、鹅、鸭、鹭鸶、云鹤、鱼虾、牧牛、松鹿、雄鸡、牡丹等；人物故事题材方面，早期仕女占重要的地位，但到了晚期，为婴戏和仙人所取代。常见的有仕女、吹箫引凤、婴戏图、高士图、琴棋书画、八仙、携琴访友、松下老人、仙人乘槎、五谷丰登、历史故事等。

明代民窑青花表现的题材，无论描绘人物、山水，还是花卉、动物、书法大都是寓意吉祥如意，向往美满幸福等人民大众喜闻乐见的题材。有赞美生活的：如婴戏图、牧牛图、耕作图、捕鱼图、松下读书图；有表现幸福吉祥的福寿图案、龙凤图案、牡丹、云鹤、鱼水纹、荷花、锦鸡；有反映民俗风情的狮子戏珠、对弈图；有表现情操的松竹梅、兰菊、高士图、渊明爱菊图；有描绘历史故事的萧何月下追韩信、昭君出塞等等。

陈志均《晚明景德镇民窑青花瓷在北京市场的地位》[16]一文中统计：晚明景德镇民窑青花瓷在北京市场销售的纹饰有近百种、十一类。分别是：花卉瓜果、山水、爬虫走兽、人物、文字、飞禽、天象、鱼藻、草虫、法器杂宝。市场占有率最高的前20种纹饰是：树石、栏杆纹、牡丹、蝙蝠、三羊纹、缠枝花卉、人物、松竹梅、菊花、瑞果纹、葡萄、鱼藻纹、花鸟、莲花、云鹤、龙、松、法器杂宝、孔雀、鹭鸶。花卉中最受欢迎的依次为：牡丹、缠枝花卉、松竹梅、菊花、海棠、葡萄、莲花、松、兰花。

北京销售市场基本上可以代表中国市场的概貌，相比之下，八大山人的绘画题材就要少很多。常以山水与花鸟为主题，很少触及其他题材，人物故事等题材几乎未出现过。这也验证了本文在前面"作者生活境遇"中提到的："文人画家精英地位的失落，使他们较少甚至无缘成为现实政治的参与者，几乎完全丧失了关注和表现社会人伦的资格与机会，只得投目于自然山水，成为审美文化实践的主将、旗手。"只不过，八大画的多是鼓腹的鸟、瞪眼的鱼；或是残山剩水、老树枯枝；或是昂首挺胸的兽类、振翅即飞的孤鸟；或是干枯的池塘、挺立的残荷，当然其中也有活泼的游鱼、生动的花朵。借此比喻自己，象征人生。花鸟画可以看作是他生命中的一个宣泄渠道，一个诉说的机会，寓意深刻，欲言又止，徘徊悱恻；山水画则衬托出他年轻的心怀，借助纸墨圆梦，常绘"残山剩水"的景致，却能表现出旺盛的生命力。

【注释】

[1]2005年11月上海博物馆出版的《上海博物馆与英国巴特勒家族所藏十七世纪景德镇瓷器》中迈克尔·巴特勒在《十七世纪景德镇瓷器导言》一文中将1644—1675年定为康熙早期（因为景德镇窑正是在这一年因国内动乱而停烧），1676—1700年定为康熙中期。
[2]摘自蔡星仪《八大山人绘画艺术续论》。
[3]摘自明万历时人王世懋《二酉委谭》。
[4]洪武三十一年（1399）太祖朱元璋驾崩，皇孙建文接位，皇叔们个个虎视眈眈。起事的首先是朱棣，他拉拢朱权，"事成，当中分天下"。但当助朱棣登上永乐大帝之皇座后，当初信誓之词，已为陈迹，于永乐元年二月远封朱权至南昌，而朱权为全身保节，被迫走向皇朝权力核心的边缘。之后的朱权笃信道教，专意于黄老之术；并纵情于诗文，成为一名有影响的大戏剧家、音乐家，创作有著名戏剧《卓文君》《冲漠子》等十余种剧目。其后裔承其之风，世代均有此好。
[5]摘自萧鸿鸣著《八大山人研究——论文集》中"也谈八大山人的几个问题——兼致杨新《八

大山人三题》",北京燕山出版社,2006年11月。
[6]摘自清陈鼎《八大山人传》,原载张潮《虞初新志》。
[7]摘自陈鼎《八大山人传》,载《留溪外传》。
[8]摘自邵长蘅《八大山人传》,载《青门旅稿》。
[9][10][11]摘自萧鸿鸣著《八大山人印款说》,北京燕山出版社,1998年。
[12]摘自《八大山人全集》,江西美术出版社,2000年。
[13]摘自萧鸿鸣《大俗则是大雅——八大山人诗偈选注》,原载《南方文物》,1999年第1期。
[14]摘自朱安群《八大山人诗散论》,原载《江西师范大学学报(哲学社会科学版)》,1994年7月第27卷第3期。
[15]摘自崔自默《八大的"大"》,原载《解放军艺术学院学报》,2003年第2期。
[16]摘自《景德镇陶瓷》,1986年第3期72页。

(原载硕士论文《景德镇明末清初民窑青花艺术与八大山人绘画的比较》,景德镇陶瓷学院,2008年)

『忘世』『忘我』『忘言』
——论八大山人与莫兰迪的艺术特征

奚红叶

"人——有时代与地域、文化与习俗的不同，但就本质而言，并无根本差别"。宗教也好，艺术也罢，尽管表达方式或表现形式千差万别，在最高境界上却往往相通，甚至时有惊人的相似。如：世界各地有形态相仿的史前艺术，或者存在于东西方佛教与基督教艺术之间的诸多共同点等等都已成为历史的实证。再看21世纪的今天，引起我们极大兴趣的正是在20世纪意大利出现的一名叫乔治·莫兰迪的画家。有人称他为西方的"逸品"画家，亦有人评论他是西方艺术家中最有东方艺术精神的，尚有啸声称他为"活脱是一位西洋的八大山人"。俗话说："世界之大，无奇不有。"就中西方美学的"不同"之中也存在着某些"相同"之处。当然，无论是东方还是西方，任何艺术手段或形式的运用，都体现了作者的美学观，并通过艺术作品得以展现。从整个人类来说，他们的差异是微小的，都是人类对自然的审美反映，无论是中国的花鸟画还是西方的静物画，都不是纯粹的"绘形"之作，而是借助对客观对象的描绘来表达人的精神和情感，表现人的艺术追求或理想。在这方面两者是没有区别的，但由于时代、地域不同所造就的不同民族文化精神和社会历史，以及彼此审美需要、艺术观点不同等等，在中西方的花鸟画和静物画中，就有了艺术认识、审美趣味、表现形式、表现技法等方面的区别，这也是无可厚非的。记得黑格尔曾经说过这么一段话："一个欧洲美人不会被一个中国人乃至非洲霍腾套特族人喜爱，因为中国人的美的概念和黑人的不同，而黑人的美的概念和欧洲人的又不同。"[1] 黑格尔的话虽有偏颇之处，却也反映了这样一种事实：不同地域、不同民族的人们在审美意识上是存在一定差异的，对美的理解也不尽相同。因此，我们在看到八大山人与莫兰迪确实于艺术审美领域存有相似之处的同时，更应清醒地认识到，在他们的作品中仍然掩饰不了由于文化土壤的不同而造成的审美意识或审美思维的明显差异，继而使人产生不同的感受。

可以理解，在一个人的全部创作过程当中，最有意义的常常是一种悟想，悟想是排除外界一切干扰和影响，宛如"入禅"。而给人悟想以帮助的，恰是他所寄生和依赖的那片土地。众所周知，世界上没有两块相同的大陆，就像不可能有一样的两片树叶。可是我们却很容易发现大致相同的两个画家。于是，从中分辨那剩下的极少部分异质，已经具有了重要意义。所以，这也正好给笔者提供了写作此文的客观必要性。

一、芳香溢于静谧

八大山人（1626—1705），原名朱耷，号驴、人屋、雪个等。江西南昌人。他是明末清初"贫寒而成就卓越"的一代国画大师。从史学角度来看，八大山人与其艺术宛若红花绿叶二者不可或缺；从艺术本体论来看，情感与想象又是艺术的源泉。纵览八大山人挥泪丹青、浇铸撼世艺术的旅程，犹如一部人类文明史，愈发展，其创新周期愈短。今基于前辈探索研究的基础，吾斗胆将其花鸟画艺术分为三个阶段，主要根据他艺术的缘起到最后的发展成熟，希图不谬大师胸臆。（一）笃学与厌世逃世：从小多受家庭及时代风气影响，艰辛学习为日后艺术成长打下了扎实的基础，同时由于他正处在一个改朝换代的特殊时期，很早便铸就了八大山人泪点多于墨点的艺术基调，这一阶段多有模仿痕迹。（二）艺术造诣日趋攀升：此期间八大山人倾心于画论研究与实践，艺术日趋走向成熟。（三）两度变法重返自然：画风由早期的"淋漓奇古"转求天真幽淡、天人合一的境界。笔墨出神入化，"随笔一落，随意一发，自然天蒙，处处通情，处处醒透，处处脱尘，而生活，自脱天地牢笼之手而归自然矣"（石涛《一画章》）。

换言之，八大山人艺术缘起于尖锐、复杂的民族、阶级、社会矛盾（改朝换代带来的政治动乱，民心不稳），使他滋生了厌世和逃世心理，继而先削发为僧，后又还俗入道，过着亦禅、亦道、亦儒的生活，但仍不足以解脱其亡国之痛，于是慷慨悲歌常以作画传达，寄情于笔墨之中。显然，这是当时文人士大夫所共有的特性，他们或借山川、枯木、竹石，寄情抒志；或寄花鸟、鱼虫，畅抒胸臆，将绘画作为个人精神上自我调节的手段。八大山人秉承撼世的阅历，超凡的智慧，创造了文养醇厚、超然、悲壮、深沉的艺术风格，以"画以载道"的精神、顽强不懈的毅力、感时花溅泪的丰富感情，铸就了伟大的一生，并在中国艺术史上确立了一座永垂不朽的丰碑，300年来一直影响着我国画坛花鸟画发展。

乔治·莫兰迪（1890—1964），一位被称为真正的20世纪艺术大师。出生于意大利的波伦亚，年轻时考入波伦亚美术学院学习绘画，毕业后长期在该学院教授版画和油画，一生中极少出远门。他终日闭门不出，忙碌于画幅大小的画面，孜孜不倦，在平静中度过一生。也许是印证了"时势造英雄"这句古话吧。残酷的现实、灭绝人性的战争，使酷爱和平生活的莫兰迪陷入痛苦的沉思，他不能接受这样的现实却又无能为力，于是他以"沉默"表示自己的反抗。两次世界大战的经历，使他对人生、对艺术有了更进一步的认识，这也为他日后在艺术上取得如此了不得的成就埋下了伏笔。不可否认，莫兰迪自始至终抱着一颗虔诚的心投入到他自己的艺术创作，毫无所求，他只是在回复自我……一个有自知之明的普通人，有些孤独、守旧、不拘小节，他甚至似乎忘了自己的艺术家身份，但同时又以最符合那种身份的内容过着普通人的生活。就这样，在波澜不惊中，一面钻研前辈"传统"之精华，一面又吸收"现代"与"外来"的新鲜养料。乔托·弗兰切斯卡等早期文艺复兴大师的艺术，一直被莫兰迪视为楷模，对夏尔丹静物和科罗风景的高雅脱俗亦能心领神会。作为现代人，塞尚的大胆执着探索，更引起他的强烈共鸣，同时又从立体主义的空间构成中得到很大的启发。当然，东方艺术对"意境"的追求或者东方水墨特有的宁谧湿润是否也曾触动过莫兰迪，实在不需注解，他的作品早已给了我们想要的答案。

这里我们很难用年代的前后来清晰地划分莫兰迪艺术的阶段性特点。初登艺坛，有过一段潜心探索形而上绘画并与纯正派画家为伍的经历，但丝毫不受其艺术观念的影响。直到20年代初，终于找到了自己前行的方向，顿时让人耳目一新。此后，他的艺术造诣便节节高升。那么，我们是否想过究竟是什么让莫兰迪"敢为天下之大不韪"，弃世隐居，津津乐道于一些平凡无奇的题材，甘愿守候在一份寂寞和平淡里？又是什么让我们如此着迷并深深感动？难道是他画面那近于抽象之形、雅致脱俗之色调，还是超越时空之构架、令人深思之哲理？抑或全是？我苦于只能意会不能言传。从莫兰迪的作品中，我们分明看到一种类似于中国画史上某些文人"逸品"的品格宁静淡泊的精神理念。在精神理念追求的方向上与其说是西方的，不如说更接近东方。他的作品不仅抚慰着我们稚嫩、浮躁的心灵，而且也拓展了我们对世界、对人生及对自己广度与深度的视野。

从上面的简单论述，我们不难发现，八大山人与莫兰迪两位大师无论是从所处时代、地域，还是其所接受的思想文化、选择的艺术形式皆相距甚远。然而，他们在艺术史上的地位以及对后世的影响又都是不可磨灭且无人能替代的，他们以各自独特的艺术魅力备受观众赞誉和青睐。不可否认，八大山人与莫兰迪在艺术领域中确实存在许多相似的美学观点，平凡无奇的客观对象，是他们达意传情的绝好载体。同时，他们都选择投身世外，不着人间烟火，沉醉于自我的世界，烟水两忘，优哉游哉，不受世俗干扰，成就了独特的艺术风格。在许多中国画家以及艺术理论家的眼里，莫兰迪是最具东方艺术精神的西方"逸品"画家，啸声甚至称他为"活脱是一位西洋的八大山人"。的确，无论是他的生活方式还是他画作中流露出的那种孤索淡寂，抑或对画面形式与内容的选择处理，都更接近东方式的静观。尽管如此，在他们的作品中仍然掩饰不了由于不同的文化土壤所造成的美学意识的明显差异。接下去我们就一起探讨一下两者在审美领域各自呈现的不同艺术特征："人本位"与"物本位"之体现、"物系情"与"物系理"之传达、"心象"与"视象"之呈现、"极动"与"极静"之心境。

二、八大山人与莫兰迪的艺术特征

（一）人本位与物本位之体现

我们知道，艺术体验或创造是审美活动中维系认识主体与认识客体的纽带，起着将主体的已有经验与新知衔接、贯通，并帮助主体完成认识升华的作用，引领主体从物境到情境，再到意境，有所感悟。而谈到艺术体验必然要涉及体验者（艺术主体）与被体验者（艺术客体）之间的关系。不论是单纯地从主观内心去寻找美的属性，还是从客观外物去探寻美的本源，都是机械呆板的，只有从主客双方的关系中去寻找和分析美感才能得出深刻的、令人信服的结论。由此可见，审美既不在物，也不在心，而是心与物双向构造出新意义的过程。在这一双向构造意义的过程中，物成了有生命的物，心也变成了有所依附的心。艺术创造便是艺术家审美的体验过程，艺术作品常被看作是这种体验在画面上所留下的体验痕迹。这里艺术家是体验者（主体），而艺术作品则是被体验者（客体）。当然，客体还包括一切自然事物。不容置疑，在伟大的艺术作品中，艺术家就像一条通道，在创造过程中，为作品的自我显现而自我消亡。追求"物我相融"的"无我之境"，倡导王国维"以物观物"的思想理念。庄周《齐物论》中讲到"周之梦为蝴蝶""蝴蝶之梦为周"，同样是"物化"，艺术家的立足重心却不尽相同，虽然两者内容实质并无二致，都在谈论"周、蝴蝶、梦"三者之间的关系，但从审美的本位意识出发探究，区别则明矣，"周之梦为蝴蝶"重心在庄周，即强调主体的感受——立足于人。相反，"蝴蝶之梦为周"则是从客观物象出发来探寻"美"及宇宙之奥秘。

同样，八大山人与莫兰迪对于艺术主客体的把握、选择，其侧重点也恰好相反。八大山人的艺术创造是从艺术家自身角度出发——即强调"人"之本位。这里客观对象只是被作为传达画家主体情感精神的载体和媒介。因此在艺术形象中，必定融入了艺术家的喜怒爱憎，渗透着艺术家对生活的思考和评价。同时，它也凝聚了艺术家的审美理想和情趣，这在一定程度上给欣赏者的理解带来了难度，所以只有凭借欣赏者的细心体察、感悟、深刻领会，才能真正认识。我们可以将八大山人的艺术体验过程概括为"由内而外的自然流露"[2]。而莫兰迪则从艺术作品本身出发——即强调"物"之本位。可以想见，莫兰迪静观默想于对象前的那种超然物外，凝神静气，心无杂念，回到事物本源，从客观对象的存在状态中去寻找"有意味的形式"，并使之真实地呈现于画面。我们也完全相信莫兰迪在这一过程中，除了愉悦的体验，还有更多更深刻的感悟。由此可见，莫兰迪更强调绘画作品的"本位性"和油画语言的"本体性"。因而较之八大山人"由内而外的自然流露"，莫兰迪的审美过程则是一种由感性到理性，由表层及里层的"由外而内的渐悟"[3]。由于在体验过程中对"人"与"物"的选择立足侧重不同，进而也反映出两者之间的艺术特征的差异。

（二）物系情与物系理之传达

八大山人和莫兰迪对艺术主客体的侧重不同，决定了他们审美切入口的不同选择。八大山人所谓的"借物抒情""托物言志"，就是说在对客观对象的观察体验中寄托自己的情感志趣，并通过对象将这种情感志趣体现出来。显然，其花鸟画所表现的不是自然之"物"而是"人世"之情。而莫兰迪的"借题发挥"（巴尔蒂斯语），旨在借形表意，更趋理性化，所以他选择了"借物寄理"。俗话说："条条大路通罗马。"不同的审美体验切入口，竟如此不约而同，不谋而合，殊途同归，最终双双聚合于艺术境界的制高点。同样，面对同一客观对象，也是"仁者见仁，智者见智"。八大山人与莫兰迪的艺术体验也是从各自的审美理想和追求出发的，从而选择了不同的思维契机作为艺术体验的进入点。侧重艺术主体者——"由内而外自然流露"，必择"情"（人之情）矣；侧重艺术客体者——"由外而内的渐悟"，从对象存在状态中寻求本真之"形"，则必选之以"理"（画之理）。一切皆于主体艺术创作中得以体现。

中国花鸟画于唐代正式确立，经五代、北宋完全发展成熟，有其自身的艺术特性，以客观对象作主观"我"之情思的象征，把客观对象与主观生命情调渗透交融——"因心造境，以手运心"，"于天地之外别构一种灵奇"（方士庶语）。传统花鸟画强调人的主体意识，注重画家主体精神的传达与体现。早在宋代，就在代表官方意志的《宣和画谱·花鸟叙论》中提出要赋予花鸟画以伦理道德观念。在之后，这种理念一直为花鸟画家们自觉或不自觉地遵循。在元代，文人画得以长足发展，主要由于频繁的改朝换代使得众多文人士大夫滋生厌世和逃世心理，将绘画作为自我精神调节的手段。因此更多的画家选择了具有象征意义的梅兰竹菊（史称"四君子"）作为表现题材，以此作为传情言志的媒材，标榜个人的志节情操。并借题写诗文，赋予作品以深刻的社会内容和独特的思想表现形式。如清代郑燮以竹声比拟民间疾苦声。"衙斋卧听萧萧竹，疑是民间疾苦声；些小吾曹州县吏，一枝一叶总关情"。同样也突出一个"情"字，处处通显其人文情怀，显示他对百姓一定程度的同情。再看八大山人所绘拟人化的花鸟、鱼虫一直被视为个性化的主要特征，所绘鱼、鸟的眼睛白多黑少，被认为是对现实的轻蔑与不满。他继承"青藤白阳"泼墨写意的传统，更多地将思想情感融入画中，竭力表现对现实的消极关怀及其对人生的理解，他的画成为自己生命意志的体现。《藤月图》是八大山人早期的代表作，整幅构图并不复杂，物象是由藤萝和残月两部分构成，在处理上，藤萝空中盘绕，花叶不辨，疏疏落落，如同人的泪水簌簌而下。一轮残月漫漫下沉，无形中增强了人们的失落和无限神伤。这一画面的简化，使画家的情感，通过事物的比较表现得以加强。《河上花图》是八大山人晚期的代表作。在此画卷中，作者饱蘸笔墨，倾诉着他的悲欢。大片荷花蕴涵着他醇厚的情愫，拟人化的处理方法，给人以触景情发之感。这是客观物象与他主观情思交融后提炼出来的形象，既是对事物内在精神实质的把握，也是主观精神的折射。赏之如同翻阅八大山人光彩如华的年谱，踏入他那漫漫的人生长河，倾听他晚期内心哀与怨的悲歌。

较八大山人花鸟画之"物系情"强调画家的主观感受，莫兰迪的静物作品则是"物系理"，更注重画面的形式感，侧重探寻客观对象之真实存在，从中寻找美的因素，归纳美的法则，相对趋于理性化。

莫兰迪的艺术主题多为平凡、无生命的静物，这些坛坛罐罐，好似千百年来被封存在层层尘土之下，由于莫兰迪的到来才得以释怀。在他看来，世界是如此微妙，一切事物都有着看不透的变化、想不完的奥秘。只有凭借纯真之心，去接近真实，接近当下的视觉体验，从中寻找"有意味的形式"。为了能更纯粹真实地显现，他毅然摒弃了物体本身所具有的客观属性，使自己犹如初生儿般的纯净毫无杂念。这不正是王维"青青翠竹，尽是法身；郁郁黄花，无非般若"（王维《能禅师碑并序》）的境界吗？于是，"有意味的形式"及隐藏之真实——"待到莫兰迪将他笔下色雅韵长的写意之物，放进精心构筑的时空框架，使二者浑然一体，奇迹出现了，坛坛罐罐，从形而下的'器'，在向形而上的'道'转化，而区区一隅的室内景物，则拓宽为时空无限的宇宙"[4]。画面的构图尤见其用意。当他面对眼前错乱无序的客观对象，从不刻意沿用文艺复兴时期形成的一套"科学方法"，即注重对象比例、结构、体积、空间以及质感的表现。也不囿于借物宣泄，而是较为理性地经营着每个物体在画面上的位置关系和空间分割，从中寻找着某种"平衡"。我们注意到，从形式语言上看，莫兰迪的许多静物画面的形式处理几乎走到具象艺术的边缘。画面中的实体因素变成了形式要素，形式要素又同时还原为实体元素。形、形式、形态在不断转换中呈现出双重的形式样式，纯粹、通俗易懂的艺术语言和其所赖以表达的现实物态之间相互覆盖得天衣无缝。作品《静物》

（16.5cm×24cm，铅笔画，1963）是一幅铅笔速写，寥寥几笔，足见大家本色。从中也不难发现画家的用意。画面中间显然是一个有"嘴"的茶壶，其右下侧一条近于50°斜线暗示着最临近台面抑或依托物的边境，并一直延伸到后侧一个宛如不完整的垂直笔筒的底部。侧前方微曲的两条线一端相交另一端，则有一种无限延伸之势。当然，具体是什么已不重要，在意的是人们无限遐想之后从中得到的那一抹"余味"。"方与圆、虚与实、显与隐、松与紧、正形与负形、完整与残缺、分解与整合，构成了一幅单纯而神秘的图画"[5]。莫兰迪旨在借形表意，重在把握静态，通过极简的线与形分割布局，使画面形成了有机的节奏，意趣横生。《静物》（35.5cm×50cm，油彩，1949）是一幅静物油画，没有复杂的造型，也没有强烈的色彩反差，四件"拙物"成一直线摆开并略微前后交错，使得画面多了丰富的层次。其色调淡雅极致，远远望去恰似雾里看花。待你走近端详，才于平淡微妙中见隽永，此时色彩的层次顿时分明，淡淡的黄、粉粉的白、嫩嫩的绿，还有妙不可言的紫色，弥漫于每个角落，似乎还不时地散发出奶酪般的甜香。画面中极有分量且不失变化的紫色勾线，更是画面的点睛之笔，使得黄绿色调更显通透脱俗。就是这样看似不起眼的小小画面越来越多地吸引着热爱艺术的人们，一次又一次地将人们的视觉从现实导入遥远的世纪，从表达有限的空间进入无限大的宇宙空间。画面外在构成与色彩的简洁、平淡及内在的恒定、和谐，都是莫兰迪对画面形式感孜孜不倦探讨的结果。

（三）心象与视象之呈现

"心象"与"视象"，尽管八大山人与莫兰迪都是以平凡景物为题材进行创作的，但两人的艺术创作理念是有区别的。因为两者创作理念不同，进而导致画面效果的同而不同。我们可以将两人绘画品格的区别归纳为"心象"与"视象"的区别。心象是指八大山人的每张作品都如禅宗话头般直指人心，既指向自己的心，也指向观众的心。由于受中国哲学"天人合一"思想的影响，中国绘画理论审美观照的实质并不是把握物象的形式美，而是把握事物的本体和生命，从而富有强烈的生命精神。为此，花鸟画立意往往关乎人事，它既不是简单的描摹绘形，也不是被动地抄袭自然，而是紧紧抓住动植物与人们生活遭际、思想情感的某种联系并给以强化的表现。所以，与其说八大山人是在用笔用墨作画，不如说是在用"心"写心，用"心"诉说，笔笔都是内心的自然流露。他的绘画作品是高度写意的，借怪鸟白眼看天表达自己决不屈服于清王朝的叛逆态度。花鸟画可以看作是他生命中的一个宣泄渠道，让他有一个可以诉说立场的机会。因此，八大山人的绘画艺术实质是他内心的真实写照。

莫兰迪的视象则是另外一回事。不可否认，其入手点固然有艺术家的精神追求，但较八大山人他更侧重为视觉世界立像，追求画面形象与视觉对象真实状态的一致。他总是企图抛开一切先入之见,完全凭自己本质的直觉去凝视自然、参与自然。在他看来,自然界中的所有存在形式都是可以通过视觉去发现和表现的。莫兰迪总是如此专心致志,摒除先验,顽固地尝试着捕捉事物当下状态的唯一真实性。当他面对一堆静物,从中抽离出最适合自己表现要求的因素铺于画面时,无论静物本身还是背景的灰墙或简单的台桌,统统用自己的慧眼、"画眼"梳理着其中的"千丝万缕"。因而他不同于八大山人"心象"之呈现。确切地说,莫兰迪更注重发现与创造。"这正是为什么面对莫兰迪似乎重复和相似的绘画,我们总是自自然然、悠缓轻松,在知其妙而不知其所以妙的沉醉中,在倾听'同一与差异'的区分之间,在与真实的间距之间,感受到最亲密的气息与回音"[6]。这也使得莫兰迪在自己的绘画和观者的视觉之间打开一扇门,这扇门通向了所有人的眼睛,同时也触动了人的灵魂。显然,不同的民族习性、审美思维以及审美理想等等,透过画面亦能折射出画家之间文化背景与个人气质的差异,从而决定作品呈现出不同的风貌,使观众产生不同的视觉心理感受。我们承认并接受在审美领域东西方确实存在相似与差异的事实,所以在面对同一客观对象时,不同画家会产生不同的审美反应。莫兰迪较倾心于视象,主要表现就是接近当下的视觉体验。我们常说"艺术高于生活"。显然,莫兰迪的绘画艺术,更是超越于生活本身和艺术本身。他的艺术创造是不带任何杂质的。当今世界画坛,还有一些画家也用这种呈"象"方式描绘世界,并一同被归为具象表现行列,其中不乏有成就者,如西班牙的洛佩兹,和莫兰迪相比,他的画更工整细密,原因在于莫兰迪的绘画于微妙中求变化、寻层次、归节奏。在较短时间内反复推敲完成,以不失对象当下真实状态的特质。而洛佩兹的一幅画就往往需要较长时间的揣摩推敲,有时甚至长达数月或数年。但是他们的作品与人类的视觉是如此契合,每个观看它们的人都会觉得画面是如此的熟悉亲切,这种熟悉和亲切正是莫兰迪的艺术魅力之所在。在他看来,世界已经足够,无须再去修饰和改变,只有尽量地接近它,才有可能把握它的深奥之处。这也许是他的画成为"视象"的原因之一吧。不但如此,他在构图上也体现了这一点,他保持或反映那些静物在原来境况中的存在方式,无序中的趣味、偶然中的美感,借以表达他对世界的看法、对现实的理解。他只是在这川流不息的变化中截下一小块儿,并以一种本来的方式来描述世界,这样,观者也以一种本来的方式面对世界。总之,他借"视象"来表达视觉世界背后的内容,而不是改变它们,误导观者。"毕竟,谁还能比世界本身更引人入胜呢"?而与莫兰迪相比,八大山人画面的怪诞造型全是他内心的真实呈现。

(四)极动与极静之心境

自然物象有其固有的特征,通过触动人的感官而引起一些不同审美心境的反响,同时也凝定了人的思想情感等等的审美因素。不同的思维方式同样也影响着艺术家面对客观对象时的心境。

古人认为，作画乃是寂寞之道，须心境清逸，远离尘嚣，独隐山林。此话今日读来实在有些道理。暂不论其他艺术家，只谈八大山人的艺术人生：被迫无奈削发为僧在先，还俗入道在后，一生过着亦禅非禅、亦道非道的生活。最后笑傲山林，凭借手中秃笔，化满腔悲愤为艺术创作的不竭动力。

八大山人特殊的身世和遭际，决定了他绘画语言隐晦深邃的意象性，造就了独特的艺术风格："山为残山，水为剩水，鸟为怪鸟。"[7]每作一画都是一次情感的宣泄、对现实的反抗。画中特殊的构图处理，既表达画家对现实的不满及对统治者的咒骂，又显出自然的勃勃生机。在花鸟画构图处理中，八大山人常用上重下轻、上大下小的方法，使人产生一种极强的"动"势，一种即将流逝的滚动感。鸟多半独足而立，一种上大下小的"重压"感，目的是为了显示运动的生机。古人云"画贵能极"。八大山人画中的鱼，那种极静状态实质上是一种极动，像唐代大诗人王维写的"人闲桂花落，夜静春山空。月出惊山鸟，时鸣春涧中"[8]那样摒弃了以静写静的常调。巧用"极化"表意，足见大家之睿智。八大山人在这里用极静的构图来显示出鱼的一种极动。如果你对生活细心体察就会发现，当鱼游得最快、像箭射一般时，鱼形完全是笔直的，那是瞬间的定格，显得更有力度，有一种约束不了的张力。他的花鸟画非常重视探究这种动静、反正，用笔婉转圆润，体现一种对生活体验入微的感觉。具有强烈的运动律感，画面生机勃然，意趣顿生。晚年八大山人笔下的鱼鸟，并非翻白眼以抒愤懑，而是转向清新自然、含蓄，诱导观众思考开悟，并形成圆熟、老辣、含蓄的典型风貌。

莫兰迪的一生较为平静，没有八大山人复杂离奇的经历，且生性淡泊、好静，与人交往无多，终日徜徉在陋室的瓶罐杯盘之间，津津乐道、不弃不离，近于佛家"涅槃"的心境，万念俱寂。"他的时间，是静止的、凝固的，无前无后，无始无终"[9]。他穷尽一生极力追求和营造着那种永生般的静止和谐气氛，因此他的作品充满了亘古感和宁静感，灰色系构成的画面恰好与这个标准不谋而合。莫兰迪淡泊名利，从不想迎合别人、迎合时代，反而想方设法保持克制和严谨。浓烈的色彩、怪诞的造型、夸张的"动感"等等，这些都与莫兰迪无关，因为这不是他所热心追求的。对于莫兰迪来说，心境常处一而不变，实在不能不算是一种莫大的快乐。他的作品永远只在微妙中求变化，淡雅精致，超凡脱俗。它从来不令我们震惊，更不是悍然地占据我们，而是在不知不觉中慢慢地浸染我们，将我们引入"一个宁静虚和的世界，其间没有险山恶水，没有狂风暴雨，有的是花明柳暗，有的是天籁和鸣"[10]。在我们平淡的生活里，总会在某一刹那，转身与它相遇，才发现它一直就在我们的生命里，从未离开。"其实，莫兰迪带给我们的远不止这点表面上的口福，在他那略显遥远、委婉含蓄且带有一种温良恭俭的画风中，表述了他对他那个时代的躁动与当代的宁静而又深邃的思考。他以他的那种看似平淡无奇、纤弱、冷峻的语调，回应了当时及当下艺术对绘画发起的挑战，并以其风格的独特性保持了与当时及当下世上艺术之间的距离"。实在了不起。

三、结论

以上我们从"人本位"与"物本位"之体现、"物系情"与"物系理"之传达、"心象"与"视象"之呈现、"极动"与"极静"之心境四个方面，主要通过八大山人花鸟画与莫兰迪静物画，对两者的艺术特征做了较为详尽的比较论述。显然，两人没有什么直接的联系，作为前辈的八大山人是否对莫兰迪产生过什么影响，也不得而知。当然，这并不重要。我们更应该重视他们在艺术上的独立性。即便在世人眼中两人在艺术审美中存在着许多相似之处，但是，从艺术欣赏的角度讲，他们两人的作品给人的感受是有明显区别的。我们有理由认为，各自不同的文化土壤是造就他们审美特征明显差异的发源地。

不同的时代与地域造就了不同的民族文化精神和社会历史，以及彼此的审美需要、艺术观点不同等等的原因。在中西方的花鸟画或静物画中，就有了艺术认识、审美趣味、表现形式、表现技法等方面的区别，这是无可厚非的。从中西方古代关于花鸟画和静物画的创作观念来看，本身就存在着明显的不同，表现在审美领域也各有偏好。我们知道，中国花鸟画中所描绘的自然植物和动物，都被看作是自然界中与人一样有血有肉有思想的生命体，是与人相互关联、互为观照的生命对象。而在西方的静物画创作中，所描绘的对象往往被认作是人自身之外的客观存在物，是被主体认识、观照的客体。因此，在中国画家的笔下，中国的花鸟画反映的是主体与客体之间的相互关系，从关乎人事出发，抓住自然生物与人的思想感情之间的某种联系加以强化的表现。简而言之，花鸟画注重表现艺术主体的主观感受，是借物抒情、托物言志。西方的静物画则反映主体与客体的对视研究关系，也是从主体出发，将人的认识与分析客观对象的能力通过绘画表现出来。在探究客观世界的过程中，寄寓人的精神，即西方的静物画更注重强调画面的形式感，是借物寄理。因而表现在"人本位"与"物本位"、"物系情"与"物系理"、"心象"与"视象'、"极动"与"极静"心境上的不同侧重与选择。通过对八大山人花鸟画与莫兰迪静物画艺术特性差异的比较分析，可见八大山人的艺术创造，主要是从艺术家自身出发，立足于主体，缘物寄情，以"情"为切入口，而"心"乃"情"之渊源。相反，莫兰迪的艺术创造是从艺术作品本身出发，立足于客体，借物寄理，从客观对象存在状态中探寻"美"的形式以及"美"的本源。以"理"作为切入口，同时强调视觉的不可替代作用，即重视用"眼"思考。当然，随着"时空"转换，"物是人非"，艺术家在面对客观对象时的审美心境也是有差异的。话虽如此，但在他们的"不同"中我们仍可以找到"相似"之处，所谓"妙不可言"想必即在于此吧！

八大山人与莫兰迪的艺术创造是与其生命存在、精神追求融合为一的。在结尾处，我想通过几句简短的话对两人艺术造诣之行迹做一归结：两人从身居"入境"而精神超脱世俗的虚静"忘世"，进入静观周围景物而沉浸自然韵致的物化"忘我"合二为一，直至最后达到欲辩已"忘言"的胜境。"心"在物我浑化中体验到难以言传的生命真谛。正如巴尔蒂斯所言，"艺术达到最高境界的时候，是相通的"。他们的作品除了带给我们视觉愉悦的享受，更多的是引领我们思考视觉后面的那点"隐秘"。只这一点"隐秘"却已值得我们为之废寝忘食去品读、去探索，我们在渐悟中与自己与大师不期而遇。于是我们更加明确自己未来的方向，因为，寻找自我在进入艺术之门后是更重要的事情，而这才是对前人的真正学习。最后以歌德的一段话告结："要想逃避这个世界，没有比艺术更可靠的途径；要想同世界结合，也没有比艺术更可靠的途径。"所以，热爱艺术、钟情艺术的人们赶快行动起来吧，为了这片滋养培育我们的土地更加茁壮丰裕。

【注释】

[1] 引自黑格尔著《汉译世界学术名著丛书》，《美学》第一卷。
[2][3] 引自宋永进，《"周之梦为蝴蝶"与"蝴蝶之梦为周"——关于齐白石花鸟画和莫兰迪静物画审美特征的差异》，第20页。
[4] 引自啸声编，《莫兰迪》，第4页。
[5] 引自宋永进，《"周之梦为蝴蝶"与"蝴蝶之梦为周"——关于齐白石花鸟画和莫兰迪静物画审美特征的差异》，第21页。
[6] 引自司徒立，《莫兰迪》，第101页。
[7] 引自张树洪，《浅谈八大山人的花鸟画艺术》。
[8] 转引自杨成立，《简约含蓄　取势传情——谈八大山人花鸟画的构图》。
[9] 引自啸声编，《莫兰迪》，第3页。
[10] 引自啸声编，《莫兰迪》，第4页。

【参考文献】

1. 吴晓平.中西电视纪录片审美观念的价值取向[M]//中国新闻研究中心.传媒影响力.
2. 黑格尔.美学：第一卷[M].汉译世界学术名著丛书.
3. 朱良志.《石涛画语录》"蒙养""生活"两概念释义[c]//中国学术.2002,(11).
4. 啸声.莫兰迪[M].南昌：江西美术出版社，1999.
5. 许江、焦小健.断桥·艺术哲学文丛——具象表现绘画文选[C].第2版.杭州：中国美术学院出版社，2003.
6. 解艳. 八大山人绘画作品的语言特征 [J]. 渤海大学学报：哲学社会科学版，2004，（2）.
7. 严建国. 挥泪丹青铸春秋——论八大山人的艺术之旅 [J]. 美与时代，2003，（9）.
8. 张树洪. 浅谈八大山人的花鸟画艺术 [J]. 齐鲁艺苑，2003，（3）.
9. 宋永进. "周之梦为蝴蝶"与"蝴蝶之梦为周"——关于齐白石花鸟画和莫兰迪静物画审美特征的差异 [J]. 中国花鸟画，2004，（4）.
10. 杨成立. 简约含蓄 取势传情——谈八大山人花鸟画的构图 [J]. 淮北煤炭师范学院学报：哲学社会科学版，2003，24（4）.
11. 八大山人的《河上花图卷》——"品味经典"谈话录之十 [J]. 中国花鸟画，2004，（4）.
12. 莫兰迪 [M]. 1999.
13. 常俊玲. 回返审美之源——当代中国艺术教育非审美化现象研究 [D].
14. 海德格尔. 艺术作品的本源 [M]. 林中路.

（原载《浙江艺术职业学院学报》，2007年，第1期）

八大山人与梵·高美学趣味之比较

王文静

朱耷（1626—1705），是17世纪早期至18世纪初的中国画家，他有着皇族血统，其绘画作品潇洒飘逸，不落常套，自成一家，直接影响了在他之后名扬中国画坛的"扬州八怪"的创作风格。梵·高是19世纪末的荷兰画家，他的绘画直接推动了色彩方面和综合形体表现力的发展，并直接影响了后期印象派、野兽派和表现派的画家，在欧洲绘画史上独树一帜。他们虽处不同的时代，但各自对东西方绘画的发展做出了巨大的贡献，都是人们公认的一代大师。本文将试对两位艺术巨匠的美学趣味做一些探索性比较。

一、朱耷与梵·高美学趣味的相似之处

1. 崇尚自然的特色。朱耷与梵·高的美学趣味有许多可比之处，其中不乏许多相似的地方。师法自然、崇尚自然是他们美学趣味的共同特色之一。朱耷，明朝宁王朱权的后裔，号八大山人。由于皇族的特殊身份，为躲避清政府的追杀，便削发为僧，隐于山野之中，那里树林蓊郁，花卉遍布，这些花鸟树木便成了可以与朱耷沟通心语的朋友，

以此作为素材的作品常常出现在朱耷的书画之中。传世写生册之十二《玲珑石》中，一块太湖石变成佛经里宇宙中心的须弥山，以虚实正反和明暗交错的结构表达出艺术与造物异曲同工的妙理。这一块圆润自然而且毫无斧凿痕的太湖石，虽是画家笔下所创，却仿佛浑然天成，未经任何人为的点染和矫饰。他深受董其昌和徐渭等人的影响，淳朴圆润。如写生册之七的《石榴》，笔法与构图很像徐渭的一张相同性质的作品，但就石榴的轮廓、造型和运笔而言，则与徐渭的单纯写生大相径庭，这是他对大自然美景不断探索的结果。他站在前人的肩膀上，对待生灵万物有感而发，创造出独特的艺术风格，这种风格正显示出他对大自然无限的爱。

风景画在梵·高一生的作品中占据了很大比例，如《塞纳河畔》《蒙马尔特的园子》《拉克洛风光》《桃花盛开》和《峡谷》等传世之作。他随时准备着响应大自然的召唤，只要他把视线投向遥远的地平线，他那激动不安的线条就立即会展现出来。例如在《有丝柏的麦田》中，他的色彩像在《拉克洛风光》中那样光辉夺目，近处的土地仿佛在燃烧，柏树丛的形状也像一团熊熊燃烧的火焰，在山脉和云彩的不安的线条后面，隐藏着对辽阔的原野和寂静的渴望。一个人，对于生活投入如此疯狂的爱，体现出一种精神，那就是摆脱传统，摆脱一切有碍于达到与自然融为一体的决心。

2. 疯癫之美是他们共同的美学趣味。由于遭遇国破家亡的巨变，使朱耷的"疯"成为一种逃避。在逃避中，他的痛苦、不满以及窘迫等种种难言之隐一一流露到画面之中，但疯癫之后的艺术创作往往又是突破性和开创性的。他所画的瞪着眼珠的鱼、翻白眼的鸟儿、奇异的怪石以及丑陋的孔雀等，都让人捉摸不透，心有余悸。这也是"疯"的一种体现，是常人无法体会的。1888年，梵·高用刀割掉了自己的耳朵，被送进了精神病院，成了真正意义上的"疯子"。这种疯源于对生命的燃烧，源于对生命的深刻体验，源于对艺术的执着追求。梵·高的大部分画作可以反映出疯狂、孤独和悲伤。在《橄榄树》中，弯曲的线条给人以正在进行斗争的感觉，似乎它们在尽力地伸出地面，伸向高空，似乎为了向着阳光冲去。梵·高像游荡于地狱、人间和天堂之间，时疯时醒尽情地释放自己的情感。

3. 悲伤之美是他们共同的审美趋向。腐朽的明朝被清政府所取代，朱耷作为明朝王室的一员，对于他的打击是巨大的。悲伤、痛苦和压抑在他那充满禅机的画中随处可见。例如花卉册三十《藤月图》中，画面的大部分留在外面，一根藤萝与坠月相照应，盘绕旋转而下沉，形成了失落感的两重奏。他还以野草、孤草、枯柳和墨梅等景物来抒发内心的失落感和悲痛的心情，这也许是唯一可以表露他内心痛苦的方式了。与八大山人相比，梵·高的悲伤显得单纯了许多，这悲伤来自于他对生活的渴望，对大自然的热爱和社会的漠然。他通过流动的笔触，向人们诉说着内心的不安。在《鸢尾花》中，线条的交错表达了艺术家精神上的痛苦，这种精神的痛苦消耗着他的精力，让他最终倒下。

二、形成相似画风中的影响因素

1. 他们都受到宗教影响。八大山人与石涛、弘仁和髡残合称清初四画僧。由于受到佛教影响，朱耷的画充满了禅机。一朵花、数片叶、一块石或几根草，是它"静虑"的结果。佛学是悲智双修的学问，它是叫人以广博的爱心和洞察一切本质的智慧，去面对现实。正如中国文人画常常采用一种独特的手法暗喻画家对社会人生的独特看法，朱耷并不想自己的作品是人人理解的通俗之作，只求少数知音足矣。这就促成了他独特的悲伤风格的形成。19世纪70年代的梵·高从宗教找到了慰藉。1876年，梵·高被卫理公会所经营的学校录用，担任副牧师。虽最终的传教活动并未成功，但基督教的教义却深深地刻在了他心中，并通过绘画来抒发着情感。如在《星月夜》中表现的是梵·高对自己周围所见之物投入全部感情，并把感觉到的自然事物加以独到的诠释。在《桃花盛开》和《鸢尾花》中，我们可以清晰地感受到梵·高像一位使者般向人们传达着生活的真谛。

2. 孤独的人生遭遇的影响。梵·高没有朋友，整个一生，只有他的弟弟提奥一个人理解他并且爱护着他。几个世纪以来，人们便把花暗示为生命的无常虚幻，但梵·高画静物的用色和笔法，不但表现对象，同时也传达激情与感伤。而朱耷则常以哭笑合体的形象出现，让人看起来非哭非笑，哭笑不得，这正是他内心痛苦孤独的缩影。

3. 他们都曾受恩师或前辈大师的影响。荷兰现实主义画家毛威（1838—1888）对于梵·高的早期指导是重要的，特别是对色彩的深刻认识，影响了梵·高短暂的一生。1888年4月，梵·高画了《桃花盛开》，这时他笔触仍是印象派的，但色彩已独树一帜了：桃树的粉红花朵美妙动人地展现在蓝色天空的背景上，淡紫色的土地为橙黄色的篱笆所衬托。当然，梵·高还受鲁本斯、德拉克洛瓦、蒙特切利以及葛饰北斋的作品影响。介冈灯社的弘敏法师对年轻的朱耷的影响也是巨大的，他那深厚的文学功底和渊博的佛理知识给了他独特的绘画风格以强有力的支持，使他的绘画作品中充满了禅机和寓意，令人难以捉摸。此外，其画法还深受明代林良、陈淳和徐渭的影响。

三、不同的艺术渊厚

八大山人与梵·高虽有许多相似的美学趣味，但揭开相似的面纱却是迥异的血脉。八大山人的美学趣味是建立在虚幻缥缈的禅机之中，是一种气吞山河的气势和生存状态的深刻反映，而梵·高则可以说是对生活深刻体验的必然。深入剖析两位艺术巨匠的人生态度，便可以看出他们艺术和人生之路的不同。

1. 强烈情绪的来源不同及作用。八大山人的虚幻情绪主要有以下三点：一是社会背景，二是儒家思想，三是佛教。古往今来，朝代更替，作为前朝遗民，一个才子的命运和前途在国运多舛之时显得那样脆弱无助。对于他来说，家园是一个多么复杂的概念，但现在的一切都不存在了，只能在虚幻之中找寻属于自己的乐土。与八大山人不同的是，梵·高不能像中国文人画家那样，把作画当成为一种修身养性陶冶情操的催化剂。梵·高必须不断地刺激神经系统，释放内心的激情。这种刺激不仅是外在的，也是内在的。看看《向日葵》《麦田》和《草垛》吧，梵·高就是以画倾吐他火一般的热情，以颜料高唱对生活的赞歌，显示了一种特有的表现力量，创造了一个前所未有的新的色彩和谐的类型，他以这种和谐而赢得了艺术客体自在的价值。

2. 产生的时代背景不同。法国印象派绘画产生于19世纪60年代，是第一次工业革命和西方科学的产物，尤其是光学和色彩学发展的产物，梵·高的绘画作品就是在这一社会背景下产生的。朱耷是明末遗老，无论是明代院体花鸟和宫廷人物画，还是明代中叶的陈淳和徐渭的写意花鸟画，抑或董其昌的山水画，都曾对朱耷产生了巨大的影响。八大山人一生经历80载，留给后人的是有丰富内涵和无限遐想的一大批画作，这些画不仅是宝贵的艺术财富，也是他对人生历程的精辟总结。而梵·高英年早逝，短短的37年却创作出大量的油画。他留给后人的是一种对艺术的执着追求和不断探索的精神，正是这种精神支撑着他不被痛苦和责难击垮，创作出令人意想不到的作品。

综上所述，我们不难看出，由于两位艺术大师生活在不同文化土壤和不同社会背景中，所以奉献给人类艺术宝库的是两幅色彩迥异的艺术人生，他们对于人类绘画史有着重要贡献。直到今天，他们的作品仍然在当今世界画坛中大放异彩，并激励着后人不断向新的艺术高峰攀登。

【参考文献】

1. 王伯敏，中国绘画史[M]. 上海：上海人民美术出版社，1982.
2. 周时奋，八大山人画传[M]. 济南：山东画报出版社，2003.

（原载《雁北师范学院学报》，2007年，第3期）

八大山人与蒙克艺术研究比较

何淑芳

真正的艺术家,许多都是在艺术的祭坛上贡献了自己的一切——健康、幸福、自尊甚至生命。正如蒙克与八大山人那样,造物主施加给他们常人不能承受的磨难,同时也赋予了他们常人难以望其项背的才华,并使这二者完美地结合在一起,迸发出耀眼的光彩。

蒙克与八大山人在坎坷的人生旅途中,在命运的捉弄下,始终保持着自己的气节与情操,这在他们大量的绘画作品中都有最生动的反映。从某种意义上说,正是坎坷的人生和多舛的命运成就了他们的绘画艺术。设想一下,如果没有这许多的波折、磨难,哪里会有这丰富的阅历和对生命更深层次的体验呢?生活的失意造就了他们艺术的辉煌,从而使得他们可以凭借实力雄踞于中西方画坛的巅峰。

八大山人是中国艺术史上一个划时代的艺术家,其艺术在中国乃至世界艺术史上都占有十分重要的地位。八大山人的一生,是不平凡的一生,清政府毁灭了他的家园,更毁灭了他的梦想,尤其是他又是明皇室,对清政府的仇恨可想而知。出家为僧非他所愿,对现实不满又无力反抗,这便是文人的悲剧。"百无一用是书生"。庆幸的是上天给了他一双能涂会画的妙手，于是他只有把思想情感寄于书画之中，用笔墨来表达自己的反抗。虽然"这种反抗是软弱的，不会对现实构成多大威胁，但这种做法，却是在向世人宣告，自己心中固守的信念永远不会泯灭"。现实无情的打击使他的心灵扭曲，这便决定了他的画不可能成为春光明媚的颂扬之作，而有一种怪诞的、不可思议的韵味——他的天地全都沉沦，在他的画中寄托的是他难以为人道的哀痛和对明朝的怀念、对清政府的愤恨。他的作品中多残山剩水，渺无人烟，树歪石危，枯枝败叶，鸟鱼鼓腹缩颈，独处一隅，白眼向人，怪石也多上大下小，岌岌可危，满是荒寒凄凉之景。这些有的是对自己身世的哀叹，有的是对明朝的思念，有的是对清朝的不满，有的是对生活的一种理解，有的是描述自己孤独冷傲的一种思绪……充溢着愤世嫉俗、批判现实的情调，对自己身世的悲哀。

提到蒙克，人们第一个反应常常都是那件摄人魂魄的石版画《呐喊》（1893）。可以说，这件作品就是沃林格尔关于"抽象冲动则是人由外在世界引起的巨大的内心不安的产物……抽象冲动就是那些与世界的不和谐导致了内心不安的民族所祈求的一种艺术意志，在这种艺术意志中，他们获得了心灵的栖息之所"和"基于这样一种心理状态的抽象冲动，艺术在总体特征上必然表现为，摆脱现实的对象，超越自我，从而最终摆脱理性达到本能的自我"的具体解释，甚至像是图示。实际上，蒙克在用艺术充分表达自己的情感和展示自己内心世界的探索上，甚至比梵·高走得还要远，他对德国表现主义的发展起到了关键性的影响。尽管他们从事创作所用的工具材料、绘画语言以及造型法则等方面有根本的不同，但是他们的人生遭遇以及由此产生的艺术思想、艺术追求和情感表现等方面则有许多相似之处。

八大山人与蒙克身上，身世的悲惨与艺术成就的辉煌都同时演绎到了极致。像他们那样，在备受苦难之后仍能给世人留下数量巨大的珍贵作品，为艺术做出巨大的贡献而名垂史册的艺术家极为罕见。

八大山人（1626—1705），江西南昌人，是明太祖朱元璋第16子宁献王朱权的九世孙，他的祖父和父亲都精于诗文绘画。他受家传的影响，又聪明好学，8岁便能作诗，11岁能画青绿山水，少时能悬腕写米家小楷，字字精妙，18岁中过诸生（秀才），备受当时耆宿们的青睐和赞赏。然而他却生不逢时，第二年即1644年（崇祯十七年）便天下大乱：李闯王入京、崇祯上吊、清兵进关、弘光拥立，"天崩地裂"的灾难临头了，他只好逃进奉新山中藏身。命运一次又一次地折磨他、愚弄他、奚落他，可他总是在企图依傍某种外在的力量：君主、佛祖、朋友等寻找出路，这一个不行了，就去投奔那一个，结果却发现他们谁都不行。他在痛苦和难堪中终于意识到：那么好吧！从今往后，谁也不靠，只靠自己！要独自面对这个世界和自己的命运！清政府使他的一切成为泡影，是清政府使他一生中美好的岁月在孤寂的禅院里度过，是清政府每每把他逼入绝境，让他的心无时无刻不在煎熬中忍受，这些，在他的作品里都有充分的表现。

家人过世的伤痛使蒙克的少年时期在悲伤中度过。儿时的经历不仅在蒙克的心里留下了深深的阴影，而且也影响了他成年之后的生活和人生。虽然他逐渐成为有一定影响力的画家，"但他的生活放荡、颓废，并且常常为钱所困，以酒馆为家过着漂泊的生活"。蒙克用贯穿一生中的大量生活体验创作了他的生命之作，这不仅使19世纪末到20世纪初这一时期最深奥的问题能够继续保持到我们这个时代，而且也告知我们一些不能用文字表达的有关人类的生存状态。蒙克把艺术作品作为表达自己痛苦和厌恶情绪的一种方法，它不带任何道德上的意义，在绘画艺术上体现了一个全新的因素。

艺术是直接诉诸心灵的。因此，它比其他精神活动更真实而直接地表达出人类的心灵底蕴，以及生命本质存在的特征和变化。高尔基认为，"艺术是时代的生活和情绪的历史"，"美，应能表现生命、观照生命、强化生命。美，应由生命力量的引导而产生；创造美的过程就是生命力量展示的过程。美应能唤醒生命、激扬生命、指导生命。这样的美便是当代最高形态的美和最有生命力的美"。从这个意义上来说，八大山人与蒙克的艺术无疑是伟大的。在他们的作品中所包含的深刻的悲剧意识、强烈的个性和在形式上的独特的追求，的确远远走在时代的前面，难以被当时的社会所接受。但是，他们提倡的要充分认识创作主题在创作过程中的作用，在作品中强调个人感情的注入，自由地抒发主题内心的感受，来表现外部世界对心灵的感染等主张，都给后人以重要的启示。

（原载《美术大观》，2010年，第9期）

悲怆与呐喊
——八大山人与爱德华·蒙克绘画中表现意识之比较

李慧国／隆占玺

在中西美术史上，有两位风格显著且相近的绘画大师，他们都以强烈的情感表现而闻名画坛，并留下了大量的经典之作，对后世艺术的发展产生了深远的影响。

一、八大山人与蒙克

八大山人（1626—1705），本名朱耷，明太祖朱元璋第十世孙。世居南昌，祖、父二代都以诗画名噪江右。年轻的朱耷无忧无虑地生长在优越的宗室门庭，饱受家学熏陶，聪慧过人的他博得时人无限赞誉。崇祯十七年，19岁的朱耷遭受了命运的骤然转折。明朝灭亡，不久父亲身患暗疾早逝，宗族命运也遭受灾难和摧毁。心灵遭受重创的朱耷悲愤地逃离生地，装聋作哑、隐姓埋名苟活于山野。四年后发妻亡故，朱耷遂奉母带弟在奉新县耕香院削发为僧，改名雪个。后辗转各地，59岁还俗后自号八大山人。36岁时云游南昌城郊净明道派天宁观，并改建此观更名"青云圃"，以开山道祖身份在此主持布道至花甲之年。晚年的八大山人在南昌城内北兰寺、普贤寺过着亦僧亦道的生活。

后在城郊潮王洲上搭建一茅屋，美其名为"寤歌草堂"，贫困落魄的八大山人就在这所茅屋中度过了他凄凉孤寂的晚年。

爱德华·蒙克（Edvard Munch，1863—1944），挪威画家。生于一个军医家庭，5岁时母亲死于肺结核，父亲患有精神病，对蒙克实行悲观和暴力教养，14岁时弟弟和心爱的姐姐苏菲也患病死去，妹妹被诊断患有精神病，而他本人也体弱多病，饱受病痛折磨。26岁时父亲患病去世，而后弟弟安德烈在婚后数月死去。父母和兄妹手足接二连三地被病魔折磨致死，使年轻的蒙克饱受了难以想象的心理摧残和精神打击，使他对病魔和死亡产生了近乎窒息的恐惧。蒙克回忆他的人生说："病魔、疯狂和死亡是围绕我摇篮的天使并且他们伴随我一生。"蒙克在忧郁、焦虑、恐惧和绝望的悲观世界中度过了他人生的大多数时光，最后在奥斯陆附近的艾克利离开了人世。

身世的悲惨与命运的不幸在八大山人和蒙克这里有了共同的演绎。也许是二者相仿的人生经历和苦闷悲痛的内心世界，才在作品中都呈现出了强烈的情感表现意识，用悲怆和呐喊向世人展现出他们的内心世界。

二、二者绘画中表现意识之比较

八大山人与蒙克，二人处在不同的时空，拥有不同的信仰、不同的文化背景和价值取向，二者绘画艺术虽都没有任何直接的思想影响，"但却在意象造型、意象表现的视觉美感方面都有着同一形态的艺术追求。特别是艺术观念方面都强调主体主观心理理念、强调直觉心灵的自主性；把主观因素摆在艺术创作的首要位置，将想象、激情、生命性灵作为艺术创作的本源"。因此，在绘画艺术的表现意识方面二者是有其可比性的。

（一）相同之比较

首先，狂肆奇崛的笔触语言。诗人以词汇结构与语式区别文风，画家以笔触形式和色彩倾向来论风格。笔触与色彩就成为画家最主要的艺术语言，而八大山人和蒙克在语言层面对线性笔触的追求和大块黑色的偏爱，有着不谋而合的共通之处。八大山人以中锋行笔取胜，间或辅以侧锋、枯笔，墨简淡，运笔奔放。线条遒劲流畅，变化自如，大小墨点穿插叠积，狂放而不失生动。中锋行笔喜用浓墨，点线浑厚而雄奇；侧锋晕染多用湿墨，大块墨色狂肆淋漓。蒙克的画面大多也以迅捷凌乱的长笔触为主，画笔恣意挥扫的色道交错糅合，形成一种朦胧的体块，酷似八大山人笔下氤氲不分的大块湿墨。线条成为蒙克主要的绘画语言，这种长短粗细的笔触在画布上形成蜿蜒扭曲的不同变化，更加剧了画面的焦虑狂躁之感。在色彩上蒙克着迷于大块的黑和深沉的蓝紫，使得画面更显神秘和冷峻。

其次，孤寂落寞的画面形式。八大山人与蒙克的画面内容都很少，前者鸟自孤鸣、鱼无伴游，后者只身呐喊、独自彷徨。都留有大面积的空白或表现天空或描绘水面，给人一种荒疏孤寂之感，对主体对象精神世界的表现通常还借助于一些辅助形象的描绘。八大山人常将孤鸟置于枯木之上或怪石之下，蒙克也常将人物置身于病床或长桥之上，而这些木、石、床、桥，恰如《天净沙·秋思》中的枯藤、老树、昏鸦般增强了主体对象内心的落寞、压抑和激愤之情。此外二者在构图上都习惯于将主体对象偏离视觉中心，安排在画面的左下方或右下方，造成构图上独特的形式感。如八大山人的《鱼石图轴》和蒙克的《焦虑》《红葡萄藤》等。

再其次，个人情感的强烈宣泄。中西方绘画进入17世纪以后，开始逐渐脱离古典的唯美再现而越来越倾向于抒发个人情感的个性派表现，如风行于意大利、荷兰的卡拉瓦乔现实主义，清时的四僧、八怪等。也许是基于相仿的苦难经历，八大山人和蒙克的绘画都流露出强烈的个人情感，从而成为风格鲜明的个性派画家。八大山人笔下的鱼儿、鸟儿皆以白眼示人，轻蔑与孤傲显露无遗；山水画也是枯树遒枝、怪石突兀，尽显凄凉悲怆。画上题跋更是直抒胸臆，"南山之南北山北，老得焚鱼扫房尘""梅花画里思思肖，和尚如何如采薇"，痛诉出国破家亡后的坚贞和反清复国无望的悲愤。同样，蒙克在画中也通过那些病中的孩子、灵床旁的少女、夜色中的孤影宣泄了心中无尽的恐惧与压抑。

（二）相异之比较

首先，情感表现张力不同。八大山人表现的是一种自知国破家亡、复国无门的悲愤与绝望，绘画呈现出一派崇高的冷逸与悲怆；而蒙克表现的是一种面对病魔与死亡阴影下的压抑与宣泄，绘画呈现出的是一种震撼的癫狂与呐喊。如八大山人的《孤鸟图》中，孤鸟栖于枯枝，单足而立，像一位风烛残年的老人蜷缩一团，眼神饱经风霜，满腔的激愤经过岁月洗礼后转为四大皆空，早已将生死置之度外，在秋风中悲寂地伫立枝头。而蒙克《呐喊》中神经质的骷髅形象，孤独而无助，被周围的躁动和沉重压得窒息，双手扪耳，拼尽最后的气力发出惊心动魄的吼叫。"这幅画以强烈的视觉张力折射出画家本人内心深处极度的悲苦、孤独、绝望的潜意识的精神冲突"。前者借助于萧疏冷逸的笔墨为世人留下孤傲叹息的悲怆，后者通过躁动不安的画面发出近乎歇斯底里般的呐喊。

其次，情感表现形式不同。八大山人的作品是一种隐性的表现，画面给人一种静态的孤傲与厌世，其绘画表现出对故国的眷恋和对清朝廷的愤懑，在某种程度上是一种避世思想。八大山人所处的是清朝廷巩固政权渐趋统一的年代，当他入主"青云圃"正式投入书画创作的时候，残存的南明政权已土崩瓦解，全国反清运动大势已去。国恨家仇无缘雪耻，只能皈依佛道寻求解脱。"墨点无多泪点多，山河仍是旧山河。横流乱世枒桠树，留得文林细揣摩"。他将画中的鱼鸟都描绘成侧面形象，充满愤世嫉俗的情态，山石则采用上大下小容易造成空间紧迫与逼塞的形状，把款号题作"哭之""笑之"字样，将崇祯皇帝吊死煤山的日子巧妙设计成龟形花押，通过晦涩的题画诗委婉地抒发内心的悲愤与苦闷。而蒙克的作品则是一种显性的表现，画面给人一种力态的焦灼与挣扎。正面狂乱扭动着的身躯、躁动不安的环境氛围、无序蜿蜒的线条、焦灼昏暗的色彩共同组成惊心动魄的画面。二者在人生境遇上都极为不幸，在审美上都呈现出"悲剧美"的特征。"但他们对待悲剧的态度不同，前者采用了老庄的出世态度，其绘画作品表现出'超逸美'的特征；后者的态度是积极抗争，将悲剧进行到底，因此画面表现的就是悲剧"。

最后，情感表现目的不同。八大山人追求一种自我精神的解脱，而蒙克则是追求一种终极关怀的深入思考。八大山人受道家无为思想和禅宗有无观念的影响，在绘画中表现得更多是一种了然，一种随遇而安，一种超然出尘的彻悟与卓然。画中的鱼鸟虽心有愤慨，然不屑抗争，只是孤傲自立，蔑视俗尘。八大山人是在以超逸于仇恨之上的悲怆渴慕一份内心的安宁与淡然。而蒙克却将一生命运的不公与病痛、死亡带来的恐惧毫无保留地尽情宣泄于画面。他受叔本华意志哲学悲观主义的思想和尼采非道德主义思想的影响，将近代西方世界普世的忧虑、压抑和恐惧强烈地痛诉于绘画，从而赢得了"心灵的现实主义"的称号。"蒙克把艺术作品作为表达自己痛苦和厌恶情绪的一种方法，他不带任何道德上的意义，在绘画艺术上体现了一个全新的因素"。在蒙克的一生中曾多次回忆道："我继承了人类最可怕的敌人——有遗传性的肺结核和精神错乱症。疾病、疯狂和死亡是缠绕在我身上的三大恶魔……我自被死亡、疯狂与疾病跟随，直到现在。我很早就知道人生的悲苦与险境……为什么我与别人不一样？为什么我生来受到诅咒？为什么一定要来到这个世界？"正是对生命本源和死亡价值的探索，构成了蒙克绘画中对人生的终极思考。

小　结

毫无疑问，八大山人与蒙克当数中西方美术史上极具情感表现意识的画家代表。二人皆命运多舛，有着痛楚不堪的人生经历。他们以同样狂肆奇崛的笔触语言和孤寂落寞的画面形式强烈地表达着内心世界的苦闷与悲痛。然而在情感的表现张力、形式和目的上却又有所不同。但是他们分别对中西方近现代绘画产生了莫大影响。八大山人把中国文人画家从对古意的追求和笔墨的探究中引领到破除古法和个性解放的革新之路上；而蒙克则通过揭示蔽藏在人类心底的美与丑、痛与乐，把西方绘画从再现客观唯美和瞬间真实引向表现和象征的现代之路。

（原载《艺术探索》，2012年，第4期）

川端康成与八大山人

周阅

日本作家川端康成喜爱美术是众所周知的,但他对中国美术的热衷也许并不为人所知。根据日本新潮社第二、三、四次出版的《川端康成全集》(分别为12卷本、19卷本和35卷本),可整理出他的个人美术藏品共计22件,其中有5件出自中国,而另有4件虽为日本画家所作,但其意境、神韵乃至画题都取自中国文人李渔的诗作。日本川端文学研究会会长羽鸟彻哉教授认为,"如果把这几件作品看作一半是中国的",那么,川端藏品的"约三分之一都是中国的了"(《中国与川端》)。川端毕生的收藏充分证明了他对中国美术的欣赏与尊崇。

川端的美术藏品中有一幅《群鹿图》是八大山人的作品,而八大山人正是一位川端非常仰慕的中国书画家。八大山人(1626—1705)谱名朱统鐢,因耳大又名朱耷,是明朝宗室后裔。与原济(石涛)、弘仁、髡残合称"清初四大画僧",居四僧之首。他亲历明清之际翻天覆地的历史沧桑,遭国毁家亡之难,由皇室贵胄沦为草野逸民,装疯扮哑,在门上贴个大大的"哑"字,不与人语。后为避害而出家为僧,八大山人乃其僧名。他好用此名连笔署款,看似"哭之笑之",以表胸中郁愤。川端在为藏品撰写的解说中专门记述了八大山人的身世,并特意指出"人多从其画作见愤世之心"(《卷首画解说》),显然是对此有所感触。八大山人在政治高压之下潜心于艺事,将悲愤凄凉之情寄于书画,狂放孤傲,意境高远,画风冷峻清逸。尤其是画动物眼睛的手法夸张奇特:眼圈很大,黑而圆的眼珠顶在眼眶的上角,显出昂首向天、白眼看世的神情。其山水图大都是荒岭怪石、歪木斜树、枯枝败叶,以"残山剩水,地寒天荒"的境界宣泄出山河破碎之痛。这种情境和心绪都深深契合了川端在战争期间直至战后那无法言说的悲怆和无奈。实际上,自日本发动侵略战争之前,川端就亲历了当局的政治高压。伴随着日本走向战败,知己友人的死又一次次叠加在川端悲凉的心上。这使他情不自禁地与八大山人画作中所流露的情绪产生了强烈的共鸣,因此更加受其吸引、为其倾倒。

川端之所以收藏这幅《群鹿图》,是因为画面上"深广的空间与突出的巨岩和大树相对,构图奇妙。森严中渗透着柔软。……透过这幅《群鹿图》,我被八大山人的精神深深打动了"(《卷首画解说》)。但在收入全集时,宽123.5cm,长76cm的大幅画面被缩成了一张小小的照片,使得原作的"阔大、强劲和严峻都看不出来了,令人遗憾"(同上)。从川端的这些评说中可以感到,令他感佩和景仰的是八大山人那桀骜不驯的品格和傲岸不屈的气魄。川端对南宋画家梁楷的喜爱也与此相关。梁楷为人放荡不羁,曾拒绝接受皇帝钦赐的金带,将其挂于院内。元末夏文彦《图绘宝鉴》中对他有这样的记录:"嗜酒自乐,号曰梁风子。院人见其精妙之笔,无不敬服。"梁楷蔑视宫廷院画的成规礼法,喜作《六祖撕经图》,还画《高僧食肉图》。正是梁楷和八大山人这种无视权贵的勇气和魄力使川端肃然起敬。这份敬意与川端对日本禅宗僧侣一休宗纯的仰慕是一脉相承的。一休不仅食鱼饮酒,还接近女色,在他的著名歌集《狂云集》及其续集中,既有惊世骇俗的爱情诗,也有露骨描写闺房秘事的艳诗。这些打破清规戒律的言行在川端眼中却是"把自己从禁锢中解放出来,以反抗当时宗教的束缚,立志要在那因战乱而崩溃了的世道人心中恢复和确立人的本能和生命的本性"(《我在美丽的日本》)。

无论是中国的八大山人、梁楷还是日本的一休,他们个性中所共同具有的特质,实际上是川端渴望拥有却又难以企及的。在日本法西斯势力不断膨胀的日子里,川端也曾不顾局势严酷,毅然对文学界友人伸出援助之手。1928年3月15日,日本发生了对共产党人进行大搜捕的"三·一五"事件。第二天,川端在家中接待了正在避难的剧作家村山知义和无产阶级作家林房雄。他满怀敬意地称赞村山"如同钢铁的战士","充满了理智和意志"(《土地与人的印象·村山知义与热海》)。两年后,川端又一次掩护了正遭到特务搜捕、试图逃亡苏联的无产阶级文学运动领导人之一藏原惟人。不久,"九·一八"事变爆发。1932年2月,著名的无产阶级作家、革命者小林多喜二在街头联络时遭到了法西斯当局的逮捕,当晚就被严刑拷打致死。川端极为震惊,立即撰文《三月文坛之印象》,指出尽管小林已经壮烈牺牲,但他"在艰苦中勇往直前",是幸福的。当时，许多作家都在残酷的镇压和强烈的冲击之下，丧失了原有的立场，纷纷"转向"，沦为法西斯政权的工具。连横光利一也公开表示了对军国主义的支持，他在战争中一直可悲地坚信日本必胜。川端以少有的直率批评了曾经和自己并肩叱咤于文坛的挚友横光利一，"我真心感到，活着的横光利一比死去的小林多喜二更为不幸"，"小林离开作家道路的'突然死亡'，远比横光作为作家所走的道路更能使后人感到乐观"（《三月文坛之印象》）。这是川端的肺腑之言，表现了一个正直作家的良心和正义，但却使人心惶惶的文艺界一片哗然，一些作家或出于明哲保身，或出于追随潮流，对川端施以攻击和嘲讽。在这种情势下，川端终于发出了愤怒的反驳："就连我稍微写一些有关小林多喜二之死，都招致四面八方把我当作自由主义者对待，实在令人厌恶。"（《谷崎润一郎氏的〈春琴抄〉》）战争期间，面对黑暗的时政，川端也曾一度表现出昂扬的斗志。当军国主义掀起的"报国文学"逆流席卷日本文艺界时，川端写了《告别时评》一文，指出如今"滥读每月的小说已经不仅仅是一种无谓的疲劳，极端地说，是精神的堕落"，并愤然宣告终止文学评论活动。后来，当御用文人火野苇平以从军日记的形式发表傀儡文学《麦子与士兵》，站在肯定战争的立场上，故意掩饰战争的丑恶和残酷，并带动一批非专业作家一哄而上地制造抹杀人性的战争文学时，川端出于对艺术的忠诚和执着，又重新拿起了搁置近三年的文学评论之笔，向这种无聊小说发出了诘问："在战场上还能谈什么文学？作为文学家这无疑是儿戏。"（《出征士兵的战记》）然而，川端终于没能像八大山人那样矢志不渝、坚持到底，与生俱来的软弱犹疑使他需要寻找一些外在力量来支撑自己的意志。他渴望自己能够拥有八大山人那种无所顾忌的反抗精神，然而这恰恰是他的先天不足。无论出于违心还是由衷，川端仍然留下了有粉饰战争之嫌的《日本的母亲》，以及对侵略战争中丧生士兵表示哀悼的《英灵的遗文》等文字。多年之后出版全集之际，川端回首自己的足迹，恍然从八大山人这个异国古人的身上发现了自己遥不可及的憧憬，留下了饱含钦佩的文字。

另一方面，八大山人的艺术主张与川端的艺术理念十分契合。八大山人绘画主张一个"省"字，往往以寥寥数笔表现复杂的内涵，在笔墨运用上达到了尽削冗繁、返璞归真的境界。他每落一点、每置一画，均倾其心意、求其精粹，而绝非虚空无物。在他笔下，无论是禽鸟、游鱼，还是草木、山石，均以简略见胜，似乎已不能再多一笔。如《鱼》图中仅有一条大鱼与一尾小鱼相对，其余满幅空白，似湖水杳然。这与川端所崇尚的"古雅幽静"或"闲寂简朴"的情趣是一致的。在川端眼中，"一朵花比一百朵花更美"。他认为日本崇尚"和、敬、清、寂"的茶道，"当然是指潜在内心底里的丰富情趣，极其狭窄、简朴的茶室反而寓意无边的开阔和无限的雅致"（《我在美丽的日本》）。这恰是八大山人在绘画中所追求的"笔不工而心恭，笔不周而意周"的境界。八大山人的留白和省笔，契合了日本"仅以点滴之水、咫尺之树，表现江山万里景象"的美学传统，因而深得川端之心。

　　内心情感和精神境界的契合，艺术表现和审美追求的相通，使得日本现代作家川端康成与中国古代画家八大山人，超越了时代、民族和艺术门类的阻隔而走到了一起。

（原载《中华读书报》，2007年2月7日）

从八大山人与梵·高之对比看中西绘画的意象性与表现性

姚灏娟

近些年，艺术史中有关中西绘画的讨论已经非常多了。实践证明，对比观察中西绘画不但要保持其特有的面貌，而且还应善于将两种绘画方式进行比较。在这里，就我国的八大山人与荷兰的梵·高——两位艺术大师的成就、经历等进行对比，梳理中西绘画中表现性和意象性的交叉点。当然，中西艺术的发展都有其各自的文化、历史背景，我们不能做牵强的连接，而应客观观察。

明末清初，画坛上出现了"四僧"。他们的作品重视自己对生活的真实感受，不以再现以前画家的成就为满足，每个人的作品都具有其鲜明的艺术个性。以八大山人为例，其人生经历坎坷，怀有国破家亡之痛。作品的意境苍凉凄楚，笔墨沉郁含蓄，充满孤独之情。他的写意花鸟画奇简冷逸，强烈地抒发了遗民之情和对生命的热爱，内容形式高度统一。自从明朝灭亡以后，他的内心极为苦闷和矛盾。作为明朝的皇族后裔，他虽不满满人的入侵和统治，但对于已成的现实又显得无能为力。这种内心的痛苦无法排解和发泄，只有通过画画来解忧，诉说他心中的苦闷。他作品中描绘的小动物大都以白眼看人。这正是表达了他对清王朝的愤慨和蔑视，这正是八大山人的风格。有人说他是一座冰山，把他心中的痛楚冰冷、刺骨地传达给你。的确如此，我们通过观看他的作品了解了他的内心。他的笔触泼辣、大胆、豪放，构图新奇，造型独特。不但是他本人的风格的体现，在与同时期的摹古之风拉开距离的同时，也承前启后，继往开来，既与前人的绘画风格相异又对后世产生了巨大的影响。

荷兰人梵·高是西方后印象主义的代表人物。同时其作品对以后的表现主义产生了巨大的影响。他直到去世都不断地作画，留下大约850件油画和几乎同数目的素描。梵·高的作品笔触异常强烈，色彩的饱和度和冲击力非常强，表达了他内心强烈的情感，充满了对生命的热爱。欣赏他的作品我们仿佛被带入了另一个时空，让人觉得作者笔下的所有景物都具有不同的美。如经典的《向日葵》，向日葵也称太阳花，是梵·高很喜欢画的景物之一。在作品中画面以暖黄色背景烘托着如火一样的葵花，空中飘舞的花瓣分明是在舞动着画家内心的激情。强烈的笔触是那样的干脆与热烈。欣赏梵·高的作品，我们看不出半点的虚伪和掩饰，他内心的感情一览无余地在你面前燃烧着。向日葵精神就是梵·高一生不断追求自我的真实写照。是梵·高让人们真正懂得，艺术原来可以如此直接表达作者本人的感情。

通过对八大和梵·高的比较，我们可以看出中西绘画的差异区别和联系。与西方相比，中国绘画是抒发想象性绘画，而西方更侧重于现场性绘画。中国人在审美上侧重于一种体会到的心里头的真实。在中国绘画当中，艺术家一直关注人的内心而不是自然的科学的一种标准或者是结果。显然，这些特征我们在八大山人的作品中全部能够体会到，八大山人也正是因为做到了这一点才形成了他独特的艺术风格，确立了他在美术发展史中的地位。他的作品无论山水还是花鸟全都不只是写生，而是通过他的眼睛观察，加入了他内心特有的感受，再以笔墨的形式使物体跃然纸上，在他的画中，更注重个人的阐释。这是中国绘画的意象性。这与西方的普遍的真实反映现实大为不同。当然，中西间绘画的差异远不止于此，受各自文化背景的影响，还有很多区别。在这里只是对中西绘画的基本表达方式做简要的说明。生活在中国的八大山人和西方的梵·高虽然不是同一时代的人，但二人的作品通过对中国绘画之"意象性"和西方绘画之"表现性"的追求，在内容和形式上达到了高度的统一。他们的作品有着惊人的相似之处。首先，双方的目的都是从立体空间向二维平面改变。第二，也是对后世影响很大的一点，作品当中都加入了画家的强烈个人情感和自我感受，表现各自的主观感情和情绪。梵·高虽然是从写生开始，但他的作品绝不仅仅是复制，而是通过参照客观事物，强烈地反映他内心的感情。因此，后人说他是在用生命去作画。第三，他们都极具创造精神，不以前人高度为目的。

感悟八大和梵·高。首先，我们应该以画家本人的理解和感受去看他们的作品，更加注重以画家本人的情感去理解作品。八大和梵·高的作品都不只是复制所看到的事物，而是将看到的事物进行自己的阐释，然后再以各自的方式反映出来，这期间更加强了自我的看法。因此，我们在任何时间来欣赏二人的作品都不会感到过时、陈旧。其次，八大和梵·高的作品都是力量感十足的，画面并不刻板，而且这种力量感在很多作品中都十分的强烈。

现如今，我们很多传统的艺术形式在当今国际化的视觉艺术环境里，在飞速发展的数码电子社会里，有时似乎被挤到边缘角落。在艺术历史长河的发展中，我们有必要保持好的传统艺术的特色，但同时也非常有必要去开拓新的表现语言和形式，更好地反映当下我们所处的这个时代的特色。中西文化艺术表面似乎有着巨大的差异，不可调和。但在具体的绘画语言形式的发展这一细节上，只要勇于思考和探索，相信都会寻找到切入点。通过对八大山人和梵·高的比较，我们可以看出中国绘画的"意象性"与西方绘画的"表现性"在某个高度有着异曲同工之妙。我们感谢两位大师在各自的时代为艺术做出的贡献。坚信当代的中国艺术未来在传统的高度上，一定会有更新鲜的样貌出现。

（原载《大众文艺》，2011年，第13期）

精神的栖息

——八大山人与劳特累克的艺术比较

李伟力

歌德曾说，艺术是人心灵的栖息地。在相当程度上艺术构造着我们的生活，它可以再现生活也可以表现人类的情感，但其最本质的部分是创造一种新的知觉和意义，让人们借此与世界产生一种新的关系和认识。随着人类的发展，艺术也随之繁荣而复杂，在不同的国家、地域、文化中绽放不同的花。如果把八大山人的《孤鸟图》和劳特累克的《红磨坊的舞会》放在一起比较，我们会有什么样的感受呢？一静一动，前者色正空茫，幽绝冷逸，后者色彩斑斓，放浪形骸，从这两幅画中即可看出两者截然不同的艺术表现方式及不同精神状态对他们艺术的影响。很多资料认为劳特累克对以后的表现主义影响很大，但他的画与八大山人的放在一起看到的却是再现的成分比较多，虽然生活在不同的时空、文化情境里，但艺术无国界，他们还是有很多可比较之处的。

一、身世的相似

八大山人（1626—1705），江西南昌人，明朝皇族宁献王朱权的后裔，其祖父朱多炡是一位诗人兼画家,父亲朱谋鹳也擅长山水花鸟,叔父朱谋垔著有《画史会要》,从小生长在宗室家庭受到父辈的艺术陶冶,再加上聪明好学,8岁便能作诗画画。劳特累克(Henri De Toulouse-lautrec,1864—1901)出生在法国南部古都阿尔比(Albi),他的祖先曾娶英国狮心王理查的妹妹为妻,他家是法国古代有名的吐鲁斯伯爵的后裔,祖先们是有名的勇士,他的一家都有美术天赋,不过都是业余爱好。父亲是亚冯士·德·吐鲁斯·劳特累克·蒙发伯爵,还会泥塑动物;母亲发现他喜欢画画就为他细心挑选家庭教师鼓励他学画。可以看出,一个是中国的皇族子孙,一个是法国的伯爵后裔,从小生活优越、天资聪颖,并且受到很好的熏陶,喜爱画画。

二、悲惨的遭遇

崇祯十七年(1644)明朝灭亡,八大山人那时19岁,不久父亲去世;顺治五年(1648)妻子亡故,为避免清廷的迫害便奉母命带弟弟"出家",至奉新县耕香院剃发为僧,号雪个,国破家亡,隐姓埋名,满目苍凉说不尽,正如郑板桥说他的画中"墨点无多泪点多"。而法国的劳特累克,由于父母近亲结婚,他小时候就体弱多病,14岁在家中从椅中起来不慎滑倒竟摔断右腿,15岁时和母亲散步不慎掉进一条不到一米半的干河床,又折断了左腿,真的是祸不单行。虽然两次都把腿接好但从此双腿停止生长而上半身却正常发育,他再也不能继承武士的事业了。对于一个活泼爱动的男孩,双腿的残疾无疑是巨大的打击,而父亲的冷漠,阶级的排斥给他小小的心灵带来难以抹去的创伤。但也正因为这巨大的不幸才给这两个贵族子孙无限的创作动力与灵感,在艺术宇宙里自由自在。通观八大山人的艺术过程可以看到,他如果没有遇到家国之变,没有悲剧身世,就不会产生个人与环境的激烈冲突,他的思想感情艺术趣味也就很难有别于明末的一般文人士大夫,也不会形成他那异常强烈的艺术个性,用夸张变形的艺术形象来抒发内心积郁的要求。劳特累克如果没有身体的残疾,也许会像他的父亲一样承袭他的伯爵,绘画成为他的业余爱好。当然这只是从一个片面来说的,其实成为伟大的艺术家是需要很多因素的。

三、环境和精神载体

据史料记载,八大山人父子都有语疾,其晚年画中常有"个相如吃"的款,"个"指的是他自己,"相如"指司马相如,史书记载司马相如有口吃的毛病,而八大山人经常在门上挂个大大的"哑"字。但由于政治原因,很多人认为八大山人不是不能说话而是不愿意说话,沉默意味着抗争。他还称自己是个山驴、驴屋、人屋等,在他自题

《个山小像》中有这样的话："没毛驴，初生兔，䘏破面门，手足无措。莫是悲他世上人，到头不识来时路，今朝且喜当行，穿过葛藤露布，咄！"前四句是说自己进入佛门为世上人不识来时路，他为什么这么说呢？江西是洪州禅的发源地，马祖大师（709—788）驻江西开元寺，宗风大盛，属于慧能的南禅的后支。在禅宗看来，人来到世界，欲望、知识、习惯等内容很容易在心灵的白纸上涂上它的颜色，人失去了本色忘记来时的路，从权威中走出从习惯中走出，做个自由透脱的人，这才回到生命之路上。禅宗认为妙悟是回到生命之路的唯一途径，而穿过葛藤露布指的是超越理性的知识。八大山人正是将自己的艺术安顿在这无分别的世界中，对南禅的思想有深入的体会，他称自己是驴、人屋等，不是谦辞也不是对俗人的嘲讽，而是透露着禅心和奇慧。"平等一禅心"是禅的精髓，没有驴屋、人屋、佛屋的差别，诸法平等，一切"屋"都是自己的安顿处，这和前人的山居、幽居一样，八大山人就是在禅宗的智慧里寻找精神的歇脚处。

而那个身体残疾的忧郁画家劳特累克，悲剧发生后身高长到一米五就没有再高过。由于他的贵族身份，为人又慷慨，所以在他18岁去巴黎学习绘画的过程中同学们也没有嘲笑过他的畸形身材。在学院派画家柯尔蒙画室他打下了深厚的基本功。在巴黎看遍了美术展览，他被印象派的画深深打动，并结识了德加、梵·高、高更等。他非常崇拜德加，喜欢他的色粉画和舞女系列的作品，从他以后的作品中可以看到德加对他的影响。父母见他决心留在巴黎，遂给他一大笔钱设立了他自己的画室，由此，劳特累克的艺术创作生活才真正开始了。19世纪的巴黎是世界艺术的中心，在这里聚集着各种各样的流浪艺人，咖啡馆、舞厅、妓院亦是林林总总，因为劳特累克不缺钱，他能随意出入于其中而且融化进去，就像八大山人融进禅的境界一样，他深感自己的畸形体态是被某些人嘲笑的对象，产生了自尊和自卑的矛盾心理，不肯参加正常的社交活动；而在剧院、舞厅和酒馆这些场合绝大多数人不会注意他，他坐在那里被桌椅遮盖双腿，正常的上体与他人无异因而觉得自由自在。但是作为一个腿部残疾的人频繁光顾舞厅似乎使人费解。更值得提出的是，在他的很多画中，人物的腿部都是被强化的地方，有些评论家称他是"画活动中人的肖像画家"。八大山人宣扬自己的缺点是受禅宗思想的影响并不以自己的缺点为缺点，而是一种禅心，做一个世界的看客，进入平和的澄明之境，无心与物，一切如此。这也是中国大多数文人画家在艺术中追寻的境界，是中国几千年深厚的文化受儒道禅思想的浸润，尤其是道家的"自然之美"与"宇宙心灵"对艺术家的影响，孔子的"天何言哉，四时行焉，天何言哉？万物生焉"。庄子则进一步把它普遍化为"天地有大美而不言"这一美学命题。而禅宗亦是反对语言的，八大山人的《题画西瓜》诗道："无一无分别，无二无二号。吸尽西江来，他能为汝道。"说的就是马祖大师的意思，语言即知识，知识即分别，分别起，真实的世界就会遁然隐去。"不语禅"正是八大山人毕生所奉行的，而巧合的是山人本来就有说话不利索的毛病，正是"个相如吃"，不以语言知识来分析这个世界,而是用生命来感悟。所以他故意张扬自己的哑,不是宣扬自己的缺陷而是表述自己的哲学。而劳特累克呢,生活在19世纪资本主义的法国,没有沉重的政治压力亦没有国破家亡的伤痛,他是由于时代的喧嚣、身体的残缺造成了精神阴影,因此,他不可能像八大山人那样进入一种空明虚静的境界,而是倾向于外观,他17岁时就对友人说:"我尽量描写真实而不描写理想。"的确,他的作品并非有意识地揭露什么,而仅仅是人物的自然理想的形态而已。谈到这里我们需要拿他们的画来比较说话。

四、作品比较:表现　再现

第一段中提到的把八大山人的《孤鸟图》和劳特累克的《红磨坊的舞会》做比较,一个画的是动物一个画的是人物,人物是劳特累克唯一的作画题材。这幅画他用类似杜米埃的讽刺造型描绘这一活动的场面,背景用绿色做调,显得前景中的红衣女子鲜明突出,一群绅士活跃其中,画面中心一对男女翩翩起舞,沉醉在半是幽默半是纵情恣肆的状态中,舞女大红色的腿尤其刺眼,踢踏着扭摆着,但他们的面部表情却都十分呆板,仿佛动作只是一种习惯反应,精神的麻木,流动感很强的线条笔触,强烈的动感增强了喧闹和放荡的气氛。正如他所说的,他的画始终忠于现实,他看到人们天真无邪地来到巴黎,迅速被资产阶级的夜生活毒害,最后被巴黎遗弃。例如,画中舞蹈的女子拉·古昌,他画了很多她舞蹈中的肖像,从中可以看到她是如何在短短几年中衰老的,她只有在不停地跳动和麻木的舞蹈中才能换取生命的权利,此刻的腿在他眼中已不是使他渴望得到赞美的腿了,他看到的都是一个个悲剧和时代的不平,他忠实地记录这一切。

如果刚刚看过劳特累克的画再来看八大山人的画真的会回不过神来,目光还在光色上流连就品味不出《孤鸟图》的"天空鏊古"的雪个精神。这幅画现藏于云南省博物馆,作于1692年,是山人晚年的作品,从画面左侧斜出一枯枝,一袖珍小鸟一只细细的小爪立于枯枝的末梢之处,这"孤而危"的特点不正是画家身世的独白吗?孤枝孤鸟,空空的背景孤独无依。他的《题孤鸟》诗云:"绿阴重重鸟间关,野那花香窗雨残。天遣浮云都散尽,教人一路看青山。"孤独非但没给他带来精神的压抑,反而使他感到闲适和从容,感到挣脱一切羁绊之后的怡然,这幅画耐人咀嚼之处也即是此。这只鸟的眼睛不像他其他画中的鸟,白眼向青天的孤傲与冷峻,也没有逡巡与恐惧,相反却充满了安宁,虽然孤立无援但似乎它不在乎要寻个依靠。这也正是他坎坷一生的人生态度,倔强而无奈。

从这两幅作品看,如果说劳特累克的画再现的成分比较多,八大山人的艺术是表现的方式表达,这是说不通的。关于艺术的再现和表现在中西方的理解是不同的,中国画由于水墨的性质，勾勒皴擦点染都是把对象抽象简化，而且中国画家的关于宇宙的哲学观，人格说教的道德观决定了他们更注重对内心的深悟与自省，从这个方面说中国画大多都是表现的。劳特累克被认为对后来的表现主义有很大的影响，这从表现主义代表挪威人物画家蒙克（1863—1944）的《生命之舞》中也能看得非常明了。八大的画有着凄冷的格调，清逸的思致，就像一轮孤月当空而照，简而淡，孤独中透出崇高，人说云林、石涛、八大山人都是以哲学的智慧来作画，云林的艺术妙在冷，石涛的艺术妙在狂，八大山人的艺术妙在孤。孤独与艺术相伴，中西艺术概莫能外，但理解上却有差异，中国人的哲思和艺绪中孤独包含着太丰富的内容，是一种禅心，一种哲学思考，把热闹的生命放到永恒面前来审视。八大山人艺术中的孤危意识正是他对自己身世的哀婉，但又不是自怜，而是在孤寂中脱略凡尘，享受玩吟这孤寂。这两方面正是道禅哲学倡导的自尊，无待。他独与天地精神相往来，他对庄子是神迷的。而西方文化中缺少中国这种几千年积淀下来的文化养分，对生命和宇宙这种"大"境界体会不了，但也正因为此，西方艺术中更加注重对生活的正视而不是对现实的拒绝，劳特累克正是把生活搬到了他的画布上，有着对她们赤裸裸的同情，他的孤独不同于八大山人的虚静，而是伴随着绝望，有资产阶级生活的喧闹嘈杂，看到了所谓上流社会的虚伪与糜烂的生活，他像与他同时代的画家一样用酒精麻醉自己，咖啡馆歌舞厅的灯光给他的画面罩上了一层神秘怪异的色彩，揭示了人的生命的短暂性，生命的脆弱以及时空上的短暂和渺小是人的宿命。这两个如此不同的艺术家在多年之后历史给了他们共同点，那就是他们都是不朽的、伟大的，丰富了人类的艺术宝库，对后来中西方的画家都产生了巨大的影响。白石老人有一诗最为脍炙人口，诗曰："青藤雪个远凡胎，老缶衰年别有才。我愿九原为走狗，三家门下转轮来。"还有另一则题画愈加突出八大山人，曰："作画能令人心中痛快百拜不起，惟八大山人一人独绝千古。"而几乎同一时间，毕加索从西班牙的巴塞罗那到巴黎看了劳特累克的画后说："我到巴黎看过他的画后才真正理解到劳特累克真是了不起呀！"

五、结语

作为伟大的艺术家，艺术就是他们苦难精神的避难所,但它是否就真的坚如城堡呢？当然不是，生活随时会抓住他们，像钢铁巨爪一样，再坚固的城墙也会被它摧毁，八大山人的题款似"哭之""笑之"，亦僧亦道又还俗的一生装疯卖傻。劳特累克在34岁时患震颤性淡忘症进精神病院，36岁早逝。席勒在1795年发表了一篇题为《论素朴的诗和感伤的诗》的文章区分出两种类型的诗人，我觉得用在所有的艺术家身上都同样适用，他说："一种（诗人）是在他们自身和他们的环境之间或在他们自己的内心意识不到有任何裂痕的人，另一种是意识到这种裂痕的人，对于前一种人艺术是一种自然的表达形式，他们理解自己直接看到的东西，为了它本身而不是任何外在目的而去表达它……而后一种，他追寻这个已然消失有人称为自然的和谐世界……他靠自己的想象力来建造它，他的诗就是他为了返回这个世界……他负载着自己的断裂感，断裂的一方是已不再属于他的家园的日常世界……"前一种席勒称为素朴的人，后一种称为感伤的人。我们当然不能简单地依此来划分八大山人是感伤的画家，劳特累克是素朴的画家，从不同的方面来说他们都承载着某种断裂感，但在有限的视觉艺术里他们都找到了自己无限的目标，给自己的精神、心灵找到了一个栖息的园地。

（原载《美术大观》，2009年，第6期）

跨越时空的情感之美
——论梵·高与朱耷的相似

孟金花

艺术源于自然，高于自然。追寻黑格尔的思路，拓展这句话，我们不难理解艺术的本质。艺术起始于艺术家为了要把自己亲身体验过的情感、意志表现出来，传达给别人，便在自己心底重新唤起这种情感，并用某种外在的标志——或声音或视觉图像或符号等媒介，表达这种感情的本质和意义，将情感化为一种可触知的东西，即作品。创作者的情感通过作品与观赏者的体验达到契合也就是情感的共鸣。就绘画而言，无论东方还是西方，再现还是表现，对情感美的追寻是一致的，即真实地再现自我的忘我之情。论及忘我的情感，最真挚、最热烈也最具感染力的莫过于后印象派的梵·高和清初四僧之一的朱耷。

艺术之美，美在跨越时间和空间的界限，用热烈真诚的情感，来挑战传统绘画的极限，追求艺术的"纯粹真实"，用各自独特的绘画语言来叙述自己内心的情感。朱耷，号八大山人，画中星星点点的梅花，似梅似泪，坚挺沧桑的枯枝，似树似人，整个画面，构图空旷、寂寥，那份孤傲用言语无法表达他的真切。而墨色里潜藏的坚定却从笔底沁人心脾，连落款都让人们在似与不似之间游离。境界的忘我同样在梵·高的画中得到诠释。梵·高可谓情感的主宰者，以至于他为艺术最终发狂自杀身亡。他笔下的那些笨拙的人物，茫然自足的表情正是他自己在资本主义的狂躁不安经济大潮下的写照，基于这种单纯，他发现了斯宾诺莎式的美，令人激动而神往。大地的无垠与广阔，夜空的灿烂与深邃，树木对生命的无限追求，等等，所有的一切糅合着厚重的博大之情，激发着人们对家园的向往。两位大师把对身边一切的爱与恨化为灵感，用激烈、狂怒而真挚的语言描绘着自己的经历和情感。

一、创作的主动性

梵·高与八大山人作画常随兴所至。情感包含于笔墨之中，理想抱负寄托于笔墨之下。随笔一落，随意一发，这不是创作的随意，而是艺术创作的艰苦性的表现，是艺术家在获得技巧后的主动性。整个画作的参与、娱乐、宣泄过程重于作品本身，真正把画作为自我的世界和情感宣泄的媒介。八大山人雄健拙朴的笔法，书写出满目凄凉，表达着孤寂内心和倔强的个性。两人寓情于物，以寄托自己的身世和情志。创作的主动性发挥到极致。他们既重感性的抒发，又重主观的意愿。在自我情感表达某种意境幻觉时带有自娱性和表演性。一些作品在于反映作画者特定心态以及社会时代的心理倾向，并不遵循客观事物表象和规律。八大山人代表着一批心怀复国雄心而郁郁不得志的明朝遗民的愤世情绪；梵·高则是资本主义民众在机械化、自动化激进的大潮中的缩影，作品表达了人们对社会、对历史的思索与疑惑。八大山人画中的鱼鸟都作白眼，有眼无珠状，表情的怪异正是他愤世嫉俗的写照，画面中从没有精雕细琢的刻画，寥寥几笔，挥洒自如，将自己的身世、经历、情感、抱负化为酣畅的笔墨，挥洒于纸上。

二、绘画的象征性

两位大师为适合各自的需要，将形式与内容分离，从不刻意追求题材，而是以平常事物入画，以小见大。八大山人的落款既像"哭之"又像"笑之"，摒弃一切形似因素，用纯粹的形式因素来表达激情、冲动、愤怒、悲哀等感情，排除绘画中情节、历史、文学性等具象内容，直接运用最基本的形式语言表达情感、意趣、哲理。构图洗练简逸，笔墨苍劲整洁，没有烦琐的背景布置，在画面上留有较多的空白，这些大小不同、形状各异的空白本身形成一种节奏的变化，给观者思绪一个自由驰骋的空间。相比之下，梵·高最大限度地将形与色的视觉作用发挥到极致，明确严整的线，纯净饱和的色彩，线的粗细，形的大小及补色的对比及其组成的活泼而富有规律的构图，也同样将西方精确的透视法则置之不理，用单纯的色彩表现空间的深度。梵·高面对不满的世俗，表现更多的是满腔的热情,在画面中,他的悲愤来得是那么的强烈,用极速的点线似年轮般旋转翻腾,述说着内心的不平。画中跳跃不安的笔触,简化笨拙的形体,让我们思索的不仅仅是画面中的启示,而更多的是他内心的激动和对生命力的强劲的追求与探索。两者热情与感性的背后又不乏对整个画面空间、笔墨、色彩、明暗的理性控制。形式的简化,特征的强化,色彩的感情化,使他们的艺术具有发人深省的象征性。

三、物象的人格化

梵·高与八大山人两位大师,放弃一切传统绘画的具体因素,赋予画中物象人格与情感。为适合作品情感表达的需要,将身陷世事、生不逢时、生活坎坷的遭遇全部寄托于画面。主题在他们的艺术中已经变成了符号。艺术把对象的无穷性变为自我的深奥性,把对象纳入人的世界。梵·高急促的点线、高低不平的田地土壤,再不能用地球侵蚀的收缩、褶皱、断裂乃至整个宇宙的变化来解释。八大山人的鱼鸟虫草更不能用似与不似或像与不像来评判。率意放纵的笔触,随意挥洒的墨迹,缥缈虚灵的经营将内心情感表现得淋漓尽致,用情营造一种境,让观者撼动且无意识地游移于艺术家的情感之中。作画只是他们的个人适意的游戏行为,或寄情山水或赋情于花鸟,力图表达自己不可言明的心志。八大山人孤傲的雄鹰,白眼的鱼鸟,笔法简逸,墨色纯净,大面积的空白是他面对整个世事的观望与无奈的写真。梵·高笔下的树木、草地,任何描绘的对象都赋予极强的生命力,火焰般跳跃不息的柏树,似乎是在证明自己的存在与生命的坚强,地上苦苦挣扎着的小草,源于不息的生命力的强大。这种对世事的无视与热爱,在深层都是一致的,那就是对祖国和家园的热爱之情,两者的激动在无力复国与实现抱负的爱无法释放的痛苦中,一个表现了失落中的坚定,而另一个却表现着热烈中的冷清。同样的情将他们的艺术推向艺术的巅峰,成为中西方艺术的里程碑。

八大山人与梵·高以概括、夸张的造型,充满激情的线条和色块,干涩的肌理和令人回味的画面布置,给人以强烈的冲击力,这是他们痛苦的内心对生命抗争的精神的真实写照。他们用心讴歌生命,书写生命的真实。

【参考文献】

1. 陈燮君. 印象派绘画的文化含量与人文精神[N]. 上海文汇报,2004-12-26.
2. 宋海永. 浅析印象派绘画[J]. 美术教育研究,2011,(8).
3. 甘兴义. 论印象派绘画的艺术特征及美学观念[J]. 赤峰学院学报(哲学社会科学版),2010,(8).

4.朱良志.八大山人研究[M].安徽教育出版社，2010.
5.[德]沃尔夫冈·韦尔施著，陆扬、张岩冰译.重构美学[M].上海译文出版社，2002.
6.朱光潜.朱光潜全集[M].安徽教育出版社，1996.
7.陈鹏.走出艺术哲学迷宫[M].文化艺术出版社，2007.

（原载《美术大观》，2012年，第2期）

浅析塞尚与八大山人绘画作品中的艺术特质

林军

绘画是一种灵感，一种感情生活，一种智慧，一种道德的和想象的个体。

野兽派主将马蒂斯就宣称："我们都从塞尚那里来。"

塞尚作品中的结构意识完全改变了传统绘画的原则，并直接导引了现代绘画的诞生。从此，绘画重又回到表征、符号和设计的功能，色彩、素描自文艺复兴以来的分际被取消，并各自被赋予新的可能性。在此后的现代主义绘画中，素描、色彩不再表述抽象，而进入自在自为的所谓"纯绘画"。

塞尚曾言："我的许多习作向来是反传统观念的，这使得那些严谨的批评家感到惧怕。对此我慎重地告诉你，我决意不声不响地工作，直到我认为我已能在理论上保卫我的探索成果那天。"

这更加强化了一种感觉的真实存在，即塞尚仿佛真的与我们站在一起，我们仿佛真的就站在他的身后，学着他的手势，我们是在塞尚绘画作品创造性的梦境中，在追踪其扭扭曲曲，其至有时轻淡得几乎看不见，有时却粗肥浑厚的线条时，分享了他的愤怒和喜悦、忧愁与哀伤。

塞尚的绘画是属于传统还是现代？我不知道。但是，我今天看到了许许多多的绘画原作、艺术摄影等人为或天然的景色。电视、电影与旅行，使我的眼和心疲于应接各种各样的形态和色彩，我的眼变得非常疲倦和麻木不仁！然而，主要活跃于19世纪的画家塞尚却考虑到了这一点，并且找到了一种最清醒的绘画风格——颜色少、线条简的极少主义创作手法。创作于1873年的《青苹果》一画，沉重的笔触、粗乱的线条，透露出画家的愤怒与热情，就像是直接在对我诉说，激发了我的想象。少少的几片颜色和几根线条，根本算不得什么，却给人一种遐思，这让我马上联想到中国传统的大写意绘画。某些中国古代画家，就将他们的国画简略到几片若有若无的色彩。八大山人的有些花鸟画作品如《莲房小鸟图轴》便是最好的例证。这幅画，看似逸笔草草，但却达到了笔简意赅、神远气足的境界。他以象征的手法来表达寓意，将物象人格化，透出雄奇、俭朴、孤傲之气，创造出前所未有的风貌，对后世产生了非常深远的影响。清代中期的"扬州八怪"、晚期的"海派"及至近代的齐白石、张大千、潘天寿、李苦禅等巨匠，莫不受其熏陶。齐白石甚至说："青藤雪个远凡胎，老缶衰年别有才。我欲九原为走狗，三家门下转轮来。"对八大山人甚是服膺。李苦禅则进一步讲："中国之文人画到八大山人，在笔墨的运用上达到了前所未有的高度，正是妙悟者不在多言。诚如荆浩《笔法记》所云：'心随笔运，取象不惑'；'隐迹立形，备仪不俗'。如此精粹的笔墨，一点一画，旨在邃摅心意，是意匠惨淡经营所得，决非言之无物或心欲言而口不逮的画家所可梦见。"

　　塞尚与八大山人，一个是西方绘画的巨匠，一个是中国画坛的奇才。二人均能意匠独运，观于象外，其创作态度极为严肃，神思极为清醒，而毫无懈怠之处，堪称中西绘画艺术史上两位顶级大师。有人甚至这样讲："读懂了八大山人，也就读懂了中国传统文化。"同样，读懂了塞尚，会不会就是读懂了西方的传统文化呢？因此，把塞尚与八大山人做横向的、深入的探讨与比较研究，在我看来，确是一件非常有趣的事情。

一

　　理论的发生常在实践之后，印象派的种种色彩道理，是在他们老了、死了以后别人分析、总结、演绎出来的。塞尚承认，"我也曾经是印象派，毕沙罗对我有过极大的影响"。如此说来，假若当初印象派也有理论，想必同样是对前人的色彩不满足、不耐烦的缘故。现代艺术的许多理论，倒仿佛是先于实践，再去实验的，那是一种"怀疑的理论"，是对前人的成果不满足、不耐烦，自己又有了新的感觉、新的意图，这才有所思、有所论，接着有所为。塞尚坦言："我认为艺术是个人的知觉，我让这种知觉处于情感之中，然后求助理智把它组织成一件作品。""我在巴黎的时候，每天早晨都要到卢浮宫去，但最后我总是比他们更接近自然。一个人必须为自己创造一种视觉。"

塞尚的静物所画的都是日常用品，显然毫无神秘感可言，但却有着谜样的气质。我并不确定这气质使我把其静物画看成是一幅作品还是一个人，我在比较塞尚所画的那些苹果时自问："这些苹果，它们有陶器的硬脆性，还是有果子的软熟性？"我找不到答案，它们有重量吗？它们是什么做的？它们代表什么？还是找不到答案。

但塞尚作品中这种谜样的气质，与我们时代的需要非常符合。在今天，人类的命运仍是一个谜。人类是想毁灭自己还是以超人的形态永存？我不知道。然而，因为借助于这些形象和物体，塞尚发展了想象的和创造的能力，在这种能力的助力下，他希望找到解开人生谜底的秘诀。

塞尚从未从事过雕刻，他的前辈或同辈如雷诺阿、德加、高更等人都曾习作雕刻。他只是借助于绘画来表达他自己，但无可否认他的作品有雕刻家的质感及量块感，这一点毫无疑问。他曾十分率直地评论自己："只有质量是重要的。"

诚然，这种物体的实体感，存在于我们与艺术品的关系上，艺术品的第一个功能，在吸引对它的注意。在绘画中有实体重量的印象便是一种惊奇。人们常常感到惊讶的是，在平面上怎么会有凸起？对绘画而言，最为重要的是吸引人的注意，塞尚把这个重要性系于体量感上（即体积与重量）。

塞尚对于体积发生兴趣，另外还有其他原因，这必须从他的性格中去寻找因素，他的所有传记作家都说他胆小而寡断，对自己全无信心，觉得自己是弱者。因为体积暗示力量，塞尚在描绘体积时，无疑感到力量的涌动。

还有一个事实是，他出生于地中海。在那个阳光明媚的地方，光线是如此强烈，使得颜色因而失色。使物体显得真实的，似乎并不是颜色，而是体积。因此对他而言，现实的试金石必定是体积。当他凭想象作画时，他需要体积，以使他的梦境具有实体感。

但是要将体积表现在画中，仅凭事物的实体感是不够的。在早期，塞尚曾使用了几种似乎感到满意的方法。最奇怪的一种，是利用一个实际的浮雕，产生一个较大浮雕的幻觉，因此产生了他的雕刻画。他还使用形体的外廓，并将外廓弄成圆形，以期产生没有平面的球体感觉。这一点，他与米开朗基罗、鲁本斯、德拉克洛瓦相近，整体来说，与巴洛克派画家更相近。事实上他所采用的最有效的方法，就是将深的暗影与明亮的光线并列，换言之，即为"明暗"的对比……

塞尚的苹果之出名，不亚于亚当和夏娃的苹果。但是他常常画苹果，并不是要提醒我们，尘世的一切悲哀均起因于这只苹果，只是因为苹果几乎是一个球体。他曾说：

"我们必须从圆锥体、圆柱体、球体去思考万物。"

在塞尚死后两年的1908年，勃拉克与毕加索的最初立体派出现了，立体派将塞尚以几何图形处理万物的趋向发挥到极点。这些画家作画时，对用尺和圆规的人物感到骄傲，并且认为轮廓绝对的明显是最高的艺术美之一。

二

　　八大山人并没有太多理论传世。然而，八大山人却是中国绘画史上最具传奇性和创造精神的杰出画家，他进一步摒弃了传统的造型理念和表现方法，寻求更带有主观意念性的艺术语言。他塑造的形象趋于更为离奇古怪，他把禽鸟和其他动物的嘴、眼画成方的，以扁方斫削的笔势来表达物象形态，行笔劲疾，追求一种恣放冷峻的气势。这种狂怪冲动的笔势，蕴涵了画家审美主体曲折痛苦的经历和难以解脱的压力，以及在这种紧张中激发的创造潜力。

　　八大山人受赵孟頫"书法入画"和董其昌"士大夫作画，当以草隶奇字之法为之"的影响，提出了"画法兼之书法，书法兼之画法"的理论。因而，八大山人绘画艺术的最大特点，是长于大胆剪裁，去芜存精，以最少的笔墨画最丰富的画，有时一幅画上，只有一条游鱼、一只雏鸡、一块石、一朵花，四周空满无边，把深谷江海、天山云雾都隐现在空白之中，不着一笔而气象万千，所以八大山人的画是最心灵化的艺术，同时又是自然本身。

　　方闻教授评说："八大……所强烈揭示的，正是对旧有观点的彻底否定，这不仅是针对其艺术而言，也反映了他个人的人生观，他从明末写实主义樊笼中一跃而出，转而临摹古代大家，把绘画转化为独立、奔放甚而狂诞的书法线条体系；同时他把诗人的热情与幻想投入绘画中，升华而成绝对性、全面统一的绘艺。"方闻教授的评说极有见地，把八大山人对绘画的探索实践和创作思想论述得淋漓尽致。

　　八大山人的绘画构图之奇特前所未见，造型更是生动之极。八大山人的画与其说是在用手画，不如说是其烈焰般的情感在画面的凝固。八大山人的绘画，所以如此有魅力，就在于他使笔墨有节律的变化与提炼过的造化完美地融为一体。这是一个艺术家毕生探索与追求和在艺术上敏悟、灵感和功力的自然结合，是水到渠成的独特的个人风格。

三

　　如果我们追溯塞尚与八大山人的毕生事迹，就可发现这两位绘画大师的惊人相似之处，即都出生在富贵之家，享有诸多的方便；都寡言少语，性格内向、孤僻。然而，造化弄人，塞尚毕生在经济上无忧无虑，而且还接受了良好的古典教育；八大山人一生经历坎坷，国破家亡后，遂装哑不语，后削发为僧，长期过着孤灯清影的逃亡生活。郑板桥有诗云："长借墨花寄幽兰，至今叶叶向南吹。横涂竖抹千千幅，墨点无多泪点多。"八大山人特殊的生活经历、思想状况更决定了他绘画创作的基本倾向，即用对比强烈的笔墨和象征手法，抒发他高傲、冷漠、苦痛、仇恨、轻视等种种对现实不满的感情。因此他的作品个性特征空前突出。从他的作品中，我们可以隐隐地听到一种低沉的抽泣，而这正是八大山人人格与心境的写照。

塞尚一生平平淡淡，很少大起大落。然而，他的绘画绝不浅薄。他追求的重点，是在自然中主张维持艺术的恒久相，确定不变易的一面，所以他依着执拗的笔触和黏液质的手法来吸取自然。我们看塞尚的作品，第一个印象就是结构和感情，他的静物画——果实、陶壶、一块布——虽是描绘，却像建筑房屋一样雄厚。他承认和尊重印象派在外光和色彩上的成就，但觉得印象派的描绘法太表面、飘浮，因此他探索不同于印象派的表现法，注重物质的具体性、稳定性和内在结构。1879年后他离开巴黎回到法国南部故乡后，便以此主张进行探索，从形、色、节奏和空间等要素表现质感的多样，探索事物内在的奥秘。

四

中国画家向来讲求"借势"。

李唐流落临安时曾作诗云："雪里烟村雨里滩，看之如易作之难。早知不入时人眼，多买胭脂画牡丹。"情感描写得非常真切、感人。

李唐为北宋徽宗时期画院待诏，宋亡，流落街头，卖画为生。后千里跋涉来到南宋都城临安，得以重入画院，深得高宗皇帝器重。南宋马夏一派皆从此出。

由此可见，权力、地位等对一个画家的影响有多大。然而，对于真正热爱绘画、有志艺术的人而言，这些便显得不再重要。

塞尚虽然富有，但一生孤独，受人白眼，他体验过不受激赏与遭受轻视的苦境。因而他一生喜爱的两个主题——苹果与圣维克多山，便有了一种神话似的壮丽，使我们重新回到天地初开时的蒙昧世界。有人甚至说，塞尚画的苹果是如此的不可思议，它们是一种奇异的物质，观看者肯定会对自己说，知识树上的苹果，一定要像这样。

在塞尚的画中，当人们看见圣维克多山没入苍穹中便会告诉自己，如果可能的话，爬上峰巅，可以知道天上的秘密。

回归天地之初（原始的混沌）的追寻，似乎是塞尚到了生命终点还要去尝试的最后一次旅行。塞尚绘画中强烈地、诗意地表现出结合万物、调和万物的愿望，他曾说到结合"山的隆起和女人的曲线"。不可否认，塞尚有这种勇气。塞尚说："自然不只是表现，而是有它的深度。""构成的真谛，在于把握自然的基本要素，自然的广大、深奥、安定感与永恒性。"

八大山人喜欢画荷，他对荷花有深刻的体认和感受。龙科宝《八大山人画记》中说："八大山人作品最佳者为松、莲、石三种，莲尤胜，胜不在花在叶，叶叶生动……

若天成者。"

　　八大山人笔下的荷花所以能如此有情致，主要是他对荷花的形态观之入微、出之以神、以神写形、以意取情、信手着笔、妙趣天成。他曾自谓："湖中新莲与西山宅边古松，皆吾静观而得其神者。"八大山人一生画荷无数，但他不是摄取对象亭亭静植之态，而是画家清高拔俗、超出尘表的人格精神的写照。

结　语

　　中国绘画讲求意境，意境是一个感情的真实体。

　　"作画须先立意，若先不能立意而遽然下笔，则胸无主宰，手心相错，断无足取。夫意者，笔之意也，先立其意而后落笔，所谓意在笔先也。然笔意亦无他焉，在品格取韵而已"；"人品既高，画品不得不高"。成为一位画家的过程决非一蹴即成，像许多画家一样，塞尚与八大山人都经历了徘徊、彷徨的摸索时代！他们绘画初期的时代，也就是说暗中摸索的时代和探索如何表现自己的苦斗时代！特别是涌动于内心的青春热情，更是二人极力想要捕捉的艺术灵感。

　　著名画家吴冠中先生曾感慨地说："迄今为止，八大山人仍然是造型艺术中一座无法逾越的高山。"

　　法国前文化部长伯勒济则指出："这个世界性的光荣，事实上有一部分是塞尚体现出他那孤独完美艺术家的神秘性形象，及他那深深让我们感动的使命感所造成的。塞尚提出一个时代权威的理论，让我们这个时代引用和推崇。"

　　塞尚与八大山人以他们的人格精神及毕生探索为我们展现了绘画艺术的真正魅力，这才是生活在今天的所谓艺术家们最为需要的东西，才是二位大师绘画作品中抽象空间特征的核心所在。

【参考文献】

1. 何政广. 塞尚——现代绘画之父[M]. 石家庄：河北教育出版社，1998.
2. 八大山人[M]. 北京：人民美术出版社，2003.
3. 潘运告. 清代画论[M]. 长沙：湖南美术出版社，2003.
4. 陈丹青. 陈丹青说色彩[M]. 长沙：湖南美术出版社，1999.

（原载《湖北美术学院学报》，2010年，第3期）

"四僧"名目考

吴雪杉

绪 论

20世纪书写的中国美术史,常将"四僧"与"四王"相提并论,盖因其生活时代相近,而艺术风格迥异。但作为一个艺术史概念,两者的产生存在明显不同。王时敏、王鉴、王翚、王原祁或为师友,或为祖孙,画艺、私谊均极紧密,艺术风格也比较接近,生前就已经被视为一个整体。王时敏、王鉴的同时代人称两人为"二王";王翚出师后,江左之人称"三王";后来王原祁崭露头角,又与王翚合称"二王"。王原祁的弟子唐岱在《绘事发微》中说:"明董思白衍其法派,画之正传,于焉未坠。我朝吴下三王继之,余师麓台先生,家学师承,渊源有自。"[1]《绘事发微》约成书于1716年,其时王翚尚在人世。唐岱以王原祁配"三王",将四人并称,可能是"四王"最早的来源[2]。大约在18世纪,四王的名目已经确定,而此时的石涛、八大山人、髡残与弘仁,却没有被视为一个整体。

弘仁(1610—1663)、髡残(1612—1673)、八大山人(1626—1705)、石涛(1642—

1707）四人的活动时间比较接近，都有明清之际改朝换代的切身感受，也都有出家为僧的经历。但这四人生前并未谋面，弘仁和髡残大概从来没有听说八大山人和石涛[3]，石涛和八大有过书信往来，最终也未得一见。他们的同代人从来没有看出他们的相似之处，直到清代晚期，秦祖永（1825—1884）才把石涛和髡残（石溪）联系到一起："清湘老人道济，笔意纵姿，脱尽画家窠臼，与石溪师相伯仲。盖石溪沉著痛快，以谨严胜；石涛排奡纵横，以奔放胜；师之用意不同，师之用笔则一也。后无来者，二石有焉。"[4]因两人绘画成就相当，恰好石涛、石溪名号中均有一"石"字，这才有了"二石"的提法。

一、"三高僧"的提出

略晚于秦祖永的黄崇惺则更进一步，在石涛、髡残之外，添上弘仁，将三位僧人画家拈合在一起：

渐江山水

卷长丈余，高仅四尺许，合仿四家而成，卷末附致程蚀庵小札，行书尤可爱。此先高祖旧物，二十年来行箧所存，独此与石田椿树而已。

碎月滩头寒月明，松风十寺杂钟声。

老僧出定无余事，闲放笔端烟雨横。

石涛使气作奔放，髡残行笔恣峻嶒。

渐公更嗣元人法，今日缁流能不能？[5]

与秦祖永比较起来，黄崇惺刻意强调了石涛、髡残和弘仁的僧人身份，诗中的"老僧""缁流"都反复指出这一点。对于石涛等人的艺术评价，黄崇惺也更加谨慎。秦祖永说石涛和髡残的"后无来者"，是针对所有画家；而黄崇惺对"今日缁流能不能"的反问，则是把比较的范围限定在僧人画家内部：在石涛等三人之后，没有任何僧人画家能超乎其上。

这首诗收录于《草心楼读画集》，黄崇惺这部带有著录性质的著作，大约撰写于同治二三年间（1863—1864）[6]，生前没有刊行，去世后手稿藏于黄宾虹处。黄崇惺年长黄宾虹30余岁，却是黄宾虹的族侄，两家关系很好，往来也比较密切。1871年，黄崇惺由庶吉士分发福建任归化知县，道经金华，住在黄宾虹家中，"为订课程"。8岁的黄宾虹随黄崇惺游览八咏楼，对黄崇惺的提问对答如流，黄宾虹对这件事十分得意，后来有很详细的回忆。1872年，黄崇惺再来金华，引荐歙县经师程建行教授黄宾虹兄弟四书五经，并常常寄来各种书籍。"未几卒于任所……有《二江草堂诗》《草心楼题画诗》，未及梓"[7]。1911年，黄宾虹将《草心楼读画集》（即《草心楼题画诗》）收入自己主编的《美术丛书》。

黄宾虹在一定程度上接受了黄崇惺并称石涛、髡残、弘仁的做法。1925年，黄宾虹《古画微》提的是"三高僧之逸笔"：

三高僧者，曰渐江、石溪、石涛，皆道行坚卓，以画名于世。明季忠臣义士，韬迹缁流，独参画禅，引为玄悟，濡毫吮笔，实繁有徒；然绝艺精通，无以逾此三僧者。[8]

同年，黄宾虹开始在《东方杂志》连载《鉴古名画论略》，其中《历代画家之派别》（1926）一章再次提到"三高僧"：

明季之乱，士大夫之高洁者，恒多托迹缁流，以期免害，而其中工画事者，尤称三高僧：曰渐江，曰石溪，曰石涛，其卓卓者。释渐江开新安一派，释石溪开金陵一派，释石涛开扬州一派；画禅宗法，传播江南北，遂如鼎足而三。后之学者，往往奉为圭臬，又难脱其樊篱。不过为文人作家之便习，新安派宗元人，笔多简略，便于文人；金陵派法宋人，笔多繁重，合于作家；扬州派稍为后起，亦宋亦元，而非宋非元，笔多繁简得中，宜于文人作家二者之间。其下者流为江湖恶态，致与吴门云间二派，同为人所厌弃。浙派开自戴进，尽于蓝瑛。赣派八大山人而后，罗牧诸人，皆非后劲，闽派俗恶，更无足言。由是而娄东派一线之延，递趋递变，至于汤戴，尤以节彰，骎骎与古人媲美焉。[9]

黄宾虹对于"三高僧"的解读一经提出，便得到广泛认同，其中最典型的是郑昶。1929年，郑昶的《中国画学全史》由上海中华书局出版，这部著作使他成为中国现代美术史著述的开创性人物，人们对他的关注也主要集中在这本书。《中国画学全史》中的石涛、髡残、弘仁并不是一个流派或集团，其中弘仁属新安派，而石涛、髡残却是华亭派、松江派、新安派、姑苏派、江西派、四王、金陵八家之外无流无派的典范：

其时不入诸派，而矫矫不群，亦足名家者，则如朱耷、张风、傅山、方以智、释髡残、释道济等。[10]

为人所忽视的是，郑昶在1935年又出版了一本《中国美术史》，这本书是《中华百科丛书》的一本，仍由上海中华书局刊行，部分内容对《中国画学全史》做了修订，其中关于"三高僧"部分的改动尤为巨大，改动之后的文字如下：

明季之乱，士大夫的高洁者，常多托迹佛氏，以期免害，而其中工画事者，尤称三高僧，即渐江、石涛、石溪，渐江开新安一派，石溪开金陵一派，石涛开扬州一派。画禅宗法，传播大江南北，成鼎足而三之势。后人多奉为圭臬。新安派宗元人，笔多简略，便于文人；金陵派法宋人，笔多繁重，合于作家；扬州派稍为后起，亦宋元非宋元，笔多繁简得中，宜于文人作家二者之间。浙派开自戴进，尽于蓝瑛，赣派八大山人而后，罗牧诸人，皆非后劲；闽派恶俗，无足言。娄东末流，递趋递变，到了汤、戴，可说骎骎与古人比美了。[11]

只须略做比较就可看出，郑昶新作中关于"三高僧"的部分完全"借鉴"于黄宾虹，只在文字上做了一些细微的调整。而且，认同"三高僧"的郑昶，就不得不对原来的《中国画学全史》进行修正：一、《中国画学全史》原无"三高僧"概念，弘仁、石涛、髡残散置各处；《中国美术史》将他们捏成一团，放在一起来叙述。二、原本无门无派的髡残和石涛各自成为一派之首，分别开"金陵派"和"扬州一派"。三、更糟糕的是，郑昶在写作《中国画学全史》时，根本就不认为有这两个流派（金陵派和扬州派）；《中国画学全史》虽然提到"金陵八家"，却认为"然是八家中，有类于浙派者，有类于松江派者，有类于华亭派者，不足目为金陵派也"；同样的，《中国画学全史》只说"扬州八怪"，不提"扬州派"。

二、"四僧"的渊源

在石涛、髡残、弘仁之外，再添加一位僧人画家，就成了"四僧"。"四僧"提法出现的具体时间或许还可以追溯到更早，不过，"四僧"概念的流行要等到20世纪。比较早而且比较具有影响力的"四僧"倡议者是叶德辉，他在《游艺卮言》里提出了"四僧"，这四个人分别是石溪、石涛、药地（方以智）和渐江：

国初遗老托画逃名，尤以四僧为冠。石溪之生辣，石涛之雄奇，药地之古微（即释无可，桐城方密之以智也），渐江之淡逸，大抵两朝间气之所接续，不得以衣冠之士相比论。[12]

药地俗名方以智，方以智作为遗民，在清代声望之高，远非石涛、八大可比。方以智也善画，周亮工在《读画录》中为77位画家立传，其中僧人有三位，这三人的排序依次为"释无可"（方以智）、"石溪和尚"、"释渐江"[13]。叶德辉在《游艺卮言》提出的"四僧"，实际上就是在周亮工提到的三人之外，再加入石涛。

"四僧"的特点，一是"国初遗老"，二是"托画逃名"，第三才是绘画之高绝。叶德辉显然是以一种政治的眼光在看待这四位和尚。他甚至认为，这四人画中之"生辣""雄奇""古微""淡逸"，正是因为他们在跨越新朝之后，旧朝之"气"能够"接续"，所以才能达到不同于寻常"衣冠之士"的境界。四位僧人的政治身份是把他们联结在一起的主要纽带。

《游艺卮言》的序言完成于"辛亥十月"，因此，这部书的写作至迟应该在1911年的秋天，这也是大清王朝的最后一年。在革命如火如荼的清末民初，作为晚清保守派的名流，叶德辉对"两朝间气之所接续"的景仰，似乎还具有更多的意味。

不过，大约六年以后，叶德辉就对他的"四僧"概念做了修订，他在《观画百咏》（1917）中说：

甲申鼎革，胜国殷顽、周黎皆遁入空门，寓哀离黍，偶然作画，无非写其心史之悲，其画不必求工，而自无不工者。如残道者石溪、渐江弘仁、大涤子石涛、八大山人雪个，或以遗民寄其悲悯，或以宗室痛其流离。[14]

显然，叶德辉在新的著作中做了一个调整，用八大山人取代了药地的位置。不过叶德辉的基本立场没有改变，他在《观画百咏》里把这四人合在一起，仍然是因为这四人具有遗民、僧人、画家三位一体的文化身份，只是侧重的角度有些变化。《游艺卮言》着重于绘画的形式特点和精神境界（如淡逸），《观画百咏》突出的是四僧绘画的情感效果（悲悯），国破家亡的感伤与绘画本身结合在一起。

即便如此，也依然无法解释叶德辉做出这一调整的动机。方以智同样具有遗民、僧人、画家的身份，而且在操守上更加坚定，至少方以智是以和尚的身份离开人世，较之出家后又还俗，甚至娶妻生子的八大山人要来得彻底。

叶德辉用八大山人来替换方以智的原因，可能是出于以下两点考虑。一是八大山人的宗室身份。"或以遗民寄其悲悯，或以宗室痛其流离"，遗民对应石溪与弘仁，而宗室指的是石涛和八大，这一点是方以智无法比拟的，以皇室身份出家为僧，其政治效力自然远远超过其他人，方以智纵然名声显赫，在血统上终究不如八大更有来历。这在叶德辉自己题的诗句里表现得十分明白：

残道弘仁今惠崇，沙门画学有宗风。清湘雪个皆龙种，各自伤心吊故宫。[15]

二是八大山人的艺术成就。八大山人的画名要高过方以智，在艺术上对后人的影响也是方以智无法企及的。叶德辉虽然没有直接把两人做比较，不过还是有些侧面的体现。《观画百咏》的百首诗文中有两首提到八大山人，而没有一首提到方以智，就足以说明叶德辉的态度。

在叶德辉之后，日本学者大村西崖在《东洋美术史》开始使用"四大名僧"一词。大村西崖的这部名著虽以"东洋"为名，实则以中国为主，陈彬龢将原书的中国部分译作中文，改名《中国美术史》，1928年在上海商务印书馆出版。其中"四大名僧"出现两次：

四王，六家，五人之外，又有江左二家，海阳四大家，鼎足，四大名僧，金陵八家等。[16]

弘仁与八大山人（本姓朱，名耷，字雪个，前明石城府王孙），及石涛（名道济，号清湘老人、大涤子、苦瓜和尚、瞎尊者，前明楚藩之后），石溪（名髡残，一字介邱，湖南武陵人）为四大名僧。[17]

弘仁、八大山人、石涛、石溪四人并称，与叶德辉在《观画百咏》中的提法完全一致。

这里需要提一下大村西崖《东洋美术史》的著作时间问题。陈彬龢在《中国美术史》的译序里，特意说明此书的刊行时间是在明治三十四年：

本书之作，初为美术学校诸生讲授之用，其所研究之范围，包含东亚各国之艺术；而东亚各国，实以中国、印度、日本为最重要，故均有详备之记述。后以卷帙浩繁，乃厘分为三，于明治三十四年（即我国光绪二十七年）单行刊布。[18]

明治三十四年即 1901 年，中国学者大多对陈彬龢提到的出版时间深信不疑，大村西崖的《东洋美术史》也因此成为"最早的一部与中国绘画史有关的著作"[19]。如果情况确实如此，那么在画史著作中最早明确提到"四僧"的人，就应该是日本学者大村西崖。

实际上，大村西崖《东洋美术史》的确切出版时间应该是 1925 年（大正十四年），由图本丛刊会刊行[20]。很难想象翻译者为什么会出现如此惊人的错误。即便不看日文原版，也可以知道光绪二十七年不可能是正确的出版时间，因为大村西崖《东洋美术史》罗列的参考书目后附有刊本时间，其中有 7 种刊本的时间在光绪二十七年（1901）之后，只需略作检视，就可以发现这一时间上的漏洞：

邵松年《澄兰室古缘萃录》 光绪二十九年（1903）

吴荣光《辛丑销夏记》 光绪三十一年（1905）

端方《陶斋吉金录》 光绪三十四年（1908）

庞元济《虚斋名画录》 宣统元年（1909）

端方《藏石记》 宣统元年（1909）

窦镇《国朝书画家笔录》 宣统三年（1911）

杨东山《海上墨林》 民国八年（1919）。[21]

大村西崖的"四大名僧"源自何处？大村西崖 1906 年的《东洋美术小史》论及的清代画家，只有王时敏、王石谷、恽南田、邹一桂、沈南蘋，不见弘仁、髡残、石涛、八大山人等四位僧人画家[22]。1910 年的《支那绘画小史》对清代画家的论述要更加详尽，在新安四家部分提到弘仁，各派之外能自成一家者中提到石涛，水墨花鸟部分提到朱耷，三人散置各处，书中未出现髡残，更没有"四大名僧"的说法[23]。

在《东洋美术史》开列的百余部参考著作中，列有叶德辉的《观画百咏》。大村西崖对于"四大名僧"的理解，或者有可能来自叶德辉。不过，大村西崖与中国的来往非常密切，1921 年 10 月到 1922 年 1 月、1923 年 4 月、1924 年 5 月到 6 月、1924 年 12 月到 1925 年 2 月、1926 年 4 月到 5 月，共五次来华，在金城、陈师曾、陈宝琛等人的帮助下，饱览清宫书画珍藏，第三次赴华返回后，用三个月时间完成了《东洋美术史》[24]。"四大名僧"的提法，也可能来自这批中国画家、学者的见解。

三、"三高僧"与"四大名僧"的合流

如同黄宾虹《古画微》1925 年问世之后"三高僧"开始流布一样，1928 年陈译大村西崖《中国美术史》的刊行也使"四大名僧"正式进入各种美术史著作。

1931 年，傅抱石《中国绘画变迁史纲》在谈到"有清二百七十年"的绘画时，把"在名义上形成了集团的写了出来"，傅抱石一共罗列了 17 个集团，其中就有"四大名僧"[25]。

傅抱石对朱耷、石溪、道济、弘仁的描述，大抵抄录自张庚的《国朝画征录》。仅以石涛为例，比较二书异同：

道济，字石涛，号清湘老人，一云清湘疎人，一云清湘道人，又号大涤子，又自号苦瓜和尚，又号瞎尊者，前明楚后藩也。山水兰竹，恣意纵态，脱尽窠臼。[26]

道济，字石涛，号清湘老人，一云清湘陈人，一云清湘遗人，又号大涤子，又自号苦瓜和尚，又号瞎尊者，前明楚后藩也。画兼善山水兰竹，笔意纵恣，脱尽窠臼[27]。

除个别字词可能因版本或传抄错讹外，两者基本相同。不同之处在于，傅抱石把石涛、朱耷等四人看作一个"集团"，这种眼光却是张庚所没有的。

与傅抱石相比，潘天寿对"四僧"的提法更加着迷。早在1926年，潘天寿已于上海商务印书馆出版一部《中国绘画史》，书中有1925年2月2日的《自叙》，可知成书时间当在此之前。其时黄宾虹《古画微》、陈译大村西崖《中国美术史》尚未面世，潘天寿所资参照的只有中村不折、小鹿青云的《支那绘画史》。潘天寿本人并不回避这一点，他在书前《自叙》里说："本书大体以《佩文斋书画谱》，及中村不折、小鹿青云所著的《支那绘画史》为根柢，辅以《美术丛书》诸书；偏漏的地方，自是不免，还望读者有所指教。"[28]

《支那绘画史》《佩文斋书画谱》《美术丛书》中都没有"四僧"的提法，潘天寿1926年版的《中国绘画史》也就同样没有"四僧"一词。此书刻版在淞沪战争时毁于弹火，1934年商务印书馆准备重新制版印刷，嘱潘天寿修改，于是潘天寿重写了部分章节，于1936年刊行新版的《中国绘画史》，其中改动尤其明显的，就是"四僧"的出现：

明季之乱，士大夫之高洁者，恒多托迹缁流，以期免害。其中工画事者，尤称四高僧，曰八大山人、曰弘仁、曰髡残、曰道济。八大开江西，弘仁开新安，髡残开金陵，道济开黄山，画禅宗法，传播大江南北，与虞山、娄东鏖战，几行夺帜。[29]

这段宣扬"四高僧"的总论，与1935年郑昶对黄宾虹《鉴古名画论略》的"借鉴"几乎如出一辙：

明季之乱，士大夫之高洁者，恒多托迹缁流，以期免害，而其中工画事者，尤称三高僧：曰渐江，曰石溪，曰石涛，其卓卓者。释渐江开新安一派，释石溪开金陵一派，释石涛开扬州一派；画禅宗法，传播江南北，遂如鼎足而三。[30]

不过，相对于郑昶的照搬，潘天寿做了更多的改动：一、将"三高僧"改为"四高僧"，把八大山人加入这个高僧的行列；二、既然弘仁开新安，髡残开金陵，石涛开扬州，那么八大山人也要有相应的宗师身份，于是"八大开江西"；三、黄宾虹只是认为，弘仁、髡残、石涛"鼎足而三"，并没有让他们跟其他人做比较。潘天寿却为这四位高僧另找到了一个敌人：他们要与"虞山、娄东鏖战"，而且战果十分可观，"几行夺帜"。

"四僧"概念的出现，意味着对原有画史认知的一系列调整。潘天寿在1936年第二版的《中国绘画史》中遇到了和郑昶1935年改写《中国美术史》时一样的问题：认同"四僧"，就必须把四僧视为一个整体，把他们放在一起来论述。又因为他们各开一派，相应的流派也要以这四位僧人为中心或源头。于是艺术史的叙述线索就必然要发生改变。

原本龚贤开金陵，罗牧开江西，现在必须由髡残和八大山人取而代之。此外，还要再加上一个扬州派。由于"四僧"概念的出现，潘天寿1926年建立的清代山水画统系，到了1936年有一半都要修改。

潘公凯曾对潘天寿《中国绘画史》前后两个版本的调整做过一点说明："一九三四年，商务印书馆组编'大学丛书'，将此《中国绘画史》列入再版。先父因而对初版作了大幅度的修改补充，损益既多，面目一新，体现了自一九二五年以来的近十年中，他对于中国绘画史的进一步探讨之所得。"[31] 1925年恰好是黄宾虹《古画微》《鉴古名画论略》以及大村西崖《东洋美术史》出版刊行的那一年。潘天寿自1925年以后的探索，正是以这些美术史研究的最新进展为基础。

潘天寿所认同的"四僧"概念，既是对大村西崖的调整，又是对黄宾虹的修正，更是对自己往昔艺术史见解的改写。

结　论

对于"四僧"而言，1925年似乎是很关键的一年，这一年黄宾虹的《古画微》和《鉴古名画论略》问世，大村西崖也在日本出版了《东洋美术史》。他们首次在现代意义的美术史著作中使用了"三高僧"和"四大名僧"的概念。在他们之后，郑昶、潘天寿、傅抱石先后沿用了黄宾虹、大村西崖的观点。他们的著作奠定了现代艺术史对弘仁、髡残、石涛、八大山人的理解。及至20世纪下半叶，"四僧"已成为中国古代艺术史中最重要的概念之一。

叶德辉、黄宾虹、大村西崖这几位"四僧"概念的早期运用者中，大村西崖的《中国美术史》（《东洋美术史》）最合乎现代艺术史写作标准，他对"四大名僧"的使用，影响也颇为深远。不过，"四僧"的内涵却是由叶德辉和黄宾虹赋予的。

秦祖永推崇"二石"绘画的"后无来者"，还停留在就画论画的阶段。黄崇惺把石涛、髡残和弘仁视为清代僧人画家不可逾越的高峰时，僧人身份得到强调。黄宾虹和叶德辉更进一步，把这几位画家视为"明季之乱，士大夫之高洁者，恒多托迹缁流"的艺术典范，"国初遗老托画逃名"的代表人物，画家、僧人、遗民三种身份重叠在一起，"三高僧"或"四僧"才开始作为一个集团出现于艺术史的书写中。民国时期的郑昶、傅抱石、潘天寿，以及20世纪下半叶的胡蛮、张光福、王伯敏等艺术史学者，他们对"四僧"概念的认同和运用，都在不同程度上接受了叶、黄的立场。

作为明代遗民艺术家的代表，"四僧"所对应的自然是清王朝支持的所谓正统派。实际上，石涛、八大等人与"四王"之间的对立，远在"四僧"概念产生之前。黄宾虹在1930年回顾过去数十年来的中国画坛，有过这样一段"总论"：

数十年来，又以汤雨生、戴鹿床配四王，江浙之间，依赖传摹以为衣食计者，不可偻数。优孟衣冠，画事之真传，凌替极矣。大抵朝市之子，多喜四王、汤、戴，江湖之侪，又习清湘、雪个。画事流传，三江称盛，其余诸省，因地因人，各守家法，倚于一偏，殊其风气，特出之士，无多靓焉。[32]

"朝市之子"喜四王，而"江湖之侪"重石涛、八大山人。石涛和八大山人意味着一条不同于"四王"的绘画风格和审美趣味，为传统官僚阶层之外的画家提供了新的艺术选择。黄宾虹这篇《近数十年画者评》向上追溯到"前清咸同之际"，也就是1851年至1874年，这"近数十年"就涵盖了整个19世纪下半叶及20世纪最初的30年。"四僧"的提出，很大程度上也是19世纪下半叶以来，各阶层艺术好尚之变迁在史学上的体现。

"四僧"的从无到有，是20世纪中国各种政治立场和艺术观念相互作用的结果。作为一个重要的艺术史概念，"四僧"为理解清代初期绘画提供了一个视角，而这个视角是由民国艺术史学者来建立的。民国时期的艺术史学者对于"四僧"的生平、交游以及艺术作品尚缺乏足够细致深入的研究，对这四位僧人的认识和评价不乏想象的成分。随着20世纪80年代之后对石涛、八大山人等人的史学研究逐渐深入，"四僧"的政治和民族色彩逐渐淡化，但此时的"四僧"早已成为一个重要的史学知识，牢牢地合成为一个对抗"正统"画派的整体了。

【注释】

[1] 唐岱：《绘事发微》，见黄宾虹、邓实编《美术丛书》，江苏古籍出版社1986年版，第256页。
[2] 关于"二王""三王""四王"的名目考辨，见阮璞《由"四王"名目之递演见"四王"画派之历程》，阮璞《中国画史论辩》，陕西人民美术出版社1993年版，第218—240页。
[3] 例如，汪世清就曾考证，髡残和石涛并无直接交往。汪世清：《石涛散考》，见《石涛研究》，上海书画出版社2002年版，第23页。
[4] 秦祖永：《桐阴论画》首卷，中国国家图书馆藏同治年间刻本，第8—9页。
[5] 黄崇惺：《草心楼读画集》，见黄宾虹、邓实编《美术丛书》，第27—28页。
[6] 谢巍：《中国画学著作考录》，上海书画出版社1998年版，第660页。
[7] 黄宾虹：《歙潭渡黄氏先德录》，见《黄宾虹文集·杂著编》，上海书画出版社1999年版，第459页。

[8] 黄宾虹：《古画微》，商务印书馆1925年版，第37页。

[9] 黄宾虹：《鉴古名画论略》（四），《东方杂志》第二十三卷第四号，1926年2月。

[10] 郑昶：《中国画学全史》，上海书画出版社1985年版，第376页。

[11] 郑昶：《中国美术史》，中华书局1935年版，第106页。

[12] 叶德辉：《游艺卮言》，见王德毅等编《丛书集成续编》第96册，台北新文丰出版公司1989年版，第7页。

[13] 周亮工：《读画录》，载《中国书画全书》第7册，上海书画出版社1994年版，第952页。

[14][15] 叶德辉：《观画百咏》，见王德毅等编《丛书集成续编》第101册，第104页。

[16][17] 大村西崖著、陈彬龢译《中国美术史》，上海商务印书馆1928年版，第226页。

[18]《中国美术史》中译本〈序〉，见大村西崖著、陈彬龢译《中国美术史》，第1页。

[19] 陈振濂：《近代中日绘画交流史比较研究》，安徽美术出版社2000年版，第270页。主要是和中村不折、小鹿青云的《支那绘画史》（1913年）做比较。实际上，大村西崖在1910年曾完成过一部《支那绘画小史》，时间上仍早于中村不折、小鹿青云的著作。中村不折也读过大村西崖的《支那绘画小史》，嫌太短。

[20] 笔者未见到这一最早的版本，不过在大村西崖去世后，《东洋美术史》经田边孝次修订重版，在重版"例言"中明确指出"本書の初版は大正十四年六月"。见大村西崖、田边孝次《东洋美术史》（平凡社，1930—1933）"例言"页1。日本学者吉田千鹤子在《大村西崖と中国》一文中整理了一份大村西崖的著作年谱，《东洋美术史》亦列于大正十四年。见吉田千鹤子《大村西崖と中国》，载《东京艺术大学美术学部纪要》第29号（1994），第8页。

[21] 大村西崖：《东洋美术史》，风间书房1950年版，第453—461页。

[22] 大村西崖：《东洋美术小史》，审美书院1906年版，第177页。这部著作由学友赵峻代为查找，笔者在此表示感谢。

[23] 大村西崖：《支那绘画小史》，审美书院1910年版，第23—29页。这部著作由学友施杰代为查找，笔者在此表示感谢。

[24] 刘晓路：《日本的中国美术史研究和大村西崖》，见刘晓路《世界美术中的中国与日本美术》，广西美术出版社2001年版，第338页。

[25][26] 参见傅抱石《中国绘画变迁史纲》，南京书店1931年版，第162页。

[27] 张庚：《国朝画征录》，见《中国书画全书》第10册，上海书画出版社1996年版，第457页。

[28] 潘天寿：《中国绘画史》"自叙"，上海商务印书馆1926年版，第3页。

[29] 潘天寿：《中国绘画史》，第249—250页。

[30] 黄宾虹：《鉴古名画论略》。

[31] 潘公凯：《重版附言》，见潘天寿《中国绘画史》，上海人民美术出版社1983年版，第1页。

[32] 黄宾虹：《近数十年画者评》，见《黄宾虹文集·书画编》（上），上海书画出版社1999年版，第479页。

（原载《文艺研究》，2008年，第8期）

清初四僧艺术与阴性美

刘德清

国破家亡鬓总皤，一囊诗画作头陀。
横涂竖抹千千幅，墨点无多泪点多。
——郑板桥

郑板桥这首小诗，可谓说尽明遗民画家胸中块垒，表达出他们无尽的愤懑与幽怨，而艺术与生活的关系也揭示出来。关于清四僧的研究多而深入，由此也可见出四僧在文人画、中国文化中所处的位置和影响。但是四僧艺术中所透露出的阴性美因素却少有人注意，或许由于这种论述不仅涉及对四僧（特别是石涛）艺术的感悟，而且涉及对于中国文化的类型分析，涉及阴性美与创造性的关系等而难以展开。本文试论之。

一

文人画在明清成为中国绘画的主流，由明末董其昌所倡导的"云峰石迹，迥出天机；

笔意纵横，参乎造化"文人画理想，在明末清初的四王、四僧艺术中得到集中体现，其中四僧艺术凝结着明清交替天崩地裂时代的审美之维，更为强烈地表现出文人画的精神，其水墨中对文人画图式的变换达到一种极致，并创造出新的图式，另外，四僧画跋或画语录中的"我自有我法""笔墨当随时代"等革命性主张，是明清裂变所带来的图变的审美意识和主体意识的觉醒对文人画极限的不自觉的冲击和突破，因而创造出"奇极""幽极""冷极""简极"的不同风格的画境。

后世对弘仁的评价，多以其师倪瓒，概以其清风高蹈的精神相传绪。弘仁以枯笔皴擦黄山的三十六峰，晚年画中大片山石（如《陶庵图轴》）只用方折直线勾勒，不擦不染，不皴一笔，简洁空明，许多地方全留空白，仍给人以物象的感觉。"于极瘦削处见腴润，极细弱处见苍劲，虽淡无可淡，而饶有余韵"[1]。其画面寒气逼人，悲凉苍怆，无纤毫俗气，清劲简瘦，宁静坚稳，空寂幽僻，自有一种"自无入有，自有入无"的趣味，高旷、冷寒、静谧的画境是他晚年心境的写照，也是文人士大夫无道即隐的典型心境的描述。

髡残的山水画较多元四家和董巨的影响。其章法构成类似王蒙，用笔繁密苍茫，干笔勾点，纵横排奡，洒脱多变，善于用秃笔作短壮线条，聚碎成形，苍茫自然，极具朴拙之趣。线条与苔点错落交织，有一种"粗头乱服"的荒野之美。奥境奇僻，缅邈幽深，最能表现山川浑厚、草木华滋的境界。"景色不以新奇取胜，而于平凡中见幽深"[2]。从大自然的山水之相中追求精神的境界，人与自然成为自由无碍的和谐整体，体现禅境的庄严与自我观照。

八大山人的花鸟画创造出一种非物性的象征性符号和开合式、中断式的画面结构。这些符号化的鸟禽失去了自然特征，但同化了画家的"忽狂忽暗，隐约玩世"的变态心理，显出玩世不恭的态度。画面的空间结构象征着八大的心态——凄凉孤独，向往美好生活又无可奈何的落魄处境，是典型的残山剩水、地老天荒。意象的极度凝练是"象之微，之几"，"几是离无入有，在有无之际"。以意象的含蓄凝练表现"知君自有真丘壑，不在区区水墨间"的意境。

石涛明显不同于另三僧之处，即吸收了董源、米芾的淋漓洒脱，而广泛用之于众多物象，使笔墨呈现出前无古人的图式变化，出神入化，元气淋漓，气势磅礴，笔情墨韵，氤氲而生，成为画面的趣味中心。点与皴法的运用集古之大成。所创"大披麻皴"更能体现山峰的磅礴之势，"牛毛皴"更能体现山峰的纹理与筋骨，章法上突破文人山水画的三叠两段式模式，采取"截取法"，选取与意象相关的物象构图，给人以平中寓奇之感。

林纾在《春觉斋论画》中说："奇到济师（指石涛）而极，幽到石溪（指髡残）而极。"我们可以加入"冷到弘仁而极，简到八大而极"作为四僧画境的总结。四僧画境有着中国传统文化的深厚积淀，挟带着晚明思想特别是明遗民思想的情绪和郁闷，以符号体系和图式表征着中国文化的内涵和美学品格。

二

中国的阴阳学说是对于纷纭万殊大千世界的规律的简洁的归纳，是由繁反简、由博归约的努力。"天地之间，无往而非阴阳，一动一静，一语一默，皆生阴阳之理"[3]。首倡阴阳学说的是老子，他把"阴阳"作为构成世界的两个最基本要素，"万物负阴以抱阳，冲气以为和"。在《庄子》中阴阳成为一种无所不包的存在，"乘云气而养于阴阳"，"静而与阴同德，动而与阳同波"，"天地者，形之大者也；阴阳者，气之大者也"。作为对《易》的解释和发挥，《易传》大量使用"阴阳"，以"--""—"阴阳符号比附或象征自然与社会的柔刚、静动、隐显、黑暗光明、丑恶美好……并做出超越性思考，"一阴一阳之谓道"，"阴阳不测之谓神"（《系辞上》）。"阴阳"的含义从原始的概念上升到哲学的高度，进而引入社会、文化的众多领域：伦理学、语言学、中医学、文章……

中国文化向来具有"中和"的特点，并长期居于中国文化的主宰地位。《易经》之八卦，"于二数中加以中爻，就成了变化的中介，从而能生出许多变化"[4]。春秋战国时期，与阴阳、五行说并存的周文化中的"人道尚中"和"中行"思想，被孔子及其后学发展，在《中庸》中概括为"中也者，天下之大本也"，成为处理万事万物的根本，并且在发展中不断吸收、采纳、融会其他成分，成为中国型的文化特点。《论语》中有"中庸之为德也，其至乎矣"！"攻乎异端，斯害也己"。"过犹不及"。"《关雎》乐而不淫，哀而不伤"。《礼记·经解》有："温柔敦厚，诗教也。"作为群经之首的《周易》，其《易传》的核心思想是阴阳学说和由此而来的刚柔说，"刚柔相摩，八卦相荡"（《系辞上传》）。"《易传》在阳刚阴柔思想中，是以阳刚为主，它不仅是自然界万事万物化生的基础，而且是统治社会力量的最高主宰，还是这些变化着的事物保持最大的和谐的基本因素"[5]。但是，无论"刚"与"柔"都不可偏胜。"乾始能以美利天下，不言所利，大矣哉！大哉乾乎！刚健中正，纯粹精也"。"德而正中"（《乾·文言》）。"盈不可久也"（《乾·象传》）。"坤至柔而动也刚，至静而德方"（《坤·文言》）。刚与柔还相互渗透、相辅相成，"柔在内而刚得中"（《中孚·象传》），"柔丽乎中正，故'亨'"（《离·象传》）。

由上可知，儒家经典《论语》《周易》都以中庸、中行为最高指归。"道不行，乘桴浮于海"则隐含了一条退路，阴阳之间有一个转换的中介。中庸思想是文化的阳刚与阴柔之间转换的关键。道家经典《老子》则提供了一套尚阴崇虚的哲学，"牝常以静胜牡"（六十一章），"静为躁君"（二十六章），"谷神不死是谓玄牝，玄牝之门是谓天地之根"（六章），"三十辐共一毂，当其无，有车之用。埏埴以为器，当其无，有器之用。凿户牖以为室，当其无，有室之用"（十一章）。有车、器、室之用，是因为其无。

无才是宇宙的大道。

当儒家的修齐治平等阳刚的进取理想受阻无以实现时,古已有之的老庄境界和汉末传入中土的佛教的虚幻世界就成为思想文化驻足关注的领域,道、释尽管有差异,但更有许多相通之处。历代儒士们常常很轻松地度过由儒入道或由儒入释的转折。苏轼最为典型,在顺境与困厄的不同时期表现出或儒或道释的不同境界。在秦至清之间 2000 余年的大一统、大分裂、蛮族入主等周期性痉挛,使中国文化的阴性气质越来越浓重,明清时期达到最盛。"在这个时候,皇帝的励精图治或者宴安耽乐,首辅的独裁或者调和,高级将领的富于创造或者习于苟安,文官的廉洁奉公或者贪污舞弊,思想家的极端进步或者绝对保守,最后的结果,都是无分善恶,统统不能在事业上取得有意义的发展,有的身败,有的名裂,还有的人则身败名裂"[6]。

阴性文化是指一种文化中阴阳比例失调后表现为阴盛,使文化呈现出退隐的、消极的、缺乏创造力的情形,同时文化的整体关注范围缩小,逐渐退出现实的存在而关注虚幻的或理想的境界。阴性文化对于现实和社会缺乏实用性和推动力,却于艺术洞开奇异的想象之门。老子的"小国寡民""鸡犬之声相闻"是春秋时期动荡的现实之中最可信赖的心灵家园。明清时期文人画的超逸理想又成为文人士大夫在无道即隐的世界,达到人生与艺术"真如"境地的宝筏。

阴性美是一种"如清风、如云、如霞、如烟"的美的境界,在艺术中广泛存在。阴性美与阳刚美的因素一同存在于人类的审美文化之中,并且二者"冲气以为和"。刘康德在《阴性文化》中援引了柳宗元、姚鼐、曾国藩等人对文章风格的归纳概括:柳宗元提出"高壮广厚"和"丽则清越"两种不同的境界;姚鼐则公开以阴阳刚柔论文;曾国藩将文章的阳刚之美归为涌直怪丽,阴柔之美归为忧茹远洁。在人类的审美文化中,二者相辅相成,相依相合,始终处于一种互动状态之中,时而阳胜,时而阴胜,时而二者相和。在这种互动之中、交替之中,人类的审美意识得以完善、递进。文人画在视觉与心理上都契合了明清文人士大夫对待自然山水的那种"不滞于物"的观照态度和"寓乐于画"的价值要求。文人画在明清的盛行,对应了此时文化的阴性气质。其萧散简远、淡泊平和的意境和画风具有典型的阴性美。

三

四僧无可选择地秉承了中国文化 2000 余年的传统,特别受到晚明时代思想状况和明清大裂变所带来的遗民思想的影响,其中遗民思想是影响他们情感与审美意识的主导因素。

弘仁和八大山人在甲申之变之前都是儒学诸生,八大山人作为明宗室后裔,为修身儒业放弃爵位，欲有一番作为，"不是霜寒春梦断，几乎难辨墨中煤"[7]。髡残在甲申之变之前即是僧人，石涛此时尚在幼年。甲申之变第二年（1645）清军就攻克南京，消灭了南明第二个政权，开始强力推行满人习俗——剃发。这对一贯蓄发、视之为命根的汉民族来说，比政权的更替更不能容忍，这是民族压迫、奴役的标志，有着巨大的精神压力和人格侮辱。面对留发不留头的律令，江南一带军民誓死抵抗清军，仅在"扬州十日""嘉定三屠"中就被杀死上百万人。弘仁、髡残和大批志士仁人继续投身于抗清战场，由于南明政权的内讧和腐败，致使南部中国很快落入清军之手。许多人像四僧在艰苦的逃亡之后，纷纷遁入空门，保护自己不被清廷剃发，巧妙地维护自己的清白和自尊，在空门终此一生。尽管石涛长大之后，两度接康熙圣驾，并一度混迹京城，以期施展他的才华，但最终还是万念俱灰，"一生郁勃之气，无所发泄，一寄于诗书画，故有时如豁然长啸，有时若戚然长鸣，无不于笔墨中寓之"[8]。

如果仅用20世纪的眼光反观这段历史，不免认为这种国内的民族斗争和遗民思想过于狭隘。然而人毕竟是环境的产物。钱穆先生说过，只有那忘不了的人和事，才是我们的真生命，研究艺术——这一生命的本质的显现，应把现象与情节还原到当时的历史情境之中，才能较为真切地理解、分析历史细节对于情境中的人的心理冲击和由此带来的性格、心理、思维的长久影响。

遗民问题自人类历史之初就有记载，最早是伯夷、叔齐不食周粟，以后朝代更替都有遗民产生，直到民国时期，还有王国维自沉颐和园昆明湖，辜鸿铭的马褂、辫子和奇异言行。遗民问题与中国传统的忠义观念有关，不仕二姓成为忠臣的象征。而统治者以此为典范，教育鼓励当朝臣民。不仕二姓更多的是情感的投入和道德热情，这对于以伦理道德为重的中国社会，起到规范人们的思想与行为，保持社会的稳定、维护社会秩序的作用。当然，在许多情况下也影响了社会的进程。

明遗民从审视君臣关系出发，突破了不仕二姓的樊篱，达到人性与民主的高度：

盖天下之治乱，不在一姓之兴亡，而在万民之忧乐。
——黄宗羲《明夷待访录·原臣》

岂天地之大，于兆人万姓之中，独私其一人一姓乎？
——黄宗羲《明夷待访录·原君》

有亡国，有亡天下，亡国与亡天下奚变？曰，易姓改号，谓之亡国。仁义充塞，而至于率兽食人，人将相食，谓之亡天下。
——顾炎武《日知录》卷十三《正始》

这是明遗民思想家对于漫长的中国封建社会反思探究得出的结论，同时是明中叶以后资本主义经济发展，人性觉悟的回响。明遗民思想成为时代的进步思潮。

遗民思想还激发出文人画士的真性情。明清易代，异族入主首先带来感情的打击，由此而感悟到文化主体的无用更让中国文人绝望。激烈的反清思想和异端思想成为中国封建社会晚期人性再次苏醒的契机。这时的真性情不同于明中后期的"闲情",而是"穷于时,迫于境"的"至情",这种至情是清初汉民族的普遍心理情结,有着强烈的民族性和巨大的心理能量,是产生"墨气四射,四表无穷,无字处皆其意也"的"势"[9],这是天下至文产生的直接原因:

情者,可以贯金石、动鬼神。

——黄宗羲《南雷文约》卷一《黄孚先诗序》

逮夫厄运危时,天地闭塞,元气鼓荡而出,拥勇郁遏,坌愤激讦,而后至文生焉。

——黄宗羲《南雷文约》卷四《谢皋羽年谱游录注序》

可以说,遗民情绪和思想是四僧绘画中的龙脉,四僧绘画奇幽冷简的画境均直接源自他们这种郁勃之气。这种郁勃奇崛之气使文人画焕发出生机。

四

弘仁的空寂、八大的简逸是明显的阴性美的表现。髡残、石涛则表现出一种繁多和变化,髡残笔墨的繁密来源于禅宗的顿悟的热情,"残僧本不知画,偶然坐禅后悟此六法"[10]。这是冷漠出世的佛家对于生命的超脱的喜悦。

阴性美的特质更表现在石涛的绘画和艺术主张中。他的繁多与变化来自笔与墨的极度变化,构图的不拘章法,一种奇崛之气对于诸多因素的有效控制。"石涛多用拖泥带水皴,实师法古人积墨、破墨之秘。从来墨法之妙,自董北苑、僧巨然开其先,米元章父子继之,至梅道人守而弗失。……石涛全在墨法力争上游"[11]。可以说集古人笔墨之大成,加上他生活的蒙养,表现出山川的万千气象。"墨海中立定精神,笔锋下决出生活,尺幅上换去毛骨,混沌里放出光明"。"法无定相,气概成章耳"[12]。

清四僧的画特别是石涛、八大的画相对于明清之际,相对于宋元以来的文人画,显出不同的面貌。石涛因其思想的复杂隐幽,其画也显得格外复杂,难以一言蔽之。邵松年在《古缘萃录》中这样描述石涛:"有时排奡纵横,专以奔放取胜;有时细点密皴,专以枯淡见长。昔人谓其每成一画,与古人相合,推其功力之深。吾则谓其一生郁勃之气,无所发泄,一寄于诗书画,故有时如豁然长啸,有时若戚然长鸣,无不于笔墨中寓之。"这种郁勃之气贯注于画中,成为画中龙脉,开合起伏。现实中的奇峰异景、云海雾观在其腕下成为表意的原初之象。"真在气,不在姿也"。以气统领笔墨,以气营构境界。"作书作画无论老手后学,先以气胜,得之者精神灿烂,出之纸上"。"盘礴睥睨乃是翰墨家生平所养之气,峥嵘奇崛,磊磊落落,如屯甲联云,时隐时现"[13]。这股峥嵘奇崛、磊磊落落的离骚之气也只有在"变幻神奇懵懂间""奇变狡狯"中得以疏解,并进而完成"参天地之育化"的形上追求。

石涛的"一画"论奠定了整个《画语录》的哲学基础，成为其绘画美学思想的最基本纲领和原则。一画论完全承袭了老子的"道"的观念。"一"就是"道"。一画是构成从简单的以至复杂的艺术形象及其系列的肇端，"一画者，众有之本，万象之根"，又是一切艺术形象的最终完成者。"此一画收尽鸿蒙之外，即亿万之笔墨，专有不始于此，而终于此，唯听人之握取之耳"[14]。一画既是宇宙本体，又是美的艺术创造的基本因素。老子所言之"道"成为"一画"的终极目标。

道之为物，惟恍惟惚。惚兮恍兮，其中有象；恍兮惚兮，其中有物；窈兮冥兮，其中有精，其精甚真，其中有信。

——《老子·二十一章》

宇宙本体的"道"表现为物、象，恍惚难名。绘画表现必定有一物象。只有物象的恍惚、窈冥、难名，才是绘画的非常道。大道，才能比拟、疏解他隐幽而复杂的情绪。因此物象的"不似之似""恍惚难名""不测阴阳"是绘画的道的追求、最高境界。"见微知著"和"微显幽阐"，则完成了由意向趣的过渡，也使趣的品格升华而进乎道。

明末董其昌所倡导的"南北宗论"，无疑是要在绘画中确立一种图式，一种浸透着文人士大夫沉重负阴心态，一个高标着温文尔雅和清高的文人士大夫品格的符号体系，一个充满隐逸思想的，具有独立精神的文化宇宙。这对于碌碌无为的文人士大夫阶层无疑是一剂延年益寿的灵丹妙药。他们可以在"道不行乘桴浮于海"的无奈下，通过整日把玩于手中的笔与墨的游戏，加上宣纸的浸润，现出氤氲万状，从而洞察宇宙的"大道"，"知几其神"，在"微妙玄通，深不可识"中悠然麻醉以自存。

明清两代庞大的摹古风潮和南宗画一统天下是中国隐逸思想的泛化。这期间也产生了许多的派别，院派、浙派、吴派、华亭派、松江派、新安派、娄东派、虞山派……面貌与主张有着一些不同，但更多的是董巨、元四家笔墨的重新组合，境界基本相同，即南宗文人画的闲散萧索、古雅清秀等（阴性美），只在笔墨间寻趣，并以此相区别。与明清文化相适应，他们成为明清绘画的主流，成为阴性美风格的泛化。

相比之下，清初四僧艺术则有着突出的个性，其艺术个性是突显文人画中禅宗的棒喝、直抒性情，以及老庄的"致虚极、守静笃"的道学本质。这种个性艺术丰富深化了南宗文人画的图式面貌和由其所承载的"懵懂"内涵。这种个性的取得，一方面是生活的蒙养，经年累月生活于自然山川之中，困厄使心境沉潜到禅道之中；另一方面广泛吸收南北各宗的长处，在此基础上创造出能够表达自我——文人性情的山水图式、花鸟图式。他们才真正实现了董其昌等人所倡导、高扬的文人画理想和目标。四僧等人以狂放的姿态发泄心中的郁愤，以隐曲的、多义性的奇极、幽极、冷极、简极的画面形式独立于世，达到阴性美的最高境界。

在东、西方文化碰撞、交流的过程中，清初四僧艺术成为中国文人画不断创新、变革的旗帜，而其中的"不似之似""懵懂间"等文人画境界，在现在某些人眼中又似乎成为西方社会写实主义绘画之后的抽象目标。这种简单的类推和窃喜，表明了不敢（不愿）直面自身文化真实面目的态度，这似乎表明某些中国人的心理依然处于"阴性"情形之中。"一阴一阳谓之道"，每一种文化都不是单纯的显现为阴或阳，而是阴阳合体，阴性文化中阳刚因素必然存在，阳性文化中阴柔因素也不可缺少。东西方文化在各自的流变中都存有阴阳互动的"大道"，在阴或阳占主导的文化特质中，最终形成各自较为完备的文化类型。每一类型文化都有各自的符号体系、运行规则，具有不可替代的价值和功用。二者的相互补充和弥补，又使世界呈现出阴阳相和的状态。两种文化中相类似的现象有着各自不同的域界和逻辑，因而不能做简单的类推与比较，并由此说明此文化或彼文化的先进与落后。相互交流的作用是吸收彼此的精神，阳刚置阴，阴盛置阳，二者相和，文化才能真正昌盛，社会才能真正进步。

【注释】

[1] 杨翰《归石轩画谈》10卷。

[2] 杨仁恺主编《中国书画》，上海古籍出版社1990年5月第1版531页。

[3] 朱熹《朱子语类》卷65。

[4][5] 敏泽《中国美学思想史》，齐鲁书社1987年7月第1版第1卷118页、203页。

[6] 黄仁宇《万历十五年》，三联书店1997年5月北京第1版245页。

[7] 八大山人《题传綮写生册》，《艺苑掇英》19期。

[8] 邵松年《古缘萃录》。

[9] 王夫之《姜斋诗话笺注》卷3。

[10] 髡残《山水图》题。

[11] 黄宾虹《虹庐画谈》，《黄宾虹美术文集》人民美术出版社1994年10月第1版336页。

[12] 石涛《苦瓜和尚画语录》，俞剑华《中国画论类编》（上卷）151—152页，147页。

[13][14]《石涛论画》，俞剑华《中国画论类编》（上卷）165页、164页、163页。

（原载《齐鲁艺苑》，2000年，第3期）

山水画风格逸放不羁的"清四僧"

王恪松

清初，很多知识分子坚持民族气节，不受清朝统治者利用。有的入清不仕，精研画学；有的因父抗清遂不应科举，专力于画，卖画养亲。他们怀念故国，情愿以布衣终老，卖画为生，过着极艰苦的生活，而不稍屈。还有一些人，或因是明朝宗室，或因痛恨清朝统治者，削发为僧，以绘画避世山林，抒愤解忧，他们大多工书法、擅诗文，作品不但有气韵超逸，抒发性灵的一面，更有一股逸放不羁的个人风格。这类画家尤以弘仁、髡残、朱耷与石涛"四僧"为代表。他们的山水画及绘画思想给画坛带来了生机。

一、逸放不羁风格中的空旷峻逸者——弘仁

弘仁（1610—1664），本姓江，名韬，字六奇，后改名舫，字鸥盟。新安歙人。少孤贫，有远志，性狷僻，能苦学，事母至孝，母死后，依旧绝意婚娶。明清易祚，他已36岁，忠君、报国、入世、济世的思想受到彻底挫败。然依旧抱志守节，为了表示不与新入主者合作，他到武夷山，皈依古航禅师，削发为僧，法号弘仁，字无智、无执，号渐江、

渐江学人、渐江僧，又号梅花古衲、梅花老衲。他做了和尚，虽然儒家的初心未改，但也真的"逃于禅"矣。不急不躁，不问国事，挂瓢曳杖，芒鞋羁旅，或长日静坐空潭，或日夜孤啸危岫[1]。

弘仁的思想，早年全"据于儒"，后期儒、道、佛三家俱存。禅其表，道其中，儒其实。有时他也真的能忘掉一切，完全沉醉于佛、道境界。但他在逃禅养静的生活中，也时时会触动故国之情。其实大明王朝对弘仁未必有大恩，一个已腐朽了的"君国"也不必留念。明王朝如果不危亡，弘仁也许会无动于衷。然而"穷乃见节义""疾风知劲草，坂荡识忠臣"，一个受过儒家传统教育的人，在江山易主的时候，却偏要坚持他的"原则"，以身献国，以显示他的忠义。而且"匹夫不可夺志"，至死没有改变他的初衷。这就是儒家思想在弘仁身上的表现及其所起到的作用。所以他身在佛门，而儒志不舍。儒家是主张始终积极进取的，但矛盾的是"忠义、节气"又使他不能降清求仕。于是弘仁在武夷山为僧时，开始潜心于山水画的研究和创作。

时易事移，弘仁目睹了清王朝的强大，对于复国他已完全绝望，一切跃跃欲试的念头完全消失，他的精神深处浸透了"冷"，他的思想意识固定了"静"。弘仁的思想基础，决定了他的审美原则，是形成他空旷峻逸风格的决定因素。

弘仁的画存世不少，其典型面貌是：其一，构图奇纵稳定，层峦陡壑，空旷幽深。其二，几乎所有的山石都是用大大小小的方形几何体组成。往往于两块简单、迹近抽象的空白大石当中画上一小碎石和小树，大几何体和小而繁的几何体相间，组织疏密有致。其三，石多树少，或于山下置三两株松树，或于山头倒悬一二株松，或于峭壁瀑旁伸出一些虬枝。在笔墨处理上，其几何体的山石多用线条空勾，没有大片的墨，没有粗拙跃动的线，没有过多的点染和繁复的皴笔。其线条貌似折铁，细观之，乃是松蓬虚灵之笔写出，有时补上几笔重而刚的实线。笔与墨皆虚、实并出，蕴藉充实而变化无穷。

弘仁的山水画具有独特的风格：纯净、高洁、空旷、峻逸、枯淡、瘦峭、清雅、宁静、深邃、幽静，给人以冷和静的感受。弘仁的画神韵逸趣似元，风骨法度似宋。

我们从弘仁的山水画中可以看出，其刚挺的线条，谨严的章法和周密的用笔，来源于宋。但决不像北宋画那样，用繁多的、尖硬的皴笔去表现山的形与质。弘仁的山水画多用空勾，大片空白，乃至一笔不着。其简峭、明洁、雅逸、清冷绝非北宋画之所有。他画的线条也不是宋画那样实而乏于内蕴，其笔墨灵秀丰富而多变化。

弘仁清淡虚灵、蕴藉而变化丰富的墨法来源于元，更多的来源于倪云林。如故宫博物院藏弘仁《墨笔山水》，可看出其山头、坡渚、树石皆以干枯的浓墨写出，再以淡而松枯的笔勾皴，以更清淡的墨破之，偶以浓而实的墨加强。远处的坡石堆叠，以曲柔的笔法随意勾皴。既似云林，又不似云林。其虚淡松枯的笔写出后，往往加勾刚实的线，其变化蕴藉的笔意却给人以凝劲坚硬的感觉，此皆云林所无。他吸收倪云林和宋人法，糅进自己的感情和志愿，化而为自己意中的笔墨技法，皆大大超出了宋人和倪云林。

弘仁的山水之所以不同于宋与云林之山水，其根源之一在于其师造化不同。弘仁常年游览于黄山之中，曾面对黄山写《黄山图》60幅，每一幅注一地名，皆黄山之景。描写黄山真景，古代传统笔墨未必全部适用，弘仁之前画黄山的画家并不多，卓有成就的大家更无。弘仁可谓第一位画黄山的大画家。北宋画北方雄劲山水的笔墨，不适于描写黄山。倪云林描写无锡一带一河两岸、几个土堆、几株枯树的表现方法更不足以写黄山雄奇深阔的景象。所以弘仁的笔墨及构图、题材得力于黄山之助最多。

一位画家的成功，师传统、师造化，是必备的基础。但不是决定的因素。画家个人风格的最后形成，关键在于他的修养和精神气质。如前所言，弘仁精神中的冷，思想中的静，决定了他的审美品位，也决定了他的笔墨发展方向。故弘仁空旷峻逸、冷而静的风格之形成也正是他自己冷而静的精神状态之外化。他在山水画史上表现出的崭新面貌和独立地位，代表了清初中国山水画一个独秀的高峰。

二、逸放不羁风格中的老辣苍健者——髡残

髡残，生于1612年，卒于1671年以后，俗姓刘，出家后名髡残，字介邱。号石溪，又号白秃、电住道人。湖广武陵（今湖南省常德县）人。髡残少年读经，事举子业，同时喜好书画和佛学。明朝灭亡时，他已30多岁。清兵进关南下，他奋起参加反抗，血战沙场，失败后开始隐居，并割去了万根烦恼丝，出家当了和尚。为僧后，他到处云游，向高僧们参究禅学[2]。

髡残学习绘画，研究佛理等都十分勤奋，他的血气、豪气和勤奋在其山水画中皆有表现。髡残画的风格以老辣、苍健见胜。

《层岩叠壑图》轴是髡残苍而辣的作品之典型，纸本，纵169cm，横41.5cm，浅绛着色。画中前后皆水，山峦起伏，重复层叠，远近分明，云壑幽深，一条山路自下而上，蜿蜒曲折，路旁房屋院落，历历可数，这种画法在明代已不多见。似元代王蒙的构图法，其用笔之法也颇似王蒙，精神状态则有异。他用干枯而松毛的笔法分披、勾点，轻重缓速、洒脱多变。墨色浓重而沉着，丰富而多层次，使得其画显得异常的苍浑和老辣。这种画法在明清之际，十分少见，风格特别突出。

此外，髡残还有苍而枯简的一路，苍而秀润的一路，苍而细密的一路，多种风格中总能显示出"苍"的特色。这种老辣苍健、雄浑豪迈风格的形成主要是他的精神状态使然，然其繁复苍健的笔法却来自王蒙、黄公望和沈周。程正揆题他临王蒙的画诗云："山人黄鹤老山樵，三百年来竟寂寥。非是金针无暗渡，阿师脂粉忒轻描。"是谓王蒙之后，发扬其法者，300年来也只有一人了。髡残的画法得力于王蒙，这在他的画中是显而易

见的。他还学黄公望的画法，如其作品《为赤朴仿大痴设色山水》轴，《仿黄一峰溪山闲钓图》等，他自己题画亦有云："一峰道人从笔墨三昧证阿罗汉者，今欲效颦，只不一行脚僧耳。予因学道，偶以笔墨为游戏……"

髡残学古人是食古而化。他不过借助古人的一些方法来表达自己的情趣，如故宫藏髡残《仙源图》轴，画中清潭溪水，绿波潋洄。远处崇山耸峙，中间烟云缭绕，隐约中露出琳官梵宇。画法在黄公望和沈周之间，笔法苍老雄浑，深沉豪迈，自出新意。他的画构图奇特，意境深幽，和他广师造化有关。当然，他的风格形成最关键处还是来自他的豪迈倔强的性格。髡残以他独特的风格在清初画坛放出异样的光彩。

三、逸放不羁风格中的浑朴酣畅者——朱耷

朱耷（1626—1705），号八大山人、个山、驴、道朗等。江西南昌人。明朝宁王朱权后裔，袭封辅国中尉。明亡后，隐居奉新山中，落发为僧，后又改做道士。他怀念朱明王朝，深怀"亡国"之痛，精神抑郁，神态癫狂。特殊的生活经历、思想状况决定了他绘画创作的基本倾向，即用高度强烈的笔墨效果和象征手法，抒发他高傲、冷漠、苦痛、仇恨、轻蔑等种种对现实不满的感情[3]。

朱耷之所以以驴为号，隐喻着他要踢翻这个王朝的恨意。他在康熙二十一年时所画的《古梅图轴》自题云："得本还是末也非，曾无地瘦与天肥。梅花画里思思肖，和尚如何如采薇。"在题黄子久山水的诗中有云："……想见时人解图画，一峰还写宋山河。"都说明了他具有强烈的民族意识和不屈精神，至死前他的画上都有"三月十九"的花押，表明了他至死不忘国耻。八大山人的绘画成就主要在大写意花鸟画，其花鸟画尤能表现他的忧愤和巨恨。他的笔中似有怒骂声，墨中似有愤恨气，鱼翻怪眼，鸟睁怒目，张口鼓肚，一种求生不得生，求死不得死的痛苦煎熬之状跃然纸上，皆是他精神状态的自然流露。

朱耷的山水画独具一格，惜因花鸟画而掩。其实他早年是学山水画的，而且一生未曾间断过山水画创作。初学明代的董其昌，由董奠基，吸收元代黄公望、倪云林和宋代米芾诸家法甚多，后期的山水似乎借鉴于倪云林最多。他有《仿倪瓒山水》《仿黄一峰山水》以及自题"米家画法"等作品皆是借鉴之作，但仅略其形迹而取其大意。他后期的山水画完全是自己的独特创作，景物皆平常，大多是老树参差，近坡远峰，但结构奇巧，构图新颖。或境界幽旷，或山重水复，或石势高峻，或枯树健姿，皆离合奇纵，非同凡响。其用笔更是恣意纵横，苍劲圆秀，完全从他的精神状态中出，而和董其昌、黄公望、倪云林等不同。他有时用秃笔枯墨，随意皴写，似勾、似点、似擦，有时用湿墨点染渍簇。他的长幅山水画，多造境奇险、幽寂，或巨石耸立，头重根轻，或悬崖突兀，摇摇欲坠，

或斜壁横空，不见其际，或断冈设亭，或曲径通幽，或洞壑深旷，非人间所有，令人向往。用笔吸收了花鸟画的方法，勾写点擦随意。

董其昌、黄公望的山水画多用线条勾括，再用线条皴擦，而朱耷的山水画虽也用线勾括，但一般不再用线条皴擦，而多是放笔来回擦抹，再加点染，显示出一种不屑于细心皴写的情绪。他的画对前代山水做了大胆的革新，具有独特的面貌，奔放苍健，浑朴酣畅。后世画家更多着眼于他的花鸟画，而对他的山水画却继承者无多，甚为可惜。

四、山水画逸放不羁风格中的画从于心者——石涛

石涛（1640—1718），俗姓朱，名若极，小字阿长，法名原济，号石涛，又号大涤子、苦瓜和尚等。广西桂林籍。石涛在明亡时仅是个4岁的婴孩，父亲被害时，他仍然是一个孩子，为了保全性命，出家当了和尚，法名原济，字石涛[4]。

石涛在清代山水画的理论与创作实践两方面均做出了惊人的贡献。清代的绘画理论虽多至不可胜数，但多数所谓画论可读可不读，最值得一读的乃是石涛的《画语录》。

《画语录》共18章，前4章是"道"，后10章是"理"，最后4章是画外之话，却是绘画成功的至深之理，是"功夫在诗外"的重要的"功夫"。全书体现了作者受佛、道、儒三家的影响很重，但所表达的意思皆很明白。

石涛的时代，画坛各派虽然互相攻击，但皆以临摹古人为归，皆知有古而不知有我。石涛一反潮流趋势，强调尊重自己对大自然的直接感受，以《易》曰："天行健，君子以自强不息。"鼓励画家不停地追求。他的反潮流精神十分可贵。

石涛的绘画实践乃是他的绘画理论之体现。他早期的画，已经显示出非凡的才华，然尚不是脱尽窠臼的恣意纵横。后期的山水画，千变万化，非一种笔墨，一种面貌。其一，恣意纵横的一路，如《泼墨山水卷》，自题"万点恶墨，恼杀米颠"；其二，苔点繁复、皴法稠密的一路，如《搜尽奇峰打草稿》一幅，满山上下点满了苔点；其三，苍劲清雅的一路，如《山水清音图》等，多用浓淡而有变化的线条勾写，墨气淋漓，层次丰富，设色清淡，山水秀润；其四，"截断"法构图，这是石涛最擅长、最具新意的构图法，它既不是北宋式的上留天、下留地、中间设景，也不是南宋式的"一角""半边"取景，而是截取景致最优美、最有代表性的一段，如故宫博物院藏的《巨壑丹岩图》。

石涛《巨壑丹岩图》，纸本，淡设色。纵104.5cm，横165.2cm，画的右前突然伸出一巨石苍崖，长松杂树，倒挂空悬，遮住巨壑中水面。苍崖后面，又一苍崖，草木苍郁，飞泉流下。左边和右边对称的巨石箕踞，丛木林立。当中是夹壑溪水，是全画境界最美的地方。远山烟云迷漫，露出数座山壑。其近景即是截取深山境内一个优美的巨壑，虽指不出某山某壑，但给人以真实亲切之感。其用笔灵活苍劲，深沉而洒脱，墨色淋漓多变，

勾皴点染，干湿浓淡一齐来。苍苍莽莽，大气磅礴。浓重的苔点，更增加画面的苍茫浑雄感。它代表生气勃勃积极奋发的一股力量，完全扫荡了清代的萎靡之风和柔弱之气。

总之，"清四僧"的绘画理论与实践成了中国古代山水画史上的最后回响。"清四僧"逸放不羁的山水画风格，一方面流露出自甘寂寞、与世无求，虽有刚正之气而不打算发泄的冰冷、平稳、安谧之气（如弘仁）；一方面流露出不合时宜的愤懑，或郁结不平之气，或铿锵有力的金石气，或苍浑老辣的古拙气（如髡残、朱耷）；另一方面还有不甘卑微和寂寞，要在社会上突出地树立自我的形象，画面上流露的是纵横捭阖之气，代表着奋发向上的精神与求功心切的情绪（如石涛）。

以史为鉴，当下的山水画界，可说是冰冷安谧之气匮乏，金石古拙之气渐少，纵横捭阖之气日盛。若能从"清四僧"的山水画中得到一点启示，来改变当代画坛的这种局面，也就切中了本文的初衷。

【注释】

[1][4]陈传席.中国山水画史[M].南京：江苏美术出版社，1988.

[2]王伯敏.中国绘画通史（下册）[M].北京：三联书店，2000.

[3]黄宗贤.中国美术史纲要[M].重庆：西南大学出版社，1993.

（原载《河南社会科学》，2002年，第3期）

四僧画的静美和动美

陈传席

四僧中,八大山人、石涛、石溪的画皆属"动美型"。只有渐江的画最"静"。其静表现在很多方面,主要表现在笔墨上,他的画没有大片飞动的墨,没有粗拙跃动的笔(线),其线瘦削文静,虽貌似折铁,而实是用松蓬虚灵之笔轻而缓地写出,有时补上几笔实而刚的线,用笔亦稳重,而不似"动美型"绘画那样用笔飞动迅猛,激奋跃动。渐江的画貌似平淡无奇,而实则内涵丰富蕴藉,和"动美型"的绘画相比,一是表现在外,一是深藏于内。渐江的画动势深藏于内,具有无穷的生命力,而外观平稳轻缓之状,犹如一儒将,不是拍马舞刀,吼声如雷地去杀人,而是手捻长髯,深谋远虑,在腹中计算去杀人,所谓"安居平五路"者也,所以,给人以"静"的感觉。其次,渐江的画构图"静",我曾在很多文章中谈到道和佛的关系时都说到:道和佛是一致的,不过佛比道更"过火"一些,道家主"静",佛家主"净",净比静更彻底。渐江画在经营位置上以净而现出的静感特强,他的画主要用线条空勾,几乎所有的山石都用大大小小的几何体组成,既没有过多的点染,更无拥护热闹之状,每一块山石都有晶莹透明之感,显得十分清净,给人"静"的感受特深。再次,渐江的画在境界中亦显示出特别的"静",其画深山幽涧，层峦陡壑，竹岸芦浦，浩水长天，皆非人居。其诗云"空山无人，水流花开"，"山风时出涧，冷韵听柯竿"，画境如诗境。呈现出一派静如太古的气氛和逼人的冷韵，皆非寻常。

清初四僧中真正有一点禅心的只有渐江一人。石溪虽然也做了和尚，但至死保持他的气节，一生以明朝的忠臣自视，感情又易于爆发，且十分激烈，他"十年兵火十年病"，"老去不能忘故物"。石溪之出家为僧实际上只是为了避祸，他的心未尝有一日安静，他沸腾的热血未尝有一日冷静下来，所以他的画不可能太静。石溪画的技法来自王蒙，但精神状态全不似王蒙，王蒙用笔固然繁密，但总的显得文静柔润（世称牛毡皴），石溪用笔繁闹，但显得老辣苍浑，画面上有一种烦躁和怒郁的气氛。程正揆在题画记中说"石公作画如龙行空，虎踞岩，草木风雷，自先变动，光怪百出，奇哉"。正道出石溪画的"动美型"。

八大山人于明亡后，悲愤痛苦已极，其友邵长蘅《八大山人传》记云："山人胸次汨浡郁结，别有不能自解之故，如巨石窒泉，如湿絮之遏火，无可如何，乃忽狂忽暗，隐约玩世。"陈鼎《八大山人传》云："初则伏地呜咽，已而仰天大笑，笑已忽跮跼踊跃，叫号痛哭，或鼓腹高歌，或混舞于市，一日之间，颠态百出。"他时时思念大明王朝，在诗中多有流露。他对清王朝恨之入骨，恨不得一脚踢翻它，因而后来竟以"驴"为号。八大山人书画虽皆出于董其昌，然绝无董氏之古雅秀润感，因为他没有董氏那样悠闲自足的心情。他笔下的鱼翻白眼，鸟瞠怒目，求生不得生，求死不得死的痛苦煎熬之状，正是他本人心境的结晶。他画中激愤的笔墨正是他激愤情绪的流露。八大的精神状态一直是不平静的，他的思想一直在作强烈的波动，哭之，笑之，因而，他的画动势很强，乃是典型的"动美型"。

石涛的画风格多样，但"动美"乃是他作品的主流和特色。石涛一生到处云游，忽行忽止，他的思想有时平静（尤其是自北京还返扬州之后），但主要阶段一直是不平静的。他两次接驾，口呼万岁，又去北京和达官贵人厮混，企图得到皇家的赏识，去干一番出人头地的大事业，最终失败，临死前还苦心经营生圹。他的思想复杂极了，有痛苦，有快乐，有清高，有庸俗，有耿介，有狡黠，有空幻遁世，也有八方经营，有呼风唤雨、不择手段，也有卑躬屈膝，随人俯仰。这正如他的画纵横排奡，腾纳跳跃，"奇变，狡狯，无所不有矣"。邵松年在《古缘萃录》中总结石涛的画"笔情纵恣，脱尽恒蹊。有时极平常之景，经老人画出，便觉古厚绝伦，有时有意为之，尤奇辟非人间所有。有时排奡纵横，专以奔放取胜，有时细点密皴，转以枯淡见长，昔人谓其每成一画，与古人相合，推其功力之深，吾则谓其一生郁勃之气，无所发泄，一寄于诗书画，故有时如豁然长啸，有时若戚然长鸣，无不于笔墨中寓之"。其画正如其人。黄宾虹更说他"天子呼名，将军长揖，图成百美，花写四时……本未儒服，偶亦黄冠，和光同尘，不甘岑寂"。

石涛的画代表着清初奋发向上的精神和一部分士人不甘寂寞通过各种门径求功心切的情绪，因而他的画不仅"动"到了极点，而且也"变"到了极点，不仅生气勃勃，而且奇恣多变，和八大山人一味地奇僻郁怒又有所不同。

（原载《中国书画》，2005年，第4期）

"四僧"小议

杨新

弘仁、髡残、八大山人、石涛是活跃于清初的四位僧人画家，画史上合称"四僧"。近日我在为《故宫藏珍品文物全集·四僧绘画》卷撰写"导论"时，对"四僧"的资料稍稍做了整理，发觉其中许多大家熟知的事情其实存在问题或被忽略，值得再讨论，特为拈出，稍做解释，故云"小议"。

髡残的出家因缘

髡残是一位具有强烈民族思想和遗民意识的画家，因此，当明末清初大批文人遁入空门时，后人以为他也是在此时出家的。尤其是他在甲申、乙酉间（1644和1645）曾避兵桃源深处，过了一段非人所能忍受的艰苦生活，使人们联想到他可能是去参与抗清活动，这是一个极大的错觉和误会。其实他出家在明亡以前，与直接的政治因素无关。

关于髡残的出家因缘有两条重要的记载。其一是周亮工在《读画录》"石溪传"中的记录："幼而失恃，便思出家。一日其弟为置毡巾御寒，公取戴于首，览镜数四，忽举剪碎之，并剪其发，出门径去，投龙三三家庵中。""失恃"是指幼年丧母。按周亮工的说法，髡残的出家原因似乎与他幼小时母亲逝世有直接的关系，但是一个幼稚儿童是否具有这样的思维活动是值得怀疑的。

其二是程正揆《清溪遗稿》中"石溪小传"的记载："幼有凤根，具奇慧，不读非道之书，不近女色，父母强婚弗从，乃弃举子业，廿岁削发为僧。"这里并没有说到他幼年丧母，20岁时父母都健在。明白地说出髡残的出家原因与"父母强婚"有直接关系。程正揆前面说到的"凤根""奇慧""不近女色"可以视为对一个已经出家之人的溢美之词，由此看来他出家的原因是为了逃婚。

那么，这两种不同说法哪一说更可信呢？这要看谁的资料来源更直接些。周亮工、程正揆都与髡残有直接交往，但比较起来，仍有远近亲疏之别。1661年（清顺治十八年），髡残在为周亮工所作《山水图》上题跋道："栎园（周亮工号）居士为当代第一流人物，乃赏鉴之大方家，尝嘱残衲作画，余不敢以能事对，强之再，遂伸毫濡墨作此。"[1] 周亮工因慕髡残之名，通过张遗（字瑶星）向髡残求画。髡残以杜甫诗"能事不能相急促，王宰始肯留真迹"来拖延时间，这大概与周亮工在遗民中声誉不好有关系，因为他一直热衷于在清王朝做官。周亮工也曾向陈洪绶求过作品，陈洪绶也是迟迟不肯动笔，最后画了一幅《归去来图》相赠，暗含规劝之意。程正揆与髡残的关系却大不相同，二人相交亲密无间（详见后文）。细味周亮工"石溪传"，可知他对髡残身世的了解是听他人转述的，对髡残艺术的评价也是引用他人的话，很少有实质性内容。而程正揆的"石溪小传"则不同，不但充满感情，而且内容翔实，有时还以夫子自道来现身说法。所以有关髡残的身世、出家因缘，应是听他本人叙说的。故二说比较，当以程氏之说属于可信可靠。至于邓显鹤《沅湘耆旧集》"介大师传"中所说的"母梦僧入室而生，稍长，自知前生是僧，尝哭求出家"云云，与一般高僧传中的故事相似，带传奇色彩，更不可信。

程正揆记载中关于髡残出家的时间说得非常肯定，为其他各种髡残传记资料所无。按髡残20岁时为明崇祯四年（1631），离明亡时尚有14年。20岁已为成年，也正当婚龄，他完全可以自己做主决定是否接受这一婚姻。是否不中意姑娘相貌还是别的原因，程正揆有意为贤者讳，故未详记，暂付阙如。

程正揆对髡残的影响

程正揆与髡残的交往友谊有着多层关系。他们同属湖广籍大同乡人（程氏为湖北孝感人，髡残为湖南常德人），又同在南京客居，同乡之间感情容易沟通，此其一也；二人均为画家，相互之间具有相同爱好（不但以画互赠，还有共同合作），此其二也；程正揆有"骨鲠"之称，髡残则"性直硬，若五石弓"，性格相近，此其三也；他们还有

"共事兵火场中,不啻百劫"的相似经历(明、清政权相易之际,程正揆由北京逃往南京途中,历尽千辛万苦,九死一生。髡残则避兵桃源深山中,受诸般苦楚。当二人共同回忆这段往事时,都非常激动,精神亢奋),此其四也;两人都具有强烈的遗民思想(程正揆虽曾出仕清王朝,但心情矛盾压抑,罢官后居南京,以遗民自居,常常流露此情),此其五也。有此数端,所以二人关系非同一般。程氏"石溪小传"中说髡残性情古怪,很少和人往来,每当闭关坐禅时,"动径岁月,即会众罕见其面,惟予至则排闼入,乃瞠目大笑,共榻连宵,畅言不倦"。髡残也有相类记载,他在赠程正揆的《雪图》中题跋:"丙午(1666)深秋,清溪居士枉驾山中,留榻经旬,静谭禅旨及六法之微……"[2] 髡残入城看病,于程正揆家中一住也是数天。当时在南京人们以"二溪"并称,不只是评价他们的艺术,也包括他们之间密切的关系。

但是,300年之后,髡残名声大振,而程正揆似乎被人们淡忘,至于他对髡残艺术发展上的影响与帮助更无人提及。这次我在按编年整理髡残作品时发现,今存世髡残最早的作品是他于1657年(顺治十四年)所作的《山水图》轴[3],髡残时年46岁。1657—1660年(顺治十四至十七年)其作品稀少,而从1660年始作品突然增多起来,直至1667年(康熙六年),这一段时间成为髡残创作的高峰期,此后作品又渐渐稀少了。这是什么原因呢?经将程正揆的行踪与其相对比,才恍然大悟此中奥秘。

程正揆于1657年被罢官,次年即回到南京居住(程氏曾任南明弘光政权官吏,家属一直住南京)。此时城南大报恩寺住持末公和尚正募捐修葺该寺院,程正揆为最大施主。竣工后,末公请在寺中校刻大藏经的髡残作画一幅,以感谢程氏对修缮报恩寺"拔剑相助""领袖善果"。这件作品即髡残于1663年(康熙二年)所作的《报恩寺图》,现收藏在日本泉屋博古。髡残在修藏社时送给程正揆的作品远不只这一件,《清溪遗稿》卷二十四就记有另一件被程正揆带回湖北老家的手卷。

程正揆于1667年回到湖北老家,《清溪遗稿》卷二十四有记"丁未自金陵(南京)归澴(湖北孝感),闲居无事"云云。程正揆曾收藏有王蒙《紫芝山房图》,髡残非常欣赏这件作品,程正揆亦称之为"天下尤物第一"。临行之前髡残曾请程正揆以《紫芝山房图》笔法作一幅山水画留作纪念。《清溪遗稿》卷二十二"题画赠石公"中记道:"适予欲归武昌,石公谓曰:君既偕《紫芝》以去,何不用山樵(王蒙号黄鹤山樵)法补我借云(借云阁,当时髡残住所),逐戏作试图以赠之。"这件事髡残也有记载。1668年,髡残在为周亮工作山水画时题跋道:"今《紫芝》同青溪归楚矣,梦寐犹在。"[4] 程正揆自1667年返乡之后,还曾多次来到南京,大约是为了搬运家中物品和看望老友,但为期都很短。到他70岁(1673年,康熙十二年)最后一次从南京回家乡后便再也没有出过远门了。

由此可知,程正揆于1658年至1667年居住在南京的时期也正是髡残创作最活跃、情绪最高涨的时期。从今天存世的髡残作品来看,凡是为程正揆创作的作品都是他最精彩的作品。1657年以前,髡残无作品传世,一是他技巧尚未成熟,二是他创作少,偶尔动笔,仅为自娱。他曾自题《山水册》称:"残僧本不知画,偶因坐禅,后悟此六法。"[5]很可能他自己也不重视这些作品,随手画后,随即丢失。1667年以后作品少的原因,一是重病在身。髡残因早年生活流离,曾落下风湿病,时时发作,所以程正揆称他"善病,若不暇息,又不健饭,粒入口者可数也"[6]。邓显鹤"介大师传"中也说:"石溪身颀面皙,头白如雪,冬夏一秃顶,身臂少受寒湿时作痛,甚厌苦之。"晚年病情恶化,行动艰难,最后可能死于风湿性心脏病。其二便是程正揆的离去,少了一个知己良伴,没有作画的情绪。"二溪"在一起时,不但以画互相赠送,还相互在对方作品上题诗作跋,甚至合作,精神非常愉快。所以,程正揆对髡残艺术最大的影响和帮助便是激发了他的创作热情,使髡残不但多产,而且创作出精品。

程正揆是一个收藏家,其所收之元四家的作品尤为精彩,前述王蒙《紫芝山房图》即其中之一。程正揆又是董其昌的学生,称"入室弟子"。髡残的作品深受王蒙、黄公望和董其昌的影响与程之师承和收藏有很大关系。程正揆说:"石公笔意得香光(董其昌)神髓,此忽作迂(倪瓒)态,在'狮林''鹤林'间,宛转心目,令人意远。"[7]倪瓒的《鹤林图》卷即程氏藏品,今为北京中国美术馆收藏,上有程正揆收藏印鉴和题识。髡残常到程正揆家中居住,一起观赏藏品,并进行讨论。在《十百斋书画录》著录程正揆、髡残合作《双溪怡照图》中,程正揆题跋说:"石溪师息余斋,偶展玩叔明(王蒙)《具区林屋》画[8],余遂用其意作此幅,未及成,忘置之,师得于座壁间,乃为结构,竟是点缺。大言,大言。因题其图于端并识之。"髡残题跋则称:"青溪翁住石头(南京别称),余住牛头之幽栖,多病,尝出山就医,翁设客膝,俟余挂搭。户庭遂寂,宴坐终日,不闻车马声,或箕踞桐石间,鉴古人书画,意有所及,梦亦同趣。因观黄鹤山樵,翁兴至作是图未竟,合为合成,命名曰:双溪怡照图。当纪岁月,以见吾两人膏肓泉石,潦倒至此。"如此共同观赏古画又合作讨论,对髡残开阔眼界、吸收前人成果、提高自己的画艺,无疑又是一种最大的影响和帮助。

此外,"二溪"在一起讨论六法,程正揆长于儒理,髡残善于谈禅,或以禅解画,或借画谈禅,儒理、禅机、画趣相撞击,迸发出思想的火花,往往一语破的,妙趣横生。在故宫博物院所收藏的一件程正揆所作《山水图》上,髡残题跋道:"书家之折钗股、屋漏痕、锥画沙、印印泥、飞鸟出林、惊蛇入草、银钩虿尾,同是一笔,与画家皴法同是一关纽,观者雷同赏之,是安知世所论有不传之妙耶?青溪翁曰:饶舌,饶舌!"髡残用佛家禅宗"心传"的方法来解释书画家对用笔的领悟。书家与画家一样,千变万化,只是一笔,这与石涛的"一画论"有异曲同工之妙。程正揆认为髡残此说是泄露了"天机",用寒山、拾得的故事,故云"饶舌"。髡残在自己作品上喜作佛家语,借画谈禅,因禅说画。他与程正揆讨论六法时，二人互斗机锋，相互启发。张庚《国朝画征录》中评价髡残绘画说："奥境奇僻，缅邈幽深，引人入胜，笔墨高古，设色清湛，诚元人之胜概也！此种笔法不见于世久矣，盖从蒲团上得来，所以不犹人也。"所谓"从蒲团上得来"，如果从"心专一境"来理解，只是说对了一面。髡残的艺术成就并不是由动入静的打坐功夫，而是程正揆破关而入把他从蒲团上拉出来由静生动的结果。可以说，如果不是程正揆的到来，就不会有我们今天所认识的髡残，很可能他仍是一个性情怪癖、兀傲孤独的倔和尚。

弘仁曾有还俗思想

八大山人和石涛都曾弃僧还俗，娶妻生子。弘仁和髡残未曾还俗。髡残是明亡前自愿出家的，可以理解，但弘仁是被迫出家，有没有还俗之想呢？故宫博物院收藏有一套弘仁的《黄山图》册，册后有一段程邃的题跋，为我们提供了有关这方面的思考线索。跋曰："吾乡画学正脉，以文心开辟，渐江称独步。当日浩气一往，遂尔逃儒，余尝劝其返初衣，作孝悌明王事，时辈谓为谤议，持论相责，未克竟所说，而渐公已矣。"对此短文，需要做几点解释。"浩气一往"，应是指弘仁赴福建参加抗清活动。据汪世清先生考据，顺治二年（1645）九月清兵入歙，由金声、江天一所领导的徽州义军和清兵进行了激烈的战斗，失败后，金声、江天一被执至南京，遇害于通济门外，歙县、休宁的人士慷慨死难者甚多，接着便相率入闽，以图继续抵抗，其中著名的人士有汪沐日、汪姣、吴霖等。特别是汪沐日入闽后与清兵苦战，失败后依古航师出家为僧。弘仁也是1645年同他的老师汪无涯入闽的，后入武夷依古航落发为僧。汪世清先生设想这位汪无涯与汪沐日很可能是同一个人[9]。"孝悌明王事"，"孝悌"指奉养父母，友爱兄弟。弘仁家境清寒，父丧后奉母至孝，是乡里有名的孝子。"明王"指佛教密宗中显愤怒身的不动明王、大威德明王，在密宗造像中，明王一般都有配偶明妃相随，俗称"双身佛"，这里借指男女婚配之事。很明显，程邃曾经公开劝说弘仁还俗，娶妻生子。却遭到一些人的反对。然而弘仁本人是否接受了这一劝说呢？程邃最后说："未克竟所说，而渐公已矣。"字里行间透露出弘仁是默许了的，不幸的是他过世得太早（只有54岁，八大山人还俗时约在59岁，石涛还俗时约在52岁左右）。弘仁之所以不能马上决断还俗，很可能是迫于舆论压力，因为这时他已具有很高的社会名望。可见弘仁的悲剧性命运有着深厚的社会根源。

如果说只一条程邃的材料尚不足以说明弘仁的内心思想，那么另有两首诗也可从旁佐证。第一首是弘仁的学生郑旼写的《忆渐江师八首》的最末一首。诗云："忠孝还从大处分，沙门祝发固云云。恐湮至性人难识，只把临池重右军。""忠"指忠于国家，弘仁出家为僧，是忠于明王朝的表现。"孝"指事父母，弘仁出家后，他的母亲很可能还在世很久。中国传统儒家观念，"不孝有三，无后为大"。弘仁没有结婚就出了家，看来在他的身上忠孝不能两全，尽忠则不能尽孝，一定陷入矛盾痛苦状态。早逝使他完成了"尽忠"，故诗的开头有"忠孝还从大处分"之句，郑旼对他的老师是了解的，以此诗来表彰其师是顾全大节的"完人"。

第二首是弘仁最亲密的朋友汤燕生写的《哭渐江师三首》之第三首，诗云："娱亲少日比颜乌，万事伤心婚宦无。几处云生松阁暗，一函经在梵堂孤。扶床观化僧流泣，绕塔栽梅鹤侣臞。名士百人齐负土，嗟予远愧范张徒。"如果说弘仁自愿出家并以为乐，不结婚又有什么值得伤心的呢？看来汤燕生也非常了解弘仁的内心世界。弘仁生前曾向朋友嘱托，在他死后于墓边多种梅，汤燕生等遵嘱于其塔周围种梅花数十本。弘仁爱梅、画梅固有其意，除爱其孤芳傲雪之外，亦有仿照宋代诗人林逋不婚不宦，以梅为妻、以鹤为子之意，嘱托友人植梅墓侧，相伴以慰死后孤魂，故诗中有"绕塔栽梅鹤侣臞"之句云。

八大山人，"哭之""笑之"乎

"八大山人"一号，人们有多种解释。陈鼎《八大山人传》称："八大者，四方四隅，皆我为大，无大于我也。"张庚《国朝画征录》中说："山人固高僧，尝持八大人觉经，因以为号。"近人谢稚柳先生赞同张说，认为"有一点根据"[10]。

张庚又说："款题'八大'二字，必联缀其画，'山人'二字亦然，类'哭之''笑之'字意，盖有在也。"关于八大山人名号的含义，目前学术界尚无定论，唯对"哭之""笑之"之说则深信不疑，被广泛引用。本人以往文章中也曾如此说，果真如此吗？

"八大山人"一号的签名最早见于1684年（康熙二十三年）山人所作《杂画册》，此册今藏故宫博物院。四字作篆书或楷书，并不联缀其画。同年另一《杂画册》[11]署款"个山"，却有"八大山人"之印。而1685年起，其所有作品只签署"八大山人"一号，其他名号均弃之不用，然于字体书写却有所变化，除由楷而行而草使笔画连缀之外，其"八"字的写法从1685至1694年（康熙二十四至三十三年）写作"〻"，保留有篆书遗意；1695至1705年（康熙三十四至四十四年）写作"ᨁ"。张庚所见的八大山人签名是行草书，所谓"哭之"，应是他后期草书"八"作"ᨁ"的写法，才与"哭"字形体相近。所谓"笑之"，则是前期略带篆意的"八"字写作"〻"，才与"笑"字形体相近。八大山人总不会先笑上10年，然后再哭上10年的罢？张庚一定没有见过用篆书签名的"八大山人"款书，同时也没有按编年去考察过签名的前后变化。把它混在一起，再根据八大山人曾发过狂疾，一会儿大哭，一会儿大笑等等狂态的表现，迁想妙得，则认为签名中含有"哭笑无常"之意,这应该是附会于八大山人身上的。

陈鼎《八大山人传》中说:"数年妻子俱死,或谓之曰:'斩先人祀,非所以为人后也,子无畏乎?'个山驴遂慨然蓄发谋妻子,号八大山人。"这就是说,他起这个号是为了还俗、结婚、生子,这符合事实。从八大山人作品签名来考察,1682年(康熙二十一年),他在所作《古梅图》中 [12] 还称自己是和尚。1684年所作的两件《杂画册》,"八大山人""个山"两号并用,"个山"是他为僧时的别号,八大山人还俗结婚或许在是年。

但是,许多别号都可以取,为什么偏要用"八大"这两个字呢?我认为这与他在宗谱中为第八代子孙和小名"耷"有关系。大、耷同音,取其上半,合而为"八大"。许多专家考证,八大山人在宗谱中应属于"统"字辈,按洪武时期赐给宁藩的世系二十字是:磐奠觐宸拱,多谋统议中,总添支庶阔,作哲向亲衷。所以八大山人的祖父谱名朱多炡,字贞吉。父亲谱名朱谋鸛,字太冲。而他则谱名朱统鏊。在八大山人自题《个山小像》上 [13],饶宇朴题跋中说:"个山綮公,豫章王孙贞吉先生四世孙也。"在"四世"二字上画了两个圈,则变成"贞吉先生孙也"。可能饶宇补也搞错了,是八大山人自己给予指出后而纠正的,证明八大山人确实属于"统"字辈。按谱系,"统"字恰好是第八个字,那么这个"八"字应该是表示归还到谱系中去。此外在他前期签署"八大山人"一号时往往连带一方"八还"的印章,同样是表示归宗延嗣,不至"斩先人祀"了。签名与印章联合成意,这在八大山人并不是孤例,如他签署"驴"字一号时,连带的印章是"字曰年",即表示是"驴年"之意。《瓜月图》中有"驴年瓜熟为期"之句可资佐证。如此说来"八大山人"一号的含义就不是人们所猜测的什么"尝持八大人觉经"或"四方四隅,皆我为大"的了。

石涛的师兄喝涛

据李骥《虬峰文集·大涤子传》,当1646年石涛的父亲朱亨嘉自称监国,瞿式耜和参将焦琏、陈邦传奉唐王朱聿键(自称隆武皇帝)之命将其活捉并杀害时,当时年仅4岁的石涛被王府中一仆臣负出逃脱了这次灭顶之灾。李骥是石涛晚年在扬州的朋友,有关石涛的身世经历当是听石涛自己回忆的谈话记录,这一段富有传奇色彩的故事当属可靠。

然而这位仆臣姓什名谁,李骥没有记录。但是石涛逃至离桂林二三百里的全州,在湘山寺落发为僧以后,始终有一位师兄法名原亮字喝涛的,一路陪伴着他几十年没有离开过。故宫博物院收藏有一件石涛早年的《山水册》,创作时间从1667年(康熙六年)起,至1677年(康熙十六年)止。对于研究石涛早期的绘画风格演变是非常重要的资料,而最难能可贵的是册后有喝涛题的一首诗:"溪深石黑前峰影,树老婆娑倒挂枝。不尽滩声喧落日，诗成独啸响天时。再题石弟画，粲翁一笑。喝涛亮草。"从题诗的字体看，与石涛后来的行书很近似，而诗却写得绘声绘影，沉郁苍凉。应该是他们相依相伴在长途旅行跋涉中所见山路实景的写生。没有这样的实地生活体验是写不出这样的诗来的。根据署款中讲"再题石弟画"，应当还有一首，可惜今已不存。看来这位隐姓埋名的师兄很可能就是背负他出逃的那位仆臣。这可不是一个普通奴仆，而是一个有很高素养的文化人，应当是朱亨嘉相当贴近的秘书一类的人物。他一路陪伴石涛，由幼儿到青年到成人，不只像保姆那样精心地照顾石涛的生活，而且还很可能一路上教石涛读书写字，充当启蒙文化教员，对石涛的成长有不可轻估的作用。石涛后来成为一代艺术大师，没有这位师兄也是很难想象的，看来朱亨嘉所托是认对人了。

上海博物馆收藏了一件石涛的《书画合璧图》册，作于1693年（康熙三十二年），内中有石涛一首题诗，后附记云："九日程穆倩、周向山、黄仙裳、冯蓼庵诸公置酒邀余同家喝涛兄过周处台分赋。"是年石涛52岁。如以喝涛大于石涛20岁估算，此时喝涛应当72岁了。他逝世于何时有待进一步考证。

梅清于石涛，亦师亦友

人们从石涛早期的山水画中很明显地看到其深受梅清的影响。他非常赞赏梅清的绘画"豪爽"，称其为"一代解人"。他的创作由早期的小幅到中期拓展为长卷大幅，笔法由早期的俊逸清秀到中期变为淋漓奔放、纵横不羁，恐怕与他赞赏梅清的"豪爽"密切相关。梅清对石涛应当是亦师亦友的关系。梅清，字渊公，安徽宣城人，生于1623年（明天启三年），卒于1697年（清康熙三十六年）。石涛是1670年（康熙九年）到达宣城的，《大涤子传》中叙述他的行踪时说："从武昌之越中，由越中之宣城，施愚山、吴晴岩、梅渊公、耦长诸名士，一见奇之。时宣城有书画社，招入相与唱和。"当时梅清年47岁，在社会上已具相当的名气与影响，而石涛年仅18岁，名不见经传，他们之间可谓忘年交。石涛在宣城一住10年，由青年初入中年，画艺大为长进，名声开始显露，这与梅清等人的提携宣扬大有关系。

在前述故宫博物院收藏的石涛早期作品《山水册》中，石涛特别抄录了一首梅清的诗于其后，全文是："南郊猛虎不敢射，云中白鹿不得骑。偃仰一室阻霄汉，只身踦躅同鸡栖。案头怪底烟云逼，暖礚腾空鼓双翼。熟视旋惊放鹤图，恍如置我秋空立。倚仗为君三太息，寄语高飞须努力，招来莫更樊笼集。请君掉首疾声呼，几人天外寻林逋。梅渊公题予放鹤图歌，知己同堂，阙一不可。端阳日，清湘道人偶书此纸。"从字体看，应属石涛中期的作品，是后人收集装裱在他早期的山水画册页中，所谓"知己同堂"，可能是指某次朋友们的相聚唱和或者册页的收藏者请一些名人题诗题跋，最后到石涛。

总之，在这种聚会中没有梅清在场或题字，石涛便感到缺了一位"知己"，故将梅清题他画诗代为写上。可见石涛对梅清感情的深厚。此外梅清的诗作很多，而石涛单挑这一首，除了与自己有关之外，更重要的是这首诗的内容使石涛感动而不能忘怀。从诗的表象看，是咏画与咏鹤，但实际上以鹤比拟石涛，既道出了他的身世、遭际与处境，又寄予了希望并进行劝诫。"只身踽踽同鸡栖"，本来应该是一只声震九天的仙鹤，目前却孤苦地同鸡一样栖于笼内，这多么像石涛的境遇啊！"寄语高飞须努力，招来莫更樊笼集"。这是梅清鼓励石涛要脱离鸡群，振翅高飞，但又提醒他不要被声名地位所羁绊，受制于他人。这是一种矛盾，不是衷心相处的深交不可能提出这样的规劝。鹤有两种，一种是自由自在的野鹤，人们常以"闲云野鹤"比喻高人逸士；另一种是被豢养的家鹤，专供人玩赏。看来梅清对石涛所期望的是做云中的野鹤。所以诗中最后说："请君掉首疾声呼，几人天外寻林逋。"这应当是针对当时士林纷纷出仕清朝而发出的喟然长叹，当然也是希望石涛不要走这条路，而望他效法宋代诗人林逋（和靖），不婚不宦，永远做个自由的人。

　　石涛自离开宣城到南京以后，其思想渐渐起了变化，于南京和扬州两次迎接康熙皇帝南巡。"圣聪忽睹呼名字"，使他受宠若惊，勾起了他的名利心。1690年（康熙二十九年）石涛应辅国将军博尔都之邀赴北京。他此行的目的可能是想得到康熙皇帝的召见，"欲向皇家问赏心，好从宝绘论知遇"。但是他的希望落空了，而且还招致物议，甚或受到排斥，使他感到非常沮丧和气愤。如是石涛决定南返。1693年（康熙三十二年）南回扬州的途中他的心情非常沉郁，这又使他想起了梅清。在故宫博物院收藏的《清湘书画稿》中，他写了一首《寄梅渊公宣城天延阁》的诗："半世云游客，思君历九秋。黄尘空促步，白发渐临头。倦矣怀商老，归兮袭子猷。薜萝春尽月，飘叶下扬州。"他把梅清比作商山四皓，可见梅清在他心目中的地位越来越高大，而把自己此行比作王子猷雪夜访戴逵，虽未见其人（应指康熙皇帝），但是乘兴而去，兴尽而归，是自我解嘲。其实他是不尽兴甚至败兴的，否则他不会感到那么疲惫，目中周围好的景色那么苍凉，对人生倥偬、光阴易逝那么喟叹。半世云游，思君九秋，又使我们想起了梅清的咏《放鹤图》诗。云鹤在秋天的高空中长唳，多么像石涛此时南飞的形象啊！

【注释】

[1] 见《三秋阁书画录》卷上，"石溪为周栎园作山水轴"著录。
[2] 见《支那南画大成》补遗四集续中彩印髡残《赠程正揆山水》之四"雪图"。
[3] 见日本《中国名画集》第七册彩印髡残《山水图》轴。又《十百斋书画录》乙卷亦著录髡残

于 1657 年冬作的《山水图》轴一件。
[4]见《穰梨馆过眼录》卷 36 著录"髡残赠周亮工山水图"。
[5]日本影印《石溪道人墨妙册》。
[6]《清溪遗稿》卷 24 "题石溪画"。
[7]《清溪遗稿》卷 24 "题石溪松石图卷"。
[8]《具区林屋图》，今藏台北故宫博物院。
[9]见《渐江资料集》，汪世清《关于渐江的几点考证》。
[10]谢稚柳《八大山人取名的含义和他的世系》，载《艺苑掇英》第 19 期。
[11]见《艺苑掇英》第 19 期影印。
[12]《古梅图》，今藏故宫博物院。
[13]《个山小像》，今藏江西南昌青云谱八大山人纪念馆。

（原载《故宫博物院院刊》，1998 年，第 1 期）

从石涛『一画论』看清初『四僧』绘画艺术

杨冰／刘枭

　　石涛不仅是一位大画家，而且是一位著名的绘画理论家，他的《画语录》是中国绘画史上最有理论性、系统性的画论著作，带有很强的总结性，在中国艺术批评史上享有极高的声誉。

　　《画语录》是他一生艺术实践经验的总结，是中国古代视觉艺术理论的经典。"一画论"作为《画语录》中的核心理论，发前人所未发，将笔墨技法与绘画原理结合起来，从艺术哲学的高度揭示了中国画的美学本质，并阐明了中国画家如何在艺术创作活动中获得自由这一根本问题，从而开启了中国绘画美学的新篇章。石涛的"一画论"，体现了他作为一个伟大的画论家在面对传统时，"坚守传统与突破传统"并存的理性态度。这一点对我们今天的艺术创作具有深刻的启示意义。

　　本论文主要是研究"一画论"的含义，以及它对我们今天的艺术创作的影响。同时，从石涛的"一画论"中，研究清初"四僧"的绘画艺术。

一、石涛的"一画论"

石涛的"一画论",不仅是一个关于画法的理论,而且也是一种侧重于建立自性本体的理论,这一自性本体可以称为创造本体。所以,在《画语录》中,"尊受、蒙养、生活、资任"等石涛提出的新概念,都是围绕着"一画"而展开的,都是为了突显"一画"作为创造本体的特点。正因如此,"一画"可以说是一种体物方式,一种创作原则,一种创作心境,甚至可以说是一种人生境界。它比较全面地反映了石涛在画学方面的整体看法。

石涛《画语录》的核心思想便是他在书中首章提出的"一画论"。可以说,"一画论"是石涛在前人基础上进一步发挥而来,并以道家的宇宙观为出发点,把主体对客体的感知和认识上升到艺术哲学、生命哲学的高度来进行深入论述和阐释的绘画理论。要想理解石涛的"一画论",就必须清楚地了解石涛画论中关于"法与一画","法与化"之间的关系。石涛的"一画论"是他"了法而化""法自我立"的美术理论集中核心的体现。

石涛立于"一画"的"法"至少有三层含义。其一,指法的最根本的根源所在,即开宗明义的所谓"太古无法,太朴不散"的"无法"状态。其二,"有法之法"即为法的最高存在。那么,"无法"中是怎样产生出"有法"来的呢?石涛说:"太朴一散而法立矣。"朴散者,老子云:"朴散为器。"其三,是与笔、技巧等有关的技法之法,也即所谓"众法之法",它体现在绘画创作的一些既成方式、观念和规矩之中,并要求画家严格遵循。一方面,它体现了客观世界的规律性("以有法贯众法"),故石涛云:"规矩者,方圆之极则也。"以往的画家作画"未尝不以法为";另一方面,固守成法,以传统为依,对艺术创作的发展和更新又会产生很大的束缚作用——"缚人以法"。

石涛在《画语录》"一画论"中,反对并批判"只知有古而不知有我",只会"师古人之迹而不师古人之妙",并进而提出了"借古以开今""笔墨当随时代"和"我自有我在"的重要美学理论。指出绘画艺术在长期的发展过程中,会形成自己的"法",对于这些"法"必须认真地加以继承,而在继承的基础上,又要有强烈的"变法"创新意识。这一理论观点值得我们今天的研究者注意,没有"法"就没有"化",没有继承就没有创新。在石涛看来,有"法"必有"化",画家既要学习前人的法度规则,但又绝不能受其所囿,离开古人不敢着一笔,应该学"法"而变"法"。画家由于"我自用我法",不为"法"役,"法"为我"化",所以能达到"无法而法,乃为至法"的境界。画家一旦进入这种境界,就纵笔挥洒,泼墨如云,千岩万壑,奔赴腕底,从而"从心所欲而不逾矩",进入到一个创作自由的新境界:"法立于何,立于一画,一画者,众有之本,万象之根,见用于神,藏用于人,而世人不知,所以一画之法,乃自我立,立一画之法者，盖以无法生有法，以有法贯众法也。"

二、从石涛"一画论"看清初"四僧"绘画艺术

1. 石涛

石涛：俗姓朱，名若极，小字阿长，广西全州（今全县）人。石涛自幼天资聪颖，十来岁就开始学画，18岁时，他画的兰花已相当成熟。石涛博通世学，诗文书画都有杰出的才能。其为诗含蓄，为文率真。书法工隶、行书，风格浑厚奔放。尤在绘画上表现天才横溢，卓然大家，堪称旷世奇才。石涛于山水、人物、佛像、花鸟、蔬果、兰竹无所不精，并将诗文书画篆刻融为一体。他的作品造型离奇苍古而多变，笔墨雄健恣肆，奇险而秀润，风神独具，了无俗韵，每每于豪放纵逸之中有幽微静穆之意境。石涛与八大山人、弘仁、髡残合称"清初四僧"。石涛艺术上的特点主要表现在以下几点：

其一，具有大胆的革新与创造精神，敢于反传统。将明末清初以画坛上奉古人画法为尊的风气扫荡殆尽。提出"至人无法，非无法也，无法而法，乃为至法""法自画生""师古人之迹，而不师古人之心"的观点。打破了传统画法。石涛用墨也极有特点，认为画"在于墨海中立定精神，笔锋下决出生活"。他常用墨水或花青水涂染，利用其模糊来表现山川的幽郁湿润的气象，其目的在于师法自然，表现山水的本来面目。

其二，石涛一生饱览名山大川之神秀，实现了"搜尽奇峰打草稿"的宏愿。他的山水画，无论布局还是笔法墨路都不拘一格。《山水清音图》是此种观点的代表作之一，这是一幅构图十分新奇的作品。这幅画笔法豪放，墨色淋漓泼辣，特别是满幅洒落的浓墨苔点与尖笔剔出的丛草相配合，产生了疾风骤雨般的音乐韵律。

石涛的作品很多，留下来的有数百幅优秀作品。其中《黄山图》《石竹图》《溪水秋雨图》等为其代表作。

2. 八大山人

八大山人，姓朱，名耷，原名统𨨗，南昌（今属江西）人。八大山人擅长山水、花鸟、竹木，尤其擅长水墨大写意花鸟画。他是"清初四僧"中最具有突出色彩的一位画僧。八大山人绘画艺术的特点，主要有以下几点：

其一，绘的画，笔情恣纵，不拘成法。所作残山剩水，往往河颠树倒，满目荒凉，寄托了山河破碎的亡国之痛。他所绘八哥、鸭子、猫等动物，都倔强地昂着头，眼睛更是夸张奇特，有的甚至画成方形，眼珠点得又大又黑，往往点在眼眶的近上角，显出"白眼向人"、不肯妥协的神情。八大山人的绘画构图和笔法都很简练，他画的鱼，简之又简，却生气十足；虽不画水，却满纸烟波。这就是中国画论里所说的"虚实相生，无画处皆

成妙境"。

其二，作为一位禅坛高僧，他的画中，处处透出佛理禅机。笔墨造型"不拘成法""奇古天真"。形象组合违背常规、浪漫无羁，呈现人性的本真和生命的实在。形成了别具灵奇的意境。这种艺术特点，自然是受禅宗"物我同化""物我合一"的"意境说"的影响。因此在他的绘画中，常不为时空所局限。"不求形似，但求生韵"，把中国的写意画推向了能够强烈抒发内心情感的高境界。这就是八大山人的艺术世界和生命世界。

3. 弘仁

弘仁：俗姓江，名韬、一航，字六奇，号鸥盟。歙县（今安徽）人。弘仁的绘画特点主要表现在以下几个方面：

其一，弘仁的绘画，多在取法倪云林的基础上，又加以发展，从而形成不同于前人的峻逸、宁静和沉稳、幽僻的风格。他的构图非常奇特，从他的《黄海松石图》《黄山蟠龙图》都可以看出。

其二，弘仁的笔墨造型多采用"高远法"。这种"高远法"得承于"元四家"以"远""淡""疏""苍"为山水画审美旨归的意趣，但在弘仁的手上，得到进一步的发展。"远"就是突破有限通向无限。山水画在本质上就是和远相联系。弘仁的绘画作品流传于世的有：《西岩松雪图》《黄山蟠龙图》《黄海松石图》《丰溪山水图卷》《黄山真景图》等。

4. 髡残

髡残：俗姓刘，字介丘，号石溪，别号有白秃、残道人、石道人、天壤道人、电住道人。与石涛，又被称作"二石"。髡残绘画的特点主要表现在以下几方面：

其一，髡残注意师法自然，"草木湖山信手拈"，作画好用秃笔、渴墨，长于干笔皴擦，墨色沉着，又是书法通画法，其笔墨不拘成法，一任自然，人称"粗服乱头"。这种"本自天然，不假雕琢"的特色，与其受禅宗"平常心"的观点的影响是分不开的。"平常心"关键就是不执着，任其自然，无所追求。以个体心灵去体验某种现实的过程。这种创作精神从本质上与禅的率真见性是相通的，禅宗主张自我心灵要与自然万物融合为一体，大自然万物就是我，我就是大自然万物的精神境界。髡残以自然景物作画，目的在于，以此来体悟禅理、禅义。如此，便造成了他的作品与众不同的悠远意境。

其二，也许因为是"遗民"的缘故，髡残所绘的画，真正是其心灵的写照。作为"明末遗民"，遭逢变乱，身处逆境，但毫无惧色，亦不随波逐流，洁身自好，并以书画诗文寄托其内心世界。《达摩面壁图卷》是他心灵写照的代表作之一。图绘中国禅宗初祖菩提达摩深山壁观的情景。

髡残的作品流传于今的很多，其中《秋山钓艇图轴》《青峰凌霄图轴》《幽栖图》《兰亭图》《仿米氏山水图》《溪山幽居图》《达摩面壁图卷》，以及他的《山水册页》等为其代表作。

三、结语

"清初四僧"的绘画艺术风格始终贯穿石涛的"一画论"的思想。由于他们生活的时代背景、"遗民"的身世，以及他们各自强烈的性格，这些对他们的绘画都产生了很大的影响。这种影响在他们的绘画中鲜明地表现出来。他们有的豪放，有的沉郁，有的夸张，有的谨严，从而形成了不同于别人的独特的"遗民画派"艺术风格。

（原载《景德镇陶瓷》，2011年，第6期）

清初四大画僧合考

汪世清

　　清初四大画僧：渐江、石溪、八大山人、石涛，都是中国绘画史上的重要人物，都以他们各自在诗、书、画三方面的独创风格影响当时和后世。可惜在他们死后，他们的画誉虽日隆，而了解他们生平的人却日少。尽管在他们生前和死后，有人分别为他们立传，而且不止一篇，但由于这些文献流传少，日久渐成世不经见之作，因而越来越不容易为更多的人所看到。而另一方面，有些画史载籍，如张庚的《国朝画征录》和《国朝画征续录》，对四僧的记述都有或多或少的失实之处[1]。却由于成书较早，流传较广，往往为后人所置信而广泛引用，以致以讹传讹，造成很多混乱，至今还未能彻底澄清。从历史上看，雍乾以后，有清一代，并没有人对四僧中的任何一个人作过系统的研究。直到本世纪30年代，才有人对有关他们的资料进行了广泛的搜集和系统的整理[2]。60年代以来，海内外研究四僧的人越来越多，无论是对资料的搜集、整理和考核，还是对他们各个人艺术成就的评价，都进入一个新的研究阶段。现在，我们对他们的生平，特别是入清以后的活动，了解得比以前多了一些，对他们各人的一些重大问题，基本上比以前也清楚了一些。为了综合考察一下有关他们生平的三个主要问题，特写《清初四大画僧合考》。

一、生卒问题

20 年前，关于四僧的生卒问题，还有许多没有解决的悬案；现在已经比较确切地知道他们的生卒年份了，有的甚至知道生卒的月日。这里先把他们的生卒年份（和月日）分列于下：

渐江

生于明万历三十八年庚戌（1610），

卒于清康熙二年癸卯十二月二十二日（1664 年 1 月 19 日）。

石溪

生于明万历四十年壬子四月八日（1612 年 5 月 8 日），

卒于清康熙十二年癸丑（1673）秋冬。

八大山人

生于明天启六年丙寅（1626），

卒于清康熙四十四年乙酉（1705）秋冬。

石涛

生于明崇祯十五年壬午（1642）五月或六月，

卒于清康熙四十六年丁亥（1707）十一月前后。

再就其中尚有问题的地方略加考证，以资澄清：

（一）渐江卒年，据程守《故大师渐公碑》和殷曙《渐江师传》[3]，均可确知为康熙二年癸卯十二月二十二日。若以公元纪年，则为 1664 年 1 月 19 日。故渐江卒年应为 1664，而非 1663。

（二）石溪生年，除据周亮工《石溪大师六十僧腊，大师与佛同日降》[4] 的诗题和《与张瑶星》书中的"石公后我一日"[5] 一语外，尚有钱澄之《髡残石溪小传》[6] 的"师与予同年生"和"崇祯戊寅，师年廿七矣"二语为证，故可确知为明万历四十年壬子四月八日。若以公元纪年，则为 1612 年 5 月 8 日。

（三）石溪卒年，目前许多著作均记为"1692 后"[7]，即康熙三十一年壬申后。实误。第一，钱小传写于康熙二十九年庚午（1690）以前，其中已有"师殁十余年"之语；且据石溪门徒山足兴斧（1636—1688）所作行状而写，而兴斧卒年为康熙二十七年戊辰（1688）[8]。第二，此说或即以元同辑《释石溪事迹汇编》列《寒村暮云图卷》于康熙三十一年为据。然此卷并非石溪之作。此卷题识云：

寒村暮云图。拱北先生正之。直道如君迥绝尘，繁华弄绝爱清贫。

廿年训导称儒雅，古调商音孰与亲。壬申春日，残道者并画。[9]

汪鋆《清湘老人题记》亦著录此诗，仅第一句"道"作"率"，第四句"商音"作"清商"，稍有不同。款署"壬申春日，拱北先生，清湘石涛济"。故此卷必据石涛画而伪作，实不足据。第三，今已确知石溪卒于康熙十二年癸丑（1673），只活到62岁。施闰章有《徐田东见遗石溪〈偃松图〉，盖摹东坡墨本》七古一首中有句云："石公生前好画，与余善，惜我未致鹅溪绢。"[10] 而且据《施愚山年谱》确知此诗作于康熙十二年十二月。又程正揆《题石溪松风涧响图》云：

石公笔墨得香光神髓，此忽作迂态，在狮林鹤林之间。宛转心目，令人意远。可谓狯矣。绣山先生具赏鉴家，珍藏玩味，如对古人。此亦自出手眼；独行不求伴侣者也。癸丑八月初一青溪道人揆观题。[11]

此跋写于康熙十二年八月一日，而语句间并未丝毫流露伤逝之感。以二人交谊而论，必其时石溪尚在人世。故石溪必卒于康熙十二年秋冬。

（四）八大山人卒年，现在尚有记为"约1705"的，显以卒于康熙乙酉为不可完全置信。李骐《挽八大山人》诗云：

高帝诸孙皆志士，先生托迹更难希。心同北地留身在，贤似河间叹世非。
书画流传名姓隐，云山啸傲遁藏肥。迢迢曾未一携手，底事悲伤泪满衣。

此诗载《虬峰文集》卷九，列在《乙酉中秋》《九日饮石亭园》和《饮浮公院，分赋庭树，得南天烛》三诗之后，《大雪口号》一题之前。是集各卷诗均依年月编次，此挽诗必是康熙乙酉冬所作。又朱观《题八大山人遗照》五古一首有"别君越三载，闻讣心悲伤"之句[12]。朱观与八大山人相别是康熙四十二年癸未，而从癸未至乙酉正是三年。故八大山人卒于康熙四十四年乙酉秋冬，是十分确凿可靠，不必有任何怀疑的。

（五）石涛生卒年的考定经历了一个曲折过程，现在总算已得到确凿可靠的结论了。但目前对于石涛卒年似乎还有异议。大致有三种说法：一为卒"约1718"[13]，二为康熙四十九年庚寅（1710）"石涛尚健在"[14]，三为康熙六十年辛丑（1721）石涛尚有《八十述怀图》[15]。总之都以李骐的挽诗为不足信。但从李骐的《哭大涤子》小律四首考定石涛卒于康熙四十六年丁亥（1707），有两个十分确凿可靠的依据，一是第一首的诗后注"前年八大山人死"，二是第二首的夹注"交恰十年"[16]。今已确知，八大山人死于康熙乙酉，李骐与石涛始交于康熙戊寅[17]。而由此以定石涛卒于康熙丁亥，两据正合。且不论上述三种说法都各有很多可疑之点，很难据以定案，即以之作为论据，无论哪种说法，其价值都不能与李骐的挽诗相提并论。因此，我们只能根据李骐的挽诗来证明这些说法的不可信，而不能用这些说法的论据来证明李驎挽诗的可疑。因为，它们丝毫也不能证明八大山人不是卒于康熙乙酉，李驎与石涛订交不是始于康熙戊寅。而如果没有确凿的证据证明八大山人不是卒于康熙乙酉，李驎与石涛订交不是始于康熙戊寅，那么，任何石涛于康熙丁亥以后尚在世的说法都不能成立，便是逻辑的必然了。

附带在这里谈一下关于石涛生年的考证问题。早在50年代末和60年代初，海内外都有人根据石涛的《寄八大山人乞画大涤草堂图手稿》和《庚辰除夜诗手稿》推知石涛生于崇祯十四年辛巳（1641）。此说一出，群相从之。然虽接近，实不准确。而且它的差误就包含在论据之中。如以《寄八大山人乞画大涤草堂图手稿》而论，今可考知此札写于康熙三十八年己卯（1699），是年八大山人七十四，与"闻先生花甲七十四五"正合。而"济将六十"至少有五十九和五十八两种可能。生于崇祯辛巳之说，只是根据康熙己卯五十九而得出的。它排斥了己卯年五十八的可能，则论证便不全面了。《庚辰除夜诗手稿》作为论据，也有同样的缺点。所谓"今周花甲"或"花甲之年"一般是指当年六十，但也常有以五十九而称六十的。何况《除夜诗》写于新年即将降临之际，如果当年为六十，则转瞬花甲即过，怎么还说"今周花甲"呢？很明显，仅仅依据庚辰年六十来推定石涛的生年，自然就会带来可能的误差。所以，像这样一种有两种可能性的论据，如果用来得出单一的结论，显然缺乏严密的科学性。另一方面，根据李驎《清湘子六十赋赠》七律二首来推定石涛生年，只要肯定诗作于康熙辛巳，则"出腋知君岁在壬"，这个"壬"年便只能是崇祯十五年壬午了。而且这个"壬"字是押在韵脚上，它是不可移易的，它排除了任何其他的可能性。因此，由此得知石涛不是生于崇祯辛巳，而是生于崇祯壬午，虽仅一年之差，而二者的可靠性决不可同日而语。于是庚午四十九而称五十[18]，己卯五十八而称年近六十，庚辰五十九而称六十，便都前后一致，更可互相印证了。

二、行踪问题

四僧的出生地，渐江是歙县（今属安徽），石溪是武陵（今湖南常德市），八大山人是南昌（今江西南昌市），石涛是桂林（今广西桂林市）。明亡前，渐江、石溪、八大山人的青少年时期都在各人的家乡度过，具体情况不很清楚。石涛在宫中长到4岁，惨遭家难，便随人离开了故里。入清时，渐江36岁，石溪34岁，均入壮年；八大山人20岁，正是青年；而石涛是一个4岁的幼儿。

现在只就他们入清后的行踪，略加考察。

（一）渐江

渐江入清后只活了18年，行踪所至，大体上可分在闽，在南京、芜湖和在歙三个时期。

1. 在闽时期

渐江于顺治二年乙酉（1645）离歙去闽[19]，从丙戌到辛卯流寓丹山碧水间大约5年多。这期间，他有信与程守，全文如下：

哭别相公潭上，公已无归志。弟以二尊人大义相责。今已闻家食矣。入武夷山，居天游最胜处，不识盐味且一年。业披缁皈古航本师。乞食固分内事。毕子阶三赠以十缗。非公莲花峰顶之言，彼安知有苦行头陀也。尊素、茧茧，时来啸咏。不更及。[20]

赖此始得略知渐江入闽后的情况。他在"居天游最胜处，不识盐味且一年"之后，已皈依古航道舟（1585—1655）门下为僧，其时当为顺治四年丁亥（1647）。然而所知亦仅此而已。故对这一时期的行踪，实际上还不甚了了。

2. 在南京、芜湖时期

渐江何时离闽北返，尚无确证。仅知顺治八年辛卯（1651）冬已在南京。在《持赠云烟合作卷》上所画的一段，前二人张安苞、吴星作于滁州，时在辛卯十月；后二人何颙、王玄度作于扬州，王作于腊八前一日。中间相去仅一月。方式玉携此卷由滁州至扬州，水程必经南京。渐江当在南京与之相遇而为之作。其后于顺治十四年丁酉（1657）重游南京，结厦于香水庵，直到十五年戊戌十二月始离南京返歙，勾留约一年半左右。壬辰至乙未，渐江居芜湖较久。程守《于湖阻雪，与渐江联床》云：

未游先有倦，初欲入崚嶒。酒碧谁非客，炉红我与僧。
筍舆千里雪，椒壁一宵灯。即不明朝别，当知别不能。[21]

此诗是顺治壬辰十二月，程守由南京返歙，途经芜湖，与渐江相遇而作。为龙超居士画扇，款署"乙未蒲月，时客区湖"[22]。知顺治十二年五月仍在芜湖。在这期间，壬辰九月曾挂锡宣城的碧霞庵[23]；戊戌岁杪在由南京返歙途中，因雪阻而在宣城的湾沚度岁[24]。

3. 在歙时期

顺治十三年丙申及从十六年己亥到康熙二年癸卯十二月渐江逝世，前后共约6年，除壬寅仲冬到癸卯夏约半年游西江、登庐山而外，余均在歙。在这期间，每岁必一游黄山，又数客西溪南吴氏，而以居披云峰下的五明寺为最久。"丙申八月，惠然肯来，因共了黄山之愿。其幸为何如？"[25]这是汪家珍跋渐江《黄山山水册》中语。汪家珍家居岩镇，距黄山百里。顺治十三年八月，渐江来访，并偕游黄山。"己亥九月，挂单云谷"[26]。云谷寺又名掷钵禅院，黄山名刹之一。故知顺治十六年九月，渐江在黄山。王炜《黄山游记》谓:"予以庚子八月偕渐江老衲入自汤院。"[27] 汤院即祥符寺,在紫石峰下。游人每由此以入前海。这又是一次游黄山的记录。吴之䯄曰"壬寅暑月苦热","徒步入桃花源","渐江适来白龙潭"[28],因得相见。据此知渐江康熙元年六月在黄山。"岁壬寅冬,渐公由浮溪至郡,将游庐山"[29]。知是年在黄山,直到冬月始回歙城。石涛曰:"公游黄山最久,故得黄山之真性情也。即一木一石,皆黄山本色。"[30] 此深知黄山亦深知渐江之语。渐江入清后游黄山有明确记载的为四次。

(二) 石溪

明清易代之际,石溪"避兵桃源深处"[31];仍在武陵。然此后数年,行踪所在,却无所知。"甲午再来白下,遂驻锡长干"[32]。知这次来南京始于顺治十一年(1654),而且一到就住在城南长干大报恩寺。旋即参加"藏社",校刊《大藏经》。并于丁酉、戊戌之间,因"社主松影去楚"而"代领其事"。"戊戌往谒浪杖人于皋亭,一见皈依,易名大杲。明年,杖人示寂于天界。师自祖堂奔赴"[33]。这可证明两点:第一,石溪确曾皈依觉浪道盛(1592—1659)为徒,但时间可能不到一年。第二,道盛于顺治十六年九月示寂时,石溪已移居于离城30里的祖堂寺(即幽栖寺)。石溪何时从长干移居牛首山和祖堂山,目前有两种说法。一说"1657年起就住在牛首山和祖堂山"[34]。一说"清康熙二年(1662),石溪才离长干大报恩寺,迁居到更向南的牛首山和幽栖山"[35]。前者所定"1657"为顺治十四年,失之太早,因为丁酉、戊戌之间,石溪正主持修藏事,是不会离开大报恩寺的。后者定于康熙二年,又失之太晚。因为,道盛示寂时,石溪是"自祖堂奔赴",很明显,他在顺治十六年九月以前已经在幽栖寺了。而且从己亥以后,他在题画署款中,有"大歇堂""借云阁"和"天阙山房""含虚阁"字样的,便都是在幽栖寺或弘觉寺所作。实际上,石溪移居城外幽栖寺正是始于顺治十六年己亥(1659)。方文《送石溪还武陵兼寄刘山䃤先生》五古四首中,即有"城南三十里,有古幽栖寺""大师来自楚,爱此岩壑邃。挂瓢经十霜,二老同定慧"[36]等句。诗作于康熙七年戊申(1678)秋,而自戊申上数到己亥恰好10年。牛首、祖堂二山,相距10里。石溪在己亥到戊申的10年中,有时住在祖堂山的幽栖寺,有时住牛首山的弘觉寺。"大歇堂""借云阁"在幽栖寺,"天阙山房""含虚阁"在弘觉寺。幽栖寺,"幽寂远过于牛首之弘觉"[37],石溪似尤爱之,居幽栖的时间较多,且自署往往称"幽栖电住"或"幽栖残道者"。石溪在顺治十七年庚子(1660)五月和八月之间游黄山。有他的两幅画为证。一是《十百斋书画录》壬卷著录《石溪山水画》,款署"庚子仲夏画于借云阁中",其时尚在幽栖寺。另一是《释石溪事迹汇编》录自真迹的《黄山图轴》,款中有"庚子秋八月来自黄山"之语,其时已回到南京。戊申秋"还武陵",有方文诗为证。但行止尚未能确知。题画有"尔和居士""庚戌春入幽栖索老僧笔墨"[38]之语,知康熙九年春在幽栖寺。辛亥到癸丑逝世不到3年,恐怕都没有离开幽栖,最后便在那里离世。总之,石溪入清后活了28年,前8年行踪不详,后20年除"还武陵"外,足迹只在南京城郊几大丛林之中。

(三)八大山人

八大山人"世居南昌。弱冠遭变、弃家、遁奉新山中,薙发为僧"[39]。顺治二年乙酉(1645),清兵入江西。时八大山人20岁。国破家亡,他便离开了南昌。"戊子现比丘身,癸巳遂得正法于吾师耕庵老人"[40]。知八大山人"薙发为僧"在顺治五年(1648)。但薙度前后的行踪,也就是从丙戌到壬辰7年间的行踪,目前尚不了解。癸巳是顺治十年(1653)。这一年,他皈依洞宗高僧弘敏(1607—1672)门下为徒,法名传綮,字刃庵。弘敏,字颖学,号耕庵老人,是博山雪关智訚(1585—1637)的门徒。"隐居介冈之灯社及奉新芦田"[41]。介冈在进贤(今属江西)县治西50里,为饶氏族居之地。弘敏在顺治十三年丙申(1656)去奉新(今属江西)创建耕香院(其地在奉新县治西20里的芦田)[42],以前隐居在进贤的介冈。八大山人"得正法于"弘敏当即其地。介冈附近的白狐峰,又名白狐岭,有八景之胜。弘敏偕其徒啸咏其间,今尚能见到弘敏和其徒传綮、寂谷、饶宇朴唱和之作[43]。这些诗必作于癸巳和丙申之间。故知这4年八大山人在进贤的介冈。弘敏去奉新后,八大山人似乎仍留在介冈。今存台北八大山人《传綮花卉册》,有"己亥十二月朔日"的题诗,有"画于灯社之松海"和"灯社释传綮书"的署款,可证八大山人直到顺治十六年己亥(1659)还在进贤。他去奉新,从弘敏居耕香院,自然是在己亥以后了。

今知八大山人康熙辛亥到丙辰间在奉新芦田,而且其间有一段时间(壬子秋到癸丑夏)在新昌(今江西宜丰,清初属江西瑞州府,在奉新西南。二县毗邻,县治间相距150里)。这有裘琏的诗文为证。裘琏(1644—1729),字殷玉,号蔗村,浙江慈溪人,胡亦堂之婿。在胡亦堂任新昌县令期间(康熙庚戌到乙卯),他从之"宦游宜丰",来到江西。他的诗集《览筠稿》收诗起庚戌冬止癸丑夏,即客新昌之作。

"往岁壬子客江右,获交芦田释雪个"[44]记与八大山人相交在康熙十一年(1672)。明著"芦田释雪个",当指其时八大山人在奉新耕香院为僧。但二人初遇则在前一年辛亥。《赠别雪公上人》[45]五律二首,有"避暑愚公谷"之句,且按编年,当作于辛亥夏二人"云水遇逢",相见即别之时。"莫负渊明里,还来看菊花"。新昌古迹有"陶渊明故里"。这是相约秋来新昌赏菊的殷殷期望。据此诗句,其地既非新昌,亦非南昌,明甚。而奉新芦田是由南昌赴新昌的必经之地。裘琏或即在途经芦田时与八大山人相遇。到了壬子秋,八大山人就果然来到新昌了。《同诸子过雪公兰若》五律一首,是壬子秋在新昌之作,首二句云:"兰若千峰外,寻幽此数过。"[46]这个"兰若"便是八大山人在新昌挂单的寺院，裘琏来访已经不止一次了。癸丑春，有《留雪公结庐新昌》一首，诗云：

> 莫问龙溪水，何如濯锦湖。人因陶令在，宅似子真无？
> 山意寻幽杖，云心静洗盂。买金开精舍，到处谷名愚。[47]

龙溪水在奉新县治西20里。濯锦湖又名白泽湖，在新昌县治东2里。山川名胜，新昌不让奉新，何况到处都可作栖隐之所，不妨就留在新昌，长住下去吧！这是对八大山人的劝说，却足以证明八大山人原来是在奉新。《坐雨同个山》云："不断黄梅雨，长看白泽湖。盐溪山色好，比得富春无？"[48] 诗亦作于癸丑。盐溪即流经新昌县太和门外的若耶溪。时已梅雨季节，八大山人仍在新昌。但他并没有"结庐"新昌，后来还是回到奉新芦田去了。裘琏在丙辰家居之时，有《寄个山綮公二首，兼索画》，其一云：

> 吾爱芦田綮，逃禅不著经。诗名高白社，书价重黄庭。
> 林卧山云冷。江排闽树青。吴绫如有寄，乞为画秋屏。[49]

题"寄个山綮公"，且以"吾爱芦田綮"为起句，必其时确知八大山人仍在芦田为僧。由此亦可证八大山人康熙十五年仍在奉新。

饶宇朴《个山小像跋》有"丁巳秋携小影重访菊庄"一语。饶宇朴，字蔚宗，进贤介冈人，从弘敏学佛，与八大山人为法门兄弟。其家"菊庄"即在介冈。故知八大山人于康熙十六年秋有重访介冈之行。是年胡亦堂调临川（今江西抚州市）县令，二月到任。八大山人应胡亦堂之请来到临川，其行踪有胡亦堂诗为证。《中秋同诸子看月亭上》五律一首，诗后注："时刘子仲嘉、上人雪个在座。"[50] 亭指梦川亭，在临川县署内。《者树轩同雪公雨坐》[51] 五律一首，者树轩为临川县署内一所斋室。这是被延入官舍的明证。《过东湖寺同雪公》[52] 七绝一首，《闻雪公自多宝庵转而飞锡东湖，诗兴大发，入署尚未有期。俚言代柬，兼以相招》[53] 五律一首。东湖、多宝是临川较大的寺院，都在临汝乡。这是驻锡寺院的明证。胡亦堂任临川县令是从康熙丁巳二月到庚申年底，八大山人在临川当在这四年内。但可确证的是己未五月以后在临川。八大山人有《咏临川古迹诗》七律十首，都是和胡亦堂、丁弘诲、饶宇朴等同时在临川所作。《拟岘台》[54] 一首末句云："记得城头工筑始，贔屃情愿出蒿莱。"同胡亦堂的"开府风流今日在，凭将经济辟蒿莱"和丁弘诲的"最喜贤侯能好事，鼎新堂构辟蒿莱"一样，说的都是抚州知府陈洪谏重修拟岘台的事，而这次重修落成则在康熙十八年五月[55]。所以《拟岘台》之作必在己未五月以后。上举《中秋同诸子看月亭上》一诗虽未明著甲子，但只能是己未或庚申的"中秋"。因为这个"亭"是康熙十八年四月才落成的梦川亭[56]，而胡亦堂于辛酉春便离开临川了。故知八大山人康熙己未、庚申间在临川。

八大山人回到南昌当在康熙二十年辛酉或稍后。晚景20余年便是在这座古城中度过。

（四）石涛

石涛一生的行踪，现在已比较清楚。拙著《〈虬峰文集〉中有关石涛的诗文》[57]中曾分四时期，对"石涛的一生行迹"做了简明的叙述，这里便不重赘了。但尚有须加论证或遗漏的问题，补充如下：

1. 石涛是否到过庐山？拙著中提到"石涛在东下途中，可能在庐山住过短时期"。这种未加肯定的语气，表明对它的论据多少有些怀疑。石涛到过庐山的一条明显证据，是北京故宫所藏《石涛山水人物卷》中的《石户农》一段，其题识云：

> 石户之农，不知何许人，与舜为友。舜以天下让之。石户夫妻携子以入海，终身不返。甲辰客庐山之开先寺，写于白龙石上。

钤有椭圆形"老涛"白文一印。甲辰为康熙三年（1664），时石涛23岁。署款极为明确，本可据以肯定，是年石涛到过庐山。但何以还要用"可能"二字呢？这是因为此段颇有可疑之处。主要有两点：第一，字迹似晚年笔意，与年龄不符；第二，康熙壬寅至乙巳间，庐山僧弘铠（亦号石涛）正为开先寺住持[58]，向均误以为即画家石涛；而除此张冠李戴而外，迄未见任何其他足以证明石涛在庐山的确证。如果此卷确为真迹无疑，则可确凿证明石涛康熙三年甲辰在庐山，并可反证汪鋆《清湘老人题记》中著录此条之误。但直到现在，我的疑团仍未消释，因而还只能认为石涛"可能"到过庐山。

2. 石涛在歙县。拙著只提到"康熙六年，石涛始游黄山"，"戊申（1668）来到歙县"和"己酉偕曹鈖（字宾及，丰润人）同游黄山"。今据石涛《金竺朝霞图》，款题："清湘石涛，己酉夏日写于新安之紫阳书院。"[59]可知他康熙八年（1669）夏在歙县。紫阳书院在歙县郡城南门外的紫阳山，是年徽州知府曹鼎望（1618—1693）重修。石涛适在此际寓此，当与曹鼎望有关。倘从上一年来歙便未离去，则在歙时间至少在半年以上。他和曹鼎望父子的密切交往当在此际。是年九月，石涛游黄山，或从歙城出发。金竺是歙县西陲的一座名山。石涛在歙时间久，除黄山外，对歙县的其他山川也比较熟悉。

3. 石涛的"皖省之行"。拙著只提到康熙乙亥（1695）五月，石涛路过仪征，有"皖省之行"。但此行到了哪里，往返途经何地，均无所知。今据《巢湖图》[60]可以得其梗概。图上题七古一首，七律二首，七绝一首，并跋曰：

乙亥夏日，合肥李容斋相国与太守张见阳两先生相招予，以昔时芝麓先生稻香楼施予为挂笠处。予性懒不能受，相谢而归。过巢湖，阻风五七日，作此。今与张见阳道兄存之。以记予生平游览之一云。清湘瞎尊者原济。

李容斋名天馥，字湘北，合肥人。时以大学士丁忧在籍。张见阳名纯修，字子敏，辽阳人，时任庐州知府。石涛应李、张的联合邀请，于康熙三十四年六月来到合肥，并受到李、张的宠遇。但石涛没有接受在稻香楼长住下去，没多久便"相谢而归"了。归途过巢湖，在中庙阻风。在停泊中，写了《中庙阻风，登凤阁二首》，其一云：

百八巢湖百八愁，游人至此不轻游。无边山色排青影，一派涛声卷白头。
且踏浮云登凤阁，慢寻浊酒问仙舟。人生去住皆由定，始信神将好客留。

中庙即巢湖圣妃庙，距巢县和合肥均 90 里，故名中庙。其地为飞凤形，庙当凤顶，有楼屹立，俗称凤阁。石涛的《巢湖图》和题诗均写实景，读之令人有无限寥廓苍茫之感。大概五七日之后，风平浪静，他便渡过巢湖，沿江东下，回到仪征。这幅《巢湖图》便成了这次"皖省之行"的记录。

4. 最后一次回到南京。石涛于康熙三十一年壬申（1692）夏秋之交，离北京由水路南下，十月回到南京。翌年北归邗上，至乙亥有"皖省之行"，丙子"避暑松风堂"有歙县之行。来往均经南京，但未见有在南京勾留的记录。丁丑定居扬州以后，更少远行。今据田林诗始知石涛在 61 岁那年的春天还回到南京约 10 天左右。《送大涤子回广陵》云：

白下重来过一旬，别余又欲向江滨。情深颇讶归何速，足倦嗟嗟晤未频。
茶后醇醪从破戒，花前飞絮不由春。广陵见月休相念，祇恐多思易老人。[61]

田林（1643—?），字志山，号髯农，江宁人。与石涛为友。其诗集《诗未》以年编次，此诗编于壬午，为康熙四十一年（1702）所作。"白下重来过一旬"，这是康熙壬午春石涛在南京的明证。石涛有《云山图》，款题："清湘大涤子极。壬午三月乌龙潭观桃花写此。"[62] 又知石涛来南京为是年三月，并有乌龙潭之游。

三、交游问题

四僧的活动年代，以入清后而论，从顺治乙酉到康熙丁亥，长达 63 年。但生卒有先后，四人共存的时间只有 18 年。康熙癸卯渐江卒，越 10 年石溪卒，再过 32 年，八大山人卒，石涛独存的时间只有2年。四僧的活动地域，在四人共存期间，八大山人在江西，石涛在湖北；渐江和石溪在江南，其间顺治丁酉、戊戌间，两人都在南京，以后石溪仍居南京，渐江回到歙县。石涛来江东以后，来往宣城、歙县之间，石溪习静幽栖，八大山人则在奉新。石溪卒后，又过几年，八大山人回到南昌，石涛移居南京，在一游北京后又定居扬州。在较长时间里，一在江西，一在江东。隔江相望，虽音问时通，却从未见过面。至于石涛与石溪，虽有一段时间一在宣城，一在南京，相距不远，似亦未曾相见。最可怪的，渐江和石溪有一年多时间同在南京，而且为洞宗的法门兄弟，但至今却未发现在他们之间有过直接的交往。

（一）四僧各有自己的知交。今所知的，石涛的交游最广，渐江次之，八大山人又次之，石溪最少。

1. 渐江去世较早，所交歙人为多，且大都为明遗民。王泰征《渐江和尚传》和殷曙《渐江师传》提到的亲友，两传合计汰其重复者，得20人，歙人居12。其可考者，已见《渐江资料集》。其未见两传者，择要补考之。

吴揭，字连叔，号仅庵，歙县西溪南人。赵吉士有绝句云："名山住已遍，赠妾散黄金，向平无一累，八十尚高吟。"下注："怀吴连叔。"[63] 诗作于康熙甲寅（1674），是年吴揭八十，其生当为明万历二十三年乙未（1595），长于渐江15岁。工诗善书。顺治辛丑所书《廉颇蔺相如传》长卷，笔法遒劲秀逸，仍有明人笔意。今藏上海市博物馆。渐江《与吴仅庵》书云：

去冬曾具只字寄候，想尘几下。仁春来兀坐五明，景况殊寂。兼羸病日增，酬应为懒。所最苦者，故乡松萝不贴于脾，至涓滴不能沾啜。极思六安小篓，便间得寄惠一两篓，恂为启脾上药。窭僧感激无量。便次草草不一。上仅庵先生万古。顾翁想昕夕相晤，乞为仁致意。二月廿日学人弘仁合十具。[64]

读此可以想见二人的交情。"顾翁"即马顾，字人表，号顾公，杞县（今属河南）人。顺治丙戌进士，出为淮安府推官。善山水花卉，有画名。据此知渐江亦与马顾为友。

吴鸿渐，字与进，西溪南人。"甲戌秋，与进公寿臻八十"。甲戌为康熙三十三年（1694），其生当为明万历四十三年乙卯（1615），亦与渐江为友。渐江于"庚子冬初"作画题诗《寄予进居士于丰溪草堂》[65]，时在休宁建初寺。鸿渐季子应建（1647—1706），字念武，一字兰谷。少即"留意丹青"，见渐江画"心焉慕之"。似亦亲承渐江之教。"渐江弥留之际，贻念武书曰：'恨余生太早，不获见子之成。子真可继武倪黄。他日名立，幸为余补其不逮。'又向慕倪迂诸画，多肖之。间亦书渐公名，人不能辨"[66]。画学渐江而能乱真，其造诣恐不在祝昌、姚宋之下。惜其画今已不可得，但见《十百斋书画录》著录其一轴一箑而已。

吴梦印，字粲如，与弟伯炎、昭素均为渐江好友。工书。家富收藏，多宋元名画，"高僧渐江观画于余叔粲如、伯炎家，每至欣赏处，常屈膝曰：是不可亵玩。渐江岁一游黄山，举三十六峰之一松一石无不贮其胸腹中，而其画遂与倪迂继响"[67]。容庚《颂斋书画小记》（稿本）著录《倪瓒林亭远岫轴》有吴梦印一跋，文曰：

书画一理也。昔人谓宋元画与晋唐书法如庄士端人，自无一点尘气。此图似之矣。观其山川平远，林木萧森，且与浮屠相映。回视丰溪秋色，谁假谁真？象菴叔深得晋唐笔韵，试以书法会之，则知画工之巧矣。蟾云吴梦印跋。[68]

书画一理，言简意深。但其手迹恐仅此一跋了。

2. 石溪在南京的朋友，如钱谦益、程正揆、顾炎武等，都是历史上的知名人物。现在补充为人所不熟悉的。例如，把石溪《偃松图》送给施闰章的那位"徐田东"到底是谁？他姓徐，名延吴，字州来，一字田东，江宁人。能诗。《饭西村人家，晚登清凉山》云：

人家背郭独扉开，放步晴初问晚梅。听入林香依堕磬，坐移山影静传杯。
乱离催动城南客，落日还登屋后台。高处不堪舒老眼，只鸿声向大江来。[69]

诗意苍凉，可以略见其怀抱。徐波（1590—1663）有《寒夜书怀，送州来还秣陵》五古一首中有句云："昔别迫枯冬，石城霜覆地。伛偻就肩舆，临行更把臂。累月见人情，冷暖各在意。要我重游期，漫应明春至。"[70]二徐友情，似颇深挚。施闰章有《答徐田东先辈送别用韵》[71]五律二首，作于康熙十七年戊午（1678）"应召入都"路经南京之时。其年辈显比施闰章为长。而是年施已六十一了。又有《徐州来宅同商贤》五律一首，作于康熙己酉，末句云："廿年小阮贵，不改旧荆扉。"[72]《寄徐田东秣陵》七律一首，末句云："武昌官舍知相近，自爱清溪钓白鱼。"下注："时从子子惺官楚藩。"[73]子惺，名惺，顺治己丑进士，知为徐延吴之侄。吕留良（1629—1683）有《同州来、俞邰、子贯奉访静夫》和胡其毅《晚秋吕晚村、徐东田、令嗣子贯、黄俞邰会饮草堂即事》五古各一首。胡诗有句云："东田号前辈，行谊古所少。华胄娴素辞，白首振嘉藻。厥子亦雅饬，澹泊志能早。"[74]据此，田东亦作东田，是一位志行高洁、为人敬佩的长者。张兆铉有《白门松年阁为徐州来先辈藏书处。予偶过阁下，如见先辈典型，怆然有怀。

赋此志感，并呈令嗣子贯兄正之》五律一首，有"典型钦宛在，私淑问遗书"[75]之句，时徐延吴显已去世。遍查江宁府、县志及《金陵通传》均无徐延吴的记载，故钩稽载籍，稍作论列。

石溪殁后，行状是其徒"浮山山足斧公"所写。钱澄之又说石溪"遇弟子一以呵骂从事，非人所堪。不得已，去之他方，往往为上座，称大师，斧公其一也"。潘江辑《龙眠风雅续集》卷二十七"衲子"选兴斧诗，小传云：

兴斧，字山足，吉安张氏子。初入金陵，为石溪禅师剃度。随参天界，次谒青原，受法无可和尚。奉和尚命，应桐邑请，就华严寺修山志，建藏阁，送天界、青原两录入嘉木藏。戊辰上元后，召大众出衣履记荝，飘尔长往，寄锡京师之观音寺。预示顺世之期，以三月十四日沐浴更衣跌坐而逝。世寿五十三，僧腊三十四。

方中发（1639—？）《白鹿山房诗集》卷六有咏浮山诗中有《双挂塔》一首，题下注："山公去华严关数月，示寂于京师。"故知兴斧卒于康熙二十七年戊辰（1688），其生当为明崇祯九年丙子（1636），从石溪剃度则为顺治十二年乙未（1655），正石溪驻锡长干大报恩寺之时。"天界"指觉浪道盛。赴青原，受法无可大智当在康熙甲辰以后。兴斧有《庚戌二月，本师命住浮山华严寺》七律一首，其"应桐邑请，就华严寺修山志"当在康熙九年庚戌（1670）。从这年起他就在桐城浮山住持华严寺，直到康熙戊辰一月北上，为华严上座长达19年。

3. 八大山人早年在进贤的师友，现在所知的只有弘敏、寂谷和饶宇朴三人。饶宇朴前面已提到，再做一些补充。

饶宇朴，字蔚宗，少聪敏绝人，读书目数行下。长于诗古文词，卓然成一家言。工书法。一时名士争欲与之游。著有《菊庄集》《蔚宗集》《风游集》[76]。

施闰章有《赠饶蔚宗秀才》五古一首，是康熙八年己酉路过进贤，饶宇朴来访，相见而作。"言咏开羁愁，散帙对明烛。婵媛嗟美人，何为在空谷"[77]。谈得很欢畅，却有怜才不遇之叹。又有《饶蔚宗江西书至，言被放游江淮》五律一首，作于康熙十年辛亥冬家居之时，诗云：

无限离居意，凭书次第传。濠梁秋倚棹，庐岳夜听泉。
被放岂文字，薄游淹藏年。济时还汝辈，吾已赋归田。[78]

知饶宇朴这一年到过淮南,游过庐山,流浪经年;诗末还是对之抱有殷切的期望。陈允衡有《饶蔚宗、刘木叔出示诗草有赠,走笔戏答》五古一首中有句云:"两君出华胄,乘时当知遇。胡为亦操觚,往往觅佳句。屈宋多变声,李杜恒窘步。即得身后名,已失生前路。"[79]也对饶宇朴的怀才不遇,深表同情。饶宇朴尚有《寸草轩诗》[80],但与志举三集均早佚。今仅从《康熙进贤县志》和《康熙临川县志》中找到其诗20余首。《王荆公故宅后即故宅为祠》云:

地是临川第几峰?前人宅第草丛丛。王朝神气归新主,四海苍生付相公。
青简是非存信史,朱门兴替指遗宫。可怜碑版犹祠庙,瓦砾蔓迷细雨蒙。[81]

这是咏临川古迹诗十首之一,是康熙己未、庚申间与八大山人同客临川时所作。《介冈八景‧菊庄夕照》云:

先庐嘉树澹秋林,一片明霞入座深。日暮微吟篱菊句,花光山气昔人心。[82]

举此以见其诗格的一斑。

八大山人和胡亦堂的友情到底如何,这是一个值得一究的问题。因为曾经有这样一种说法,胡亦堂"听说八大很有名,便以'延请'为词,邀去做客,诱他为清廷效劳,这使他十分愤怒,遂佯为疯癫,独自走回南昌"[83]。下面将证明,事实并非如此。

胡亦堂,号二斋,浙江慈溪人。顺治辛卯举人。工诗歌古文。康熙丁巳由新昌知县调知临川。重新府县两学并诸宇廨,迁建城隍庙,创立社仓义学,加纂县志,汇刻临川文献。[84]

他的生年不详,卒于清康熙二十三年甲子(1685)十二月。他任临川县令期间延请了八大山人以及董剑锷、张瑶芝、饶宇朴等来到临川,游宴论文,吟诗怀古。他们写了同题和韵的《咏临川古迹诗》,全部都收在胡亦堂纂修的《临川县志》里。八大山人确实有过一次"病颠",但那是在康熙己未以前,而己未在临川却是在"病颠"以后[85]。如果八大山人的"佯为疯癫"真的是因为"十分愤怒"胡亦堂要"诱他为清廷效劳",那他又何至于在"佯为疯癫"之后又来到临川,而且和胡亦堂闲轩坐雨,高亭看月呢?《过东湖寺同雪公》一诗云:

一片东湖空扣船,碧波青草涨为田。浮沉世事沧桑里,尽在枯僧不语禅。

为僧而不谈禅,与裘琏诗"逃禅不著经"同一用意,说明翁婿对八大山人的了解、同情和尊敬。从八大山人方面来说,到了康熙四十二年癸未(1703),他还把珍藏着的胡亦堂《梦川亭集》出示朱观[86]。这时距离胡亦堂去世已20年了。可见二人的友情深厚,决非泛泛之交。胡亦堂的诗文颇见功力,《梦川亭集》虽不可得见,但收在他所纂修的《临川县志》中尚不下几十首,这里就不列举了。

八大山人在南昌时期,交友渐多,为人所熟知的亦复不少。今仅举方士琯,略及其生平。因八大山人与"西城""鹿邨"书札手迹,海内外均有流传,而其人却很少为人所知。

方士琯,字西城,号鹿邨,歙县路口人。生于清顺治七年庚寅(1650)[87],约卒于康熙五十年辛卯(1711)[88]。他20余岁即寓居南昌,因得与魏禧兄弟及罗牧、熊颐相交。家有水明楼,读书其中,翛然有山林之气。刻意为诗,颇得魏禧的赏识。著有《鹿邨先生诗集》,为李果所选定,今尚有乾隆甲子刻本。他与八大山人相交当在八大山人返南昌以后。《鹿邨先生诗集》中有《春初集饮水明楼,同个山赋得人日题诗寄草堂》《上巳新晴,邀同八大山人、吴子介臣游北兰寺,坐秋屏阁,口占拗体》《羽白将返维扬,同访八大山人集九韶楼话别之作》七律三首。前一题称"个山",后二题称"八大山人",必分别作于康熙乙丑始用八大山人之名的前和后。故知二人相交当在八大山人"年老埋名返初服"之前。他与八大山人为忘年交,但相识之后,来往密切,友谊很深。"幸有典型今在望,不教寰宇似深秋"。夹注"谓八大山人"。足见崇敬之情。而在生活上,方士琯对八大山人不时有所照顾[89],也是二人日益亲近的一个原因。熊颐,字养及,清江(今属江西)人;梁份,字质人,南丰(今属江西)人,与八大山人相交,都由于方士琯的介绍。熊颐有《和八大山人画菊颂》五律一首,序曰:

重阳后五日过访,不识隐庐,怅然而返。次日,山人持墨菊及新诗至,西城张之素壁。余把玩旬日。漫和原韵,以识怀思。

诗云:
白帝违秋令,无从问菊花。言寻三径客,不辨野人家。
疏影占东壁,新诗映晓霞。和成惭贺老,潦倒拨琵琶。[90]

此诗是康熙二十九年庚午(1690)熊颐来南昌时所作。第一天他去拜访八大山人,没有找到八大山人的住处;第二天,八大山人带着所画的一幅墨菊和题的诗来到方士琯家,二人才得相见。他把玩这幅画竟达10天之久,然后写了这首诗,可见他对八大山人诗和画的倾倒。画恐早佚,诗亦不传。幸存熊诗始得留此一段佳话。

4. 石涛平生交友，江东人士独多，而歙人为最多。"我生之友交其半，溪南潜口汪吴贯"[91]。溪南、潜口是歙县西乡的两个较大村镇。溪南吴氏，潜口汪氏，与石涛交好者为数甚多。他如许、郑、黄、程、江、洪、方、项等姓，也有许多人与石涛相交，有的成为石涛的好友。在石涛的歙人朋友中，遗民处士和风雅商人为多，达官贵人为少。特别是他晚年定居扬州期间，以卖画为生，其生涯几与这些朋友息息相关。今知其名号里居的，约在50人以上。而其中的一些人，或为渐江之友，或为八大山人之友。现在择其要者，在下面一并论述。

（二）四僧都有共同的朋友。在这些朋友中，有的是在同一时期既与一人为友，又与另一人相交。有的是在前一时期与一人为友，而在后一时期与另一人相交。前者如程正揆同时是渐江和石溪的朋友，施闰章同时是石溪和石涛的朋友，程京萼同时是八大山人和石涛的朋友。后者如程邃、查士标、汤燕生、戴本孝都是前一时期与渐江为友，而后一时期与石涛相交。正是由于有了这样一些朋友，才使四僧的艺术生活和思想，或在同时，或居先后，都有着息息相通的联系和影响。所以对于四僧的交游，还得从这方面来做一考察。但是上举7人都是大家熟悉的，现在要说的是一些为大家所不熟悉或不大熟悉的人物。而且通过他们还联系了一大批人，而把扬州、南京、歙县、南昌连成一片，使四僧之间有着更直接的或间接的关系。

汪士铉，原名征远，字扶晨，号栗亭，歙县潜口人。生于明崇祯五年壬申（1632），卒于清康熙四十五年丙戌（1706）。康熙二十七年戊辰（1688）以前，他经常往来宣城、南京、苏州、扬州和歙县之间，遍交江左名士；九游黄山，成为当时游黄山者的极好向导。工诗。著《栗亭诗集》六卷。助闵麟嗣辑成《黄山志定本》。后又辑刊《黄山志续集》和《新都风雅》，保存了清初遗民和布衣的许多诗篇。

汪士铉小渐江22岁，与渐江相交当在渐江北返以后。他有《过桃源寄讯渐江上人》一首，诗云：

> 期我桃源来，更踏桃源陌。不见武陵人，潭声挂飞白。
> 憩息狎浪楼，谈玄忆畴昔。坐见峰头僧，冉冉下空碧。
> 开师霞际书，谓耽云谷适。劝我云谷游，放纵话泉石。
> 松风生晚凉，明月照瑶席。敬托孤飞云，先讯安禅客。[92]

此诗在黄山桃源所作。他应渐江之约而来，到了桃源，渐江却到15里以外的云谷寺去了，但又送信来劝他去游云谷，以便纵谈黄山泉石之胜。可见在此以前，他和渐江就已有来往。他们都酷爱黄山。汪士铉可称得上渐江的黄山之友。他的《检渐江画》五律一首，有"佳画频欣赏，梅花老衲多"[93]之句，知渐江赠他的画很多，可惜现在一张也看不到了。

汪士铉与石涛相交，早则在石涛居歙时期，最晚也在石涛定居敬亭广教寺之初。康熙十年辛亥（1671），汪士铉来宣城，梅清作《答赠汪扶晨》古诗，有"汪子潜溪来，邂逅如夙昔"[94]之句，以记二人相见之欢。其后数年，他几乎每年来宣城，自会与石涛相识。他有《学圃即事，得粤僧石涛书》一诗：

亭冷残英歇，篱荒暮雨初。客贻吴市酒，僧到粤东书。
樵径通云岭，山窗逼水渠。风帘红叶在，疑是浣花居。[95]

此诗虽是"学圃即事"的闲居之作，却由此可证石涛和他有书信往还。康熙四十二年癸未（1703）八月，吴文野游黄山，路经潜口来访，他书五律四首于扇面以赠之。越三年，吴文野于"乙酉七夕日"过大涤草堂，请石涛于另一面上绘画。石涛"拈画笔，用白苑一家法"画了一幅山水图[96]。此扇面至今尚存"赵氏华光草堂"，老友合作，友情亦赖以传，也是艺苑的千秋韵事。

朱观，字自观，号古愚，歙县湖田人。生于清顺治三年丙戌（1646）或稍前[97]，至康熙五十四年乙未（1715）年逾70尚在世。少在歙，长即客游四方，居扬州最久，足迹曾至南昌和武昌。交游中以歙人之居扬州、南昌者为最多，与扬郡的知名人士亦多有交往，而与李骥、石涛为好友。工诗。喜辑时人之作，成《岁华纪胜》《岁华纪胜二集》《国朝诗正》等选集，收歙人诗独多。石涛晚年定居扬州，时正朱观来往扬州、南昌或武昌之际，故二人在同居扬州之时得以经常聚首。石涛曾为他绘《著书处图》和《东海观潮图》[98]，今均不可得见。后者当时题咏的人很多。现在可看到的有叶丹《题朱古愚先生观潮图》[99]，七古一首，冒丹书《题朱古愚东海观潮图》[100]七律一首。《岁华纪胜二集》卷首"参阅诸先生姓氏"中有"清湘大涤子石涛"。卷下选石涛《除夕》七律一首，即《庚辰除夜诗手稿》中第四首，仅末句"嵯峨"作"蹉跎"稍异。这也是《庚辰除夜诗》真实性的最好佐证。

朱观与八大山人相交，在他的《题八大山人遗照》中做了最好的描述。"予昔游南昌，访君瘖歌堂。相视成一笑，随命罗酒浆。文字为知己，结契逾寻常。朝夕欣过从，形迹多能忘"[101]。他小于八大山人约20岁。"癸未夏，山人出其《梦川亭集》见示"。这是一次二人相见的记录。时间是康熙四十二年夏天。他何时来到南昌呢？康熙四十年辛巳秋，李骥病了，他给送去"橡片"[102]，时在扬州；壬午夏，吴雯炯来邗上[103]，与之相见；年底，李骥有《雪中怀朱古愚》[104]七律一首，时已不在扬州，李骥在癸未春夏有《望朱古愚至》[105]一诗，说明这时朱观尚未回扬州；到了下半年，却有《同朱古愚访王愧陶，随即偕赴汪心如招饮》[106]七律一首，朱观已经回到扬州了。由此可知，从壬午秋到癸未夏这段时间，朱观不在扬州，而是到南昌去了。而且他来南昌最早是壬午秋，离开南昌最早是癸未夏。这次在南昌住了将近一年。在这期间，他与八大山人朝夕过从，十分投合。"文字为知己"，他成为八大山人垂暮之年的知心朋友。正因为有这样一段深挚的交情，所以在八大山人死后，"山人嗣孙"才带着"八大山人遗照"的手卷，跋涉千里来到扬州，求朱观为之题诗[107]。朱观从南昌回扬州后，自然会把八大山人的情况告诉李骥、石涛和其他朋友。石涛也正是通过这样的朋友，把南昌和扬州沟通起来，得以与八大山人天涯比邻，声气相通。而这样的朋友又何止一个。

张潮，字山来，号心斋，歙县柔岭人。生于清顺治七年庚寅（1650）。侨寓扬州。家多藏书。性恬淡，好读书，工诗词。著有《心斋诗集》《花影词》，又编印《檀几丛书》《昭代丛书》《虞初新志》。好客，交游广。辑友朋往来书札为《尺牍友声》《友声新集》《友声后集》和《尺牍偶存》。

张潮与石涛相交，最晚在石涛居南京时期。石涛有致张潮书，收在《尺牍友声初集》，当为康熙二十四年乙丑（1685）前后所写。文曰：

山僧向来拙于言辞，又拙于诗。惟近体或能学作。余者皆不事，亦不敢附于名场，供他人话柄也。唯先生亮之。

后来石涛定居扬州，二人交往当更密切。今尚存世的石涛《淮扬洁秋图》，题七古长诗一首，款署："为山老道先生正。大涤子极。"[108]即为张潮作。

张潮与八大山人虽从未谋面，但有书信往还。《尺牍偶存》载张潮《与八大山人》书，文曰：

耳八大山人名已久，奈天各一方，不获一睹紫芝。惟时于装潢家鉴赏妙画，徒切蒹葭白露之思而已。近晤程葛人舍亲，知与高贤曾通缟纻。不揣唐突，附致便面一柄，素纸十二幅，敢祈先生拂冗为泼墨，以作家珍。外具笔资奉敬，勿鄙为荷。又拙著数种并呈大教。余情不悉。

这是张潮初次给八大山人写的信，求画一箑一册。信中提到的"程葛人"就是程濬，号肃庵，歙县岑山渡人，与石涛为至交。子启，字衣闻；哲，字圣跂，号蓉槎，均与石涛为友；鸣，字友声，号松门，则从石涛学画。据此知程濬亦为八大山人和石涛的共同友人。八大山人的回信云：

久耳先生之名，兼得先生立言功德以天下后世子孙传远之书，自此天下后世子孙何幸而享此耶？属册页一十二幅，画扇二开，呈正。便中望示石涛尊者大手笔，为望。[109]

册页、扇面都寄来了，还希望让石涛看看。看来，八大山人是知道张潮与石涛的友谊的。

最后，还要提到一人，那就是为八大山人和石涛都立了传的陈鼎。陈鼎，字定九，号留溪，江阴（今属江苏）人。在他所著的《留溪外传》卷五和卷十八可以分别看到《八大山人传》和《瞎尊者传》。陈鼎于康熙三十五年丙子（1696）来扬州，住了将近一年，经常与张潮来往，为文多就正于张潮[110]。他与石涛是有直接交往的。石涛有《上巳日过兴教寺访陈定九》七古一首，诗云：

> 丁丑三月上巳晴，清湘野老眼方明。
> 手拖藤杖出门去，兴教寺前访旧盟。
> 登堂拜揖惊大笑，密移一步快生平。
> 十年泪尽故交散，此地逢君不易评。
> 客里吟成才八斗，梦中头白酒千顷。
> 人生适意解真乐，世事输赢朝暮情。
> 有诗尽付枝人读，西去长安纸价争。[111]

丁丑是康熙三十六年（1697），三月陈鼎居兴教寺，石涛来访。"旧盟"当指石涛与陈鼎相交已久，故陈鼎是深知石涛的。陈鼎与八大山人或无交往，但从他所写的《八大山人传》看来，陈鼎也不愧为八大山人生平的一位知己。

【注释】

[1] 如说渐江为"休宁人"，"尝居齐云"；石溪"少时自剪其发，投龙三三家庵"；八大山人为"石城府王孙"；石涛名"道济"，为"前明楚藩后"，均误。

[2] 黄宾虹先生在这方面做了奠基的工作，如1940年在《中和月刊》（第一卷，第五六期）上发表的《渐江大师事迹佚闻》；1942年在《中和月刊》（第三卷，第三四期）上以笔名"元同"发表的《释石溪事迹汇编》。

[3] 二文均见汪世清、汪聪辑，《渐江资料集》（合肥市：安徽人民出版社，1964年1月）。

[4] 见周亮工，《赖古堂集》卷六。

[5] 见上注，卷二十。
[6] 见钱澄之，《田间文集》（康熙庚午刊）卷二十一。钱澄之生于明万历四十年壬子。
[7] 如1979年出版的《辞海》"石溪"条即从此说。
[8] 参阅潘江辑，《龙眠风雅续集》卷末，《兴斧小传》。
[9] 引自《中和月刊》第三卷，第三期（1942年3月），《释石溪事迹汇编·画录》。
[10] 见施闰章，《愚山诗集》卷二十二。
[11] 见金瑗，《十百斋书画录》辛卷，著录《石溪山水画》。绣山先生是指方若廷，字摺公，桐城人。
[12] 见朱观辑，《国朝诗正》卷四，朱堪注《题叔父八大山人小影》诗后朱观跋。
[13] 1979年版《辞海》"原济"条仍从此说。
[14] 见《石涛画集》（上海市：上海人民美术出版社，1978年12月，《前言》。
[15] 《中国画》（北京出版社出版），1982年，第一期影印《清湘老人八十述怀图》，并由王绍尊撰文介绍，肯定石涛80岁尚在世。
[16] 见李驎，《虬峰文集》卷七，"小律附"，《哭大涤子》四首之第一二首。
[17] 同上注，卷十五，《赠石公序》。
[18] 石涛题画诗"五十孤行成独往"，作于康熙二十九年庚午客北京之时。见广州市美术馆藏《石涛山水册页》（北京：人民美术出版社，1962年初版）。
[19] 渐江何时离歙去闽，向有两种说法：王泰征，《渐江和尚传》主"丙戌"；靳治荆，《康熙歙县志》主"乙酉"。今从靳《志》。
[20] 见汪淇辑，《尺牍新语广编》康熙丁未刊。
[21] 见《省静堂集·一年诗》。是集收程守顺治壬辰一年之作。
[22] 见 James Cahill eds., Shadows of Mt.Huang: Chinese painting and printing of the Anhui School（Berkeley[Calif.]: University Art Museum, 1981），p.79影印渐江山水扇面）。
[23] 渐江，《竹岸芦浦图卷》，款题"壬辰九月望后留宿碧霞道院"。宣城有碧霞庵，在城南40里杨柳铺。见吴飞九主修，《宣城县志》（乾隆戊午刊）卷十。
[24] 见安徽省博物馆藏渐江《址阜册》。
[25] 见苏宗仁辑印，《黄山丛刊》，影印渐江《黄山图册》，附录汪家珍跋。
[26] 见沈铨《读画记》（稿本）卷三，著录渐江《清泉洗砚图卷》。
[27] 见王炜，《鸿逸堂稿》卷五，《黄山游记》。
[28] 见《桂留堂文集》卷七，《仲兄弁伊传》。
[29] 见许楚，《青岩集》卷十二，《送渐公游庐山诗序》。
[30] 见安徽省博物馆藏渐江《晓江风便图卷》，石涛跋。
[31] 见程正揆，《青溪遗稿》卷十九，《石溪小传》。
[32] 见钱澄之，《田间文集》卷二十一，《髡残石溪小传》。
[33] 见《髡残石溪小传》。钱澄之与石溪有直接交往，小传又据行述所写，最为可信。石溪出家，原名智杲，今名大杲，为道盛之徒。
[34] 见郑锡珍《弘仁髡残》（《中国画家丛书》，上海：上海人民美术出版社，1979年第2版），页25。
[35] 见裘常柱《石溪》，载《朵云》（上海书画出版社出版），第二期（1982年1月）。

[36] 见方文《嵞山续集》卷一。是集收诗均依年月编次。此诗编在戊申年，为康熙七年。
[37] 见陈开虞纂修，《江宁府志》（康熙戊申刊）卷二，高岑绘《金陵四十景图·幽栖寺》。
[38] 见《渐江石溪石涛八大山人书画集》（台北市：国立历史博物馆，1978）影印《浅绛山水轴》（张大千先生藏）。
[39] 见邵长蘅，《邵子湘文集·青门旅稿》卷五，《八大山人传》。
[40] 见饶宇朴，《个山小像跋》；《艺苑掇英》第十七期（1982年7月）有《个山小像》影印本。
[41] 见聂当世纂修，《进贤县志》（康熙癸丑刊）卷十七，"仙释"，《弘敏小传》。
[42] 见黄虞再纂修，《奉新县志》（康熙壬寅刊）卷十四，"杂志·寺观"。
[43] 见聂当世，《进贤县志》卷一，"山川"，"白狐峰"条下著录弘敏、传綮、寂谷、饶宇朴诗。
[44] 见裘琏，《横山文集·易皆轩二集》所收《释超则诗序》（作于康熙十八年己未夏）。
[45][46][47] 见裘琏《横山初集·览筠稿》卷四。
[48] 同上注，卷五。
[49] 见《横山初集·卧南稿》卷十三。
[50][51] 见胡亦堂纂修，《临川县志》（康熙辛酉刊）卷八，"廨宇"。
[52] 见《康熙临川县志》卷二十八，"寺附"。
[53] 见朱观辑，《国朝诗正》卷八，"胡亦堂诗"
[54] 见《康熙临川县志》卷四，"城垣"。
[55] 胡亦堂，《抚州郡伯陈公重修拟岘台记》，末署"康熙十八年五月五日撰"。见《康熙临川县志》卷四，"城垣"。陈洪谏，号觉庵，德州人。康熙十五年至二十年任抚州知府。
[56] 胡亦堂，《梦川亭落成记》，末署"康熙十八年四月撰"。见《康熙临川县志》卷八。
[57] 见《文物》，1979年第12期，页43—48。
[58] 程可则，《赠石涛禅师》五律一首（《海日堂集》卷三），作于康熙壬寅；李滢，《宿开先听雨留赠石涛禅师》（邓汉仪，《诗观初集》卷六）和闵麟嗣，《宿开先听雨留赠石涛禅师》（王士禛，《感旧集》卷十二）五古各一首，均作于康熙乙巳。程、李、闵三人先后所见的"石涛禅师"实为雪峤圆信之徒石涛弘铠。
[59] 见李叶霜编，《石涛的世界》（台北市：雄狮，1973），页51影印《金竺朝霞图》。
[60] 见《文物天地》，1981年第5期影印周叔弢先生捐献的清初石涛的《巢湖图》，又见张爱辑，《清湘老人书画编年》（台北市：艺术，1978）影印《巢湖维舟》（大风堂旧藏）。
[61] 见《诗未》，"壬午"诗。
[62] 见庞元济，《虚斋名画录》卷十，著录此图。
[63] 见《万青阁自订全集》，"甲寅诗"，《寄祝查二瞻》五绝十三首之第六首。
[64] 见潘存厚辑，《明清画苑尺牍》（上海，1943）。
[65] 见《渐江资料集》，页65著录《山水轴》。上款误为"兴进"。容庚《颂斋书画小记》著录渐江之《秋日山居图轴》即作"与进"。
[66][67] 见吴之骐，《桂留堂文集》卷七，《叔念武氏传》。
[68] 1976年1月11日接容希白先生赐函，将其所著《颂斋书画小记》稿本中部分内容寄示，询及吴梦印其人。并告以《小记》"全书约百五十万字，头白可期，汗青无日。寄此聊博一笑耳"。今忽忽七年矣。写此正闻先生之讣，曷胜哀悼。
[69] 见于成龙纂修，《江宁府志》（康熙抄本）卷三十七，"诗"。尚有《天妃宫海棠花下作》

五古一首。

[70] 见黄传祖辑，《扶轮新集》卷二。

[71] 见《施愚山诗集》卷三十二。

[72] 同上注，卷二十九。

[73] 同上注，卷三十九。

[74] 吕留良和胡其毅诗均见王尔纲辑，《名家诗永》卷九。胡其毅，又名澄，字致果，号静夫；正言子，休宁人，居南京。

[75] 张兆铉，字贯玉，号迂庵，歙县人。诗载汪士铉辑，《新都风雅·信今集》。

[76] 见江璧主修，《进贤县志》（同治辛未刊）卷十九，"文苑"。

[77] 见《施愚山诗集》，卷九。

[78] 见《施愚山诗集》，卷二十九。

[79] 见曾燠辑，《江西诗征》卷六十五，"国朝一"，选陈允衡诗。

[80] 见邓汉仪，《诗观初集》卷七，饶宇朴诗。

[81] 见《康熙临川县志》卷十。

[82] 见《同治进贤县志》卷二十五。

[83] 见《文物》，1960年第7期，《八大山人丛考及牛石慧考》一文。

[84] 见刘绳武纂修，《临川县志》（道光癸未刊）卷二十一，"名宦"。

[85] 裘琏，《释超则诗序》说："予再游临川，闻雪个病颠，归老奉新。予疑其有托而云然。"裘琏"再游临川"在"己未春"（见《向文河诗序》），而此序写于己未夏。故知八大山人"病颠"必在己未春以前。

[86] 朱观跋胡亦堂诗，有云："癸未夏，山人出其《梦川亭集》见示，予受而卒读，足征仕学兼优，因选录数首，以见一斑。"见《国朝诗正》卷八，选胡亦堂诗。

[87] 魏禧，《赠别方西城叙》（附见《鹿邨先生诗集》）作于康熙庚申，谓"西城年甫踰三十"。据此推知方士琯生于是年，因从是年至康熙庚申为31年。

[88] 过临汾，《跋鹿邨诗》（附见《鹿邨先生诗集》）谓方士琯："殁后三十年，其孙圣述搜遗集，谒李客山吴门，选得若干篇授梓。"李果序（亦附见《鹿邨先生诗集》）末署"乾隆庚申"，时方士琯已殁30年。故推知约卒于是年。

[89] 如在八大山人给方士琯的书信中，有一通提到"卅年来恰少盐醋，承惠深谢"。见《中国文化研究所学报》（香港中文大学中国文化研究所出版），第八卷第二期（1976年12月）影印"八大山人书法"，图10。

[90] 见裴汝钦辑，《清江诗萃》（1916年刊）卷一。

[91] 见《清湘书画稿卷》（朝花美术出版社，1961年10月第一版），"天都直耸四千仞"一诗。此卷原为庞氏旧物，著录于《虚斋名画续录》卷四，今藏北京故宫。

[92] 见席居中辑，《昭代诗存》卷四。王士禛，《感旧集》卷十二亦收此诗，但有数字歧异。

[93][95] 见《栗亭诗集》卷四。

[94] 见梅清，《瞿山诗略》卷十三，"辛亥诗"。汪士铉与梅清相交或自是年开始。

[96] 此扇面书画两面的影印本见《中国文化研究所学报》（香港中文大学中国文化研究所出版），第八卷第二期（1976年12月），饶宗颐，《至乐楼藏八大山人山水画及其相关问题》一文的附图一、二。

[97] 朱观，《岁华纪胜二集》卷上有朱观《乙未元旦立春》七律一首，首句："百年难遇岁朝春，野老今逢四令辰。"下注："顺治丁亥、康熙乙丑、丙子及今岁。"知必生于顺治四年丁亥以前。

[98] 朱观跋朱堪注，《题郑破水梅花书屋图》（七古）谓："大涤子曾为予绘《著书处》及《东海观潮图》，达四皆题之。"见《国朝诗正》卷四，"朱堪注诗"。达四，朱堪注之号。

[99] 见朱观辑，《国朝诗正》卷六，"叶丹诗"。叶丹字秋林，歙人。

[100] 见朱观辑，《国朝诗正》卷八，"冒丹书诗"。冒丹书字青若，如皋人。

[101] 见朱观辑，《国朝诗正》卷四，"朱堪注诗"后跋。

[102] 李骐有《病中朱古愚饷橡片》五律一首，作于辛巳秋。见《虬峰文集》卷七。

[103] 见李骐，《虬峰文集》卷三，"吴雯炯诗"后跋。吴雯炯，字镜秋，歙县西溪南人，居南昌。

[104] 见李骐，《虬峰文集》卷八。

[105] 见李骐，《虬峰文集》卷七。

[106] 见李骐，《虬峰文集》卷九。

[107] 《题八大山人遗照》谓："文孙西江来，遇我邗水傍。出图索题诗，展卷急相望。"

[108] 见《石涛画集》（上海：上海人民美术出版社，1978年12月第3次印），末页《淮扬洁秋图》。

[109] 见张潮辑，《友声新集》卷一。

[110] 参阅陈鼎，《留溪外传》卷六，《心斋居士传》中的"外史氏曰"。

[111] 见《艺苑掇英》第十六期（1982年4月）影印广州市美术馆藏原济《诗画册》之十。

（原载《中国文化研究所学报》，香港中文大学，1984年，第15卷）

传统中国文人画的情境与回应

理查德·维诺格勒

    Cross-cultural studies of aesthetics involving critically self-conscious painting traditions such as those of Europe and China have often focused on key terms and concepts. In such cases, problems of linguistic and conceptual translation are acknowledged, but all too often, have proven obdurate.[1] The present study takes as a point of departure some aspects of the art of painting which are, conversely, relatively unproblematic and accessible, but which have often been overlooked, or taken for granted as common to both China and the West. These have to do with the surrounding conditions of painting in China: the kinds of situations in which the art of painting was performed, the status of paintings as images and objects, and the occasions of responses to paintings. Our assumptions about the roles of artists and of pictorial imagery may be so fundamental that they are difficult to keep within our field of view, and hence to examine. It seems important to clarify our understanding of the position and purposes of painting in China before we can fully grasp the implications of aesthetic concepts and directions.

It should be stated at the outset that most of what follows concerning Chinese painting and its conditions is directed specifically to the kind of scholar—amateur, or literati, painting and criticism practiced after the Song dynasty (A.D. 960-1279), and will be compared to European painting from a roughly parallel period—early Renaissance up to the early modem era. Scholar—amateur painting was the most critically self-conscious and literate kind, the dominant mode over the last many centuries, and we know most about its aesthetic assumptions, but it was not by any means the only significant movement in later Chinese painting.[2] Chinese religious paintings, or academic and professional modes, may provide revealing counter-examples to the characterizations of scholar painting that follow. These alternative modes accentuate the dangers of speaking of the aesthetics of Chinese painting as if it were one thing, ignoring the historical dynamics of Chinese painting, as well as the tensions that could exist within a given period regarding what painting could and should be about. This study consciously explores some of those dynamics or points of tension because they seem particularly revealing of underlying structures. Similarly, there are some interesting parallels to the conditions of Chinese scholar painting to be found among nineteenth and twentieth century avant garde works in the West, but this discussion generalizes from premodern European painting traditions centered on institutions such as the church, the court, the guild, or the salon.

Within those general limits, some of the questions raised, in a comparative context, have broadly to do with illuminating the underlying conceptions of Chinese scholar paintings. In what kinds of situations were scholar paintings produced and viewed? What are the implications of the physical conditions of painting and viewing for the understanding of the image or the reception of the object? What kinds of cultural or social purposes did such paintings serve? What was considered to be the site of aesthetic interaction? What sort of language was used to describe the aesthetic event?

Concerning the underlying conception of painting, we might point to the status of a painting as a distinct image-object, a finished product of the painter's labor that is later received by an owner or audience in both the physical and critical senses. This is a fairly broad and flexible characterization of European painting, but embedded within it are certain assumptions about the physical processes and material basis of painting, the economic and cultural surround, the circumstances of painting and viewing (or critical) activity, and the status of paintings as imagistic and physical objects. In terms of aesthetics, the focus in the West is on the work of art as imagistic object, and on the interface between object and beholder, where aesthetic emotions or states such as beauty or sublimity are provoked or perceived. For many kinds of Chinese scholar paintings other assumptions about the nature of painting may be more appropriate, ones that emphasize the status of painting as an event rather than an object. Chinese scholar paintings often involved a linked process of painting and critical and aesthetic response, where the issue was not so much the beholder's reacting to an object that engendered powerful affective states, but rather a reexperiencing of the event of the painting and the actions of the artist, couched in terms such as communion and resonance.

A consideration of a concrete example of a Chinese scholar painting, that for convenience both exemplifies and illustrates some of the distinguishing features of the tradition, may clarify some of the issues involved. The Ming dynasty painter Shen Zhou (A.D. 1427-1509) painted "Watching the Mid-Autumn Moon" around 1488.[3] Like so many Chinese scholar paintings, it was a directed, occasional work that commemorated a specific, though complex event: an annual festival, a gathering to observe it, the participants and activities of that gathering, and the memories it called up. The following is part of the artist's own account of the gathering, part of traditional observances around the fifteenth of the eighth lunar month in honor of the mid-autumn moon:

When young we look at the mid-autumn moon indifferently, as we see the moon at other times. Growing older we view it with more respect, and raise the deep cups to feast the auspicious occasion....The evening of the 14th is already bright and seven guests vie with each other in its praise. The yard is bare and our clothes are thin, exposing us to the dew-filled air, yet we sit content beneath the wide eaves under the moon still bright....What matter to us if the floating clouds be jealous? We have a jug of wine to enjoy. Moreover, my old friend Shu-an is with us, and as there are rules in drinking, no guest is clamorous. We recite Li Po's poem query to the moon and feel that we, the white haired, are cheating the young men...Shu-an and I are men of sixty, so we ask the mid-autumn if we may borrow forty more.[4]

There followed a second inscription in the form of a poem by the artist's contemporary Zhu Yunming (A.D. 1460-1526), describing a full moon celebration, with music, feasting, drinking, and poetry composition.[5] The artist then added a second poem:

In the rustic hut we celebrate the autumn, holding a small feast....perfect is the moon in the clear sky. We five, all white haired old men, gather. The wine is passed about for many mouthfuls; jovial talk and country songs open our hearts....Shen Zhou again inscribed this. It shows our enjoyment of the event. The poem, however, is hardly worth preserving.[6]

The emphasis is on the occasion and the event, rather than on the poem and by implication the painting, which is discussed casually and self-deprecatingly. The inexactitude of the painting, with its featureless figures and conventionalized landscape and architecture, suggests that it functioned less as a representation of the scene than as a generalized record and trace of the event that served as a focus for recalling the situation or memories of the occasion.

Such paintings were usually directed at a specific recipient, and that directedness became part of the accessible fabric of the painting in the form of a dedicatory inscription. European paintings might be precipitated by some occasion as well, but it commonly remained submerged or else was a kind of vicarious or mediated situation in the form of a commission: an architectural program of decoration, a religious altarpiece, a wedding picture, or a coronation cycle. The commission was distanced from the painter's personal situation and intent by the instructions of the patron, or by virtue of being mediated by some kind of religious or professional institution. Perhaps the great majority of Chinese scholar paintings were personally dedicated and occasional in the fashion of Shen Zhou's scroll, though the personal import of such a painting could certainly be diluted by varying degrees of conventionality. To address the problem of functions, we have first to account for the stated intent, whether to commemorate a meeting, or present to a friend or acquaintance on the occasion of a festival, a return from a journey, or a gathering. The painting may have functioned in other ways and on other levels, up to a synthetic statement of cultural values, but the implications of embeddedness in a dedicatory situation have probably not been fully explored. We may be able to discern an underlying structure involving a life cycle of transitional events: partings and returns, travels, gatherings, reminiscences, birthdays, examinations, seasonal festivals, and the like. Such paintings were not so much conceived, or designed, to fulfill a commission or plan or program in the European sense, but rather themselves constituted a response to a preceding event with its own structure and associations, including aesthetic ones. Festivals, gatherings, and partings all had their own protocol and traditional, if not ritual, structure, and the painting became embedded in that. In turn, there was often in China an immediate response to the production of the painting in the form of added written, frequently poetic, colophons and appreciations. The result was an interweaving of event, painting, and aesthetic or critical response that all took place within the context of a kind of small group communion. This seems a significant contrast with the situation of European painting, where the patron was at least one step removed from the painter and his work, and the latter, in turn, from an audience and critical reception, and where the context was most often one of public or corporate or otherwise institutional support and reception, in the form of church, court, guild, salon, or public-at-large.

The status of the painting as physical object is also of significance. Chinese paintings were presented in a variety of formats, including impressive and more or less fixed ones like wall paintings and free-standing screens, but for scholar paintings the preferred formats were usually portable and relatively intimate, especially albums and hand scrolls, fans, and to a lesser degree hanging scrolls as well.[7] The circumstances of viewing were as occasional as the situation of painting, partaking of the quality of the transient event just as the theme of a scholar painting was often the feelings of the moment, however resonant. Not only the fresco and the altarpiece, but even the easel paintings in the West offer a marked contrast. European paintings are bound by their frames, and by the accompanying implication of a special and particular space, even if no more impressive than a position on a wall. There are some interesting, nearly ontological implications of this simple circumstance, because a painted image that is intended for more or less fixed and permanent display has a certain kind of public power not shared by a painting that requires an intention and occasion for viewing. A Chinese painting of this sort, it may be said, was to some degree constituted by or coalesced with the intention to look at it, in a complex viewing event. This claim becomes less fanciful if we recall that often a viewing event was commemorated by a physical addition to the painting in the form of a written colophon and seal.[8] In a quite tangible sense, a Chinese scholar painting might be altered by the act of looking at it.

In experiential terms, the hand scroll is a format of partial and sequential disclosure, as the scroll is rolled out and rolled up in sections. There are analogous aspects to the experience of an album, presuming some connecting theme between the leaves, as they are turned one by one. Even the hanging scroll was not necessarily intended for long-term display, and it is not uncommon for a connoisseur's judgment of a hanging scroll to be fixed after the first few inches have appeared.[9] The unrolling of a hand scroll in particular gives the viewer a marked power and control over the image, even while endowing the painting with a certain aura of mystery. There are some suggestions of analogies with sexual disrobing that may be seen, in the layers of boxes, wrappers, and ties that encase a hand scroll painting, with decorative brocades that often framed even the plainest and scantiest ink daubs. In any case, the partial and sequential viewing process hides some of the depiction from view at any one time, lending the often-remarked temporal dimension to the experience of the painting, but also the less frequently discussed aspect of memory. The painting calls upon the memory participation of the viewer for its completion, and in a particularly complex way when the theme, as in Shen Zhou's work, is bound up with personal memories and repeated seasonal cycles. Moreover, Chinese scholar paintings are also often bound up with stylistic or art historical memory, in calling on the viewer to recognize a reference to an earlier manner. The stylistic connection of such references often seems tenuous by modem standards. Perhaps the intent was not so much the display of art historical erudition or stylistic accuracy on the part of the painter, but rather was directed toward the self-esteem and abilities of the viewer, called on to participate in recognizing the reference.

Chinese scholar paintings called for many kinds of participation on the part of the viewer, but the prominence of art historically referential paintings also reminds us that one of the primary responses to paintings was the production of other paintings. Western viewers are apt to see the process of imitation as a kind of directed investigation on the part of the later artist, with the painting serving as a visible experiment, but the Chinese scholar's goal was often stated as something called shen-hui, which may be translated "spirit communion". The imitative painting served as a link in a nearly genetic chain reaching back to the original, and if the painting did not quite fall away husk like at the communion, there is at least a sense of it being implicated with a series of other works. The underlying conception of such a painting is of an occasion for contact, between original and imitative painter or between artist and viewer, through the reexperienced or imitated traces of the painting event, rather than the Western metaphor of an image seen through a window or in a mirror as a fixed object of contemplation. A recent account of the aesthetics of Chinese Mencian thought similarly stresses a concept of beauty that informs our sense of sufficiency and reality not as a fixed principle but as a dynamic interplay between the experiencing self and the perceived entity.... Its aesthetic effect on us, however, is not that of a silent object, but a living encounter and indeed, a "spiritual communion " (shen-hui)....[10]

The essay continues with a discussion of the auditory rather than visual basis of Confucian aesthetics that suggests a basis for understanding the emphasis on transparency, resonance, receptivity, and linked performance in the characterization of scholar painting presented above.[11]

Responses to a Chinese scholar painting could include writing a colophon or poem, producing an imitative painting, or engaging in critical comparison and discussion; these were participative kinds of activities, whether emulative or critical. In the West, paintings often constituted a kind of challenge: a mystery to be interpreted, a claim to be refuted or supported, a story or program to be absorbed, or even an image or formal structure to be perceived. Chinese scholar paintings rarely made comparable kinds of reality claims, or formal leaps, and even avoided iconographic complexities or narrative ambitions. In viewing European paintings we may be challenged to see if our aesthetic, interpretive, emotional, intellectual, or even perceptual equipment is up to the tasks set by the painting; somehow, the power of the painting has to be met.

Western paintings are couched in terms of representation, with its attendant challenges: is the object, and the experience, genuine? What is the reality-status of the objects, scenes, or events represented within the painting? The response to a Chinese scholar painting was more apt to involve acts of recognition, assisted by inscriptions and a nearly linguistic use of conventional brush forms. The viewer was allowed, through the use of a system of discernible brush acts, whose sequence could often be retraced and reconstructed, to reexperience the act of painting, and thus to participate, even if vicariously, in the aesthetic event.

The attitudes toward painting and its event-status outlined above have been characteristic of much historically important Chinese scholar painting since the fourteenth century. This was not, however, the only conception of painting at work then or (especially) earlier in Chinese art, and some historically based contrasts may further illuminate the special characteristics of scholar painting. The transition from Song (A.D. 960-1279) to Yuan (A.D. 1279-1368) is usually regarded as a pivotal turning point in Chinese painting history, when the values of scholar painting became paramount.[12] This circumstance points to the Song period as a likely theater of dynamic competition between alternative conceptions of painting. These may be embodied in the contrast of two twelfth-century works: Zhang Zeduan's "Spring Festival on the River" hand scroll, and Qiao Zhongchang's "Illustration of Su Shi's 'Second Prose Poem On the Red Cliff'", also in hand scroll format. The paintings are close in date of execution, but quite distinct in aesthetic and conceptual implications. The "Spring Festival" painting presents a bird's eye view of an urban landscape, in the manner known as "ruled line" painting in China; it makes use of perspective techniques, and emphasizes the depiction of objects such as boats, carts, buildings, and bridges, whose accurate representation is assisted by the use of ruler and compass and other mechanical drawing instruments.[13] It is a mode of painting that specialized in tour de force representational effects, of a sort that became, significantly, somewhat disreputable or déclassé with the rise of scholar painters' values. Most important in the present context is the enthrallment with objects and the ways in which the image controls the viewer. As with all strongly perspectival pictures, the viewer is positioned by the painting, so to speak, in a fixed optimal vantage point. One could say that the viewer reexperiences the scene, or in the terms of the present discussion, that he perceives it with an exactitude that is the painter's, noticing what the artist presents with a nearly oppressive similitude. The spectator can hardly avoid being impressed with the miniscule detail because it suggests a heightening of perceptual capabilities, an exhilarating sense of supernormal attentiveness—perhaps this is the force of tour de force painting. The "Red Cliff" picture involves other, much less representation oriented values. The viewer experiences rhythms of brushwork and conventionalized forms, and a kind of intermittent, evocative illustration that has already passed through a filter of style. The impact of the scenes is metaphorical, rather than representational or perceptual: at the moment in the narrative where the poet stares down into an abyss from a cliff top, the viewer infers his disquiet and disorientation through the snaky turnings of branches and the unstable piling-up of rocks without ever perceiving deep spaces or emotive facial expressions.[14] The text is provided adjacent to each section, and the viewer/reader makes the links between word and image, recognizing episodes and matching metaphors.

There were many other categories of painting that embodied some of the same kinds of imagistic power as the "Spring Festival" scroll, and for the most part they came to be ignored or denigrated or supressed in the age of scholarly critical values. Religious icons (mostly Buddhist), with their implication of actual indwelling spiritual power, recalled early traditions ascribing magical potency or animus to painted imagery.[15] Even in straightforward terms of visual presence, such icons could be powerful, richly colored, and sometimes nearly hypnotic in compositional focus; as a group they were shunted aside to the critical graveyard of artisanal specialty.[16] Erotic paintings carried a direct power of arousal; that category became a largely supressed, disguised, or underground genre in later centuries. Chan (Zen) Buddhist paintings included mysterious iconography and sometimes obscure or incoherent but visually powerful brushwork; Chinese images of this type survived almost entirely in foreign collections.[17] Collectively, such cases suggests a pattern of suppression of powerful imagery in favor of painting that defers to the capabilities of artist and viewer.[18] There is perhaps a relationship in this phenomenon to the literati mistrust of specialization in the culture at large, and the desire for preservation of privileged, in-group status by the literati in the face of the claims made by the merely skilled, or talented. There may also have been a parallel to a philosophical uneasiness with the unacculturated object, a neo-Confucian view that things had to be known and humanized to be fully real.[19] Finally, in emotional terms that extend to the broadest levels of cultural style, a broadly reparative approach may be observed. Chinese scholar painting attempts to reconstitute the artist's intent, or painting activity, or the history of painting in general. This mode of painting emerged as a significant movement during a period of dynastic decline and cultural fragmentation; its function as a kind of occasion for aesthetic communion may more easily be understood against this background.[20]

There were a number of potential aesthetic traps implicated with a painting movement that effectively sought to protect the viewer from absorption in or domination by the image. The painting-as-image could become trivialized or evacuated, or, in another direction, painting could become captivated by the past or by technique. Each of those possibilities was in fact manifested to some degree in later Chinese scholar painting, in the form of great numbers of trivial bamboo or landscape paintings of slighting visual presence and originality, desiccated through art historical reference or by preoccupation with the rote, systematized techniques publicized by printed manuals.

There were, in turn, some late Ming and early Qing dynasty artists who seem to have recognized the limitations of scholar painting aesthetics, and who followed strategies designed to avoid them.[21] Among the artists of the late Ming period, there are interesting cases like Wu Bin (active A.D. 1576-1626) who made his images more arresting by a combination of representation oriented techniques of rendering and opening the ontological status of his forms to question: his metamorphic rock—mountains seem to belong at once to the realm of miniature garden rockeries and to monumental mountainscapes.[22] Chen Hongshou (A.D. 1599-1652) of the same period created images with a disturbingly unresolved reality-status: the religious statues depicted within his paintings may seem half-animated, and his portrayals of ancient gatherings are laced with hints pointing at contemporary sham or artifice. Chen's images seem at first glance wholeheartedly absorbed in a reconstitution of the past, but his figures are often ill at ease in their own pictorial surroundings, like actors casting off a role with the resultant shock to the aesthetic trance.[23] Xu Wei (A.D. 1521-1593) was another late Ming artist whose ragged washes and ink slashes reinstituted the status of the painting surface as an arena of imagistic risk, a theater for unpredictable and irretraceable events.[24]

During the early Qing period in the later seventeenth century, Shitao (A.D. 1642-1707) is a notable case of an artist who inveighed against absorption into the art historical past. His so-called individualism was focused on a determined independence of style. His images are often notable for their fresh colorism and unsystematic approach to composition and brushwork, so that they carry something of the shock of unmediated perceptions; that is, perceptions of the scene by the artist and of a painterly event by the viewer.[25] Zhu Da (A.D. 1625-1705) created images that are withdrawn from communion by a deliberately cryptic, privatized iconography. They are notorious for their inaccessibility, serving as a silent rebuke to scholarly assumptions of the capabilities of shared knowledge and recognitions. In works such as these, some later Chinese painters reasserted the power of the image.

【Notes】

[1] Thomas Munro, Oriental Aesthetics (Cleveland, 1965), pp.50—59. For examples of the most informed and meticulously researched recent studies of problems in Chinese aesthetics, see the essays collected in Susan Bush and Christian Murck, eds., Theories of the Arts in China (Princeton Univ. Press, 1983).

[2] See Susan Bush, The Chinese Literati on Painting: Su Shih (1037—1101) to Tung Ch'i-ch'ang (1555—1636), Harvard Yenching Institute Studies XXVII (1971) for representative writings and theories of the scholar painters.

[3] See Kojiro Tomita and Hsien Chi Tseng, Portfolio of Chinese Paintings in the Museum (Yuan to Ch'ing Periods) A Descriptive Text (Boston, 1961), pp.9—10.

[4] Ibid.

[5] Ibid.

[6] Ibid.

[7] For the formats and conditions of viewing of Chinese painting, see R. H. van Gulik, Chinese Pictorial Art As Viewed by the Connoisseur (Rome, 1958), pp.3—56.

[8] Ibid., p.378.

[9] Ibid., pp.41—46.

[10] Tu Weiming, "The Idea of the Human in Mencian Thought: An Approach to Chinese Aesthetics," in Bush and Murck, Theories, p.69.

[11] Ibid., pp 69—70.

[12] Max Loehr, "Chinese Painting After Sung" (Ryerson Lecture, Yale Art Gallery, New Haven CT, 2 March 1967).

[13] Robert J. Maeda, "Chieh-hua: Ruled-Line Painting in China," Ars Orientalis X (1975): 123-141.

[14] For a reproduction of the complete composition, and translation of the accompanying prose poem, see The Red Cliff(Taipei, Taiwan: The National Palace Museum, 1984), pp. 2-4 and pl. 12.

[15] Susan Bush and Hsio-yen Shih, eds., Early Chinese Texts on Painting (Harvard Univ. Press, 1985), p. 56.

[16] See Bush, The Chinese Literati, pp. 97-111, for scholar painters' subject matter.

[17] See Jan Fontein and Money L. Hickman, Zen Painting and Calligraphy (Boston Museum of Fine Arts, 1970).

[18] For related issues in Ming dynasty painting criticism, see Richard Barnhart, "The 'Wild and Heterodox School' of Ming Painting," in Bush and Murck, Theories, pp.365-396.

[19] James F. Cahill, "Confucian Elements in the Theory of Painting," in Arthur F. Wright, ed, Confucianism and Chinese Civilization (Stanford Univ. Press, 1966), pp.115-140.

[20] See Wai-kam Ho, "Chinese Under the Mongols," in Sherman E. Lee and Wai-kam Ho,Chinese Art Under the Mongols: The Yuan Dynasty (1279-1368) (Cleveland, 1968), pp.73-112.

[21] For changes in taste and aesthetic standards in late Ming literati culture, see James C. Y. Watt, "The Literati Environment," in Chutsing Li and James C. Y. Watt, eds., The Chinese Scholar's Studio: Artistic Life in the Late Ming Period (New York, 1987), pp.1-13.

[22] James Cahill, The Compelling Image: Nature and Style in Seventeenth Century Chinese Painting (Harvard Univ. Press, 1982), pp.70-105.

[23] Ibid., pp.106-145.

[24] James Cahill, Parting at the Shore: Chinese.
Painting of the Early and Middle Ming Dynasty,1368-1580 (New York, 1978), pp.159-163 and Pls.78-80.

[25] Cahill, The Compelling Image, pp.184-225.

This paper is based on lectures presented in October, 1987 at the Asia Society, New York, for a program titled "Aesthetic Dialogue: Responses to Chinese Art" in conjunction with the exhibition The Chinese Scholar's Studio: Artistic Life in the Late Ming Period, and at a plenary session of the American Society for Aesthetics 45th Annual Meeting in Kansas City. I am grateful to Barbara Sandrisser, the organizer of those sessions, and to Professor John Fisher and James C. Y. Watt, for their stimulating and insightful criticism and discussion during those programs.

(The Journal of Aesthetics and Art Criticism, Vol. 46, No.3)

八大山人、石涛的艺术成就

陈浩星

一、八大山人的艺术成就

1. 绘画

八大山人以大笔水墨写意画著称，尤以花鸟见长，兼工山水。他怀着国破家亡的痛苦心情，借花鸟、竹木、山水来抒发对现实的不满和愤慨，表现他那倔强高傲的性格。因此他画的是鼓腹的鸟、瞪眼的鱼；或是残山剩水、老树枯枝；或是昂首挺胸的兽类，振翅即飞的孤鸟；或是干枯的池塘、挺立的残荷，而其中又有活泼的游鱼、生动的花朵。八大山人借此比喻自己，象征人生，达到笔简形具，形神兼备的境界，充分运用了中国绘画艺术的特有传统手法，故在八大山人稍后时期的郑板桥在题八大山人的画时称赞说："横涂竖抹千千幅，墨点无多泪点多。"

八大山人的山水画，远法五代董源、巨然，宋米芾，元黄公望、倪瓒诸家，近取明董其昌。花鸟画则师法明沈周、陈淳和徐渭。到了晚年，画风与前人完全不同。他能够既不同于前人，又超越同时代的人。他曾自题《为黄砚旅写山水册》说："郭家皴法云头小,董老麻皮树上多。想见时人解图画,一峰还写宋山河。"读此诗,就知道他在感情上借写山水怀念故国,在艺术上继承传统又转益多师,另创风格。

八大的绘画能取法自然,又独创新意;师法古人,又不受古法束缚;笔墨简练,以少胜多。他最重要的艺术成就,就是不落俗套,自有创造。

学者杨新将八大山人的成就归纳为少、圆、水、白、奇五个特点。

少:一是指所画景物和物象少,另一是指塑造物象所用笔墨少。在八大山人作品中,往往一石、一树、一花、一果、一鱼、一鸟、一鸡,都可以构成一个完整的画面,而物象造型用笔寥寥可数。

少而能做到厚实、充满、得趣,很少有人能达到八大山人这样的高度。少,需要充分调动意象语言,最大限度地利用空间布白、书法和印章的视觉作用。八大山人在这方面的造诣可以说前无古人。

圆:八大山人出家时期的作品用笔方硬,进入题款为"ㄋㄥ"时期以后逐渐丰厚浑圆,富于变化,这是由于他把学习书法的成果移用到绘画之上。他的书法亦广泛吸收前人成果,功力深厚。

绘画作品中因物象少,笔数少,更加突出用笔的重要。八大山人的奥秘是书画结合,一笔兼用,越到晚年,笔法越见含蓄圆润。

水:即蘸墨后笔墨含水量。

明中期以前,画家所用纸张都是"熟纸"。熟纸不洇不走墨,干湿浓淡,可层层晕染。明中期以后,纸的加工程式减少,谓之"生纸"。在生纸上作画,易洇走墨,难于控制。八大山人充分利用生纸这一特性,通过对笔中含水量的控制,使笔墨出现层次更丰富的变化,产生了在熟纸上所不能达到的艺术效果。如通过水洇晕染表现禽鸟羽毛的茸软感,用水洇更为形象地表现荷干、荷叶的稚嫩和枯老。

更加有深意的是,八大山人用水洇晕染的效果表达了他"墨点无多泪点多"的感情。八大山人是成功使用生纸以推动中国水墨写意画发展的第一个功臣。

白:即白中有黑,黑中有白,相互对立,又相互呼应。八大山人是一个最善于处理空间布白的能手,特别是那些物象极少的画面,其位置左右高低,方向横斜平直,把整块空间分割得极富变化,加上题字、印章,使人感觉充满、对称、平衡、浓淡、虚实、疏密、聚散,阴阳相济,严谨有法。

奇:八大山人在画鱼、鸟的眼睛时,违反自然常识,将鱼、鸟的眼睛画得和人一样,似乎能够向四周转动。画石,上大下小,难于稳立。画树,三两个杈,五七片树叶,干大根小,不合常理。就艺术手法而言,造型的"奇"与"意""趣"紧密相连,夸张有趣,笔简意深。另外,他的出奇手法与他的为人和事迹紧密相连,不是矫揉造作着意追求的。

2. 书法

八大山人的书法艺术也有其独特风格。他在许多画作上的题跋,相当精彩奇巧。如在绘画布局上发现有不足之处,有时用款书补足。八大山人也能诗,所以即使画得不多,题上自己随兴发挥的诗,意境就充足了。

八大山人书法成就颇高,近代画家黄宾虹曾称他"书一画二",但书名被画名所掩盖,过去注目者不多。八大山人的书体,在行书、草书中活用了篆书的圆润,简而言之,是用篆书的笔法去写行草书,自然而不着痕迹。他努力吸收了前代书法家的优秀传统,创造了一种以秃笔书写的秀健挺拔、潇洒豪迈的艺术风格。

八大山人去世前夕,书法艺术水平达到顶峰,草书不再怪伟。这时的成就主要体现在最终形成个人风格及传世作品数量众多两个方面。

八大山人晚年的书法风格发生了质的转变,从取法众家到超越前人,逐渐摆脱了早年受唐欧阳询、宋黄庭坚、明董其昌等人的影响,代之以凝练自由、具有鲜明个性的"八大体"书风。这时的画作中虽然有很多"临某某人"或"临某某帖"的题款,但已是自己的面貌,与早期的临摹完全不是一个概念了。

八大山人早期运用方笔,露出笔画的棱角。到了晚年,笔法浑圆厚重,笔锋藏而不露,看不出提笔顿笔的痕迹。

伴随着自己书法风格的形成,八大山人以立轴、长卷、册页、扇面等各种形式创作的纯书法作品也大量出现,而在这之前,其书法主要是其绘画上的题字。

八大山人的艺术创作在当时辐射范围不算很大,但对后世绘画却影响深远。但凡专擅或兼工写意花鸟的名家,莫不在不同程度上借鉴八大山人大胆的艺术创造精神。清代中期的"扬州八怪",晚期的"海派",以及近现代的齐白石、张大千、潘天寿、李苦禅、丁衍庸乃至当代程十发等名家,莫不受其熏陶。

美国当代著名东方美术史教授高居翰称:"在一个和我们这个时代同样重视异乎常规的艺术表现的时代里,八大的画会怎样的受欢迎?"可见八大山人不仅在中国画坛享有崇高地位,在国际美术舞台上也同样受欢迎。

二、石涛的艺术成就

清初的画坛在明末董其昌等人倡导的"南北宗"学说影响下,摹古的风气非常炽热。这时,才华横溢的石涛异军突起,强调"我自用我法"。他要在古人的基础上自创新法,这种呼声是对传统观念的一种挑战。因此,石涛吸收传统文化的精髓,但不受传统精神束缚,反对墨守成规,敢于冲破陈法,使中国绘画向前迈进了一步。

石涛的主张和实践,使画家重新面向生活,师法自然,为开拓山水画的新路奠定了基础。

在中国绘画史上，名传青史的画家颇多，但是像石涛那样具有杰出艺术才华、理论水平，并为今人大力推崇的却不多，石涛之所以在300年后得此殊荣，主要原因是他对绘画技法的变革和创新取得划时代成就。

石涛的画艺不仅高出同时代许多画家，在中国绘画史上也是出类拔萃、屈指可数的。

1. 绘画

石涛极具创造精神，他的绘画个性鲜明，具有如下特点：笔墨多变、章法灵活、题材广泛、风格繁富、意境翻新、造化为师。

笔墨多变：石涛的笔墨变化很多，有工细的双钩，也有豪放的泼墨，不拘一格，甚至大量敷色。石涛善用墨法，枯湿、浓淡，兼施并用，尤其喜欢用湿笔，通过水墨的渗化和笔墨的融和，表现出山川烟云弥漫的情景。有时用墨很浓重，墨气淋漓，空间感强。在技巧上他运笔灵活。或细笔勾勒，很少皴擦；或粗笔勾斫，皴点并用，有时运笔畅达流利，有时又多方拙之笔，方圆结合，刚柔并重。

章法灵活：石涛作画章法灵活，构图新奇。无论是黄山云烟、江南水墨，还是悬崖峭壁、枯树寒鸦，或平远、深远、高远之景，都力求布局新奇。

他尤其善用截取法，以特写镜头传达幽深的景色。通过对现实中复杂多变的自然山水，经过观察、选择、提炼、概括的过程，把握山水景色的气魄和特点。

石涛在构图上处理虚与实、藏与露、整体与边角的关系也有独到之处。他又屡屡在画面上题写自作的或古人的诗句，诗、书、画三结合。

题材广泛：从传世作品看，石涛在画史上不仅称得上是一个有创新才能的画家，同时也是创作题材广泛的多产画家。

据石涛《双钩兰竹》题跋，他14岁开始画画，一生绘画数以千计，涉及题材十分广泛，诚如他本人所言："山水、树木、花卉、神像、虫鱼，无不摹写。"山水、蔬果精品多不胜数；"兰、菊、梅、竹万有独得之妙"的花卉册中佳作比比皆是；此外，道释类的作品中，有罗汉、观音，令人赞叹不已。

此外，石涛领悟友人和古代名家诗歌的艺术意境，创作了很多诗意图册，大都为诗中有画、画中有诗的精品。

风格繁富：石涛的表现手法富于变化，妙趣横生，又能和谐地统一为个人的风格特色。他的绘画风格变化同生活经历有密切关系。其足迹遍及半个中国，大自然的山水为他带来很多灵感。

在石涛漫漫人生路中，理想与现实的矛盾不断出现，导致他的情感起伏波动。他不同的心情便在作品中透露出来，形成不同的风格。

纵观石涛的作品，风格多样，具体表现为：

既有豪放劲健，也有秀丽纤巧；

既有苍润厚重，也有淡雅清新；

既有繁复细密，也有简洁空旷；

既有荒寒孤寂，也有热烈欢畅。

意境翻新：石涛曾为僧人，从禅门转入画道，因而他的画似有一种超凡脱俗的境，无论是山水、人物，还是花卉、走兽，都有很高的艺术成就。

自然景观的长期熏陶，身世不定的感怀，也从各方面影响石涛的艺术观和人生观。他的山水画的意境呈现雄浑劲健的特色，佳作不计其数。

石涛爱吟咏，更善于发挥诗、画的各种功能，把诗的画意与画的诗情交融合一，铸造成情景交融的艺术意境。

造化为师：石涛一生游历过广西、江西、湖北、安徽、浙江、江苏和直隶（今北京地区）等地。他特别重视写生，强调"师造化"。自然界的真实山水赋予他深厚的绘画素养和基础，他在自然的真实感受和探索中加入对前人技法长处的融汇，把绘画创作和审美体系构成为"借笔墨以写天地，而陶泳乎我也"。"搜尽奇峰打草稿"是石涛绘画艺术取得成功的关键。

2. 艺术思想

石涛不仅画艺高超，还深研画学理论。石涛既有众多题画诗和题跋，晚年更撰写了《苦瓜和尚画语录》。这部著作深刻地总结了这位画坛奇才的绘画艺术观和美学思想，对后世产生了深远影响，也为中国画向近、现代的发展做出了重要贡献。

当代画家吴冠中曾说：

"中国现代美术始于何时，我认为石涛是起点。西方推崇塞尚为现代艺术之父，塞尚的贡献属于发现了视觉领域中的构成规律。而石涛，明悟了艺术诞生于'感受'，古人虽也曾提及中得心源，但石涛的感受说则是绘画创作的核心与根本，他这一宏观的认识其实涵盖了塞尚之所见，并开了直觉说、移情说等等西方美学立论之先河。"

《画语录》全书分十八章，依次为：一画章、了法章、变化章、尊受章、笔墨章、运腕章、氤氲章、山川章、皴法章、境界章、蹊径章、林木章、海涛章、四时章、远尘章、脱俗章、兼字章、资任章。

前四章围绕"一画"论，就画法原理发挥见解。第五章至第十七章，就山水形象、意境、笔墨、格调关系等展开讨论，以基本原理贯穿其中。最后一章揭示出对发挥创造性的认识。全书十八章，先讲原理，次述运腕，最终引申出独特的理论主张，构成一个完整的山水画理论体系。

在这一体系中，石涛把画理、画法与宇宙观相提并论，详细探究其原委变化。其理论核心是"一画"。"一画"被认为是世界万物包括绘画的根本原理与法则。以"一画"观认识绘画，则不仅可以说"夫画者，从于心者也"，而且，还可以说"夫画，天下变通之大法也"。

基于上述认识，石涛又论述了山水画创作中主观与客观、法则与自由、继承与创新、多样与统一的关系，批评食古不化的弊端，提出了"借古以开今""笔墨当随时代""借笔墨以写天地万物，而陶泳乎我"的创造性见解，阐明了自己的山水画创作主张："山川脱胎于予也，予脱胎于山川也。搜尽奇峰打草稿也，山川与予神遇而迹化也，所以终归之于大涤也。"（语见石涛《画语录·山川章第八》）意思是："是山水画由我摆脱了老套，是我从山水画中摆脱老套；我搜尽奇峰打草稿，是和山水神交，物我两忘了。于是，山水画便终于成了大涤子了。"石涛提倡师法自然，把内心的感受透过笔墨尽情表现出来。

石涛开启了文人画在其发展的后期从传统形态向近代形态转变的历史，从清代中期直至近现代，从"扬州八怪""海派"到傅抱石、石鲁、陆俨少，都可以看到石涛的影子；即使是在传统文人画举步维艰的今天，石涛关于艺术本体的"一画"论和"笔墨当随时代"的主张，仍然是有现实意义的。

（原载《中国书画》，2005年，第2期）

木扉藏明遗民画二十家

郑德坤

引 言

　　香港至乐楼主人何耀光先生，精鉴别，富收藏，用不着我来恭维。他收藏书画另有他高超的特点。像一般博物馆他要为后代保存文物，像风雅藏家他喜欢鉴别玩赏，像诸位专家他也做精深的学术研究。他认为古人的书画是天地清灵的精华，玩赏之外还可以用来培养个人的意志。他的藏品中以明代遗民的作品为最特出，因为这种文物可以表现那个时期的忠臣、孝子及义士慷慨激昂的精神。十几年前，这批资料曾经在香港大会堂公开展览，同时并刊行《明遗民书画录》一卷，极受研究书画人士的重视。这次香港中文大学文物馆为提倡古代书画的研究，邀请何先生把这批珍贵的资料，再作较长期的展览，并将全部作品摄影制版，由饶选堂教授撰文介绍，编印为《图录》一巨册，以便学者做进一步的研究。展览期间，同时举行明遗民书画研讨会，集思广益，以阐发其学术价值。诸位或远涉重洋，来此参加，足见这些资料的吸引力。这时期的艺术在画史上地位的重要，也可想而知。

英国剑桥木扉所藏中国古画，对于明遗民作品也极为注意。几年前饶教授曾亲往参观，并细加品评。这次召开明遗民书画讨论会，他提议在木扉藏品中，选出二十家，来做研究的参展，并约我来做简单的介绍。我觉得十分荣幸。

饶教授在他《明遗民画展引言》里，提出遗民画家的七种特质。这些特质可加以归纳，从四方面说明如下：（一）从画人自身来讲，明遗民都是有士气，多才多艺的文人学士。他们可以用诗法和书法入画。（二）在画艺方面，他们不但好收藏，工临摹，并且好游山玩水，由奇峰灵泉里得到新的灵感刺激。（三）从精神着想，他们不少遁迹空门，精研佛理，专意追求禅机，以为画中理想的境界。（四）在社会方面，他们不少有家学的背景，并且喜欢集会结社，互相切磋琢磨，以求画艺不断的精进。饶教授广征博引，让大家有深刻的印象。这些特质在遗民的作品及画论中，都有充分的表现，用不着多说。

明遗民的时代背景

今天我来介绍些木扉所藏的明遗民画，我想我们应该先讨论明遗民的时代背景。明末清初，前后各数十年，从万历经天启、崇祯、顺治到康熙共五朝。这正是17世纪。这100年之中，充满了分裂、动荡、流浪、变乱及斗争，但是各方面的演进却是一贯相承的。从政治社会的演进看来，前一段是明朝的衰落，以至灭亡，后一段是清兵乘机入关，用武力统一全国。前因后果，上下连串，成为一个分不开的大时代。

明朝的衰落，一方面是一群无耻的八股先生，巴结太监，鱼肉人民，造成社会的不安。没有人想到怎样去改善人民的生活，使张献忠、李自成大屠杀的革命不致发生。另一方面是一般无用的道学先生，满口"致知格物"，自分派别，互相攻击，闹得乌烟瘴气，完全没有想到怎样努力图强，预防清兵的侵袭。当时学者颜元，有一句名言"无事袖手谈心性，临危一死报君王"。这是明末学者毫无办法的写照。

历史上朝代的更迭，原是一姓的兴亡，算不了什么大事。不过继朱明而起的是塞外的满洲人。他们的内侵来得太突然，太快了。清兵入关40天便奠定了北京，不到一年，南京也告沦陷。这种刺激唤起了人民极痛切的自觉，尤其是一些在野的道学先生。他们唯一的信念是忠君，要维持正统。鲁王和唐王退守浙江福建，永历帝避往两广云南，就是他们发动主持的，留下许多可歌可泣的事迹。满人一个多月奠定了北京，却需要40多年，用尽心血，才完成他们统一的事业。这是晚明学者，受到阳明学派正气熏陶的具体表现。这100年中社会的领导者还是一些道学先生，尤其是几位有学问的学者，因为他们是众望所归的反清领首。

明末清初的学术

从学术的演进来讲,明末清初也是一个连串、承先启后的大时代。宋元明以来,学术的主流是道学。主要的路线是采用玄学来补充儒家伦理哲学的不足。由讲究明心见性而倾向性与天道的讨论。经过几百年的演进,造成明人学问空疏不喜读书的习惯,不切时务,只会谈玄的风气。到了明末,道学已成强弩之末了。物极则反,一般学者对于空谈,由厌倦变成憎恶,进而寻求新的出路,重新踏上实践的路线。

新学术的建立虽然是明亡清兴以后的事,但是明末已经有若干迹象,可以表现这新时代的开端。

新学术的萌芽当然是时代的要求,但是新学术的建立必须有研究的对象。这不外是旧材料的整理和新材料的搜集。明末学术有几件新运动值得我们注意。

第一是科学历算的输入——当时海运初通,西洋传教士把新的科学介绍到中国来,有些学者受到他们的影响,提倡历算科学。中西学者合译,或分别著述的书籍,真是汗牛充栋,盛极一时。影响最深的是利玛窦和徐光启合译的《几何原本》,徐光启的《农政全书》。在这种新环境之下,学术空气焕然一新,实为清初经世致用运动奠好基础。

第二是对自然界和民间技术的探讨——这种新运动在明中叶已经开始。李时珍的《本草纲目》可为代表。到了晚明,徐霞客的《游记》和宋应星的《天工开物》就是这新路线杰出的成绩。他们不但矫正了明人空谈不读书的毛病,而且就地搜罗新资料,把学术引进到田野实物的研究。

第三是古书的搜集及整理——这种新运动是多方面的。焦竑的《国史经籍志》是读书入门的目录学。范钦创立的天一阁,成为当时中外最大的私人图书馆。毛晋一家的汲古阁专收宋元古书,并刻印《津逮秘书》,许多古代的图籍,得以流传。这些事业为清代考据学奠定良好的基础。

明朝的灭亡给一般学者的刺激太大了。他们原是在阳明正气学派中生长的,时局突变,他们痛定思痛,认为这个失败是学术界的耻辱,毅然负起革新抗清的责任。他们抛弃明心见性的空谈,专讲经世致用的实务。他们不再为哲理而做学问,而是为政治来做学问。他们一方面参加政治活动,一方面搜集资料,准备把满洲人赶出关外后,重新做政治建设。顾炎武的《天下郡国利病书》及《肇域志》,各100卷,就是些显著的例子。他们不少在政治活动中牺牲了,但是剩下生存的都继续奋斗。到政治完全绝望了,他们还不肯与新政权合作,宁可使经世致用之学成为学术上的陈迹,但求移风易俗,以收将来的效果。阳明学派空谈误国,但是正气的培养,树立不屈不挠的精神,却是文化上宝贵的遗产。

清廷对这些学者,在无法利用、无法高压情形之下,不能不采用怀柔政策。天下大局一定，康熙便顺着学术潮流，提倡文学艺术，召集文学博雅之士，用政府的力量编纂大部书籍。《明史》《佩文韵府》《康熙字典》《古今图书集成》等等，都是清初的成绩。乾隆《四库全书》的编纂，就是这新运动全盛的代表。所以从学术演进的大势来讲，明末清初确是一个学术集大成的时代。

明末清初的艺术

从绘画演进的趋势来讲，明末清初也是一段分不开的时代。明朝的绘画当然是宋元的继承者。明初仿宋旧制，设立画院，规模壮大，并不在两宋之下。但是因为专制政治的压迫，画家只有墨守成规，不敢自由驰骋去试验新的技法，或创造新的题材。所以一般成绩，至为微末薄弱。中叶以后，士大夫阶级和知识分子，逐渐介入画坛，提倡宋元的文人画。他们以苏州为中心，号称吴派，渐次霸占艺坛。院派浙派几乎渐灭无余。但是文人画也重临摹，而少创作，主秀润而缺乏雄伟。他们也渐次流为空疏，而无法自拔。"崇古"可以说是明朝绘画的主流，风气所被，偏重传统技法的推敲，而忽略观念上的探寻。物极则反，明末的画家不能不另寻新途径，另找新出路。

万历以来，绘坛派别很多，革新机兆也渐次暴露。我们可以从五个方面的趋势，稍为分析一下：

第一，南宗画派的正统化——晚明画学的派别很多，原因是文人喜欢集会，好互相标榜。实际上他们都是以临摹为唯一法门，并没有什么崭新的画法可讲。画风衰落已陷入穷途末路的低点。正在这时候，吴派的阵营里出了一位董其昌。他原是走着临摹的路线，起初学黄公望，后来吸收宋元名家的长处。他所作的山水树石，用笔柔和，像元四家；用墨秀润，又像董源和巨然。他的作品古雅秀润，神气充足，确有独到的笔墨，可以继承吴派的衣钵。加以他位高望重，并可以诗文书法入画，更增加他的号召力量。但是最重要的是他为着要维持吴派传统的地位，运用历史分析的方法，将已往的画家，分为南北两宗。把他们自己文人画的作风称为南宗，而将其他的画派，如院派、浙派等等都归入北宗。他竭力反对北宗钩斫的笔法，说这类的作品充满匠气，不足取法。一时唱和的都是他的朋友和社会上有地位的文人学士，所以董其昌南北分宗的推论竟被公认为历史上的事实。于是南宗画法，摇身一变，而成为唯一标准的正宗。北宗画派竟被贬为误人子弟的邪道。经几十年的鼓吹提倡，这种观念遂成为画坛上的主流，影响十分深远。

明亡清兴，朝代更迭，并没有影响到这画坛的主流。有清一代的画家，多数依然走吴派临古的老路。题跋上往往自称为师法宋元，出入董巨，或临仿黄倪，但事实上都是其昌一门的产物，以柔和、细腻、古拙、萧疏为最高境界，大体看来只有文弱干枯的表现，很少有独特雄伟的气象。明代崇古的画风得以延续200多年，应该是董其昌的功劳。

第二，仿古的系统化——临摹古人的画法，谈何容易？宋元精品流传不多。明朝除了几位位高富有的画人外，有机会看到宋元真迹的，恐怕很有限。唯一的学习方法是互相抄袭、描仿时人的临本。普通的学生只有直接师事名家，向他们学习画法。明人授徒画稿的传统，可见一斑。最显著的例子是明季李流芳的原稿，入清之后，由王概增修改编，成为《芥子园画传》。这本画谱收集材料，极为丰富，编制由浅入深，井然有序。所摹古人成式及所附说明，都很简要，是学画山水的入门捷径。原版发行以来，坊间流行的重版本，多不胜举。二三百年销售的册数，更无法统计了。可惜历来论画的，多不称述，著录家也不提起。近代书画家余绍宋著《书画书录解题》认为这是因为：

我国学人往往喜骛高深玄妙之理论，不屑为浅近明显之书，已成锢习，不仅画学一端为然。故如此佳书，人咸淡焉视之，甚且鄙夷以为不足道。实则其初习时，未尝不乞灵于此编。得鱼忘筌，岂通人所宜出此，余故为表而出之。

明人临古风气的延续发展，临描方法的系统化，也是主要原因之一。

临摹的系统化，还借助于印刷术的进步。套版印刷术发明于元代，盛行于明末。万历崇祯之间，有闵齐伋和凌濛初两家。他们专长雕刻技术，出品极为流行。近人陶湘编《闵版书目》，著录132种，据说版印五色缤纷，光彩灿烂，可见技术的进步，套版印刷品的盛行。彩色套版的绘画印刷品，最著名的是崇祯年间，胡正言的《十竹斋画谱》，全书八册，分翎毛、花卉、梅、兰、竹、石、果七类。绘画的精神，雕镂的巧妙，墨韵色彩的秀丽，都极为完美，号称版画三绝。清初《芥子园画传》刊印及发行，便利初学生徒，不能不归功于雕版技术的进步了。

第三，遣兴风气的盛行——明代画坛崇古不是偶然的。五代宋元的画人多数是专业的作家。他们在传统技术上曾下过极亲切的尝试功夫，对于笔墨的应用，早已发展到一个相当完备的境界。遗留的作品，不少大幅巨制。看他们尖锐流畅的笔墨，沉着凝重的气魄，谁不为之意夺神往。明人衷心佩服之下，把前人开辟成功的坦道，作为学习的途径，当然是个极自然的现象。不过中明以下，士大夫、文人学士介入画坛，绘事不是他们的专业，对于画艺，多数是半路出家。师古便是学习的捷径。他们从事绘画的目的只在仿效宋元文人的写意遣兴，藉作友好应酬的工具。文人画简约雅逸，和他们的性格目标，都很接近。绘画技巧在仿古，画事目的却在遣兴。加以诗文书法是他们的本行，把这一套文艺精华与绘画相配合，也是个极自然的趋势。因此他们极力标榜他们自己的专长，说绘画要文学化，主张不精书道，不明诗律，则不足以言画。绘画的功用变了质，因而引起一个新的运动。这就是绘画和诗文书法的大集合。

在这新运动之下，绘画的功用起了严重的变化。绘画的形式也不免有剧烈的转移。

简单精练的作品，配合行书草书的题跋，钤上雅致的印章，构成一种富有诗意美感的展览品。这种新体裁，虽然萌芽于宋代，其成熟全盛时代却是中明以后。在这一方面，明末清初的画风确是个过渡时代，集大成的代表。

第四，西洋画学派的东渐——明末西洋传教士东来，介绍新的科学历算之外，还输入了西洋画。明史所载，当时传教士带来的都是天主像和圣母像一类的宗教画，是传教的辅助品。西洋画法当然另有作风，与国画迥不相同。当时虽然也有人注意，但是学西画的并不画宗教画。到了清初才有西洋传教士在画院任职。最出名的是郎世宁。为着要在中国画坛上争一席之位，他用西法作画，而参以中法。所绘人物、鸟兽，形神逼肖；描写树木、山水，精细入微，实在有他独到的地方。经帝王及一些大臣的赏识提倡，这种新画派在清初曾流行一时。不过像昙花一现，转眼便告绝迹。考其原因，实在是中西画法，各有其传统，一重写实，一重写意，画法及布局都无法混合融化在一起。郎世宁虽试用国画笔意，到底始终是门外汉。在明清崇古文人画风气之下，实无立足之地，难怪这类新画法，始终没法子生根结果了。

第五，遗民画风的建立——明末清初的一贯性还可以用遗民画风的演进为代表。明末社会的矛盾，上面已经提过。在学术方面是阳明学派正气的提倡与空谈无用的冲突。在艺术方面是崇古的正统化引起若干画家的反感。在宋元笔法技巧统制之下，由遣兴而追求以意取胜。这两方面的偶然配合，造成画坛上的若干支流。

这种迹象在明末已经萌芽。画家如倪元璐、黄道周、杨文骢等等，为人正直廉介，不怕权贵，凛然节义，慷慨殉国，毫不踌躇。他们的作品多数富有清逸的笔墨，庄严的气韵，可以表现他们的风度。人与画互相映照，可以显出他们高超象外的气派。

其他如陈洪绶、吴彬、张飙等等画坛上的反动人物，传统称他们为怪杰，其实是为他们既不用浙派的画法，又反对吴派的作风，不斤斤于笔法技巧上的变化趣味，而各独树一帜。陈洪绶的浪漫夸张，吴彬的雄伟幻想，张飙的萧疏淡远，在明末画坛上显然各有他们自己的面目，超出崇古临摹的范围。

明亡之后，许多画家痛国朝的沦亡，无力抵抗。在抱节守志，不与新朝合作之下，他们继续晚明反动派的画风，在他们个别的环境里，发泄他们的牢骚和抑郁不平之气。傅山、文点等的敝屣名利、穷饿沟壑；石涛、八大的慷慨萧疏、佯狂慢世；萧云从、方以智的流浪颠沛、遁迹山林；查士标、梅清的杜门高隐、独善其身。清初遗民都是志行高逸，蕴蓄丰富，发而为画，自然有奇肆豪放，不守绳墨的作风，磊落昂藏的气魄，百折不挠的精神，每一个都有他们独特的作风，真是一般临古派所望尘莫及的。近人俞剑华著《中国绘画史》特立专节，以说明他们在画史上的地位。他提出石涛的奇肆、八大的精练、龚贤的纯厚、髡残的苍老、梅清的秀逸、弘仁的高简、陈洪绶的古雅、查士标的爽利、邹之麟的萧疏、萧云从的精致、吴山涛的雅澹，此外如方以智、冒襄、傅山等等都有他们超越的丰采，足以煌耀当时，烜赫后世。明代绘画，浙派的弱点是狂肆，吴派的短处是文弱，遗民派画风确可以矫正这两方面的缺点；卓然自立为高特的作风。在精神上提倡忠孝，为天地存正气。在画史上为画学创造许多新的画法、画风。为褒扬遗民忠贞不屈的正气，传统把他们叫作明遗民，不但可以表示不忘本，也可以证明明末清初画学丰富的传统及其互相连贯的形势。

明清画风以临摹为主流，遗民画家不免要受这种风气的支配。但是从派别上着想，遗民派确是明清两代的精华，超脱了学习临摹的范围。他们每个人的画艺在明末已经成熟。临摹之外，还发明了不少新的用笔、用墨的方法。入清以后，技巧已不成问题，可以一心一意地去发泄他们胸中的抑郁牢骚，形成他们作品中独特的吸引力，使人闻风而起，百读不厌了。

遗民画家在画艺上最值得注意的是生宣纸的利用。以往画家惯用绢或半生熟的皮纸麻纸及棉纸等等。在这种画面上用笔、用墨有一定的规律，免不了有些单调呆板的趋势。利用生纸使画艺可以开拓一个新的境界。这种新的技巧，以八大山人为最成功。他在吸水的纸上，做用水用墨的试验，行笔迅速，墨韵流畅，大胆打破形的束缚，自成一种潇洒淋漓的表现。一时豪放的画家都群起效仿，影响到清中叶的写意派及末期的金石派。民国以来，这种生宣画法还相当流行，可见遗民画风对于后代的影响。

清初临古大师王石谷，到了晚年稍为豪放，也试用生纸来临摹古代的绢画作品，但是因为生纸过于发墨，始终无法表达宋元绘画的神气。笔墨是表达精神的工具，缺乏精神，只是练习的作品，不容易有永久的生命。遗民忠贞不屈的精神，需要特殊的笔墨来表达。所以遗民绘画在画史上独创的业绩，是一个不可磨灭的事迹。

董其昌提倡文人画以后，画家不受院画的束缚，多数效法元人简约荒率的风格，而自己发展他们个别的作风，形形式式，多姿多彩。遗民画在这方面的成就最为卓著。他们的作品，不但有新的意象，而且有新的画法。饶教授归纳遗民画的特色，凡五事。第一是即景：好像诗人即景成题，描写片断简单的景色印象。第二是著我：注意个人性格的表现。画艺的目的因起了变化，而走上新的道路。第三是渴笔：借墨之外，还要惜水。第四是用空：尽量利用空白。这两项是画法上特出的演进，用简约的笔墨来表达个人感到的天机。第五是妙悟：有如参禅，这是遗民画论的中心，而他们的作品就是这种新画论应用实习的成绩。他们要时时推陈出新，争取新的表现方法。这些就是明遗民绘画的特色。我们参展木扉遗民画二十家的作品，处处都可以看到这些特色的流露。

我们所选木扉这些遗民画家的作品，各一件或三两件不等。有的已经发表或展览过。本文将各件分别著录，因时间关系，不能一一详细说明。我们只可用幻灯片略加介绍而已。一本册页，八开到十二开，也只能用三两开为代表。

明遗民画二十家

宋珏，《柳溪放棹图》轴

纸本，设色。159.2cm×42.7cm。

款识：十里菱塘景最幽，藕花香里荡扁舟。此间不识人间暑，羽扇纶巾乐自由。戏拟方从义法。莆田宋珏。（左上）

印鉴："宋谷之印"白文。（左上）

藏章："孔氏谷园藏古"朱文。（左下）

宋珏是晚明高士，才情超逸，诗书画并称三绝。他一生不求名利，遍访山川名胜，和新安派画家程嘉燧、李流芳等来往很密切。他的作品流传不多。至乐楼展览会里没有他的作品。这幅画，构图奇古，自题是戏拟方从义法，焦墨渴笔，错落淋漓，不斤斤于形迹，是山水画的变格。读者或以为是近人傅抱石泼墨乱皴，集糅浪漫画法的所本。其实傅抱石未必看到这幅画，况且两个人的风格，迥不相同。超脱画艺习气的作家都有他们个别的风格，是很自然清楚的。

倪元璐，《花果图》卷

纸本，设色。24.4cm×266.4cm。

款识：甲戌（1634）季夏，戏写花果八种为介石辞兄笑。弟元璐。（卷尾）

印鉴："点易斋"朱文。（卷首）"倪元璐印"白文，"鸿宝"白文。（卷尾）

藏章："鸿绪之印"白文，"华亭王氏珍赏"朱文。（卷首）"横云山人"白文，"俨斋秘玩"朱文。（卷尾）

题跋：倪元璐《花果卷》。蝉嫣春莫。邓尔雅篆于香海岛上。"可久长"朱文，"邓尔雅印"白文，"默翁"朱文。（另纸卷前）上虞倪文正公，天启（1621—1627）进士。由编修官至户礼两部尚书。崇祯甲申（1644）京师失陷，自缢殉国。为人正直廉介，不畏权贵，与黄石斋齐名。工书善画，尤长于《易》，著有《儿易内外仪》及《诗文集》。书以人重，人以书重，异代同感，宜可千秋。画笔清逸，气韵庄严，超以象外，想见风度。第七十八辛卯三月，东官邓尔雅。方形朱纹佛像印，"太史公牛马走"朱文，"邓"朱文，"尔雅"白文。（另纸卷后）

倪元璐忠贞殉国，赫耀千古，不用多说。展览会里有他一幅《草书诗》轴，潇洒淋漓，十分可爱。这卷花果是他随意戏作的，笔势流利，用色朴质，布置错落，风趣天然，写来全不费力似的，可以表现他端正旷达的人格。这类充满士气的图卷是明末士大夫的标准作品。

恽向，《山水图》轴

纸本，墨笔。119.4cm×46.3cm。

款识：春斋坐雨，不能出门，强弄柔翰，含毫思密，如蚕作茧。昔称王子敬能作一笔画，其后陆探微亦能作一笔画，其意或可微悟，不可言传也。又张僧繇点曳斫拂，以卫夫人《笔阵图》，一点一画，别是一巧。而吴道玄画法，古今独步，乃授笔于张旭。可知书画一理，世人欲索山水于不识夸人，真可喷饭。丙子（1636）二月廿日，香山恽向并题。（右上）

印鉴："香山"朱文。（右上）

藏章："□□□□□"朱文。（左下）

恽向早年临摹董源、巨然。展览会里有一幅他《仿巨然山水》的图轴，气厚力沉，可为代表。晚年他喜欢用干笔，惜墨如金。木扉这幅《山水图》是他50岁写的，全用渴笔，墨色上淡下浓，有他独特的风格，可以做他老年作品的代表。这两幅画的款识都提起他的画论，提倡以临摹古人为学画的基础训练。这显然是明画学的主流，可以和他的《画旨》相印证。

杨文骢，《山居独坐图》轴

绢本，设色。124cm×41.4cm。

款识：庚辰（1640）二月似云岩先生正之。杨文骢。（左上）

印鉴："杨文骢印"白文，"龙友"朱文。（左上）

藏章："云盦审定"朱文，"梅鹤生"朱文。（右下）

杨文骢也是明末忠烈之一。这幅画是他43岁写的。重岩叠翠，悠然深远，下面有幽居，上方有古寺，苍松摇曳，白云掩映，很可以表达他避世的情绪。笔法略近王蒙、沈周，然自有他俊爽圆熟的风格，可以表现他壮年时期的气魄。展览里有一件杨文骢的《草书诗》轴，是他44岁写的，可互相对证。

黄道周，《武夷泛棹图》轴

纸本，墨笔。124.8cm×29.4cm。

款识：千里看山健，扁舟又武夷。云烟天外远，台榭望中危。石啸水流处，鸟啼花落时。欲挥琴一曲，惆怅有谁知？万壑千峰处，看山入道微。倒岩悬荔薜，深谷扃柴扉。乔木烟霞老，疏林禽鸟归。闻将图戏拟，莫笑是耶非！壬午（1642）三月五日游武夷作。黄道周并题。（右上）

印鉴："细遵"朱文，"史"朱文，"周"朱文，"幼平"朱文。（右上）

藏章："白丁"朱文，"藏"朱文，"醉翁孙子宜永保之"朱文。（右下）

题跋：竹筏淡如此，茅亭春色浓；鸟啼催日曙，山卧倩云封。老树冲霄汉，流泉落

梵钟；展图心不竟，欲去访仙踪。题请卧子老契兄大教。素陵刁化神。"素陵"朱文，"刁化神"白文。（左上）

黄道周是明末最著名的忠臣。展览会里有他的两件作品。《松石》一卷，好像是他初学的习作，但流利潇洒，有他个别的风格。《松石》一轴是他49岁写的，笔法圆熟，气魄雄壮。木扉这幅山水是他58岁，被贬回乡的作品。他用武夷山的奇气来发泄他悲世郁抑的情绪。挺劲的杉木，朴拙的山石，倚立的亭竹，一丘一壑都可以看到他严冷方正的神气。

龚贤，《倪黄合作图》轴

纸本，墨笔。89.1cm×34.5cm。

款识：僧巨然，钟陵人，画师董北苑。北苑名元，为山水家鼻祖，自董以前，有图而无画。图者以人物为主而山水副之。画则惟写云山烟树、泉石桥亭、扁舟茅屋而已。后来士大夫争为之，故画家有神品、精品、能品、逸品之别。能品而上，犹在笔墨之内，逸品超乎笔墨之外。倪、黄辈出而抑且目无董巨，况其他乎？此纸罔师僧巨，而巨无其轻，谓之倪、黄合作也可。因溯其源委而纪之。癸未（1643）长至。龚贤。（上方）

印鉴："半千"朱文。（上方）

藏章："嵩山居士"朱文。（右下）"冯□珍赏"朱文。（左下）

这幅画是龚贤32岁的作品，构图简约，笔墨平平，但是他独特的风格，笔调墨韵，已可以一望而知。他中年晚年作品，笔墨的浑沦厚重，章法的新颖出奇，可见他努力不倦，与时俱进，推陈出新的成绩。展览会里有他两件《山水图》轴，是他61和62岁时写的，可以做他晚年作品的代表。

陈洪绶，《松石图》轴

纸本，设色。202.9cm×78.7cm。

款识：戊子（1648）秋日老莲洪绶画于西湖之定香桥。（右上）

印鉴："章侯氏"白文，"洪绶"朱文。（右上）

陈洪绶以画奇形异状的人物著称。他的山水树石也别有奇致，和其他画家的笔调不同。展览会里有一件《棹云祁溪图》轴，细笔伶俐，布局清简，自成一家。这幅大中堂是他49岁时写的，粗笔挺劲，设色清逸，足见他画艺已臻圆熟，有独特的作风。展览会里还有一件绢本《龙王礼佛图》轴，是陈洪绶基本构图笔法，不必细讲。

陈洪绶，《群婴拜佛图》轴

纸本，设色。113.2cm×52cm。

款识：莲老洪绶画于清远堂。（右上）

印鉴："陈洪绶印"白文，"章侯氏"朱文。（右上）

藏章："颜芸甫家珍藏"朱文，"连阳颜氏秘藏"朱文，"香翰屏珍藏印"朱文。（右下）

这幅《群婴拜佛图》，笔调闲逸，色彩秀雅。细读婴儿嬉戏的神态，奇石的古奥，铜佛的坚实出神，全幅气象庄严，他负才傲世的个性，实带有纯净天真的灵魂。

陈洪绶，《抚髯会神图》轴

纸本，设色。93.2cm×47cm。

款识：老莲洪绶画于静者居。（左上）

印鉴："陈洪绶印"白文，"章侯"朱文。（左上）

这幅挂条，构图简练，描写一位画家临台工作，桌上除了花石、纸墨、笔砚之外，别无他物。但见画家抚髯会神，赫赫迫人，这或者是陈老莲自己生活的写照。

萧云从，《青山高隐图》卷

纸本（六段五接），设色。837.4cm×31.8cm。

款识：画亦戏事也，而感慨系之。少时习业之暇，笃志缋事，寒暑不疲，近流离迁播，齿落眼矇，年五十而谆谆然若八九十者，遂握笔艰涩，间有索者，则假手犹子一芸。芸年才廿余，即游鼍雪湘衡，以画著声，复归余，益加精励，而门已铁限。其见余偬傺郁郁，不复读书，灯荧茗瀹，忽作悲吟之余，乃申纸研墨，冀一见猎生喜。余亦破涕为惧，下笔刺刺不休。自秋叶藏红，冬雪肤白，代谢未几，而群芳恣艳；为己丑（1649）之春今日也。尝忆竹林图晋遗民南北之阮，窃已愧矣，而复有小儿破贼于淝，令东山老子折屐。人处乱世，上不得击楫纡奇，次不同弹琴高蹈，而优游尘土，画青山而隐。则吾与芸子解衣磅礴，相附于长康、探微之流亦足，其他复何顾。寒食日石人云从识。（卷尾）

印鉴："钟山梅下人诗画"朱文。（卷首）"读书秋树根"白文，"郭恕先后身"朱文，"萧云从"朱文。（卷尾）

藏章："阑坡经眼"白文。（卷首）"兰雪斋平生真赏"白文；"金传□"白文。（卷尾）

题跋：a. 顾陆风徽，辛卯（1951）之夏，德坤道兄出萧云从真迹见视嘱题。张大千爰。"张爰私印"朱文。（题首及印章在画前另纸）

b. 萧尺木山水真迹。道光壬寅（1842）季春月重装。舟虚居士珍藏。"诰"朱文，"舟虚珍藏"白文。（旧题签及印章附画前）

c.隔烟筜，长年息影空山。倚飞台悠悠望极，凌虚试一凭阑。喜闲身杖藜重到，跨匹马油壁相连。篆经通花，悬崖拥槛，下临无地手扪天。浩歌向千峰独立，飞佩紫霞边。吹笙侣，云窗雾阁，却在人间。数清游泠然意趣，御风飞过斜川。舣孤篷晴江迥阔，照芳树野水惊寒。冷石生云，明波洗月，放船收尽一溪山。又何似扬舲万里，啸咏白鸥前。倦游处，奚囊谢屐，犹自流连。右调多丽，集张玉田句，题萧尺木《青山高隐图》。癸亥（1863）七月既望，顾文彬识于过云楼。"子山墨缘"，子山朱文，墨缘白文。

d.题竟覆视，复叶两韵，第二句易红尘了不相关。末句易漂泊空还。子山又记。"顾文彬印"白文。（画后另纸）

e.顾子山先生精鉴别，富收藏。在道咸间，名重一时。闻其所藏名迹，多延善画者临有副本。庐山真面不易得见也。后诸子分析，各得若干。遂不免出而易米。然佳者多为文孙鹤逸收去。此卷与十洲《独乐园图》皆当年流落至京。却皆非副本也。丙辰（1916）三月朔息老人记。"澄兰堂"朱文，"循分老人"朱文。（画后另纸）

这次展览出品有三件萧云从的作品，可以代表他三个时期的演进。第一件，十二开的《山水》册，是他49岁写的。布局、笔法及设色都富有传统作风，可见他临古技术已经十分熟练，而有他独特的风格。第二件，设色《南岳图》轴，是他56岁，避乱流浪回来后写的。虽然是应酬的作品，但笔调严整，布局雄伟，可见他吸收大后方自然景色的结果。第三件，《墨梅》一枝，是他73岁写的，气魄完全不同了。他用细腻清秀的笔墨写出他老年心平气静的心情，令人百读不厌。木扉这幅萧云从53岁写的长卷，是他中期的作品，技巧当然不成问题。只要看那流利的笔墨、清淡的色彩，以至渴笔的应用，便可以知道这是一件杰作。题材以陕南蜀北的风景为主：奇岩栈道，关阁洞居，木牛流马，烟雾迷蒙，变化万端。他自题说这是他避清高隐，流离播迁回来以后，用了七八个月的工夫，才完成的。遗民作品中像这样长帧巨制的山水不多，可见不是一件即景遣兴的作品，而是充满无限悲痛郁抑的杰作。他自叹晋遗民还有起来破贼于淝水的，而明遗民却束手无策。所以在他的笔墨，处处可以体会到他忧世愤慨的心情。我们且举几段细部，来分析他用材的内容。

a.这一段是他乘坐鸡公轿车通过栈道的情形。

b.这一段是描写他亲眼看到的倒峰奇岩。

c.这一段描写他乘坐竹筏，往访水洞里的隐士，大概也是遗民一流的人物。

d.这是最后的一段，写高原上，云雾烟树，错丛结积，好像是他满胸抑郁，纠缠不散似的。这种形式的题材，和江南平旷的江湖，重叠的山水，迥不相同。

傅山，《长安闲居图》册（八开）

纸本，墨笔。各20.6cm×23.9cm。

款识：a. 闲居图。

b. 余家东山草堂，终日有烟云绕之。客舍中忆而写此。山记。

c. 惟山南麓晨晓之秀色。傅山画。

d. 惟山南麓秋日更为萧瑟也。

e. 望云阁。山写。

f. 画竟，自觉不让云林清淡。

g. 方壶外史墨意，余于酒间每见之。山。

h. 乙未（1655）寓于长安客舍，剪烛戏作。傅山。

印鉴："傅山"白文。（每开题后）

藏章："觚隐宝笈"朱文（c，右下），"甘泉秘玩"朱文（d，右下），"宝苏斋藏"朱文（f，左下）。

展览会里的傅山《写生图》轴，因款识略有残缺，无法断定其年代。大体看来，应该是他中年的作品。木扉这本八开小册是他53岁，流浪时代，客居长安所做的。随兴写出，漫无牵滞，充分表现他才艺的超越、性灵的活跃。这种天趣洋溢的气概，实在不是笔墨所能形容的。从他的题跋里可以知道他满怀乡思，过着流浪的生活是不得已的。这八幅小景，两张是客外闲居即景（a，h），四张是他回忆家乡的东山草堂（b）、惟山（c，d）和望云阁（e）。惟山一景他写了两次。一是惟山晨晓的秀色，一是惟山秋日萧瑟的气象。这是中国画史上少见的例子，只有艺绝胆大的作家才敢尝试。其他一幅（f），他画完，自己欣赏，自觉不让云林清淡。还有一幅（g），是他把酒间所看到方方壶的墨意，挥扫而出的。傅山技巧圆熟，精力充沛、豪放的气概，活跃纸面。

查士标，《空亭对水图》轴

纸本，墨笔。82.5cm×34.3cm。

款识：数树依山浑落落，一亭对水只空空。径无人到常闲却，待我携筇坐此中。庚子（1660）残腊画似汉鸣道兄教之，士标。（左上）

印鉴："二瞻"白文。（左上）

藏章："稚臣所藏"朱文，"丁丑（1937）劫后余存"朱文。（左下）

查士标流传的画迹很多，多数是临摹宋元名迹。这次展览就有三件水墨山水立轴，两件纸本，一件绫本。布局笔调约略相同。其中一件是60岁，另一件69岁写的，都是笔墨定型的作品。他虽然一辈子没有脱离临摹的范围，但是56岁后的作品，确有他独特的作风。除这幅《空亭对水图》外，我们可以再用木扉的两件作品代表他三种不同的风格。

这幅《空亭对水图》是他55岁写的。章法出自倪云林，但是笔调墨色，都是他自己的风格。从他自题所言，足见他杜门高隐，独善其身的人格。

查士标，《云山图》卷

纸本，设色。159cm×22.5cm。

款识：朝看云，暮看云，朝朝暮暮云气浓。云朝飞出暮飞还。云本无心山自闲。我欲乘云气，来往此山间。山中应有采真客，云餐云宿长驻颜。庚申（1680）九月写《云山图》并题小诗。白岳查士标。（卷尾）

印鉴："梅壑"白文，"游戏"朱文。（卷首）"悚（懒）老"朱文。（卷尾，款首）"士标私印"白文，"查二瞻"朱文。（卷尾）

藏章："长白马氏葛民鉴藏书画之章"朱文。（卷首）

这一张《云山图》卷是他65岁的作品。一望而知是米家的云山烟树。但是笔调的运用、颜色的渲染，和米法全不相同。从他自题也可以看到他幽娴自在、超脱尘世的思想。

查士标，《仿古山水图》册（十开）

纸本，墨笔。各26.9cm×39.5cm。

款识：a.梅华道人《深溪草阁图》。士标拟其意于苕境之东郭。

b.林皋曳杖。士标。

c.林亭远岫。仿倪清闷画法。懒老标。

d.沈石翁仿梅沙弥画题句云：落日晚山秋水上，扁舟惭愧白头人。余拟之此幅。士标。

e.江山一叶。士标画。

f.董宗伯云：苍率荒远，即为墨戏。吾于此帧，盖契斯旨。懒老士标。

g.山青云白两依依，看到秋高雁渐飞。削迹空林耽永日，骑驴又见客来归。士标。

h.仿子久《长江胜览图》画意。工致不敌，而苍率幽深之趣，自谓颇窥一斑。士标。

i.房山墨法。士标拟之。康熙甲戌（1694）。

j.昔从小辋川见王孟端有《溪山书舍图》，如别出一手。记其笔意，此册似之。甲戌（1694）仲秋，偶写此十页于广陵客舍。前人佳处，依稀遇之，亦一时兴会也。查士标时年八十。

印鉴："二瞻"白文（a, f），"二瞻"朱文（b, c），"梅壑"白文（e），"梅壑"朱文（d），"标"朱文（g, h），"梅"朱文，"壑"朱文（j）。

藏章："木扉鉴赏"朱文（b, d, g, i, j, ），"德坤珍玩"朱文（a, c, e, f）。

这本《仿古山水图》册是他79岁写的，技巧圆熟，宋元明初大家，无一不可以随意挥写。笔法虽然互不相同，但他游心物外，天趣盎然的精神，跃然纸上。全册十开，都是他一时兴会之作，多数可以代表遗民用渴笔及用空的特色。我们试用三页来做代表：

e. 这幅《江山一叶》是用空的杰作。全幅只用四种母题。前面丘陵三五，远处山峰渺濛，中间布置芦苇和渔舟一叶，巧在无水而有水，无风而有风。

h. 这幅是写子久《长江胜览图》画意，他自以为工致比不上子久，但是苍率幽深之趣，却可见一斑。

i. 这幅是临仿高房山的笔法，但是墨色较重，干笔较多，自成一格。外壳像高克恭，内心却是查士标。明遗民画每自称为临仿名家，其实是把他们自己的精神、心情，以及抱负，套在古人的外框里面而已。查士标这本仿古册页是一个很好的例子。

程邃，《理棹待秋图》轴

纸本，墨笔。152.4cm×45.7cm。

款识：石流寒映目，溪树密垂阴；赤日不到地，故人俄上心。好句忽冲口，清风时泛襟；久虚洞庭约，理棹待秋深。垢道人程邃。（右上）

印鉴："程邃"白文，"穆倩"朱文。（右上）

程邃喜用渴笔，以惜墨如金著名。这幅《理棹待秋图》，全用渴笔，萧疏荒拙，写出秋风干裂的景色。他受黄道周的影响最深，品行端正，敦崇气节。自题"好句忽冲口，清风时泛襟"，道出他敝屣名利，喜与大自然打成一片的高逸人格。

程邃，《万里江流图》轴

纸本，设色。140.9cm×34.5cm。

款识：万里江流驶，乘风直上天；我将吹铁笛，惊起老龙眠。辛丑（1661）冬十月之望，画奉梦深先生教之。黄海程邃。（左上）

印鉴："程邃之印"白文，"穆倩"朱文。（左上）

题识：垢道人平生惜墨如金，不轻着笔。在当时求画者，不啻多若牛毛，而得之者，几难如麟角。兹去道人年远，虽寸缣尺楮，尤不易遘。间有获之者，靡不宝若隋侯之珠、和氏之璧。此轴浑雄苍劲，生气淋漓，且有尺幅千里之势。何异纳须弥于芥子，藏大千于一粟，非后学所可梦见，尤妙在毫无残缺，殆有鬼神为之呵护，诚稀世之宝，宜什袭藏之。时天气晴和，幽斋多暇，纪昀识于京师阅微草堂。"纪昀之印"白文，"晓岚"朱文。（右中）

程邃这种高逸的人格，也可以在这幅《万里江流图》表现出来。他自题"万里江流驶，乘风直上天；我将吹铁笛，惊起老龙眠"。全图结构新颖。前景悬崖挺突，傍岸孤帆，小亭一所，茅屋数间，遥相呼应；焦墨淡彩，明秀可爱，远景江水平旷，空濛一片，用淡墨的坡帆点缀，又有空而不空之妙。纪昀说他"浑雄苍劲，生气淋漓，有尺幅千里之势"。一点儿也不错。这幅设色山水是1661年写的，应该是他中年的作品。展览会里有一幅是 1689 年，他 84 岁时，久断画兴写的。他自己题跋说，是他望九老人忽发童心而写的，稀罕可想而知。笔调和他中年的技法迥不相同，但平静高超，安享余年的心怀，并没有减少。这是研究程邃画艺不可缺少的资料。

弘仁，《山溪双树图》轴

纸本，墨笔。90.7cm×40cm。

款识：辛丑（1661）夏月，为不炙居士写于桃源山房。弘仁。（左上）

印鉴："弘仁"朱文，"渐江"朱文。（左上）"渐江生"朱文。（左下）

展览会里有两张不具年代的弘仁作品。布局笔法都是弘仁基本面目。木扉这幅《山溪双树图》轴，别具一种幽静的风味，是他 51 岁的作品，是一件惜墨、用空的杰作。笔调清秀，墨韵明晰，溪山简约，逸士高隐的理想天地，表现得非常亲切。

弘仁，《宋人画意图》册（八开）

纸本，墨笔。各 20.3cm×14.7cm。

款识：壬寅（1662）春三月既望仿宋人画意。渐江弘仁。（h）

印鉴："弘仁"朱文，"渐江"朱文。（h）

藏章："曾在鲍子年家"朱文（e），"黄氏怀萱堂藏"黄文（h）。

题跋：a. 乙巳（1845）仲春，阴雨初霁，巴园主人过访，出示渐上人山水小册八页，其用笔道劲，超出尘表，而雅淡之气，令人莫及。如石涛诸家之作，已属名振海内，而较之渐江尚觉其用笔有粗俗气。此册宜世宝之。希祖记。"希祖"朱文。

b. 明季渐江上人，性好洁，志高尚，暇则以笔墨自遣，所作山水，名振寰宇，其笔力之道劲秀雅，超绝古今，海内诸大家靡不甘拜下风。今见此册之用笔苍老天然，其简淡高古，有不可言喻矣。尤希题。"希祖"朱文。

弘仁是惜墨用空的大师。这本八开小景，自题是仿宋人画意，其实每页寥寥数笔，墨色幽隽，都是把他自己的心灵，套进宋人的框壳里。我试举三件为例：

f. 这一页更是简洁生动。下方芦苇数笔，中间水涧天空，上方大笔扫出远岫，却以细笔浓墨，点出傍岸停舟。妙在下淡上浓，用意的灵奇，表现的生动，真非笔墨所能形容。

g. 这一小景，用渴笔焦墨，草草写出坡上村落，远山孤峭。坡下小桥一座，潺潺流水，小点三五，而神韵宛然。

h. 这是最后一景。壁下茅亭，树石数事，笔韵简淡高古。外表确像倪云林，但浓墨点树，晶莹生动，苍茫天然之中活显出新生气韵。弘仁的山水，独创一格，超出尘表不是偶然的。这册是他 52 岁写的，是他去世的前一年。难怪他这类变格的作品，流传的不多。

朱耷，《枯木孤帆图》轴

纸本，墨笔。79.4cm×38.7cm。

款识：乙卯（1699）二月，八大山人写。（右上）

印鉴："山人"朱文。（右上）"遥属"朱文。（左下）

藏章："小万柳堂"白文。（右下）

展览会里朱耷作品大小有四件。《浅绛山水》轴最为特出。其他《鱼乐图》和《山水》册页都是八大本来面目。款识都未记年，没法确定年代。在座王方宇教授研究八大书法，极有心得，他或者可从书法上来讨论这些作品的年代。木扉这幅《枯木孤帆图》是朱耷74岁写的。笔墨的简练生动，用不着多说。从渴笔和用空着想，也是遗民画的代表作。草草数笔，不求形似，参差错综，自有他天然的妙趣。

朱耷，《蕉下闲鸭图》斗方轴

纸本，墨笔。27.3cm×46.4cm。

印鉴："八还"朱文，"可得神仙"白文。（右下）

藏章："许氏珍藏"朱文。（左下）

八大山人用生宣纸作画，可以这《蕉下闲鸭图》为代表。水墨的运用，恰得其妙。八大画翎毛鱼虫，最喜欢描写他们悠闲自在的神表。这只闲鸭当然不是例外，可与至乐楼的《鱼乐图》相呼应。

朱耷，《红树宜秋图》轴

纸本，设色。87cm×38.8cm。

款识：八大山人。（左上）

印鉴："何园"。（左上）

题跋：a. 红树宜秋晚，澄江媚落晖；扁舟如唤我，莫待白头归。隐松居士。"门关持节"白文。（上中）

b. 人远看来短，山遥淡欲无；水边渔舍密，天际客帆孤。老莼。"敲诗病酒风流苦，种竹栽花自在忙"白文。（左上）

画人要有性灵、工笔墨、有学问、讲道理，然后能得法、能创新、能空灵、能险怪。八大这幅画可以说是意想空灵，布局险怪的新创作。主题是一对峻岩，峭立成谷。谷中房屋三五，俨然桃花源遗风。岩外以三层的景色为配称。下方丘陵林木，中间江岸渔舍，上方远岫错丛。江水平旷，两岸空蒙，孤帆一叶，造成空而不空的妙景。

髡残，《山村访友图》轴

纸本，设色。104.2cm×28cm。

款识：画于无痕者，始称上乘，然得三昧，毕竟学问有成，如水到渠行。衲于经课之暇，信手所为，皆从无意中拈出。幽栖石秃残道者。（右上）

印鉴："石溪"白文，"白秃"朱文。（右上）

题跋：山色故自变，云心澹若疑；随风随作态，一雨一番奇。斗酒游人意，扶筇老客诗；近来幽兴处，且胜学希夷。青溪道人题。"程正揆印"白文，"先成一人师"朱文。（左上）

明末四高僧绘画作风以石溪的为最固定。他临摹王蒙，始终是林峦幽深，笔墨苍古。展览会中的《雨花木末图》是件标准作品，是他壮年（1670）写的。木扉这幅《山村访友图》，气象严密，也是他的基本面目。山石林木，亭台桥屋，瀑布烟雾，都是他独特的手法。布置分六七叠，山重水复，路径分明。他自题是经课之暇，无意中信手写出的。可见他画艺的圆熟精练。画中山居两所，上下相呼应，应该是他和同志友好，相约高隐，结屋为邻的场所，这位朋友或者是他的好友程正揆，也未可知。

石涛，《杨柳归人图》轴

纸本，设色。90.3cm×39.4cm。

款识：花开半老上林春，呼酒篷窗不厌频；极目长江多黛色，乱罾杨柳未归人。清湘遗人大涤子极。（右上）

印鉴："瞎尊者"朱文，"清湘老人"朱文，"膏肓子济"白文，"赞生世孙阿长"朱文。（右上）

展览会中作品，以石涛的为最多，共六件。卷轴册页具备，山水、竹石、松兰、瓜果，都有代表，且都是晚期，1691至1704年，住在扬州时的作品。木扉所藏两件可作参考。石涛也用生纸作画。这幅《杨柳归人图》可以看出他运用水墨的熟练。他自题说"乱罾杨柳"，其实傍岸行列，棵棵独立；垂枝三五笔，秩序井然；柳下渔台落网，五笔一架，写起来毫不费力似的。上方五峰屹立，好像在对世人说法。石涛作品通常有些佯狂傲世的神气，而这幅画清淡纯洁，却表现他和蔼可亲的性格。

石涛，《长隄落花图》册页

纸本，设色。23.5cm×26cm。

款识：曲曲长堤衬落花，东山树接好人家；楼中有客推窗看，笑指风回水面霞。

清湘陈人大涤子济。（上方）

印鉴："苦瓜"朱文。（左上）

石涛这张小景，笔法挺劲，墨调淋漓，是他普通奇肆狂佯的面目。但他自题却描写风霞落花的秀丽，芳邻友好的亲善，温和友爱的本性活跃纸上。

梅清，《黄山十景》册（十开）

纸本，墨笔。各 26.2cm×33.9cm。

款识印鉴：a. 日落松阴乱，山空瀑响齐；断云闲不去，幽鸟寂还啼。投足仙源近，回看世路迷；中宵眠更起，孤月在岩西。晚宿松谷，瞿山清。"茶峡"朱文，"黄山一片云"白文，"梅"白文，"清"白文。

b. 黄帝栖真处，遗台旧迹荒；谁怜丹灶冷，不散紫芝香。硋礧生云气，嶙峋吐剑铓；何人采仙药，大冶火重光。炼丹台。瞿山。"梅清"白文，"瞿山氏"朱文。

c. 旷绝光明顶，天南四望空；仙踪如可接，何必梦崆峒。晚步光明顶。瞿山。"古狂"朱文，"梅子"朱文。

d. 仙根谁手种，大地此开花；直引半天露，齐擎五色霞。人从香国转，路借玉房遮；莲子何年结，沧溟待泛槎。莲花峰。瞿山。"瞿老人"朱文，"游戏三昧"白文。

e. 狮子峰头石，高人此结庐；孤筇无着处，双屐尽凌虚。衣冷疑秋逼，山空觉磬疏；何时憩黄海，天半问邻居。狮子林寻吼堂和尚。瞿山。"瞿山"朱文。

f. 杖拂老人头，始抵天都脚；凌空千仞高，游者步齐却。无径置缒梯，壁立直如削；微风下缥缈，隐隐闻天乐。天都。瞿山。"梅子"朱文，"古欢"朱文。

g. 接引无心不易逢，谁知此意在长松；词人解识西来意，题向黄山第一峰。接引松。瞿山。"梅清印"白文，"渊公"朱文。

h. 西海真天险，苍茫峒落晖；千峰分剑立，一水绕龙飞。钟自云堆出，僧从石隙归；晚风吹动处，天乐听依稀。西海门看落照。瞿山。"我法"朱文，"梅痴"朱文，倒。

i. 九叠芙蓉到处青，披襟此日眼初醒；浮丘呼罢如相应，冉冉凌空下杳冥。浮丘峰。瞿山。"柏枧山中人"朱文，"瞿山"朱文。

j. 古刹千峰绕，双幢一涧通；一声长啸处，人在翠微中。翠微源。甲戌（1694）八月，瞿山梅清写于茶峡草堂，时年七十有二。"梅清"文，"瞿山"朱文，"直上云门一放歌"白文，"莲花峰顶三生梦"朱文。

藏章："南海梁志文印"白文（a, d, e, g, i, j），"李文通印"白文（a, b, c, d, e, f, g, h, i, j），"富春胡异山"白文（a, c, d, e, f, g, h, i, j），"木扉鉴赏"朱文（a, c, f, h, i），"德坤珍玩"朱文（b, d, e, g, j）。

明遗民喜欢游山玩水，向大自然追求灵感。梅清这本《黄山十景》是个很好的例子。他写黄山的即景很多，都有他独特一贯的作风。这十景个别描写松谷、炼丹台、光明顶、莲花峰、狮子林、天都、接引松（展览会里有一件石涛的《接引松》，可做比较），西海门、浮丘峰及翠微源,都是黄山的奇境名胜,是文人学士、诗人画家常到的地方。我们读各页的款识,可以充分领会到梅清对于这些名胜的景仰爱慕。黄山可以说是他和石涛修身、养性、参禅、妙悟的实验室。

梅清,《云门放艇图》轴

纸本,设色。159.1cm×43.3cm。

款识:野水悬高垒,闲情咏急流;山随云树转,天挂浪花浮。去住将何宅,安危不系舟;春蚕传好手,黄鹤是仙俦。仿黄鹤山樵《云门放艇图》。瞿山梅清并题。(左上)

印鉴:"渊公"朱文,"瞿硎清"白文。(左上)

藏章:"丁丑劫后余存"朱文,"稚臣所得名人真迹"朱文。(右下)

这一长幅,梅清自题是仿王蒙的《云门放艇图》,其实只有黄鹤山樵的外框,用笔用墨设色都是梅清自己的面目。布局方面尤为奇特。这样的山水巨制,除了重叠相覆,很难有严密的结构。在这用空的风气里,他用一石坡,贯串上下左右,写得气象豪放雄伟。小艇一叶,奇阁一座,遥相呼应。豪放之中又带有细腻的意味,真是杰出的布局。

梅清,《蒲团松上图》轴

纸本,墨笔。86.8cm×38.7cm。

款识:蒲团松上坐此二人,应是不食烟火,石翁老先生以为何如。瞿山梅清。(左上)

印鉴:"梅清石涛弟子"朱文,"渊公"朱文。(左上)

藏章:"北燕张氏珍藏"朱文,"湛泉曹□珍赏"朱文。(右下)

这幅写黄山的蒲团松,也是黄山奇景之一。笔法墨色气韵都是梅清的变格。品评书画的每说梅清好临摹石涛,大概是指这一类作品。有石涛的外貌,笔法幼稚,像初学的功课,实在没有石涛的心灵。不过这幅画是梅清为石涛写的,可以说是他们两位交往友好以黄山名胜为背景的写照。

姜实节,《秋雨空山图》轴

纸本,墨笔。87.9cm×36.8cm。

款识:秋雨空山叶落时,清奇妙境耐人思;窗前检点闲诗稿,多在离离枫树枝。偶作小帧,得诗如右,聊自通意,不知倪之为倪也。姜实节。(右上)

印鉴:"姜实节学在氏印"朱文。(右上)

藏章:"种石轩珍藏"朱文。(右上)"孝弟力田"朱文,"天竺古皇先主之后"朱文,"曼西氏"朱文。(左下)

题跋：想见幽人破墨时，倪黄深意费寻思；此间我欲安茆屋，更种萧萧竹几枝。竹坨老人题于曝书亭，并次原韵。"竹坨"朱文，"太史氏"白文。（左上）

姜实节是著名的孝子。一生最佩服倪云林，性格也像云林一样迂腐。他好古畏荣，不入城市，始终过着布衣生活，但是他清旷的心地，在作品中，处处可以看到。这幅《秋雨空山图》可为代表。渴笔用空之外，很可以表现他端正谦虚的人格。

姜实节，《书画合璧》册（六开）

纸本，墨笔。各19cm×13.5cm。

款识印鉴：a. 垂杨秋老万条霜，画稿偷翻赵令穰；却似朝陵回邸后，荻花落雁写池塘。大年为宋宗室，每写一图，必出新意。人见之必曰，此必朝陵一番回矣。以其远适所见益增也。挥毫不作小池塘，芦荻江村落雁行，黄山谷题大年画中诗句也。"莱阳"朱文。（另纸对题）

b. 松径寥寥印屐痕，水云淰淰瀚山根；暮樵归去携黄雀，落日鸥波画水村。仿王叔明《水村图》。"虎丘鹤涧"白文。（另纸对题）

c. 座中佳士掩柴关，黄土墙低露远山；莫讶杏花村店迥，白衣人在绿筠间。随笔学痴翁，大痴如此否？"学在之印"白文。（另纸对题）

d. 雪屋鸡窗一盏灯，乱鸦声里阁三层；濮阳王墓知何处，写出荒寒大小蒸。偶阅曹云西真本，即用其法写此并题。"莱阳"朱文。（另纸对题）

e. 一天风太无端白，傅长袤入梦寒（此句缺一字）；门巷萧条人迹少，可怜愁煞老爱安。唐以前无寒林，自李营邱、范华原始画其法，虽虬枝鹿角槎枒纷挐而条理俱在。戏作寒林，因题并识。姜实节。"学在之印"白文。（另纸对题）

f. 一枕《羲皇》一卷《骚》，一间茆屋镇翛翛；只应难隔寻诗路，竹外桃边有石桥。临家藏翟院深眞迹。得清世契属临古六帧并题。姜实节。"学在之印"白文。（另纸对题）

藏章："陆恭"白文（a, b, e），"神品"朱文（a），"存斋眼福"朱文（a, b, c, d, e），"周昌富长寿"朱文（a），"堇庭珍玩"朱文（e），"芸斋宝玩"朱文（f），"芸斋心赏名贤真迹"白文（f）。

这本六开小册，自题是临学古人，其实也是只有古人的躯壳，内容却充分表现他清秀简约的心怀和淡朴荒率的理想。小品大气十分可爱。

樊圻，《墨笔花卉》册（十二开）

纸本，墨笔。各20.3cm×48cm。

款识：壬戌（1682）寅月画。樊口。（第十二页，左上）

印鉴："会公圻"朱文（a, b, e, g, j），"会公"朱文（c, i），"会公"朱文（d,

f），"樊圻印"朱文（h，k，l），"会公氏"白文（h，k，l）。

藏章："百叶馆藏"朱文（a，d，l），"子和心赏"白文（b，g，l），"陈子和藏"白文（c，k），"劭学斋藏"白文（f），"□□□□"朱文（h），"黄裔之印"白文（i），"□□□□□□□"白文（i），"碧山居士"白文（j），"碧山"朱文（l），"慕韩"白文（h），"慕韩心赏"朱文（l），"砚香过眼"白文（l），"臣□之印"朱文（l）。

题跋：a.子和先生风雅士也。神交垂二十载，今夏顾草堂，出示是册索题。因附志数语，以志翰墨缘。丁亥（1947）新秋慎得居士冯超然。同观者郑慕康、汤义方。"冯超然"白文。（页左）

b.闰年看到十三回。定山题。"陈氏"白文。（页右）

c.好与梅华同作伴，相逢却是素心人。子和吾兄出睬樊会公《墨笔花卉》册页，精采焕发，南田所不及也。己丑（1949）初夏，陈方敬观。（页左）

d.己丑灯节后二日，闽都刘源沂拜观题。（页右）

e.戊子（1948）三月拜观于百叶馆，卢子枢。"子枢"朱文。（页右）丁亥（1947）秋七月歙县汪声远拜观。"声远"朱文。（页左）

f.丁亥新秋郑慕康、汤义方同拜观于嵩山草堂。（页左）

g.樊圻字会公，为金陵八家之一。精山水，花卉少作。此册全属墨笔，神品也。爰题数言，用志眼福。子和先生珍藏。青霞。"吴青霞印"白文。（页右）

丁亥夏六月郑午昌同丹林拜观于海上。"郑昶长寿"白文。（页左）

h.丙申（1956）夏同王家松、马仰曹、费成武、张倩英同观于剑桥。此册旧为陈子和老友所藏，今归德坤、文庄伉俪所得。翰墨因缘，良有以也。张大千徐雯波记。（页右）

墨精神。丁酉（1957）年正月于剑桥获睹木扉收藏精品，一洗心胸积尘。幼荷与外子艾克为德坤、文庄伉俪谢祝。

i.樊会公画多山水，此册古质淡雅，高超静远，虽慧心人猝难摹仿。是以一展卷而真赝了然，学步者无从躲闪。海粟。"海粟之印"白文。（页右）

j.子和道兄藏樊会公花卉册，神品。丁亥六月谢稚柳拜观。

k.万顷浸城阔，孤舸带梦摇；月斜风乍起，荷影怒于潮。此予夜游玄武湖作也。今见是册，水墨浓润，神味隽厚，而一种风态波光，侵入眉宇。怡然冷然，恍若置身玄湖深处时矣。子和先生嘱题。丁亥夏六月郑午昌，时客海上望平楼。"午昌"朱文，"郑昶之印"前二字白文，后二字朱文。（页右）

墨华神品。丁亥秋月永嘉介堪方岩敬观题。"方岩"白文。（页左）

l.生平所见樊会公画，以此为第一。丁亥长夏吴湖帆观。"倩盦"白文。（页左）

樊圻是明末高士，安贫乐道，终身寄情于画，所作多能超脱尘俗。他流传的山水较多，都是从名山大川中领悟到大自然的奇气而写成的。这本《墨笔花卉》，也是从一花片叶里领会到花卉的端肃秀丽。十二种花，笔精墨秀，细笔清雅，粗笔挺劲，真是聚精会神之作。我们细读四件为代表：一、月季（b）；二、海棠（g）；三、荷花（k）；四、梅花（l）。这一册是他60岁写的，足见他精神还是很饱满充沛。这本册页有许多近代名画家和鉴赏家的题跋。吴湖帆说"生平所见樊会公画，以此为第一"应该不是应酬夸张的词令。

笪重光，《楚江烟雨图》轴

纸本，墨笔。75.8cm×27.6cm。

款识：一峰西去一峰南，谁写青山作画看？最是断云烟雨后，人家都在墨痕间。右题米襄阳《楚江烟雨图》。甲子（1684）冬日江上戏笔。（右上）

印鉴："鹳笑斋"朱文，"笪"朱文，"江上外史"朱文。（右上）

藏章："会稽马氏家藏"朱文，"梅卿审定"朱文，"潘健盦鉴藏金石书画印"朱文，"坐得心安即是仙"朱文，"靖节后裔"朱文，"剑秋眼福"朱文，"所学何事斋"朱文，"晚翠轩"朱文。（画右绫上）"陶"朱文，"所学何事斋"朱文。（诗堂右下）

题跋：a. 荐取香光一瓣香，无人爱处点山光；谁知尺幅溟濛影；中有烟波万丈长。吾乡江上先生，书格超逸，国朝能书之家，罕出其上。其画亦颇似其书。文治。"文章太守"朱文。（诗堂）

b. 笪江上摹米襄阳《楚江烟雨图》为扬州马氏小玲珑山馆故物，嗣归王氏所学何事斋，辗转为前湖北督军陈嘉谟所搜罗。民十五北伐，粤军入鄂，陈氏旧藏星散。此幅为余友詹君启庚所得，其时适在十九路军也。詹君返粤，余以重值易之。笪江上画笔，胎息宋元，大气磅礴。于画理阐微抉奥，总集大成。先奉政公藏有《画筌》初稿墨迹，字仿苏长公。此幅则画字并仿米颠。昔在欧阳惜公家见有山水图，似是行乐，惜图中人物，面目已□改，款字亦仿米法也。此幅烟雨迷濛，以石师笔法，模拟襄阳，诚如梦楼太史所题，尺幅迷濛，烟波万丈。从来画家，无此魄力，可宝可宝。己卯（1939）春日作客濠镜，读画自遣，偶忆及题此。龙泉砚室主番禺陶厚埏，剑秋甫。"五柳家风"朱文，"彭泽后人"朱文，"龙泉砚室"白文。（画右绫上）

笪重光这幅米襄阳《楚江烟雨图》是他62岁写的，画艺圆熟精练。表面上说是用米法，事实上淡冶轻灵，自成一家。他论画有深奥的理想。他的《画筌》说，"山川气象，以浑为宗；林峦交割，以清为法"。又说，"山隈空处，入笔虚无，树影微时，墨成烟雾"。这幅画笔墨参差，清浑并用，或者是这种理论的实习。看那水草荒荒，远山隐隐，墨痕灿烂，淋漓湿润，真是率直自然，神韵天成。近人陶剑秋题跋记其收藏原委甚详。文物辗转，真是翰墨因缘。

方以智，《秃笔山水图》册（八开）

纸本，墨笔。各 25.2cm×18.5cm。

款识印鉴：a. 愚者。"可"朱文。

b. 愚者。"无"朱文。

c. 愚者。"智"白文。

d. 愚者。

f. 愚者。"枲华居"朱文。

h. 山中无事，偶随秃笔，不知其仿何家也。因寄我尔宁道兄。药地愚者智。"守墨"白文，"可"朱文，"智"白文。

藏章："书生"半印朱文（a，b，c，d，e，f，h），"泽公审定"白文（b），"考藏"半印朱文（g），"曾为孙泽驲藏"白文（g），"桐城孙塙金石书画印"白文（h）。

题跋：笔笔沧桑墨墨哀，残年感我独登台；桃花扇底千行泪，不及枯峦拗树来。水绘园今别鹤翁，当时裙屐剧匆匆；沙门近亦无公子，惭愧春灯燕子红。方密翁，稍游心旧掌故者类知之。惟亦擅残山剩水，则恐见者寥寥。居士疏陋，五十九年来今始一读，弥自伤，亦殊喜也。八叶已竟，不禁黯黯，题以二绝，颇自赏。蒲匋盦主人以为奚若。前身浮玉僧大厂孺。"孺斋"白文（题首），"大厂"朱文（题尾）。

明遗民中，方以智是位标准人物。展览会里有他一幅《截断红尘图》轴，可以代表明遗民参禅妙语的意境。他少年时代，极备繁华。明亡，剃发为僧，漫游四方，粗衣粝食，苦行绝世，始终保持他不屈的气节。作画多参禅自喻，不求读者的了解，所以作品流传不多。这本册页，自题是"山中无事，偶随秃笔，不知其仿何家"。我们细读《山下秋色》（a）、《云上翠峰》（c）、《严冬挚友》（d）、《山中无事》（h）四页，看那渴笔枯墨，不求工整的画法，随兴写来，丝毫无矜持的气概，真是天趣传于象外。这八张简雅古奥，实具备遗民即景、著我、渴笔、用空和妙悟的特质。诸位都是画学专家，胸襟旷达，对这朴质无华的妙趣，应该会特别领会欣赏的。

【参考文献】

1. 陆心源：《穰梨馆过眼录》，《续录》，吴兴，1892。
2. 有正书局：《中国名画》，上海，1924—1930。
3. 郑昶：《中国画学全史》，上海，1929。
4. 笪重光：《画筌》，上海，1928。
5. 河井荃庐等：《支那南画大成》，东京，1935—1937。

6. 龚贤：《龚半千授徒画稿》，上海，1935。
7. 俞剑华：《中国绘画史》，上海，1936。
8. Cheng Te-k'un, Exhibition of Chinese Paintings from the Mu-fei Collection in the Fitzwilliam Museum, Cambridge, 1954.
9. 梁启超：《中国近三百年学术史》，台北，1956，1—17。
10. Siren, O., Chinese Painting, 7 volumes, London, 1956–1958.
11. Museum für Ostasiatische Kunst der Stadt Köln, Exhibition Catalogue, Köln, 1961.
12. 劳天庇：《明遗民书画录》，香港，1962。
13. 程曦：《木扉藏画考评》，香港，1965。
14. 庄尚严：《明清绘画》，《中华艺术史纲》，台北，1965，6：17—27。
15. 昌彼得：《明清雕版》，《中华艺术史纲》，台北，1965，6：39—43。
16. Musée Cernuschi, Peintures Chinoises Ming et T'sing XVe–XIXe Siècles de la Collection Mu-fei, Paris, 1967.
17. 余绍宋：《金石书画》（《杭州日报》副刊），杭州，1967。
18. Edwards, R. and others, Painting of Tao Chi, Ann Arbor, 1967.
19. 余绍宋：《书画书录解题》，台北，1968，2：12。
20. 余毅然：《石涛画集》，台北，1968。
21. Laing, E.J., Chinese Paintings in Chinese Publications, 1965—1968, Michigan, 1969.
22. 傅抱石：《明末民族艺人传》，香港，1971。
23. 郑德坤："Painting as a recreation in China"，《香港中文大学中国文化研究所学报》，6：2（1973）。
24. 何耀光：《至乐楼书画录》，香港，1973。
25. 江兆申：《新入寄存故宫的明佚民画》，《故宫季刊》第8卷第3期（1974），41—49。
26. Lai, T.C.（赖恬昌）, Pa Ta Shan Jen, Hong Kong, 1974.
27. 饶宗颐（序）：《至乐楼藏明遗民书画》，香港，1975。
28. Goepper, R. and others, 1000 jahre Chinensische malerei, München, 1959.
29. 福开森（Ferguson, J.C.）：《历代著录画目》，南京，1934。

（原载《中国文化研究所学报》，香港中文大学，1976年12月，第8卷第2期）

八大山人研究大系
第十一卷
比较影响研究

Research on the Great Series of **Badashanren**

图书在版编目（CIP）数据

八大山人研究大系. 第十一卷, 比较影响研究 / 朱良志执行主编. -- 南昌：江西美术出版社, 2015.11
ISBN 978-7-5480-3885-6

Ⅰ. ①八… Ⅱ. ①朱… Ⅲ. ①八大山人（1626～1705）-人物研究②八大山人（1626～1705）-艺术评论 Ⅳ. ①K825.72②J052

中国版本图书馆CIP数据核字(2015)第255487号

主　　编＼饶宗颐	责任编辑＼黄润祥　汤　华　王国栋
执行主编＼朱良志	编辑助理＼肖　丁（中文）　金　册（英文）
策划统筹＼陈　政	编　　务＼楚天顺　哈　曼　李　溪　黎　萌
朱金宇	谷红岩　曾　诚　刘　耕　吴　湘
	责任印制＼张维波
	书籍设计＼郭　阳　先锋设计
	出　　版＼江西美术出版社
	社　　址＼南昌市子安路66号
	邮　　编＼330025
	电　　话＼0791-86565506

网　　址＼www.jxfinearts.com	
经　　销＼全国新华书店	
印　　刷＼深圳华新彩印制版有限公司	
版　　次＼2015年11月第1版	
印　　次＼2015年11月第1次印刷	
开　　本＼889×1194　1/16	
印　　张＼26	
书　　号＼ISBN 978-7-5480-3885-6	
定　　价＼265.00元	

本书由江西美术出版社出版。未经出版者书面许可，不得以任何方式抄袭、复制或节录本书的任何部分。
本书法律顾问：江西豫章律师事务所　晏辉律师
赣版权登字-06-2015-584
版权所有，侵权必究